EXTRAIT DU « RÉPERTOIRE DU DROIT ADMINISTRATIF »

LOUAGE DE TRAVAIL

(Contrat de travail. Relations entre employeurs et employés)

PAR

M. Arthur FONTAINE

Directeur du Travail au Ministère du Commerce

AVEC LA COLLABORATION DE

M. PICQUENARD

Rédacteur en chef du Bulletin de l'Office du Travail

PARIS

PAUL DUPONT, ÉDITEUR

4, RUE DU BOULOI (1er Arrt)

1903

SOMMAIRE

CHAPITRE PREMIER.

RECHERCHE DU TRAVAIL.

SECTION PREMIÈRE.

APPRENTISSAGE.

§ 1ᵉʳ. — *Généralités. Historique.*

1. Un homme n'est en état d'exercer un métier, — de gagner sa vie par l'exercice d'un métier, — que s'il a acquis certaines notions théoriques et s'il a atteint un certain degré d'habileté pour l'exécution rapide et correcte des diverses opérations qui constituent ce métier. C'est en quoi consiste l'apprentissage. Il peut être, suivant les métiers, plus ou moins long, plus ou moins sommaire ; il ne peut être complètement supprimé.

2. L'homme doit être mis jeune en état de gagner sa vie. L'apprentissage est donc presque toujours le fait d'enfants ou d'adolescents, d'êtres faibles que la société a l'impérieux devoir de protéger et d'instruire, d'armer pour la vie. L'importance de l'apprentissage comme l'âge des apprentis ont donc attiré l'attention des législateurs. Et plus se développait la division du travail, plus la famille devenait incapable de conduire, elle-même dans son sein l'apprentissage de l'enfant, plus aussi grandissaient le rôle de l'Etat et sa tutelle, soit qu'il intervînt directement par des règlements, soit qu'il assurât le respect des usages corporatifs.

3. Pour tout ce qui concerne le rôle éducateur de l'Etat, les écoles d'apprentissage, nous renvoyons le lecteur au mot *Industrie* (1) ; nous n'avons à traiter ici que l'apprentissage chez les patrons, dans les ateliers industriels ou autres locaux de travail. Encore n'avons-nous point à nous occuper de l'apprentissage effectué sans contrat spécial, écrit ou verbal : les travailleurs qui apprennent leur métier dans ces conditions ne sont protégés que par les lois plus générales dont le commentaire figure également sous le mot *Industrie* (2). L'usage a prévalu d'ailleurs de réserver le nom d'apprentis aux enfants et adolescents qui ont un contrat écrit ou verbal d'apprentissage.

4. Dans notre ancien Droit, on ne trouve aucune disposition générale concernant l'apprentissage. Mais on trouve de nombreuses et minutieuses prescriptions sur la matière dans les statuts particuliers qu'observaient, dans chaque ville, les différentes corporations; ces statuts, en raison des monopoles accordés aux corporations, s'imposaient le plus souvent à la population comme des actes de l'autorité publique. Chaque corporation avait, il est vrai, ses statuts propres et ses règlements locaux auxquels elle obéissait et les règles qui régissaient l'apprentissage changeaient avec les profes-

---

(1) *Répertoire du droit administratif*, v° INDUSTRIE (3° partie). *Enseignement professionnel.*

(2) *Ibid.*, INDUSTRIE (1ʳᵉ partie). *Police et réglementation*, chap. II.

sions et les contrées. Cependant, la plupart des statuts corporatifs traitaient les mêmes points essentiels; ils fixaient notamment le nombre maximum des apprentis que pouvait prendre chaque maître et la durée de l'apprentissage. Le fait que les corporations, régies effectivement par les seuls maîtres ou patrons, pouvaient imposer sur ces points leurs règles arbitraires à tous les aspirants, entraîna de graves abus ; la durée de l'apprentissage fut fixée bien souvent au delà du temps nécessaire pour apprendre le métier et, dans de nombreuses corporations, loin de chercher à faciliter l'accès du compagnonnage et de la maîtrise dans la mesure des besoins, on ne visa qu'à l'entraver pour ceux qui n'étaient point fils de maîtres. Ces abus et d'autres qu'il n'y a pas lieu de rappeler ici, firent considérer comme nécessaire la destruction des anciennes corporations.

5. Le décret du 2-17 mars 1791 réalisa la réforme. Il abolit les corporations. En même temps cessèrent de s'imposer les règles contenues dans leurs statuts, et en particulier les prescriptions relatives à l'apprentissage. Comme le contrat de travail, le contrat d'apprentissage devint convention absolument libre entre les parties, sous la sauvegarde du droit commun.

Ce nouveau régime, contraire à la nature des choses pour les raisons exposées plus haut, apparut rapidement comme devant être modifié. Très souvent, les apprentis étaient victimes de contrats insuffisants, conclus par des parents ou des tuteurs malavisés avec des maîtres peu scrupuleux. On les employait abusivement, au lieu de leur apprendre le métier, aux besognes manouvrières de la maison; on abusait de leurs forces sans veiller à leur santé; on compromettait leur avenir. Leur jeune âge facilitait leur exploitation ; l'Etat intervint pour les protéger.

6. La loi du 22 germinal an XI, par les dispositions trop sommaires des articles 9, 10, 11, 19 et 20, n'apporta qu'un insuffisant palliatif à tous ces abus. Elle reconnut aux tribunaux le droit de prononcer la résolution du contrat dans certains cas, notamment si l'apprenti s'était obligé à donner, pour tenir lieu de rétribution pécuniaire, un temps de travail dont la valeur serait jugée excéder le prix ordinaire des apprentissages. Elle stipula des dommages-intérêts pour le cas où l'apprenti serait retenu au delà de son temps, où le congé d'acquit lui serait refusé quand il aurait rempli ses engagements. Elle posa des règles relatives à la juridiction; pour les affaires de simple police, elle ordonna qu'il serait prononcé sans appel, à Paris, par le préfet de police, dans les villes par les commissaires généraux de police, dans les autres lieux par le maire ou l'un des adjoints. Les mêmes magistrats, si l'affaire était du ressort des tribunaux correctionnels, pouvaient ordonner l'arrestation provisoire des prévenus.

7. La création des conseils de prud'hommes vint apporter un remède plus efficace. Grâce à la jurisprudence très pratique créée par ces tribunaux industriels, peu à peu un certain nombre de bonnes coutumes se trouvèrent établies, consacrées et respectées. Mais les conseils de prud'hommes étaient peu nombreux et il n'en persistait pas moins une situation des plus regrettables dans l'ensemble de la France. Aussi, de tous côtés, des réclamations se faisaient entendre; on désirait une loi plus précise pour protéger l'apprentissage et en régler les conditions générales.

8. En 1845, le Gouvernement présenta un projet de loi au conseil général des manufactures et du commerce. En 1848, M. Peupin, membre de l'Assemblée constituante, reprit ce projet pour son compte. Une enquête fut ouverte et, en 1851, le projet, qui avait été soumis au Conseil d'Etat, fut voté par le Corps législatif, sur la présentation du Gouvernement. Les articles 9, 10, 11 de la loi de germinal an XI furent explicitement abrogés.

La loi de 1851 a-t-elle atteint le but que l'on se proposait? Les mêmes récriminations se font encore entendre dans plusieurs métiers sur l'abus fait des apprentis au détriment de leurs forces physiques et de leur instruction professionnelle. Sans doute les tribunaux sont armés pour intervenir. Mais les conseils de prud'hommes, dont l'action peut être si efficace, ne sont pas toujours saisis par les parties, et les autorités chargées de la police poursuivent rarement les contraventions devant les tribunaux de police. Récemment encore, par une circulaire du 20 novembre 1900, le ministre du Commerce était obligé de rappeler l'action bienfaisante que pourraient exercer les officiers de police judiciaire.

9. De grands progrès, cependant, ont été accomplis depuis cinquante ans. Mais c'est plutôt par l'application des lois générales protégeant le travail des enfants qu'ils paraissent avoir été obtenus; et c'est dans les petits métiers de l'alimentation, non soumis à ces lois, que se font entendre les récriminations les plus vives sur l'inobservation de la loi de 1851 et le sort des apprentis.

Il faut ajouter, pour mettre complètement les choses au point, que la division croissante du travail et le développement du machinisme rendent à peu près impossible l'apprentissage à l'atelier dans un assez grand nombre d'industries, et obligent l'Etat à prendre en mains lui-même l'instruction professionnelle du jeune ouvrier dans des écoles publiques ou des cours subventionnés.

Les commissions administratives des hospices, les établissements de bienfaisance étant appelés à placer de nombreux enfants en apprentissage, il paraît utile d'analyser en détail la loi du 22 février 1851.

§ 2. — *Définition et nature du contrat d'apprentissage.*

10. « Le contrat d'apprentissage est celui par lequel un fabricant, un chef d'atelier ou un ouvrier s'oblige à enseigner la pratique de sa profession à une autre personne qui s'oblige, en retour, à travailler pour lui; le tout à des conditions et pendant un temps convenus. »

« Le maître doit enseigner à l'apprenti progressivement et *complètement*, l'art, le métier ou la profession spéciale qui fait l'objet du contrat » (1).

11. Le contrat d'apprentissage n'est pas un contrat d'enseignement; il n'est pas davantage un contrat de louage d'ouvrage, bien qu'il s'en rapproche par beaucoup de points. Il est un contrat d'échange de services en nature, et subsidiairement en argent. Le patron donne sa science, la pratique de son métier; l'apprenti fournit son travail et, souvent, une certaine somme d'argent.

Le contrat d'apprentissage apparaît donc comme un contrat synallagmatique.

Il apparaît également comme un contrat à titre onéreux; il n'y a pas contrat d'apprentissage entre un établissement de bienfaisance qui reçoit des enfants et leur fait apprendre gratuitement un état, et les parents ou tuteurs de ces enfants.

12. Le contrat d'apprentissage tombe sous l'application des articles du Code civil qui traitent des obligations conventionnelles en général. Et, particulièrement, on devra lui appliquer les articles 1134 et suivants qui traitent de l'effet des obligations et les articles 1156 et suivants, sur l'interprétation des conventions.

Quelles que puissent être les clauses adjointes au contrat, on ne doit pas oublier que son objet principal est l'instruction professionnelle de l'apprenti. Toute convention qui n'aurait pas directement pour but de mettre l'enfant à même d'apprendre une profession ne pourrait être considérée comme un contrat d'apprentissage.

13. Le contrat d'apprentissage peut avoir lieu dans toutes les professions industrielles : mais la loi de 1851 a établi une distinction entre le commerce et l'industrie, par les termes qu'elle a employés : fabricant, chef d'atelier, ouvrier. Antérieurement à cette loi, on citait un arrêt du 13 mai 1841, rendu par la cour de Nancy, qui refusait d'étendre au commerce les règles de l'apprentissage.

En pratique, pourtant, il y a des jeunes gens apprenant leur métier dans des établissements commerciaux, ainsi que des conventions très analogues aux contrats d'apprentissage : et le champ d'action de la loi de 1851 se trouve aussi mal déterminé que la limite entre le commerce et l'industrie.

§ 3. — *Forme et preuve du contrat* (2).

14. *Contrat verbal.* — Le contrat d'apprentissage peut être fait verbalement, mais alors, dit l'article 2 § 2 de la loi, la preuve testimoniale n'en est reçue que conformément au titre du Code civil des *Contrats ou des obligations conventionnelles en général*.

On ne pourrait donc, sous le prétexte que le contrat d'apprentissage serait un acte commercial de la part du patron, recourir à tous les modes de preuve employés en matière commerciale.

Il en résulte aussi que la preuve testimoniale ne peut être admise que si la demande ne dépasse pas 150 fr., à moins toutefois qu'il n'y ait un commencement de preuve par écrit. Or, pratiquement, l'une ou l'autre de ces conditions ne se rencontreront que bien rarement.

15. Comment donc faire la preuve des contrats d'apprentissage verbaux ?

Le juge, notamment le conseil des prud'hommes, aura recours à l'interrogatoire sur faits et articles, moyen de preuve qui convient parfaitement à la juridiction des prud'hommes. On pourra recourir également au serment décisoire, au serment supplétoire, et enfin, à défaut de tout autre moyen de preuve, aux présomptions légales.

On voit combien il est regrettable que les contrats d'apprentissage, déjà trop rares, soient pour la plupart faits verbalement. Aussi, le législateur a-t-il voulu en faciliter la rédaction sous la forme authentique.

16. *Contrat littéral.* — L'acte peut être public, c'est-à-dire authentique, faisant pleine foi de la convention qu'il renferme; il peut être sous seing privé.

Ont qualité pour dresser et recevoir le contrat authentique d'apprentissage, non seulement les notaires, mais encore les secrétaires des conseils de prud'hommes et les greffiers de justice de paix : il a paru en effet que ces derniers étaient, pour les parties, d'un abord plus facile, et que leurs fonctions les préparaient plus spécialement à donner de bons avis sur la matière.

Les honoraires dus aux officiers publics pour la rédaction de l'acte ont été fixés à une somme très modique : 2 francs. C'est là, toutefois, le prix de la rédaction de l'acte et non des expéditions, qui demeurent soumises aux tarifs ordinaires.

17. Si l'acte est authentique, il peut n'être fait qu'en minute. Mais pour l'acte sous seing privé, on devra se soumettre aux prescriptions de l'article 1325 du Code civil.

Le contrat d'apprentissage contenant en effet des conventions synallagmatiques, les actes ne seront valables que s'ils ont été faits en autant d'originaux qu'il y a de parties ayant un intérêt distinct. Si, par exemple, un membre d'une commission administrative, aux termes du décret du 19 janvier 1811, ou bien un juge de paix, en vertu de l'article 3 de la loi de 1851, engage plusieurs enfants chez le même maître, il devra faire rédiger autant d'originaux qu'il y a d'enfants.

18. L'article 3 de la loi de 1851 (1) énumère les mentions que doit contenir l'acte d'apprentissage.

L'*âge* du maître et celui de l'apprenti importent au contrat : le maître doit avoir plus de 21 ans pour rece-

---

(1) L. 22 février 1851, art. 1er et 12.
(2) *Ibid.*, art. 2 et 3.

(1) L. 22 février 1851, art. 3. — « L'acte d'apprentissage contiendra : 1° les nom, prénoms, âge, profession et domicile du maître; 2° les nom, prénoms, âge et domicile de l'apprenti; 3° les noms, prénoms, professions et domicile de ses père et mère, de son tuteur ou de la personne autorisée par les parents, et à leur défaut par le juge de paix; 4° la date et la durée du contrat; 5° les conditions de logement, de nourriture, de prix et toutes autres arrêtées entre les parties. Il devra être signé par le maître et par les représentants de l'apprenti. »

voir des apprentis mineurs (art. 4); la durée légale de la journée de travail varie suivant l'âge des apprentis (art. 9); le maître doit laisser à l'apprenti de moins de 16 ans le temps nécessaire pour achever son instruction (art. 10). L'apprenti est presque toujours, sinon toujours, mineur; le *représentant* est directement lié par le contrat dont il est une des parties, toutes les fois que l'apprenti ne peut figurer lui-même au contrat.

19. La *durée de l'apprentissage*, mention essentielle, se comptera à partir de la date du contrat mentionnée sur l'acte; cette date sera certaine, si l'acte est authentique. — La durée de l'apprentissage n'est pas limitée par la loi. Mais, que le contrat soit écrit ou verbal, l'article 17 permet au juge de réduire cette durée, ou même de résoudre le contrat, si elle dépasse le maximum de la durée consacrée par les usages locaux.

20. Le *prix de l'apprentissage*, lorsqu'il en est stipulé un, est une somme versée par le représentant de l'apprenti au maître de celui-ci. Notons ici qu'il ne peut en être question dans les contrats passés à l'occasion du placement en apprentissage des enfants élevés dans les hospices. L'article 18 du décret du 17 janvier 1811 dispose, en effet, « qu'aucune somme ne sera stipulée en faveur du maître ni de l'apprenti ».

Inversement, il arrive qu'à partir d'une certaine époque fixée par l'acte, l'apprenti reçoive une sorte de *salaire*, payé par le maître. Sans être de l'essence même du contrat d'apprentissage, cette stipulation est parfaitement licite. Cette rémunération, le plus souvent très faible, et bien éloignée du taux courant des salaires, n'a pas pour effet de transformer le contrat d'apprentissage en un contrat de louage de services.

21. Le contrat d'apprentissage peut contenir un grand nombre d'*autres stipulations* qui dépendent uniquement de la volonté des parties. Elles seront valables, et devront être exécutées de bonne foi si elles ne sont pas illicites, contraires à l'ordre public ou aux bonnes mœurs. Dans le cas contraire doit s'appliquer l'article 1172 du Code civil, qui non seulement annule toute clause de cette nature, mais encore rend nulle la convention qui en dépend.

§ 4. — *Parties qui interviennent au contrat.*

22. Les parties qui interviennent au contrat sont le maître, d'une part, et d'autre part l'apprenti et son représentant.

23. *Le maître.* — Le Code civil fournit quelques règles générales qu'il est nécessaire de rappeler ici.

Toutes personnes majeures peuvent prendre la qualité de maîtres (C. civ., art. 1123). Cependant, la femme mariée, même séparée de biens, ne pourrait figurer comme maître dans un contrat d'apprentissage, sans avoir obtenu l'autorisation de son mari (C. civ., art. 217), à moins toutefois qu'elle ne soit marchande publique, car le fait de prendre un apprenti est sans contredit un acte qui intéresse son négoce (C. comm., art. 5). Pour la même raison, le mineur émancipé pourra s'engager comme maître dans un contrat d'apprentissage

24. A ces dispositions générales, la loi du 22 février 1851 a ajouté pour la sauvegarde de l'apprenti des dispositions particulières qui forment sa section II.

Nul ne peut recevoir d'apprentis *mineurs* s'il n'est âgé de 21 ans au moins (art. 4). Pratiquement donc, les patrons mineurs émancipés seront à peu près privés de la faculté de prendre des apprentis, ceux-ci devant être majeurs.

Aucun maître, s'il est célibataire ou en état de veuvage, ne peut loger comme apprenties des jeunes filles mineures (art. 5). La prohibition ne porte que sur le fait de loger l'apprentie, et non sur la présence à l'atelier. La loi ne dit rien ni du cas où le maître est séparé de fait avec sa femme, ni du cas où il en est séparé judiciairement, ni du cas où il est divorcé. Cependant, il y a là une assimilation qui s'impose au bon sens.

25. L'article 6 interdit de recevoir des apprentis : 1° aux individus qui ont subi une condamnation pour crime; 2° à ceux qui ont été condamnés pour attentat aux mœurs; 3° à ceux qui ont été condamnés à plus de trois mois d'emprisonnement pour les délits prévus par les articles 388, 401 (vols), 405 (escroqueries), 406, 407, 408 (abus de confiance) 423 (fraudes dans les ventes) du Code pénal. Cette énumération est limitative.

26. Les incapacités qui résultent de l'article 6 peuvent être levées par le préfet, sur l'avis du maire, quand le condamné, après l'expiration de sa peine, aura résidé pendant trois ans dans la même commune. A Paris, les incapacités sont levées par le préfet de police (1). Au moment de la discussion de la loi, plusieurs députés avaient demandé sans succès que le pouvoir de lever les incapacités fût attribué au maire, plus à même que le préfet d'apprécier la moralité des condamnés libérés qui résident dans la commune.

27. Dans le cas où le condamné profite d'une amnistie, il recouvre le droit de recevoir des apprentis, car la condamnation se trouve effacée rétroactivement (2). Mais la grâce accordée par le chef de l'État ne suffit pas, en principe, pour rendre au condamné le droit de prendre des apprentis; en général, cette grâce ne le relève pas des incapacités qui proviennent de la condamnation. Il pourrait cependant en être autrement si cette grâce intervenait avant l'exécution du jugement et qu'elle contînt la réintégration expresse de l'individu dans ses droits civils (3).

Enfin, si le condamné obtient sa réhabilitation, tous les effets de la condamnation prononcée disparaissent pour l'avenir et le droit de prendre des apprentis lui est rendu.

28. *L'apprenti.* — Aucune condition spéciale d'âge ni de capacité n'a été imposée par la loi du 22 fé-

---

(1) L. 22 février 1851, art. 7.
(2) C. d'Et., Avis, 8 janvier 1823; Cass. 5 février 1847.
(3) C. d'Et., Avis, 8 janvier 1823; Cass. 6 juillet 1827 (D. 27.1.442).

vrier 1851 à ceux qui sont destinés à être placés comme apprentis. Cependant ils ne peuvent être placés dans un établissement dont l'entrée est légalement interdite aux ouvriers de leur âge. En particulier, l'article 31 de la loi du 2 novembre 1892 impose formellement aux enfants placés en apprentissage dans un des établissements qu'elle vise l'âge minimum de 13 ans, ou de 12 ans s'ils sont munis du certificat d'études primaires. D'autre part, dans la plupart des cas, l'apprenti ne pourra s'engager sans autorisation.

Il est évident que tout homme majeur ou toute femme non mariée majeure peut se placer en apprentissage sans autorisation.

29. Le mineur émancipé ne semble pas pouvoir s'engager comme apprenti sans autorisation. Il y a là un acte qui dépasse les limites de la simple administration, un contrat qui enchaîne la liberté du jeune homme pendant plusieurs années. On a soutenu que même le mineur émancipé, autorisé à faire commerce, ne peut seul s'engager comme apprenti; cet engagement diffère complètement des engagements commerciaux ordinaires qui ne touchent en rien à sa liberté.

30. Il est également interdit de s'engager comme apprenties, sans l'autorisation de leur mari, à toutes les femmes mariées, qu'elles soient majeures ou émancipées par le mariage, qu'elles soient séparées de biens ou autorisées à faire le commerce. L'autorisation du mari ne pourrait en principe être remplacée par l'autorisation de justice, à moins que le mari ne soit dans l'impossibilité de donner son consentement par suite d'absence, d'interdiction, de conseil judiciaire.

31. *Les représentants de l'apprenti.* — L'article 3 de la loi de 1851 porte que le contrat d'apprentissage devra être signé par le maître et par les représentants de l'apprenti. Il s'agit naturellement de l'apprenti mineur, mais presque toujours, sinon toujours, l'apprenti est un mineur.

32. Ces représentants sont, tout d'abord, ceux sous l'autorité desquels se trouve placé le mineur, d'après le Code civil, c'est-à-dire le père, ou si celui-ci est décédé, la mère tutrice, ou le tuteur. Mais, pour faciliter la rédaction des contrats d'apprentissage, dont bien souvent les parents se désintéressent, la loi de 1851 a donné à d'autres personnes qu'aux représentants ordinaires le droit de placer l'enfant en apprentissage. L'article 3-3° de la loi indique qu'on peut remplacer les parents ou le tuteur par une personne autorisée soit par les parents, soit, à leur défaut, par le juge de paix. Les parents pourront donc autoriser telle personne qu'elles choisiront à engager leur enfant en apprentissage. C'est par le fait de cette autorisation qu'un grand nombre de sociétés et d'établissements de bienfaisance s'occupent de placer de jeunes apprentis. Ils désignent, pour contracter l'engagement, un de leurs membres qui deviendra le quasi-tuteur de l'apprenti.

Quand les parents ont une fois donné une telle autorisation, ils ne peuvent retirer leur enfant d'apprentissage sans avoir à payer des dommages-intérêts.

33. La loi porte qu'à défaut des parents, le juge de paix peut lui-même autoriser quelqu'un à contracter pour un apprenti. C'est là une des dispositions les plus originales de cette loi. *A défaut des parents* ne veut pas dire seulement si les parents sont décédés. Le juge appréciera l'utilité d'intervenir en leur lieu et place.

Il désignera le plus souvent une société ou un établissement de bienfaisance, ainsi que le prévoyait la circulaire du préfet de police du 12 novembre 1852.

34. Nous nous occuperons plus loin de la situation particulière des enfants trouvés, abandonnés et orphelins pauvres élevés par les soins de l'Assistance publique. Le décret du 9 janvier 1811 les place sous la tutelle de la commission administrative de l'hospice où ils sont élevés. Un membre de cette commission est spécialement chargé de cette tutelle et a pour mission de passer l'acte d'apprentissage dans les conditions stipulées par les articles 17 et 18.

§ 5. — *Devoirs des maîtres et des apprentis.*

35. *Devoirs du maître.* — En premier lieu le maître doit, article 12 de la loi, enseigner à l'apprenti progressivement et *complètement* l'art, le métier ou la profession spéciale qui fait l'objet du contrat.

Mais le maître doit-il faire connaître à son apprenti les secrets de fabrication et les procédés pour lesquels il a pris un brevet? Il y a là une délicate question de fait que les tribunaux trancheront, le cas échéant, en s'inspirant des conditions du contrat, du prix, de la durée de l'apprentissage, etc.

36. Rien dans la loi n'oblige le maître à enseigner lui-même la pratique de son métier à l'apprenti. Il peut déléguer à cet effet un contremaître, par exemple ; sans quoi il serait absolument impossible de prendre des apprentis dans la grande industrie.

37. Au point de vue de la surveillance et de l'éducation morale, le maître a d'autres devoirs. C'est un enfant qui lui est confié par la famille ; il doit se conduire envers lui « *en bon père de famille* ». Ce sont les termes mêmes de la loi de 1851 (art. 8); l'article 450 du Code civil les avait déjà employés pour définir les devoirs du tuteur. Mieux qu'une énumération forcément incomplète, ils permettent aux tribunaux une appréciation équitable. Toutefois, l'article 8 ajoute que le maître doit surveiller la conduite et les mœurs de l'apprenti, soit dans la maison, soit au dehors, et avertir ses parents ou ses représentants des fautes graves qu'il pourrait commettre ou des penchants vicieux qu'il pourrait manifester.

38. C'est au même ordre de préoccupations qu'il faut rapporter les prescriptions de l'article 10: « Si l'apprenti âgé de moins de seize ans ne sait pas lire, écrire et compter, ou s'il n'a pas encore terminé sa première éducation religieuse, le maître est tenu de lui laisser prendre le temps et la liberté nécessaires pour son instruction. Néanmoins, ce temps ne pourra pas excéder deux heures par jour. » L'article a beaucoup perdu de

son importance depuis la loi sur l'instruction obligatoire.

39. Le patron doit à l'apprenti une nourriture et un logement convenables ainsi que le blanchissage, suivant les usages des lieux.

L'article 8 de la loi de 1851 porte ensuite : « Il (le maître) doit aussi les (les parents) prévenir sans retard en cas de maladie, d'absence ou de tout fait de nature à motiver leur intervention. » Si l'apprenti tombe malade, le maître, qui doit agir en bon père de famille, devra le soigner. Les frais pourront être à sa charge si la maladie est de très courte durée; mais si elle se prolonge, le maître doit avertir la famille ou les représentants de l'enfant. A partir de ce moment, il est dégagé des frais occasionnés par la maladie, il a recours contre les parents ; il peut même, si ceux-ci restent sourds à sa déclaration, faire soigner l'enfant à l'hôpital, à leurs frais.

En échange de l'instruction professionnelle qu'il lui donne, le maître a droit au travail et aux fruits du travail de l'apprenti, mais sous les réserves que comportent les devoirs sus-énoncés. L'article 8 dispose (al. 3) : Le maître « n'emploiera l'apprenti, sauf conventions contraires, qu'aux travaux et services, qui se rattachent à l'exercice de sa profession. Il ne l'emploiera jamais à ceux qui sont insalubres ou au-dessus de ses forces ».

40. Trop souvent, l'apprenti est employé aux travaux du ménage, ou cantonné dans des besognes accessoires sans profit pour son instruction. De nombreux contrats ont été résiliés par les tribunaux pour ces motifs. Néanmoins il est quelques services qu'il est d'usage de faire rendre aux apprentis : l'ouverture, la fermeture, le rangement de l'atelier, la préparation et le rangement des outils. Même, on tolère que l'apprenti fasse quelques courses pour commissions d'ateliers, transport de matières, d'objets fabriqués, etc.

41. En dehors des prescriptions générales de l'article 8, la loi de 1851, dans son article 9, a précisé quelle devait être la durée de la journée de travail des apprentis et imposé le repos pour les dimanches et fêtes légales. Au-dessous de 14 ans, le travail effectif ne doit pas dépasser 10 heures par jour ; de 14 à 16 ans, 12 heures. Aucun travail de nuit (de 9 heures du soir à 5 heures du matin) ne peut être demandé aux jeunes gens de moins de 16 ans. Certaines dérogations peuvent être apportées à ces prescriptions, sauf en ce qui concerne le repos des dimanches et fêtes, par un arrêté du préfet rendu sur l'avis du maire.

42. La loi du 19 mai 1874, puis la loi du 2 novembre 1892 qui l'a remplacée, et enfin celle du 30 mars 1900, sont venues apporter d'importantes modifications à ces dispositions pour les établissements industriels. L'article 31 de la loi du 2 novembre 1892 dit : « Les dispositions de la présente loi sont applicables aux enfants placés en apprentissage et employés dans un des établissements visés à l'article 1er. »

Il en résulte que, dans ces établissements : 1° il ne peut y avoir d'enfants âgés de moins de 12 ans; 2° pour les enfants de 12 à 18 ans, le maximum de travail effectif est de 10 heures et demie depuis le 30 mars 1902, et sera de 10 heures à partir du 30 mars 1904; 3° le travail de nuit est interdit aux enfants âgés de moins de 18 ans, aux filles mineures et même aux femmes. En outre, un repos hebdomadaire est obligatoire, sans que le jour de repos soit nécessairement un dimanche. Enfin le repos est obligatoire les jours de fête reconnus par la loi. En ce qui concerne les mêmes établissements, les dérogations prévues par l'article 9, dernier alinéa, de la loi du 22 février 1851 ne peuvent plus être accordées ; elles sont remplacées par celles inscrites dans la loi du 2 novembre 1892 (1).

43. Le maître doit, à la fin du temps de l'apprentissage, délivrer à l'apprenti un *congé d'acquit*, ou certificat constatant l'exécution du contrat (art. 12). Ce certificat n'est soumis à aucune forme particulière. Il ne peut jamais être refusé par le maître, sans quoi celui-ci s'exposerait à se voir condamné à des dommages-intérêts pour le préjudice causé à l'apprenti. Le jugement tiendrait lieu de congé d'acquit.

44. Avant de parler des devoirs des apprentis envers les maîtres, nous devons ici dire un mot d'une prescription de la loi de 1851 qui vise les devoirs des maîtres vis-à-vis de leurs collègues. L'article 13 prévoit le cas de ce qu'on appelle le détournement d'apprenti : « Tout fabricant, chef d'atelier ou ouvrier, convaincu d'avoir détourné un apprenti de chez son maître pour l'employer en qualité d'apprenti ou d'ouvrier, pourra être passible de tout ou partie de l'indemnité à prononcer au profit du maître abandonné. »

45. *Devoirs de l'apprenti* (2). — L'apprenti doit fidélité, c'est-à-dire qu'il doit veiller aux intérêts du maître comme aux siens propres. Il est d'ailleurs classé par l'article 386-3° du Code pénal parmi les personnes dont le vol, commis au préjudice du maître, est puni de la réclusion.

L'apprenti doit à son maître obéissance et respect. A ce sujet, on doit rappeler que l'article 4 du décret du 3 août 1810 (3) est toujours en vigueur.

Les autres prescriptions de l'article 11 garantissent au maître le travail qui est sa principale et souvent sa seule rémunération.

---

(1) Sans revenir sur la question d'étendue d'application de la loi de 1851 traitée sous le n° 13, signalons que l'article 9 de la loi de 1851 s'applique aux petites industries de l'alimentation (boucherie, boulangerie, pâtisserie, charcuterie) qui échappent aux prescriptions de la loi de 1892.

(2) L. 22 février 1851, art. 11. — « L'apprenti doit à son maître fidélité, obéissance et respect; il doit l'aider, par son travail, dans la mesure de son aptitude et de ses forces. Il est tenu de remplacer, à la fin de l'apprentissage, le temps qu'il n'a pu employer par suite de maladie ou d'absence ayant duré plus de quinze jours. »

(3) D. 3 août 1810, art. 4. — « Tout délit tendant à troubler l'ordre et la discipline de l'atelier, tout manquement grave des apprentis envers leurs maîtres, pourront être punis par les prud'hommes d'un emprisonnement qui n'excédera pas trois jours... »

§ 6. — *Résolution du contrat.*

46. Le contrat d'apprentissage peut être résolu :

1° Par la volonté d'une des parties pendant une période de deux mois dite période d'essai;

2° De plein droit dans certains cas énumérés par la loi;

3° Par l'intervention des tribunaux sur la demande de l'une ou des deux parties.

47. *Période d'essai* (1). — Après deux mois écoulés sans rupture, et en l'absence d'autres conventions, les contractants se trouvent de part et d'autre irrévocablement engagés. Si le contrat d'apprentissage est complètement exécuté, le temps d'essai est compté comme faisant partie de la durée de cet apprentissage.

48. *Résolution de plein droit* (2). — Les conditions naturelles et légales du contrat d'apprentissage expliquent suffisamment ces clauses.

S'agit-il des cas énumérés sous les nᵒˢ 1°, 2°, 4°, il y a cas de force majeure et aucune indemnité n'est due. Toutefois l'appel pour 13 ou 28 jours n'est pas un cas de rupture. Il faut noter aussi, à propos du 4°, que le contrat est rompu même si le maître ne loge pas ses apprentis, bien que l'interdiction de l'article 5 ne s'applique qu'au fait de loger des apprentis.

Dans le cas des condamnations prévues à l'article 6 de la loi de 1851, le contractant dont la condamnation a entraîné la rupture de l'acte peut être passible de dommages-intérêts, qui seront déterminés en conformité de l'article 19. De même, en cas de séparation ou de divorce, surtout s'ils sont prononcés contre le maître, il n'y a plus en effet cas de force majeure.

Lorsque la résolution a lieu de plein droit, il n'est pas nécessaire de la faire constater par le juge. En tout cas, celui-ci n'aurait à apprécier que les faits ; si le motif est reconnu exact, il ne pourra refuser la résolution.

49. *Résolution prononcée par le juge* (3). — Les tribunaux apprécient le montant des dommages-intérêts à adjuger.

L'inexécution du contrat de la part d'une des parties n'autorise pas l'autre partie à se refuser à exécuter les conditions auxquelles elle est soumise. Elle ne peut que s'adresser au tribunal compétent et réclamer, soit la résolution du contrat avec dommages-intérêts, soit la résolution du contrat pure et simple, soit même des dommages-intérêts uniquement.

50. Il est enfin une autre cause de résiliation judiciaire qui est énoncée par l'article 17 de la façon suivante : « Si le temps convenu pour la durée de l'apprentissage dépasse le maximum de la durée consacrée par les usages locaux, ce temps peut être réduit ou le contrat résolu ». Bien que cette prescription soit une exception au droit commun, qui n'admet pas l'action en rescision pour lésions dans les contrats dont l'objet est mobilier, il a semblé au législateur que dans le contrat d'apprentissage, elle était nécessaire pour éviter l'exploitation de l'apprenti mineur.

§ 7. — *Compétence en cas de contestation sur l'exécution du contrat.*

51. D'après l'article 18 de la loi de 1851, toute demande à fin d'exécution ou de résolution de contrat est jugée par le conseil de prud'hommes dont le maître est justiciable, et, à défaut, par le juge de paix du canton. C'est également aux conseils de prud'hommes et, à leur défaut aux juges de paix, que la loi a conféré le soin de juger les infractions à l'article 13, c'est-à-dire les détournements d'apprentis faits par un maître aux dépens d'un autre.

Le conseil de prud'hommes et les juges de paix sont chargés, enfin, de régler les indemnités et les restitutions qui pourraient être dues dans les divers cas de résolutions prévues par les articles 14, 15, 16 et 17 (1).

52. L'article 20 de la loi de 1851 édicte des pénalités à l'égard des contrevenants aux articles 4, 5, 6, 9 et 10 de la loi. Les articles 4, 5 et 6 indiquent les conditions d'état civil que doivent remplir les maîtres pour recevoir des apprentis ; les articles 9 et 10 réglementent la durée du travail journalier, le repos de nuit, le repos du dimanche et des fêtes légales. Les prescriptions de tous ces articles sont parfaitement précises. Ces contraventions sont portées devant le tribunal de police et punies d'une amende de 5 à 15 francs. En cas de récidive on peut appliquer un emprisonnement de 1 à 5 jours. Néanmoins la récidive d'une contravention à l'article 6 est passible au tribunal correctionnel, d'une peine de 15 jours à trois mois d'emprisonnement et d'une amende de 50 à 300 francs.

53. Rappelons, en outre, que l'article 4 du décret du 3 août 1810, qui n'est jamais appliqué, est toujours en vigueur. Cet article permet aux conseils de

---

(1) L. 22 février 1851, art. 14. — « Les deux premiers mois de l'apprentissage sont considérés comme un temps d'essai pendant lequel le contrat peut être annulé par la seule volonté de l'une des parties. Dans ce cas, aucune indemnité ne sera allouée à l'une ou l'autre des parties, à moins de conventions expresses. »

(2) L. 22 février 1851, art. 15. — « Le contrat d'apprentissage sera résolu de plein droit : 1° par la mort du maître ou de l'apprenti ; 2° si l'apprenti ou le maître est appelé au service militaire ; 3° si le maître ou l'apprenti vient à être frappé d'une des condamnations prévues à l'article 6 de la présente loi ; 4° pour les filles mineures, dans le cas de décès de l'épouse du maître ou de toute autre femme de la famille qui dirigeait la maison à l'époque du contrat. »

(3) L. 22 février 1851, art. 16. — « Le contrat peut être résolu sur la demande des parties ou de l'une d'elles : 1° dans le cas où l'une des parties manquerait aux stipulations du contrat ; 2° pour cause d'infraction grave ou habituelle aux prescriptions de la présente loi ; 3° dans le cas d'inconduite habituelle de la part de l'apprenti ; 4° si le maître transporte sa résidence dans une autre commune que celle qu'il habitait lors de la convention. Néanmoins la demande en résolution de contrat rendue sur ce motif n'est recevable que pendant trois mois, à compter du jour où le maître aura changé de résidence ; 5° si le maître ou l'apprenti encourait une condamnation emportant un emprisonnement de plus d'un mois ; 6° dans le cas où l'apprenti viendrait à contracter mariage. »

(1) L. 22 février 1851, art. 19.

prud'hommes de condamner les apprentis pour indiscipline dans l'atelier à 3 jours d'emprisonnement.

54. En ce qui concerne l'application de l'article 9 et les pénalités qui s'y réfèrent, nous avons déjà observé qu'il fallait, pour les établissements industriels soumis aux lois des 2 novembre 1892-30 mars 1900, leur substituer les prescriptions et pénalités prévues par ces dernières lois. Il est important de noter que toutes les petites industries de l'alimentation, où l'apprentissage est encore assez vivace : pâtissiers, charcutiers, bouchers, boulangers échappent à la loi du 2 novembre 1892 ; les prescriptions de la loi du 22 février 1851 y restent donc en vigueur.

On remarquera que l'article 20 de la loi de 1851 ne comprend pas les prescriptions de l'article 8 parmi celles qui peuvent donner lieu à contravention; les sanctions à l'inexécution de cet article sont d'ordre civil : résolution du contrat, indemnités, sauf les cas où des amendes ou emprisonnements pourraient être infligés en vertu du droit commun. Il est à regretter que, tout au moins pour les travaux insalubres ou au-dessus des forces des apprentis, le pouvoir n'ait pas été donné au ministre ou au préfet d'édicter des règlements spéciaux suivant les besoins et de les faire respecter.

§ 8. — *Timbre et enregistrement.*

55. *Timbre.* — L'acte d'apprentissage n'a été l'objet d'aucune exception en matière de timbre : il en résulte qu'il doit être rédigé sur papier timbré de dimension, suivant les prescriptions générales de l'article 12 de la loi du 13 brumaire an VII.

56. *Enregistrement.* — Sous le régime de la loi du 22 frimaire an VII, le « brevet d'apprentissage » était soumis à un droit fixe de 1 franc, s'il ne contenait ni stipulation de sommes ou de valeurs mobilières ni quittances (art. 68, § 1, n° 14) (1). Si le contrat contenait stipulation de sommes ou de valeurs mobilières, payées ou non, il supportait un droit proportionnel de 0,50 0/0 (art. 69, § 2, n° 7). C'était là un régime de faveur, puisque les stipulations de sommes figurant dans les autres contrats étaient soumises à un droit de 1 0/0.

La loi du 22 février 1851, par son article 2, décida qu'à l'avenir on ne percevrait, pour les contrats d'apprentissage, qu'un droit fixe de *un franc*, lors même que le contrat contiendrait des obligations de sommes ou valeurs mobilières, ou des quittances, de sorte qu'il n'existe plus, en cette matière, de droit proportionnel. Par la loi du 28 février 1872, article 4, le droit fixe a été porté à *un franc cinquante* (2), quel que soit le nombre des originaux délivrés aux parties intéressées (3).

57. On a assimilé au contrat d'apprentissage, en matière d'enregistrement, certains contrats qui n'ont pas essentiellement ce caractère spécial. Une solution de la Régie du 19 septembre 1871 *(Rép. gén.* 2227-3°) a appliqué le droit fixe au contrat passé entre un tuteur et la supérieure d'une communauté religieuse qui s'engageait à instruire et à apprendre à « bien travailler » à une enfant qui, en retour, devait consacrer son temps au profit du couvent et payer une certaine somme décroissante jusqu'à sa majorité.

Une autre solution du 16 avril 1878 a également prescrit la perception du droit fixe de 1 fr. 50 pour un acte par lequel deux époux, contractant avec l'assistance publique, prennent l'engagement de recevoir chez eux une enfant assistée et de l'entretenir, de lui apprendre un état et de lui donner à sa majorité ou au jour de son mariage une somme de 5,000 francs.

On voit donc que la Régie ne réserve pas le nom de contrat d'apprentissage aux seuls contrats qui sont passés avec des ouvriers, chefs d'atelier ou fabricants. Elle admet une interprétation plus large de la loi.

Si un tiers intervient dans le contrat pour tenir la main à son exécution, on perçoit un nouveau droit fixe de 1 fr. 50 pour cautionnement (1).

58. En règle générale, la résolution d'un contrat supporte les mêmes droits d'enregistrement que le contrat lui-même. On applique cette mesure au contrat d'apprentissage et on décide que la résolution de ce contrat, pour être enregistrée, est passible d'un droit fixe de 1 fr. 50.

§ 9. — *Interventions administratives.*

59. Ainsi qu'on l'a vu au cours de cette analyse, l'intervention de l'Administration au sujet des contrats d'apprentissage ne se manifeste que sur quelques points.

Les *préfets* ont le pouvoir de lever les incapacités résultant de l'article 6 de la loi du 22 février 1851. Deux conditions préalables doivent être remplies : 1° le condamné, après l'expiration de sa peine, doit avoir résidé trois ans dans la même commune; 2° le préfet doit avoir demandé l'avis du maire de cette commune. Au sujet de ce pouvoir donné aux préfets, la circulaire ministérielle adressée aux préfets le 10 avril 1851 s'exprimait ainsi : « Je n'ai pas besoin de vous dire avec quelle réserve vous devez user de cette faculté. La loi a voulu, en vous la réservant, que la porte ne fût pas fermée au repentir, mais elle a voulu aussi que l'incapacité ne fût levée qu'en présence des garanties morales les plus réelles et les plus rassurantes. »

En cas de refus du préfet de lever les incapacités, aucun recours n'est ouvert que le recours hiérarchique devant le ministre. Qu'arrivera-t-il si le préfet a levé l'incapacité d'un maître sans que fussent remplies les conditions préalables imposées par la loi ? L'apprenti ou son représentant auront seuls des inté-

---

(1) Ce droit fixe avait été élevé à 2 francs par la loi du 18 mai 1850.
(2) L. 28 février 1872, *concernant les droits d'enregistrement.* — Art. 4. « Les divers droits fixes auxquels sont assujettis par les lois en vigueur les actes civils, administratifs ou judiciaires autres que ceux dénommés à l'article 1er sont augmentés de moitié. »
Les contrats d'apprentissage ne sont pas visés par l'article 1er.
(3) Sol. Régie, 21 mai 1851 ; Garnier *Rép. gén.*, n° 2227-1°.

---

(1) *Journal Enreg.*, n° 16720-1°.

rêts à faire valoir en l'espèce; cet intérêt est, le cas échéant, de faire annuler le contrat. Ils pourront en poursuivre l'annulation devant la juridiction civile, en se fondant sur l'inobservation par l'arrêté préfectoral des conditions prescrites par la loi. Il semble que le Tribunal n'ait même pas à renvoyer devant la juridiction administrative la question préjudicielle de validité de l'autorisation préfectorale, étant admis que les questions d'état et de capacité ne sont pas subordonnées à des questions préjudicielles d'ordre administratif (1).

60. D'après l'article 9 *in fine* de la loi de 1851, le préfet peut permettre, par un arrêté pris sur l'avis du maire, de déroger aux dispositions insérées dans les paragraphes 1, 2, 3 du même article relativement à la durée du travail journalier et du travail de nuit. On a dit plus haut que ce pouvoir n'appartient plus au préfet en ce qui concerne les établissements industriels visés par les lois du 2 novembre 1892 et du 30 mars 1900; mais il intéresse encore aujourd'hui les petites industries de l'alimentation. Le Conseil d'Etat, en effet, par un avis du 29 juin 1893 relatif aux restaurateurs, pâtissiers, boulangers; par un autre avis en date du 22 mai 1894, relatif aux bouchers et charcutiers, a déclaré que ces petites industries n'étaient pas assujetties à la loi du 2 novembre 1892. Le préfet, d'ailleurs, n'a pas le droit de lever l'obligation du repos du dimanche, ni de la convertir en obligation de repos hebdomadaire.

Si le préfet autorise les heures de nuit ou le travail supplémentaire, l'apprenti ou son représentant n'ont aucun recours contre son arrêté, sauf, le cas échéant, recours à la juridiction civile, à fin d'annulation de contrat, pour travaux au-dessus des forces de l'apprenti.

61. Les autorités de police ont tenu de la loi du 22 germinal an XI un droit très important, celui de prononcer dans les affaires de simple police (2).

Ce droit leur a été retiré. Mais si le préfet de police, les commissaires et les maires n'ont plus à appliquer les peines, ils n'en demeurent pas moins investis d'un pouvoir dont l'exercice régulier peut avoir la plus grande influence sur la protection des apprentis : c'est celui de relever les contraventions aux prescriptions établies par les articles 4, 5, 6, 9, 10 de la loi du 22 février 1851, et de provoquer ainsi l'application des pénalités prévues par l'article 20. La loi de 1851 n'a pas institué, en effet, de corps spécial d'inspecteurs et a laissé aux seuls officiers de police judiciaire le soin de relever les contraventions. — En particulier, rien n'autorise les inspecteurs du travail à verbaliser pour assurer son application.

62. Les autorités administratives n'ont pas fait usage, à notre connaissance, des facultés qu'elles tenaient des articles 7 et 9; les officiers de police judiciaire, de leur côté, n'ont guère songé à faire appliquer la loi d'une manière suivie. — Cependant le Gou-

vernement avait rappelé à diverses reprises, par des circulaires du 22 juin 1853, du 18 septembre 1860, du 12 janvier 1877, du 12 juillet 1878, l'importance de la loi du 22 février 1851. Nous avons déjà signalé aussi l'ordonnance du 22 novembre 1852 du préfet de police, concernant l'exécution de la même loi. — Récemment, l'attention des préfets a été de nouveau appelée sur la question, très instamment, par une circulaire du ministre du Commerce en date du 20 novembre 1900. Le ministre rappelle que les apprentis des professions industrielles se trouvent protégés, en ce qui concerne la durée de leur travail, leurs repos, etc., par la loi du 2 novembre 1892 sur le travail des femmes et des enfants. Mais tous les apprentis des professions qui ne sont pas visées par la loi de 1892, tous ceux, notamment, des professions de l'alimentation, auxquelles des avis du Conseil d'Etat ont refusé l'application de la loi de 1892, ne se trouvent protégés que par les articles 8 *in fine* et 9 de la loi de 1851. De grands abus ayant été constatés, il importe que les officiers de police judiciaire recherchent et constatent avec beaucoup de soin les contraventions. — Nous avons dit plus haut que la loi de 1851 n'avait pas classé parmi les contraventions les infractions à l'article 8, d'où grande difficulté pour faire respecter les prescriptions relatives aux travaux soit insalubres, soit au-dessus des forces de l'apprenti.

63. A un point de vue tout différent, la loi sur l'apprentissage intéresse d'autres agents de l'Administration.

On sait que les enfants trouvés, abandonnés ou orphelins pauvres, sont élevés dans les hospices, ou, grâce aux secours de l'Administration, sont confiés à certaines personnes. Aux termes du décret du 19 janvier 1811 qui régit cette matière, ces enfants se trouvent placés sous la tutelle des commissions administratives des hospices : un membre de cette commission est même spécialement chargé de la tutelle pour chaque enfant.

Or, ce décret, dans son article 17, dispose : « Les enfants ayant accompli l'âge de 12 ans, desquels l'Etat n'aura pas autrement disposé, seront, autant que faire se pourra, mis en apprentissage, les garçons chez des laboureurs ou des artisans, les filles chez des ménagères, des couturières ou autres ouvrières, ou dans des fabriques ou manufactures. » C'est évidemment le tuteur spécial de l'enfant qui devra figurer au contrat et le passer au nom de l'apprenti.

64. L'article 18 du décret apporte une restriction à la liberté de ce contrat d'apprentissage. « Les contrats d'apprentissage ne stipuleront aucune somme en faveur ni du maître ni de l'apprenti, mais ils garantiront au maître les services gratuits de l'apprenti jusqu'à un âge qui ne pourra excéder 25 ans, et, à l'apprenti, la nourriture, l'entretien et le logement. »

C'est pour éviter que les hospices fussent tentés de spéculer sur le travail des enfants confiés à leurs soins, que ces contrats ne doivent stipuler aucune somme en faveur de l'apprenti ; et c'est pour éviter d'autre part des charges à l'assistance publique que l'on a défendu de stipuler aucune somme en faveur du maître.

---

(1) **Laferrière**, *Traité de la juridiction administrative*, t. I, p. 467 de la 1re édit.

(2) V. *supra*, Historique, n° 6.

SECTION II.

LIVRETS D'OUVRIERS.

§ 1er. — *Livrets proprement dits.*

65. Déjà dans les règlements d'Etienne Boileau, prévôt des marchands sous saint Louis, vers 1254, on trouve l'obligation pour les ouvriers qui veulent se placer, de justifier d'un congé écrit émanant de leurs précédents maîtres et, corrélativement, il était défendu à tout maître de recevoir un ouvrier non muni d'un congé.

Ces prescriptions furent formulées à maintes reprises sous l'ancien régime, et notamment dans un arrêt du conseil du 2 janvier 1749 (1).

Un autre arrêt du 12 septembre 1781, qui renouvelait les dispositions de l'arrêt du 2 janvier 1749, y ajouta la disposition suivante : (art. 4.) « Voulons que lesdits ouvriers aient un livre ou cahier sur lequel seront portés successivement les différents certificats qui leur seront délivrés par les maîtres chez lesquels ils auront travaillé ou par le juge de police. » Le livret d'ouvrier se trouvait ainsi créé.

66. En abolissant les maîtrises et les corporations, l'Assemblée constituante fit disparaître tous les règlements des diverses industries et manufactures. L'obligation du livret fut ainsi supprimée.

C'est la loi du 22 germinal an XI qui rétablit les livrets d'ouvriers. L'article 12 de cette loi dispose que « nul ne pourra sous les mêmes peines (dommages-intérêts envers le précédent maître), recevoir un ouvrier, s'il n'est porteur d'un livret portant le certificat d'acquit de ses engagements, délivré par celui de chez qui il sort. »

67. Ces mesures furent précisées d'une façon plus rigoureuse encore par l'arrêté des consuls du 9 frimaire an XII, portant règlement d'administration publique.

Tout ouvrier travaillant en qualité de compagnon ou garçon doit se pourvoir d'un livret (art. 1er). Ce livret est coté et paraphé par un commissaire de police à Paris, Lyon et Marseille, et dans les autres villes par le maire. Quand un ouvrier quitte un établissement, le maître doit inscrire l'acquit des engagements s'ils ont été remplis (art. 4); quand l'ouvrier entre chez un nouveau patron il doit faire inscrire sur son livret la date de son entrée (art. 5).

Si un ouvrier a reçu des avances de son patron ou

____

(1) Dans cet arrêt il était fait défense « à tous compagnons et ouvriers employés dans les fabriques et manufactures du royaume... de les quitter pour aller travailler ailleurs sans en avoir obtenu un congé exprès et par écrit de leur maître ». Néanmoins des compagnons et ouvriers qui avaient des causes légitimes de quitter leurs maîtres pouvaient se pourvoir devant les juges de police des lieux pour en obtenir un billet de congé, à la condition qu'ils aient achevé les ouvrages qu'ils auraient commencés chez leur maître et acquitté les avances qui auraient été faites.

s'il s'est engagé à travailler un certain temps, il ne pourra exiger la remise de son livret et la délivrance de son congé qu'après avoir acquitté sa dette ou rempli ses engagements (art. 7). Dans le cas où le patron autoriserait l'ouvrier à le quitter, le nouveau maître doit prélever sur le salaire une retenue, qui ne pourrait excéder en aucun cas les 2/10 du salaire journalier de l'ouvrier, au profit du premier patron.

Enfin l'arrêté portait que l'ouvrier qui était trouvé voyageant sans livret devait être réputé vagabond, et, comme tel, pouvait être arrêté et puni de 3 à 6 mois d'emprisonnement en vertu de l'article 271 du Code pénal. C'est la seule sanction pénale que comportaient la loi du 22 germinal an XI et l'arrêté du 9 frimaire an XII. Aucune pénalité n'était édictée contre les ouvriers sédentaires qui ne se conformaient pas à leurs prescriptions.

La loi du 22 germinal an XI et l'arrêté du 9 frimaire an XII, dont les dispositions étaient si rigoureuses pour les ouvriers, ne furent pas très strictement appliqués, et après la révolution de 1830, les ouvriers se considérèrent comme affranchis des obligations qu'ils leur imposaient. Le livret ne continua à être exigé que des ouvriers qui voyageaient.

68. Mais les manufacturiers et industriels se plaignirent de cet état de choses, alléguant que par le fait de n'être plus soumis à la règle du livret, les ouvriers devenaient instables et abandonnaient trop fréquemment leurs travaux. Le préfet de police à Paris, et, dans certaines villes, les maires s'émurent de ces plaintes et prirent des arrêtés punissant de peines de simple police les patrons qui recevaient des ouvriers sans livret.

La Cour de cassation, par deux arrêts du 9 janvier 1835 et 22 février 1840, déclara que ces arrêtés étaient illégaux; car le fait par les patrons de recevoir des ouvriers sans livret était dépourvu de sanction pénale et ne donnait ouverture qu'à une action civile en dommages-intérêts.

D'un autre côté les ouvriers se plaignaient que les patrons en donnant aux ouvriers de fortes avances, et en inscrivant ces avances sur les livrets, forçaient les ouvriers à rester chez eux aux conditions qu'ils voulaient leur imposer. Ils se plaignaient encore que les mentions que contenaient souvent les livrets les empêchaient de se placer de nouveau.

69. Patrons et ouvriers réclamaient donc la réforme de la législation de l'an XI. Une première loi du 14 mai 1851 modifia la loi du 22 germinal en ce qui concerne les avances. Le non-remboursement des avances ne suffisait plus à justifier à lui seul la retenue du livret. Les avances n'étaient remboursables par voie de retenue que jusqu'à concurrence de 30 francs, et ces retenues ne pouvaient excéder un dixième du salaire journalier de l'ouvrier. Les autres dispositions de la loi du 22 germinal subsistaient : elles ne furent modifiées que par la loi du 22 juin 1854.

La loi du 22 juin 1854 se montra sur certains points plus libérale pour les ouvriers que la législation antérieure. Elle décidait par exemple que le livret restait aux mains de l'ouvrier et ne pouvait contenir aucune mention favorable ou défavorable. Sur d'autres points elle se montrait plus rigoureuse : aucun ouvrier ne pouvait être employé sans livret, et toute contravention à cette disposition était passible de 1 à 15 francs d'amende et de 1 à 5 jours de prison ; le livret était exigé pour l'inscription sur les listes électorales des prud'hommes.

70. Le décret du 30 avril 1855 vint aggraver la loi en autorisant les préfets à prendre des mesures de police pour en assurer l'exécution.

C'est ainsi qu'à Paris une ordonnance du préfet de police obligeait les ouvriers venant à Paris pour chercher du travail à se présenter à la préfecture dans les 8 jours de leur arrivée pour faire viser leur livret. A chaque changement d'atelier les ouvriers devaient faire viser la signature de leurs ancien et nouveau patrons par le commissaire do police (1).

D'autre part, la loi chargeant la préfecture de police de délivrer des livrets à Paris, il en résultait que non seulement les hommes, mais aussi les femmes et les filles étaient obligés de se rendre à la préfecture où ils étaient exposés à se trouver en contact avec des malfaiteurs ou des femmes de mauvaise vie.

Enfin l'article 6 du décret du 30 avril 1855 portait que l'ouvrier devait présenter son livret à toute réquisition des agents de l'autorité, ce qui blessait les ouvriers en les assimilant aux condamnés libérés soumis à la surveillance de la haute police.

71. Par suite de la résistance des ouvriers, la loi tomba bientôt en désuétude ou tout au moins fut très mal appliquée dans la moitié des centres industriels parmi lesquels se trouvaient les plus importants, Paris, Lyon, Marseille, ainsi qu'il résulte de l'enquête officielle de 1868.

La suppression des livrets était réclamée par un grand nombre d'ouvriers. Une proposition de loi, abrogeant la loi de 1854, fut déposée à la Chambre des députés le 11 novembre 1881. Elle aboutit, après plusieurs délibérations à la Chambre des députés et au Sénat, à la loi du 2 juillet 1890.

Cette loi abroge toutes les lois ou décrets relatifs aux livrets d'ouvriers, et notamment les lois du 14 mai 1851 et du 22 juin 1854.

En conséquence, les maires, dans les départements, le préfet de police à Paris, le préfet du Rhône à Lyon ne sont plus tenus de délivrer des livrets aux ouvriers, sauf dans les cas prévus par la loi du 2 juillet 1890 et dont nous parlerons ci-après.

Les ouvriers ne sont plus tenus de posséder un livret et la présentation du livret n'est plus obligatoire pour l'inscription sur les listes électorales des conseillers prud'hommes (2).

Les ouvriers ne peuvent pas obliger leurs patrons à inscrire sur des livrets ou carnets des mentions quel-

conques : mais ils peuvent les obliger à leur délivrer, à l'expiration du contrat de travail, un certificat contenant exclusivement la date de leur entrée, celle de leur sortie et l'espèce de travail auquel ils ont été employés. Ce certificat est exempt de timbre et de l'enregistrement (1).

72. La loi du 2 juillet 1890 n'a aboli que les livrets d'ouvriers prescrits par la loi du 22 juin 1854 : elle a maintenu expressément les dispositions de la loi du 18 mars 1806 sur les livrets d'acquit de la fabrique de Lyon, celles de la loi du 7 mars 1850 sur les livrets de compte pour le tissage et le bobinage, et celles de la loi du 19 mai 1874, abrogée depuis par la loi du 2 novembre 1892, relatives aux livrets des enfants employés dans l'industrie.

§ 2. — *Livrets d'acquit de la fabrique de Lyon.*

73. Le livret d'acquit de la fabrique de Lyon a été institué par les articles 20 à 28 de la loi du 18 mars 1806, portant établissement d'un conseil de prud'hommes à Lyon. Les dispositions de la loi de 1854 ne sont pas applicables à ce livret.

Il a pour but : 1° de constater les avances de matières ou d'argent faites par les négociants-manufacturiers aux chefs d'atelier travaillant à façon; 2° d'assurer le recouvrement de ces avances en conférant aux négociants un privilège sur le prix des façons qui seront ultérieurement payées aux chefs d'atelier.

Tous les chefs d'atelier sont tenus de se pourvoir d'un double livret d'acquit pour chacun des métiers qu'ils font travailler. Ces livrets leur sont délivrés au conseil des prud'hommes. Ils sont numérotés et paraphés par le président du conseil. Ils portent les nom, prénoms et domicile du chef d'atelier, ainsi que le numéro du métier, pour lequel ils ont été délivrés (art. 20.) Il est tenu registre des livrets délivrés par le conseil (art. 21.)

L'un des livrets est conservé par le chef d'atelier : l'autre est remis au négociant-manufacturier pour lequel le métier travaille.

74. Aussitôt que le négociant-manufacturier reçoit un livret d'acquit d'un chef d'atelier, il doit d'abord le faire viser par les autres négociants qui occupent des métiers dans le même atelier, et qui doivent déclarer en même temps, si le chef d'atelier leur a soldé ses comptes ou s'il est encore leur débiteur et pour quelle somme.

Au fur et à mesure que les négociants consentent des avances aux chefs d'atelier, ils les inscrivent, avec leur date, sur les livrets d'acquit.

Quand le chef d'atelier cesse de travailler pour un négociant, il doit faire viser ses livrets par celui-ci, qui doit déclarer sur les livrets si le chef d'atelier lui a soldé ses comptes ou indiquer le chiffre des avances qui lui sont encore dues.

---

(1) De semblables mesures furent adoptées dans certains autres centres industriels.
(2) Circ. min. Comm. 12 juillet 1890.

---

(1) L. 2 juillet 1890, art. 3.

Dans ce dernier cas, le chef d'atelier ne pourra faire travailler son métier pour un autre négociant que si celui-ci rembourse le négociant créancier de toutes ses avances en matières et de ses avances en argent jusqu'à concurrence de 500 francs. Toutefois si le chef d'atelier quitte le négociant du consentement de celui-ci ou pour une cause légitime, le négociant pour lequel il fera travailler son métier à l'avenir n'est pas tenu de rembourser immédiatement le montant total des avances, et il s'engage seulement à retenir à l'ouvrier un huitième du prix des façons qu'il lui paiera. Cette retenue est faite au profit du fabricant dont la dette est la plus ancienne et ainsi successivement (art. 25).

75. La date des dettes contractées par les chefs d'atelier envers les négociants est regardée comme certaine après l'apurement des comptes, l'inscription de la déclaration sur le livret d'acquit et le visa du bureau des prud'hommes. Mais il n'en est ainsi qu'à l'égard des chefs d'atelier et des négociants et pour l'exécution des dispositions mentionnées plus haut (art. 26).

Le négociant qui fait travailler un chef d'atelier sans livret d'acquit est condamné à payer comptant tout ce que le chef d'atelier pourrait devoir en compte de matières et, jusqu'à concurrence de 500 francs, tout ce qu'il pourrait devoir en argent (art. 27).

76. Les livrets d'acquit ne devaient servir originairement qu'à constater les avances faites par les fabricants. Depuis 1832, ils servent également à constater les avances consenties par la Caisse de prêts instituée pour les chefs d'atelier de la fabrique de soie de la ville de Lyon.

Cette Caisse de prêts a été autorisée et reconnue comme établissement d'utilité publique par une ordonnance royale du 9 mai 1831, qui a également approuvé ses statuts « sans préjudice et sous toute réserve des droits des tiers ». Les modifications apportées récemment à ces statuts ont été également approuvées par un décret du 16 mars 1898.

Aux termes de ces statuts la Caisse de prêts est assimilée en tout point au négociant fabricant qui ferait des avances à un chef d'atelier.

L'obligation, par laquelle le chef d'atelier se reconnaît débiteur envers la caisse de la somme qui lui a été prêtée par celle-ci, doit être littéralement transcrite sur chacun des livrets de l'emprunteur et elle est exécutoire pour les fabricants qui l'emploieront dans la forme et aux conditions spécifiées par les articles 20 à 28 de la loi du 18 mars 1806 (art. 14).

Il doit être également stipulé dans cette obligation que pour l'application à l'emprunteur de la retenue du huitième prévue par ladite loi, la caisse est assimilée à un négociant créancier. Le rang de ladite caisse, comme créancière est déterminé par la date de son inscription sur les livrets de l'emprunteur, dans la forme prescrite par la loi du 18 mars 1806.

Les poursuites auxquelles donnent lieu les prêts de la caisse sont exercées devant le conseil des prud'hommes (art. 19).

LOUAGE DE TRAVAIL

§ 3. — *Livrets de compte pour le tissage, le bobinage, la coupe du velours de coton, la teinture, le blanchiment et l'apprêt des étoffes.*

77. Ces livrets ont été d'abord institués pour le tissage et le bobinage par la loi du 7 mars 1850. Ils ont été étendus à la coupe du velours de coton, à la teinture, au blanchiment et à l'apprêt des étoffes par la loi du 21 juillet 1856.

Ces livrets spéciaux ont pour but de protéger les intérêts de l'ouvrier et ceux du maître pour lequel il travaille en leur procurant le moyen de constater les conventions intervenues entre eux. Ils diffèrent essentiellement et sont indépendants du livret d'ouvrier (1).

Les livrets ne sont obligatoires que lorsque des marchandises sont remises — par un fabricant, un commissionnaire ou un intermédiaire — à un ouvrier à façon ou à un chef d'atelier pour être mises en œuvre par ce dernier, soit seul, soit avec plusieurs compagnons ou apprentis.

78. — Les livrets de compte appartiennent à l'ouvrier et sont laissés entre ses mains. Le fabricant, commissionnaire ou intermédiaire qui livre à un ouvrier, soit des fils à tisser ou à bobiner, soit une pièce de velours de coton à couper, ou une pièce d'étoffe à teindre, à blanchir ou à apprêter est tenu d'inscrire sur le livret de compte de l'ouvrier, le poids ou les dimensions de la matière à travailler ou de la pièce à fabriquer. Il doit inscrire également le prix de façon qui doit être obligatoirement fixé, soit d'après les dimensions, soit d'après le poids de la matière à travailler ou de la pièce à fabriquer. Le prix de façon ne peut être fixé à la pièce.

D'autre part, le fabricant, commissionnaire ou intermédiaire inscrit sur un registre d'ordre toutes les mentions portées au livret spécial de l'ouvrier.

Le prix de façon doit être indiqué en monnaie légale sur le livret : ce qui exclut la possibilité de payer le travail en nature. Il peut toutefois intervenir entre les parties des conventions contraires à cette prescription, mais elles doivent être mentionnées sur le livret.

Afin d'assurer la sincérité des énonciations des poids et des mesures portées sur le livret, le fabricant, commissionnaire ou intermédiaire est tenu de tenir constamment exposés aux regards dans le lieu où se règlent habituellement les comptes : 1° les instruments nécessaires à la vérification des poids et mesures; 2° un exemplaire de la loi du 7 mars 1850, s'il s'agit de tissage ou de bobinage, de la loi du 21 juillet 1856, s'il s'agit de la coupe du velours de coton, de la teinture, du blanchiment ou de l'apprêt des étoffes.

79. La loi du 7 mars 1850 sur le tissage et le bobinage prévoit deux sortes de règlements d'administration publique.

Les premiers ont pour objet de déterminer les modes de fixation du prix des façons à l'égard des industries

---

(1) Cass. 27 août 1852 (D. P. 52.1.303).

spéciales auxquelles serait inapplicable la fixation du prix de façon, soit au mètre de tissu fabriqué, soit au mètre de longueur de la trame introduite dans le tissu, soit au kilogramme de matière travaillée, soit au mètre de longueur de cette même matière.

Les autres règlements ont pour objet d'étendre les dispositions de la loi de 1850 aux industries qui se rattachent au tissage et au bobinage.

Ces deux sortes de règlements doivent être rendus après avis des chambres de commerce, des chambres consultatives et des conseils de prud'hommes et à leur défaut des conseils de préfecture. Ils doivent être soumis à l'approbation du pouvoir législatif dans les trois ans qui suivront leur promulgation.

Aucun règlement relatif à la fixation des prix de façon n'a été pris jusqu'ici. Par contre un décret du 20 juillet 1853 a étendu aux industries de la coupe des velours de coton, de la teinture du blanchiment et de l'apprêt des étoffes les dispositions de la loi du 7 mars 1850. Ce décret a été converti en loi, dans le délai prescrit par la loi du 7 mars 1850, le 21 juillet 1856.

80. Les infractions aux dispositions des lois du 7 mars 1850 et du 21 juillet 1856 sont constatées par les officiers de police judiciaire. Elles sont punies d'une amende de 11 à 15 francs. Il est prononcé autant d'amendes qu'il a été commis de contraventions distinctes. Si dans les douze mois qui ont précédé la contravention, le contrevenant a encouru une condamnation pour infraction à la même loi, le tribunal peut ordonner l'insertion du nouveau jugement dans un journal de la localité, aux frais du condamné (art. 8 et 9).

Les dispositions des lois du 7 mars 1850 et du 21 juillet 1856 sont d'ordre public, et lors même que les ouvriers n'en réclameraient pas l'exécution, l'autorité publique a le droit d'intervenir. Des instructions ont été à plusieurs reprises adressées en ce sens par le ministre du commerce à divers préfets et par le garde des sceaux à plusieurs procureurs généraux.

Les livrets de compte sont soumis à la loi du 23 août 1871 qui a assujetti au timbre de dix centimes tous les titres qui emportent libération, reçu ou décharge. Il a été jugé que cette disposition générale s'applique à la mention, inscrite sur le livret spécial de l'ouvrier tisseur, de la remise faite par cet ouvrier au fabricant, après l'avoir façonnée, de la matière qu'il a reçue de ce dernier, et que la mention de cette remise, écrite par le fabricant, constitue une décharge pour l'ouvrier. Le fabricant, étant dans ce cas le créancier, est tenu personnellement, s'il a été contrevenu aux dispositions de l'article 18, de payer le montant des droits, frais et amendes (1).

§ 4. — *Livrets des enfants employés dans les établissements industriels* (2).

81. Ces livrets ont pour but de constater l'âge de l'enfant, de façon à assurer le contrôle des dispositions des lois sur le travail qui fixent l'âge minimum auquel les enfants peuvent être admis dans les établissements industriels. Ils ont été institués pour la première fois par l'article 6 de la loi du 22 mars 1841; les dispositions en ont été reproduites à peu près textuellement par l'article 10 de la loi du 19 mai 1874 et par l'article 10 de la loi du 2 novembre 1892, actuellement en vigueur, sur le travail des enfants, des filles mineures et des femmes dans les établissements industriels.

Ces livrets sont essentiellement différents de ceux prévus par la loi du 22 juin 1854, abrogée par la loi du 2 juillet 1890 (1). Ces derniers livrets ne pourraient être remis aux enfants employés dans les établissements industriels à la place de ceux prescrits par l'article 10 de la loi de 1892 (2).

82. Tous les enfants de l'un ou l'autre sexe, âgés de moins de dix-huit ans, employés dans les établissements industriels doivent être munis d'un livret délivré par le maire. Aucun livret ne peut être délivré à un enfant de moins de treize ans, à moins qu'âgé de douze ans, il ne soit muni du certificat d'études primaires, et, dans ce cas, mention doit en être faite sur le livret (art. 10). Les enfants de moins de 13 ans ne peuvent, aux termes de l'article 2 de la loi du 2 novembre 1892, être en effet employés dans les établissements industriels qu'à cette condition.

Le livret est obligatoire pour les enfants étrangers aussi bien que pour les enfants de nationalité française, mais ce livret n'est délivré aux enfants étrangers que sur la présentation de pièces spéciales (3).

Le livret est également obligatoire pour les enfants recueillis par l'assistance publique, mais quelques modifications sont apportées dans la rédaction des livrets de ces enfants, en ce qui concerne l'indication de leur lieu de naissance. Le livret est obligatoire enfin pour les enfants recueillis dans les établissements de bienfaisance (4).

Seuls ne sont pas assujettis à l'obligation du livret les enfants occupés dans les établissements où ne sont employés que les membres de la famille sous l'autorité soit du père, soit de la mère, soit du tuteur.

83. Les livrets ne peuvent être délivrés que par les maires; aucun autre magistrat ou fonctionnaire, et notamment les commissaires de police ne peuvent les suppléer. C'est à tort que M. Lagrésille, dans son commentaire de la loi du 2 novembre 1892, dit que les livrets sont délivrés à Paris par la préfecture de police. Ils sont délivrés dans cette ville, par les maires des différents arrondissements. Si la loi a désigné les maires pour délivrer les livrets, c'est en raison de leur qualité d'officiers de l'état civil, et « l'intervention des officiers de police changerait le caractère de la mission qui a été confiée aux maires » (5).

---

(1) L. 23 août 1871, art. 18 ; Cass. req. 25 janvier 1876 (D. P. 76.1).
(2) V. *Répertoire du droit administratif*, v° Police et réglementation, n° 159.

(1) V. *supra*, n°° 67 et suiv.
(2) *Bulletin de l'Inspection du travail*, 1895, p. 415.
(3) V. *infra*, n° 86.
(4) Cass. crim. 8 décembre 1900.
(5) *Bull. Insp.*, 1897, p. 19.

La délivrance des livrets est gratuite (1). La dépense y afférente doit donc être supportée obligatoirement par les budgets communaux (2) où doit être ouvert un crédit spécial destiné à couvrir les frais d'acquisition de ces livrets. En cas de refus, la dépense pourrait être inscrite d'office au budget communal (3).

84. Le livret doit être délivré au père, à la mère, au tuteur ou au patron de l'enfant. Cette énumération est limitative. C'est la loi du 2 novembre 1892 qui a ajouté le patron à la liste des personnes auxquelles ces livrets pourraient être délivrés.

Quel est le maire qui doit délivrer le livret? Est-ce le maire de la commune du lieu de naissance de l'enfant ou le maire du domicile actuel de l'enfant? En l'absence de toute indication à ce sujet dans la loi. il faut admettre que c'est le maire du domicile actuel de l'enfant qui doit délivrer le livret. C'est à cette solution que s'est rallié le ministre du Commerce dans les instructions générales adressées aux préfets (4).

85. Sur quelles pièces doit être délivré le livret? La loi n'a rien déterminé à cet égard. L'établissement du livret ne présente aucune difficulté quand l'enfant est domicilié dans la commune de son lieu de naissance; le maire n'a dans ce cas qu'à se reporter aux registres de l'état civil. Mais quand l'enfant n'est pas domicilié dans la commune dont il est originaire, le maire doit-il s'en rapporter aux dires des personnes qui demandent le livret? Il est évident que non, puisqu'il ne pourrait certifier l'exactitude des indications qu'il porterait sur le livret. Doit-il exiger un acte de naissance? On a pensé que la délivrance de cet acte de naissance entraînerait des frais qu'il n'a pas été dans l'esprit de la loi d'imposer aux familles, puisque la délivrance des livrets doit être gratuite. Aussi une circulaire adressée par le ministre du Commerce aux préfets le 14 octobre 1875 (5), et concertée avec les départements de l'Intérieur, de la Justice et des Finances, décide que dans ce cas la personne qui demandera le livret se bornera à faire connaître le lieu de naissance de l'enfant. Le maire chargé de la délivrance du livret demandera au maire de la commune où l'enfant est né un bulletin de naissance, qui pourra lui être délivré sur papier libre, conformément à l'article 16, n° 1, de la loi du 13 brumaire an VII. Cette circulaire n'a pas cessé d'être en vigueur (6). Il est bien évident que les intéressés pourront produire eux-mêmes le bulletin de naissance pour obtenir la délivrance d'un livret, et que, dans ce cas comme dans le cas précédent, ce bulletin devra être délivré sur papier libre par le maire de la commune du lieu de naissance (7).

86. Une difficulté spéciale se présente en ce qui concerne les enfants de nationalité étrangère, pour les-

quels il n'est pas possible d'appliquer les règles posées par la circulaire du 14 octobre 1875. D'autre part, il est difficile aux maires de contrôler l'authenticité des actes de naissance qui leur sont présentés par les enfants étrangers, et il est arrivé que de jeunes ouvriers âgés de 8, 9 et 10 ans se sont fait délivrer des livrets sur la production d'actes de naissance falsifiés. Pour déjouer cette fraude, une circulaire du ministre du Commerce du 20 avril 1899, adressée aux préfets, a décidé que les maires ne pourront à l'avenir remettre un livret aux enfants étrangers que lorsqu'ils établiront d'une manière certaine, leur âge et leur identité par des pièces délivrées par le consulat de leur nation, dans la circonscription duquel ils sont domiciliés (1). Toutefois le rôle des consuls se borne en cette matière à certifier l'authenticité des pièces qui leur sont présentées par leurs jeunes compatriotes et qui établissent leur âge et leur identité (2).

87. La loi n'a imposé pour les livrets aucune forme spéciale ; il suffit qu'ils contiennent toutes les indications exigées par l'article 10 de la loi du 2 novembre 1892. Toutefois, afin de faciliter le contrôle des inspecteurs, la commission supérieure du travail a adopté un modèle type qui a été adressé aux préfets.

Les indications qui doivent être obligatoirement portées sur les livrets par les maires sont les suivantes :

1° Les nom et prénoms de l'enfant ;

2° La date de sa naissance. Certains commentateurs (3) émettent l'opinion que la loi est satisfaite par l'indication des années et fractions d'années révolues et qu'on exigerait à tort l'indication du jour de la naissance. Cette opinion s'appuie sur un arrêt de la Cour de cassation du 26 mai 1855 qui a décidé en ce sens. Mais il y a lieu de faire remarquer que la loi du 22 mars 1841, alors en vigueur, exigeait seulement sur le livret l'indication de l'âge, tandis que la loi du 2 novembre 1892, comme le faisait déjà la loi du 19 mai 1874, exige formellement l'indication de la date de naissance. Le livret devant être établi sur le vu de l'acte de naissance de l'enfant, il n'y a aucune difficulté pour les maires à se conformer exactement à la loi.

3° Le lieu de naissance de l'enfant. L'inscription de cette indication sur les livrets présente certaines difficultés en ce qui concerne les pupilles de l'assistance publique. Aux termes des règlements de cette administration, la filiation d'un enfant assisté doit rester secrète jusqu'à sa majorité, et c'est pour éviter qu'elle ne puisse être découverte que ces règlements s'opposent à ce que le lieu d'origine des enfants qui sont confiés à l'assistance publique soit connu des personnes ou des établissements qui les élèvent aussi bien que des intéressés eux-mêmes. La divulgation du lieu de naissance exposerait les fonctionnaires de l'assistance publique à des poursuites pour violation du secret professionnel. C'est pour éviter ces inconvé-

---

(1) L. 2 novembre 1892, art. 10.
(2) *Bull. Insp.*, 1893, p. 66.
(3) Circ. Min. Int. aux préfets 12 mars 1896 (*Bull. Insp.*, 1896, p. 112).
(4) *Bull. Insp.*, 1893, p. 66.
(5) *Bull. Insp.*, 1896, p. 267.
(6) *Bull. Insp.*, 1896, p. 266.
(7) *Bull. Insp.*, 1896, p. 485.

---

(1) *Bull. Insp.*, 1899, p. 143, 241 et 360.
(2) *Bull. Insp.*, 1901, p. 154.
(3) Lagrésille, p. 23.

nients qu'une circulaire du 13 mars 1900 (1) a prescrit aux inspecteurs de ne pas exiger l'inscription sur le livret de ces enfants du lieu de leur naissance. Le fait seul que le livret est délivré par le maire sur la déclaration du service de l'inspection des enfants assistés et sur la production du livret matricule faisant connaître les nom, prénoms et la date de naissance du pupille, a été considéré comme étant un sûr garant qu'il n'y a aucun abus à redouter.

4° Le domicile de l'enfant;

5° Si l'enfant a moins de 13 ans, le livret doit mentionner qu'il est muni du certificat d'études primaires institué par la loi du 28 mars 1882. Aucun autre certificat ou diplôme ne peut tenir lieu de ce certificat. En particulier les maires doivent refuser des livrets aux enfants âgés de moins de treize ans qui présenteraient seulement un certificat émanant d'instituteurs publics ou d'établissements d'instruction privés.

6° Bien que l'article 10 de la loi du 2 novembre 1892 ne parle pas du certificat d'aptitude physique, il y a lieu pour les maires, quand l'enfant est âgé de moins de treize ans, de mentionner sur le livret qu'il leur a été présenté le certificat d'aptitude physique prévu par l'article 2 de la loi du 2 novembre 1892. Ce n'est, en effet, que lorsque l'enfant est muni à la fois du certificat d'études primaires prévu par la loi du 28 mars 1882 et du certificat d'aptitude physique délivré conformément à l'article 2 de la loi de 1892, qu'il peut être admis au travail dès l'âge de douze ans dans les établissements industriels.

88. Quel est le recours ouvert en cas de refus par le maire de délivrer un livret à un enfant?

Comme il s'agit, en l'espèce, d'un acte qui est prescrit au maire par la loi, le préfet peut, après l'en avoir requis, y procéder d'office (2). Toutefois, comme il s'agit d'un acte que le préfet n'a pas qualité pour accomplir personnellement, il serait tenu de nommer un délégué spécial pour délivrer le livret (3).

Les intéressés pourraient-ils d'autre part introduire devant les tribunaux civils une action en dommages-intérêts contre le maire? Aucune espèce n'a encore été portée devant les tribunaux, mais il y a lieu de décider par analogie, conformément à la jurisprudence du Tribunal des conflits, que, dans la délivrance des livrets aux enfants mineurs de dix-huit ans, le maire agissant sous l'autorité de l'administration supérieure, sa décision, soit qu'il délivre le livret, soit qu'il refuse de le délivrer, soit qu'il ajourne sa délivrance, constitue un acte d'administration dont les tribunaux civils ne peuvent ni examiner les motifs, ni apprécier la légalité (4).

Les intéressés ne pourraient donc, en l'espèce, que former contre le maire un recours en excès de pouvoir devant le Conseil d'Etat.

---

(1) *Bull. Insp.*, 1900, p. 564.
(2) **L.** 5 avril 1884, art. 85.
(3) **Circ. min. Int.** 15 mai 1884.
(5) **Trib. des confl.** 29 novembre 1879, 13 décembre 1879, 21 mai 1884
V. *Répertoire du droit administratif*, v° COMMUNE).

89. *Historique.* — L'institution des bureaux de placement remonte assez loin dans le passé; nous la voyons figurer dans l'ordonnance du roi Jean, du 30 janvier 1351, qui fixe les honoraires des *recommanderesses* de chambrières et de nourrices; ces honoraires devaient être payés moitié par le maître et moitié par le serviteur; un bureau ne pouvait placer la même personne plus d'une fois par an. La même ordonnance consacre l'ancien usage de l'embauchage sur la voie publique pour un grand nombre de professions industrielles et agricoles, la police locale étant chargée de déterminer les heures de stationnement.

Plus tard, dans certaines industries, les sociétés compagnonniques et d'autres associations ouvrières similaires cherchent à accaparer le placement; mais leur action prenant souvent le caractère d'une coalition permanente contre les maîtres, ces associations sont frappées d'interdiction dès le xvi° siècle et le monopole du placement passe entre les mains des maîtrises ou communautés d'arts et métiers, dont les clercs ou préposés sont agréés par le lieutenant de police. L'embauchage direct par le maître est interdit; l'intervention du clerc est obligatoire dans tous les cas.

Aussi, lorsque Théophraste Renaudot obtient du roi, le 14 octobre 1612, le privilège exclusif de faire tenir des bureaux et registres d'adresses dans tout le royaume, il doit se restreindre au placement des domestiques et des ouvriers qui n'appartiennent pas à un corps de métier érigé en maîtrise.

90. Cependant, la profusion d'ordonnances royales et d'arrêts du parlement rendus en faveur du placement par les clercs des corporations, pendant les xvi°, xvii° et xviii° siècles, démontre assez combien d'accrocs ce système recevait dans la pratique. La loi des 2-17 mars 1791, inaugurant le régime de la liberté du commerce et de l'industrie, supprima toutes les anciennes réglementations relatives au placement.

De 1800 à 1803, plusieurs ordonnances et arrêtés du préfet de police rétablissent, pour les bouchers et les boulangers, la corporation fermée, avec bureaux officiels de placement. Puis, une ordonnance du 20 pluviôse an XII (10 février 1804), concernant l'application de la loi du 22 germinal an XI sur les livrets d'ouvriers, porte (art. 13) que des bureaux de placement seront établis pour les classes d'ouvriers à l'égard desquelles ils seront jugés nécessaires et qu'aucun bulletin de placement ne sera délivré à un ouvrier s'il n'est pourvu d'un livret. Quinze bureaux, dont les préposés sont nommés par le préfet, sont créés la première année; l'ordonnance du préfet fixe le taux de la rétribution et assure le monopole du placement à chaque bureau pour les professions desservies par lui; les patrons ne peuvent occuper un ouvrier s'il n'est porteur d'un bulletin délivré par le bureau.

La dernière création d'un bureau officiel de placement a lieu en 1814. L'institution tombe ensuite en désuétude. Il n'a, d'ailleurs, pas été créé de bureau pour le placement des domestiques, exercé librement par des agences privées, simplement astreintes à la patente comme tous les commerçants.

91. Les agissements de ces bureaux privés, frisant parfois l'escroquerie, provoquent bientôt des plaintes nombreuses, et une circulaire du préfet de police, du 1er juillet 1829, recommande aux commissaires de police de faire une enquête d'urgence sur toutes les plaintes dont ils seront saisis afin de traduire les délinquants devant les tribunaux. La situation reste la même jusqu'en 1848.

Le Gouvernement provisoire ne trouve d'autre remède aux abus signalés que de décréter, le 8 mars, l'établissement d'un bureau gratuit de renseignements dans chaque mairie de Paris. Le préfet de police va plus loin et, du 25 mars au 29 avril, il supprime les bureaux de placement de sept professions importantes; il confie le service du placement soit aux associations ouvrières, soit à des préposés nommés par les ouvriers. Mais un jugement du 1er février 1849 déclare illégal et de nul effet l'arrêté préfectoral, pris en violation de la loi des 2-17 mars 1791, et l'industrie du placement rentre dans le droit commun.

Une enquête ouverte en 1849 par la préfecture de police conclut au rétablissement des bureaux officiels de placement : ces conclusions ne sont pas adoptées. Enfin, en janvier 1852, une nouvelle commission d'enquête, nommée par le ministre de l'Agriculture et du Commerce, adopte le système de l'autorisation préalable, introduit dans la législation des bureaux de placement par le décret du 25 mars 1852.

92. *Législation en vigueur.* — D'après l'article 1er du décret du 25 mars 1852, « nul ne peut tenir un bureau de placement, sous quelque titre et pour quelque profession, place, ou emploi, que ce soit, sans une permission spéciale délivrée par l'autorité municipale et qui ne peut être accordée qu'à des personnes d'une moralité reconnue ».

Le décret ne fait aucune distinction entre le placement gratuit et le placement payant. La Cour de cassation a rendu plusieurs arrêts qui indiquent les conditions à remplir par une agence de placement pour être dispensée de l'autorisation; aux termes d'un premier arrêt, du 26 février 1863, « une association charitable entre filles domestiques, dont le but principal est d'assurer aux associées un asile momentané, lorsqu'elles sont sans place, ne peut, par cela seul que, au moyen de renseignements qu'elles se donnent réciproquement, ces filles facilitent leur placement et celui de compagnes non associées, être assimilée à un bureau de placement, soumis au décret du 25 mars 1852, alors d'ailleurs que l'organisation ne comporte ni gérance ni entremise salariée entre les filles domestiques et le public ».

La Cour a décidé par un autre arrêt du 26 décembre 1868 que : « l'individu qui ne se borne pas à donner la publicité aux offres et demandes d'emploi, mais qui indique aux domestiques, employés et ouvriers les emplois vacants, et aux patrons les individus cherchant à se placer, doit être considéré comme exploitant non pas une simple agence de publicité, mais un véritable bureau de placement », et un autre arrêt du 16 juin 1883 ajoute : « quelle que soit la dénomination dont il couvre son industrie et encore qu'il y joigne la publication d'un journal spécial. »

On considère comme intermédiaire spécial et faisant acte de placement, le marchand de vins qui reçoit des patrons des offres d'emploi et qui les indique exclusivement aux ouvriers logeant ou consommant chez lui.

93. Les syndicats professionnels constitués conformément à la loi du 21 mars 1884 peuvent créer librement et administrer des offices de renseignements pour les offres et demandes de travail, à titre gratuit ou onéreux, pour leurs membres et pour toutes les personnes se rattachant à la profession.

Les sociétés de secours mutuels peuvent créer au profit de leurs membres des offices gratuits de placement (1).

94. L'autorité municipale surveille les bureaux de placement pour y assurer le maintien de l'ordre et la loyauté de la gestion. — Elle prend les arrêtés nécessaires à cet effet et règle le tarif des droits qui pourront être perçus par le gérant (2).

Les pouvoirs conférés à l'autorité municipale sont exercés par le préfet de police, pour Paris et le ressort de sa préfecture, et par le préfet du Rhône, pour Lyon et les communes de l'agglomération lyonnaise (3).

L'autorité municipale peut retirer la permission aux individus qui auraient encouru ou viendraient à encourir une des condamnations prévues par l'article 15, paragraphes 1, 3, 4, 5, 6, 14 et 15, et par l'article 16 du décret du 2 février 1852, et à ceux qui seraient condamnés à l'emprisonnement pour contravention au décret du 25 mars 1852 ou aux arrêtés pris en vertu de l'article 3 de ce décret. Les retraits de permission et les règlements émanés de l'autorité municipale ne sont exécutoires qu'après l'approbation du préfet (4).

La loi municipale du 5 avril 1884 n'a pas abrogé la disposition spéciale de l'article 7 du décret du 25 mars 1852, et l'approbation expresse du préfet est indispensable pour les arrêtés municipaux relatifs aux bureaux de placement (5).

Lorsqu'un bureau de placement a été ouvert sans autorisation, il appartient au tribunal de répression, non seulement de prononcer la peine encourue, mais encore de statuer sur les demandes en dommages-intérêts et d'ordonner la fermeture du bureau, non à titre de peine, mais à titre de réparation, qu'elle soit réclamée par la partie civile dans son intérêt privé ou par la partie publique, dans l'intérêt général (6).

---

(1) L. 1er avril 1898.
(2) D. 25 mars 1852, art. 3.
(3) *Ibid.*, art. 5.
(4) *Ibid.*, art. 7.
(5) Cf. Cass. 11 janvier 1896; Arr. du maire de Marseille du 28 décembre 1894.
(6) Cf. Cass. 2 août 1888.

Le tribunal peut prendre la même décision, en cas d'infraction aux arrêtés municipaux.

95. *Réglementation*. — Une ordonnance de police, du 5 octobre 1852, a réglé, pour Paris, l'application du décret du 25 mars 1852. Ses prescriptions ont été adoptées dans presque tous les départements.

On a considéré que le gérant d'un bureau ne saurait offrir trop de garanties, et que l'intrusion de simples salariés dans l'exploitation affaiblirait sensiblement l'action de l'autorité sur la gestion. Il y a donc autant de titulaires que de bureaux (1).

Il semble bien qu'il ne puisse y avoir aucun recours efficace contre l'autorité municipale pour refus d'autorisation. Le décret de 1852 dit que la permission ne peut être accordée qu'à des personnes d'une moralité reconnue (2), mais il ne dit pas qu'elle sera accordée à tous les postulants qui seront dans ces conditions. Elle peut donc être refusée sans que l'administration soit tenue de donner les motifs de ce refus. Ainsi, la vente d'un bureau de placement est nulle, même si le prix en a été payé et s'il y a eu prise de possession, lorsque l'autorisation est refusée à l'acquéreur pour un motif qui ne lui est pas personnel (3). Pour éviter tout procès à cette occasion, les arrêtés d'autorisation contiennent maintenant la clause suivante : « Au cas où il vendrait son agence, M... devra en aviser immédiatement l'administration vis-à-vis de laquelle il restera seul responsable de la gestion du bureau jusqu'à ce que son successeur soit agréé; le contrat de vente contiendra une clause par laquelle sa validité sera expressément subordonnée à l'acceptation du postulant par la préfecture de police. »

96. L'ordonnance fixe un certain nombre de formalités (4) ; elle détermine en outre, les droits qui peuvent être perçus (5). Nous citerons enfin, en note, quelques prescriptions dont l'utilité se justifie d'elle-même (6).

----

(1) Circ. du préfet de police du 8 octobre 1852.

(2) Ord. 5 octobre 1852. — « Art. 3. Le candidat joindra à sa demande son acte de naissance et un certificat de résidence et de moralité délivré par le commissaire de police de sa section ou le maire de sa commune. — Il indiquera le local où il se propose d'établir son bureau; ce local devra présenter toutes les conditions nécessaires dans l'intérêt de l'hygiène, de l'ordre et de la sûreté.

« Art. 4. L'arrêté d'autorisation sera personnel. En cas de changement de résidence, le nouveau local devra être agréé par l'administration. — Toute succursale est prohibée. »

(3) Paris, 28 avril 1875.

(4) Ord. 5 octobre 1852. — « Art. 5. Chaque titulaire sera obligé d'avoir des registres dont la forme sera indiquée par l'arrêté d'autorisation. — Ces registres seront cotés par première et dernière et paraphés sur chaque feuille par le commissaire de police ou le maire, au visa duquel ils seront soumis du 1er au 5 de chaque mois. — Ils ne devront contenir aucun renvoi, rature ou interligne, et doivent être constamment tenus au courant. — Ils seront représentés à toute réquisition des agents de l'autorité.

« Art. 6. Aucune personne ne pourra être placée sans avoir été, au préalable, inscrite sur le registre à ce destiné. — L'inscription mentionnera les nom, prénoms, âge, lieu de naissance, profession et domicile de la personne inscrite, ainsi que l'indication des pièces qu'elle aura produites pour établir sa moralité et son identité. — Ces pièces ne pourront être retenues par le placeur sans l'assentiment du postulant; elles lui seront, en tous cas, restituées à sa première réquisition. »

(5) Ord. 5 octobre 1852. — « Art. 7. L'arrêté d'autorisation réglera, conformément à l'article 3 du décret précité (25 mars 1852), les tarifs des droits de placement qui pourront être perçus par le gérant, et, s'il y a lieu, le tarif du droit d'inscription qui dans aucun cas ne pourra excéder 50 centimes. » — Le droit d'inscription a été supprimé par une ordonnance du 16 juin 1857.

(6) Ord. 5 octobre 1852. — « Art. 8. Le placeur sera tenu de délivrer

97. Le préfet de la Haute-Garonne a approuvé, le 14 avril 1896, un arrêté concernant les bureaux de placement à Toulouse, pris par le maire le 26 mars précédent et contenant un certain nombre de prescriptions qu'il paraît utile de reproduire (1).

A Blaye (Gironde), où il n'existe qu'un bureau de placement pour domestiques des deux sexes, la personne placée qui, dans le cours de l'année de son entrée en place, quitte sa place pour une cause autre que

----

gratuitement à chaque personne inscrite, et au moment même de l'inscription, un bulletin portant le numéro d'ordre de l'inscription, les conditions du tarif fixé pour le bureau et la quittance de la somme qu'il aurait reçue, soit à titre de droit d'inscription, soit à titre d'avance sur le droit de placement. — Cette avance sur le droit de placement sera restituée à la première réquisition du déposant qui renoncera à être placé par l'entremise du bureau où aura eu lieu l'inscription. — En cas de refus de restitution, la contestation sera portée immédiatement devant le commissaire de police qui, au besoin, dressera procès-verbal - Le tarif de droit de placement sera fixe; il ne pourra être augmenté ni diminué au choix du placeur. — Ce droit ne sera dû au placeur qu'autant qu'il aura procuré un emploi, et ne lui sera définitivement acquis qu'après un délai déterminé, pour chaque bureau, par l'arrêté d'autorisation. — Aucune somme, autre que celles ci-dessus indiquées, ne pourra être perçue à titre de cautionnement ou sous quelque dénomination que ce soit, tant par le gérant que par la personne interposée.

« Art. 9. En l'absence de conventions contraires, le montant du droit de placement indiqué au bulletin pourra toujours être payé au placeur par le maître ou patron, et imputé sur les gages ou salaires de la personne placée.

« Art. 10. Il est formellement défendu aux placeurs d'annoncer, soit sur leur registre, soit sur des tableaux ou affiches placés intérieurement ou extérieurement, soit par tout autre moyen de publicité, des places ou emplois qu'ils n'auraient pas mandat de procurer.

« Art. 11. Sont interdites toute connivence, toutes manœuvres frauduleuses tendant à faire croire à un placement qui ne serait pas sérieux ou ayant pour but d'agir contre l'intérêt d'une personne placée, dans l'espoir d'une nouvelle rétribution.

« Art. 14. Le tarif des droits dont la perception est autorisée doit toujours être affiché ostensiblement, avec un exemplaire de la présente ordonnance, dans l'intérieur de chaque bureau de placement.

« Art. 15. Tout bureau de placement autorisé doit être indiqué par une inscription peinte à l'huile et placée d'une manière apparente sur la façade de la maison.

« Art. 16. ... Tous autres règlements ou ordonnances qui interviendraient en exécution de l'article 3 du décret du 25 mars 1852 seront applicables de plein droit aux établissements déjà autorisés. — Les arrêtés d'autorisation seront toujours soumis aux modifications que l'Administration croira devoir prescrire. »

(1) « Art. 3. Les tarifs sont fixés ainsi qu'il suit :

« 1° *Droits d'inscription*. — Le droit d'inscription ne pourra excéder 50 centimes, ni être moindre de 25 centimes. Ce droit ne sera perçu par le placeur qu'une seule fois.

« *Droits de placement*. — A. Le droit de placement sera perçu à raison de 8 0/0, à prélever sur le premier mois d'appointements de la personne placée. Ce droit, qui sera supporté moitié par le patron, moitié par l'employé, ne sera perçu que sur les appointements touchés en espèces; le placeur ne pourra l'exiger ni sur l'évaluation mensuelle de la nourriture si la personne placée est nourrie, ni sur l'évaluation mensuelle et approximative des étrennes que cette personne pourrait toucher.

« B. S'il s'agit d'une place aléatoire, c'est-à-dire d'une place obtenue pour une durée moindre d'un mois, le 8 0/0 à percevoir par le placeur et payé toujours moitié par le patron, moitié par l'employé, ne pourra l'être que sur les gages des journées pendant lesquelles ce dernier aura travaillé.

« C. Au cas où le placeur ne procurerait à l'employé qu'une place n'excédant pas huit jours de travail, il ne pourra percevoir que 50 centimes, quelle que soit l'importance pécuniaire de l'emploi procuré. Si ce n'est que pour un jour de travail, il ne pourra percevoir que 25 centimes.

« Art. 10. Il est interdit formellement au placeur d'exonérer le patron du 4 0/0 qu'il a à payer comme courtage.

« Art. 11. Le droit de placement (8 0/0) ne sera dû au placeur qu'autant qu'il aura procuré un emploi, et ne lui sera définitivement acquis que huit jours après la prise de possession dudit emploi.

« Art. 13. Il est interdit aux placeurs de donner à boire, à manger et à loger, et de tenir aucun jeu, soit dans le local où est établi le bureau, soit ailleurs.

« Art. 16. Les possesseurs actuels de bureaux de placement autorisés devront se munir d'une nouvelle autorisation, dans le mois qui suivra l'approbation du présent arrêté. »

son inconduite, sa négligence ou autres motifs équivalents a droit à être placée gratuitement pour le reste de l'année.

98. L'article 3 du décret du 25 mars 1852 donne à l'autorité municipale les pouvoirs les plus étendus, soit pour organiser la surveillance des bureaux de placement, soit pour fixer les droits à percevoir, droits fixes ou proportionnels au salaire. Elle peut donc autoriser ou interdire le droit d'inscription ainsi que les avances sur le droit de placement; elle peut faire payer ce droit par l'ouvrier seul, ou par le patron seul, ou par les deux parties par moitié, si elle considère que le bureau de placement rend autant service au patron qui a besoin d'un ouvrier, qu'à l'ouvrier qui recherche un emploi. Elle peut interdire au placeur d'exercer son industrie concurremment avec celle de logeur, de débitant de boissons, de restaurateur. Elle peut affecter un bureau de placement à une ou plusieurs professions déterminées ou l'autoriser à procurer les emplois les plus divers. Elle peut, enfin, ouvrir elle-même des bureaux de placement gratuit.

Les arrêtés municipaux, approuvés par le préfet, sont évidemment susceptibles de recours devant le Conseil d'Etat pour incompétence ou excès de pouvoir : le fait ne s'est pas produit.

Une circulaire du ministre de l'Intérieur, du 10 décembre 1877, a visé l'insuffisance de surveillance des bureaux de placement de la part des autorités municipales et la légèreté avec laquelle ces agences accueillent souvent les déclarations et certificats d'individus complètement inconnus, qu'elles recommandent néanmoins aux personnes qui ont recours à leur intermédiaire. Une surveillance plus étroite et plus active à l'égard des bureaux de placement a été encore recommandée aux commissaires de police par une circulaire du préfet de police, du 26 octobre 1881.

Une dernière circulaire du ministre de l'intérieur, du 25 mai 1893, a prescrit aux préfets de réprimer les abus que commettent les bureaux de placement, de relever avec soin les contraventions et de faire retirer les permissions aux tenanciers condamnés.

SECTION IV.

MESURES AYANT POUR BUT DE RESTREINDRE L'EMPLOI D'OUVRIERS ÉTRANGERS.

99. *Etrangers venant exercer en France une industrie, un commerce, une profession.* — Indépendamment des lois et décrets qui règlent le séjour et l'admission à domicile des étrangers (1), une loi spéciale vise les étrangers qui viennent exercer en France une industrie, un commerce, une profession; c'est la loi du 8 août 1893, relative au séjour des étrangers en France et à la protection du travail national.

D'après l'article 1er de cette loi, tout étranger non admis à domicile, arrivant dans une commune pour y exercer une profession, un commerce ou une industrie, doit faire à la mairie une déclaration de résidence, en justifiant de son identité, dans les huit jours de son arrivée.

Un certificat est délivré au déclarant dans la forme des actes de l'état civil, moyennant les mêmes droits.

En cas de changement de commune, l'étranger doit faire viser son certificat d'immatriculation, dans les deux jours de son arrivée, à la mairie de sa nouvelle résidence.

Toute personne qui emploie sciemment un étranger non muni du certificat d'immatriculation est passible des peines de simple police (art.2); et l'étranger qui n'a pas fait la déclaration imposée par la loi dans le délai déterminé, ou qui refuse de produire son certificat à la première réquisition est passible d'une amende de 50 à 200 francs, celui qui fait sciemment une déclaration fausse ou inexacte est passible d'une amende de 100 à 300 francs, et, s'il y a lieu, de l'interdiction temporaire ou indéfinie du territoire français; l'étranger expulsé du territoire français et qui y rentre sans l'autorisation du gouvernement, peut être condamné à un emprisonnement d'un à six mois; il est, à l'expiration de sa peine, reconduit à la frontière.

Les déclarations de résidence sont faites pour Paris et les communes du département de la Seine à la préfecture de police, et pour Lyon et les communes de l'agglomération lyonnaise à la préfecture du Rhône (1).

Les expressions « profession, commerce, industrie » s'entendent dans le sens le plus large. Ainsi, la loi s'applique à tout étranger, artiste, artisan, ouvrier industriel ou agricole, professeur, précepteur, employé, domestique, etc. (2).

Une déclaration collective du père de famille est insuffisante; il faut une déclaration individuelle pour chacun des membres de la famille, femme, enfants mineurs ou majeurs, qui exerce une profession (3). Toutefois, les femmes mariées qui s'occupent seulement des soins de leur ménage sont exceptées (4), sous réserve des formalités prescrites par le décret du 2 octobre 1888.

100. La loi du 8 août 1893 s'applique à tous les étrangers travaillant en France, même s'ils ont conservé à l'étranger leur domicile ou leur résidence. Ainsi, les ouvriers étrangers, habitant dans leur pays, qui viennent chaque jour en France pour travailler dans les usines de nos départements de la frontière, puis rentrent le soir chez eux, sont astreints, une fois pour toutes, à la déclaration prescrite par la loi (5). Ceux qui viennent sur le territoire français pour exécuter certains travaux pendant une partie de l'année et s'en retournent ensuite dans leur pays, doivent, chaque fois qu'ils rentrent en France, faire une déclaration nouvelle, alors même qu'ils reviendraient dans une

---

(1) L. 28 vendémiaire an VI; 3 décembre 1849; 26 juin 1889; D. 2 octobre 1888; 13 août 1889; 21 juin 1890.

(1) Arr. min. 24 août 1893.
(2) Circ. de l'Int. 24 octobre 1893.
(3) Cass. 19 juillet 1895.
(4) Trib. corr. de Chambéry, 8 janvier 1894.
(5) Trib. de Nancy, 5 avril 1894.

commune où ils auraient précédemment rempli cette formalité. Il faut une déclaration pour chaque séjour distinct (1).

Les certificats délivrés aux déclarants sont frappés, par application des articles 19 de la loi du 13 brumaire an VII et 63 de la loi du 28 avril 1816, d'un droit fixe de timbre de 1 fr. 80. Ils sont, en outre, assujettis, par application du décret du 12 juillet 1807, à un droit de délivrance de 30 ou 50 centimes, selon qu'il s'agit d'une ville ayant plus ou moins de 50,000 habitants (2). Le coût total du certificat d'immatriculation est de 2 fr. 55 pour Paris, de 2 fr. 30 ou 2 fr. 10 pour les autres communes.

Les municipalités peuvent accorder un délai de quelques jours pour acquitter ces droits; mais les étrangers doivent être avisés que, faute par eux d'avoir acquitté les droits à l'expiration du délai imparti, ils sont exposés à se voir appliquer les sanctions pénales inscrites à l'article 3 (3).

Les produits des amendes prévues par la loi de 1893 sont attribués à la caisse municipale de la commune de la résidence de l'étranger qui en est frappé (art 4). Il en est évidemment de même des produits des droits de délivrance des certificats d'immatriculation.

101. *Restrictions à l'exercice d'une industrie par les étrangers.* — Les récents traités internationaux stipulent pour les étrangers au point de vue de l'exercice des professions et du traitement des personnes, soit le traitement national, soit la clause de la nation la plus favorisée, sous bénéfice de réciprocité. Les restrictions sont peu nombreuses.

Les étrangers peuvent être actionnaires de la Banque de France (4), concessionnaires de mines (5); ils peuvent acquérir et exercer des droits de propriété littéraire (6), mais ils ne peuvent pas être gérants de journaux (7); ils peuvent être membres des syndicats professionnels, mais ne peuvent participer à l'administration ou à la direction (8); ils ne peuvent être désignés comme conciliateurs ou arbitres dans les différends entre patrons et ouvriers (9). La suppression de cette dernière clause a été demandée au Parlement, car elle rend impossible l'application de la loi sur la conciliation et l'arbitrage dans les conflits où le patron est étranger, ou encore lorsque tous les ouvriers intéressés sont étrangers, comme cela arrive fréquemment pour quelques industries dans les départements de la frontière.

L'emploi d'ouvriers étrangers peut être interdit absolument dans les travaux intéressant la défense nationale; il peut être limité dans les autres travaux de l'État, des départements et des communes (1). La proportion d'étrangers admis sur ces travaux peut varier suivant les catégories d'ouvriers et suivant les localités : à Paris, elle est de 10 0/0; à Givet, pour les travaux de construction, elle est de 50 0/0.

102. Nous traiterons plus loin (2) la question de droit administratif que soulève l'introduction dans les cahiers des charges de clauses relatives aux conditions du travail. Nous rappellerons seulement que, sous le régime antérieur aux décrets du 10 août 1899, si le Conseil d'État a annulé, le 21 avril 1890, des arrêtés préfectoraux pris conformément à une délibération du conseil municipal de Paris qui prescrivait l'insertion de la clause d'un minimum de salaire dans les cahiers des charges, il ne voyait alors aucun empêchement à l'introduction d'autres clauses protectrices du travail, et le commissaire du gouvernement s'exprimait ainsi : « Supposons qu'une ville dans laquelle une épidémie a amené la misère stipule que les ouvriers originaires de la ville seront seuls employés aux travaux publics; supposons qu'un conseil municipal, dans l'intérêt du travail national, restreigne, comme l'a fait précisément le conseil municipal de Paris, l'emploi des ouvriers étrangers, ces clauses nous paraissent absolument légales. » En conséquence, la clause relative à l'admission des étrangers, dans la proportion de 10 0/0 au plus, a toujours été, depuis 1890, observée dans les travaux de la ville de Paris.

SECTION V.

TRAVAUX DE SECOURS EN CAS DE CHÔMAGE.

ARTICLE PREMIER. — Ateliers nationaux.

103. Organiser des travaux publics pour occuper les ouvriers en cas de chômage exceptionnel ou pour secourir les indigents valides, est un procédé très ancien, souvent critiqué d'après les résultats qu'il a donnés à diverses époques, mais auquel on revient toujours.

Trois applications en grand de ce système sont fort connues : en première ligne, il faut mettre les ateliers de charité organisés par Turgot, en 1770 et 1771, pendant qu'il occupait le poste d'intendant de la généralité de Limoges. Devenu contrôleur général des finances, Turgot se préoccupa d'étendre à toute la France le système de travaux de secours dont il avait eu lieu d'être satisfait et il fit paraître, le 2 mai 1775, son *Instruction pour l'établissement et la régie des ateliers de charité dans les campagnes*, qui peut être considérée comme une réglementation modèle des travaux de secours. Elle traite de la conduite et de la direction des travaux, de la police des ateliers, de la

---

(1) Trib. de Forcalquier. 8 juin 1895.
(2) Circ. min. 2 septembre 1893.
(3) Circ. min. 24 octobre 1893.
(4) Déc. 16 janvier 1808.
(5) L. 21 avril 1810.
(6) Déc. 5 février 1810.
(7) L. 29 juillet 1881.
(8) L. 21 mars 1884.
(9) L. 27 décembre 1892.

---

(1) L. 13 juin 1896 relative à l'Exposition de 1900 ; Déc. 10 août 1899, sur les conditions du travail dans les marchés passés au nom de l'État, etc.
(2) Chap. II, sect. VI, n° 277.

distribution des tâches, de la manière de payer les ouvriers et de la comptabilité.

La deuxième application notable est celle des travaux de secours à Paris, de 1788 à 1792; l'organisation se ressentit forcément des agitations politiques d'alors qui ne permirent pas de suivre les conseils du grand ministre. Il en fut de même pour la troisième, connue sous le nom des ateliers nationaux, en 1848. Cette dernière a laissé les plus fâcheux souvenirs, tant pour l'insuffisante détermination et la mauvaise direction des travaux que pour l'indiscipline qui régna dans les chantiers; au point que l'on put croire pendant longtemps que l'idée des travaux de secours en cas de chômage était totalement abandonnée.

104. Il n'en était rien cependant, mais on faisait le silence sur ces œuvres d'assistance sociale, et il fallut une enquête entreprise par l'Office du travail en 1895, portant seulement sur les villes ayant un revenu de 100,000 francs et plus, pour en découvrir 114, réparties dans 55 départements, qui consacraient chaque année à des travaux de secours une partie de leurs ressources : 1 million en moyenne par an (1).

A la suite d'un vœu émis par le conseil supérieur du travail, une circulaire du ministre de l'Intérieur, en date du 23 février 1897 (2), invitait les préfets à signaler à tous les maires les résultats obtenus, ainsi que les observations ci-dessous qui formaient en quelque sorte la conclusion de l'enquête de 1895 (3).

Il n'y a pas de règlements administratifs spéciaux pour le vote et l'approbation des crédits destinés aux travaux de secours. Il y a lieu cependant de citer une circulaire du ministre du Commerce, en date du 26 novembre 1900, qui, après avoir reproduit les observations de la circulaire précitée du ministre de l'Intérieur, ajoute :

« Le gouvernement est tout disposé à favoriser les initiatives des municipalités qui entreprendraient des travaux en vue de prévenir ou de faire cesser le chômage. Il examinera dans l'esprit le plus libéral les projets qui seront dressés à cet effet et s'efforcera de hâter, autant qu'il dépendra de lui, soit l'accomplissement des formalités qui doivent précéder leur approbation, soit le vote des emprunts que nécessiterait leur exécution.

« Il est bien entendu que les recommandations 1 à 5 ci-dessus ne s'appliquent pas aux travaux publics prévus par le paragraphe 6 qui, tout en prévenant le chômage, n'ont pas le caractère de travaux de secours.

« Je dois vous faire observer aussi que, toutes les fois que les travaux seront de la nature de ceux visés par les décrets du 10 août 1899 (1), les prescriptions de ces décrets seront applicables en l'espèce, et que le dernier paragraphe de l'article 3 (proportion et salaires des ouvriers inférieurs susceptibles d'être employés) suffit d'ailleurs à empêcher les abus qui pourraient naître de l'emploi d'ouvriers inhabiles aux travaux qui leur sont confiés. »

On a relevé, pour l'année 1900, 723 communes qui ont consacré à des travaux de secours une somme totale de 1,675,181 fr. 80.

Une loi du 2 mars 1902, dont l'effet a été limité à deux années, autorise les communes éprouvées par la crise viticole à voter, avec la seule approbation du préfet, des emprunts destinés à des travaux d'utilité communale pour les ouvriers privés de travail, ainsi que les impositions nécessaires au remboursement.

Le montant de ces emprunts, déterminé d'après la population de la commune, ne peut dépasser 2 francs par habitant et la durée du remboursement ne doit pas excéder dix ans.

ARTICLE 2. — *Caisses de chômage.*

105. *Historique.* — Dès que, par la loi du 17 mars 1791, les anciennes corporations eurent été sup-

---

(1) Les municipalités ont été laissées complètement libres à cet égard : elles ont établi l'assistance par le travail comme il leur a convenu. Dans certaines villes ce n'est que pendant l'hiver que la municipalité embauche des ouvriers sans travail; elle les emploie à l'enlèvement des neiges et des glaces, à la réparation des chemins ruraux dégradés par les pluies, etc. D'autres municipalités réservent plus spécialement les travaux de secours aux vieillards et aux infirmes qui peuvent ainsi rendre quelques services au lieu d'être mis purement et simplement à la charge de l'assistance publique. Mais il existe aussi des communes qui, tout en prêtant assistance aux vieillards et aux infirmes, ont employé des ouvriers de tout âge et de toute catégorie pendant les périodes de chômage, soit périodique, soit imprévu, à des travaux de terrassement, routes, etc., au profit de la ville.

(2) Déjà deux circulaires avaient été adressées aux préfets : l'une, du 8 novembre 1894, invitant les préfets à encourager les œuvres d'assistance par le travail; l'autre, du 19 avril 1895, ayant pour objet d'appeler l'attention des conseils généraux sur la question du vagabondage et de la mendicité, auxquels on proposait comme remède principal l'institution d'œuvres d'assistance par le travail.

(3) « 1° Les travaux entrepris doivent être des travaux d'utilité générale, mais non urgents, pouvant être ajournés et repris sans préjudice de leur bonne exécution : construction et entretien des routes et chemins, défrichements, labourage à la bêche, reboisement, curage des cours d'eau, cassage des pierres pour l'entretien des chaussées, etc.

« 2° Pour éviter l'encombrement des chantiers par les habitants des localités voisines, exiger une durée déterminée de domicile dans la commune.

« 3° Donner dans tous les cas où cela est possible la préférence au travail à la tâche. Le travail à la journée exige un surcroît de surveillance, surtout dans les chantiers de secours, et donne presque toujours des résultats inférieurs au travail à la tâche.

« D'autre part, lorsque dans certains cas spéciaux on est obligé d'avoir recours au travail à la journée, comme on ne peut donner à des chômeurs, ouvriers inhabiles, le prix de journée normal des professionnels, on risque d'encourir le reproche de spéculer sur le chômage pour faire exécuter les travaux au rabais.

« Il est nécessaire, dans tous les cas, d'appeler l'attention des administrations intéressées sur la nécessité d'une ferme discipline et d'une grande vigilance ayant pour but de prévenir les abus qui se glissent aisément dans les chantiers de cette nature.

« 4° Laisser à l'ouvrier le temps de chercher du travail dans l'industrie privée et, pour cela, n'ouvrir les chantiers de secours que six ou huit heures par jour, ou ne faire travailler à journée pleine que par périodes alternatives de trois, quatre ou six jours.

« 5° La création de chantiers pour chômeurs est préférable à la distribution de secours en nature ou en argent. Les avantages moraux qu'elle présente sont incontestables : elle conserve la dignité de l'ouvrier, qui a conscience de faire œuvre utile; elle le garde de l'oisiveté, de l'intempérance, et permet de combattre efficacement la paresse et la mendicité.

« 6° Les communes doivent éviter, dans la mesure du possible, d'entreprendre des travaux publics importants lorsque les travaux particuliers sont très actifs, il est préférable qu'elles réservent leur exécution pour les périodes de ralentissement des constructions privées.

« 7° Un rapport annuel fera connaître les résultats et les conditions d'exécution des travaux de secours contre le chômage, organisés par les municipalités et les départements. »

(1) V. n° 263 et suiv.

primées, les ouvriers de plusieurs métiers se réunirent, avec l'autorisation de la municipalité de Paris, pour organiser la répartition de secours aux chômeurs ou aux malades. Mais trois mois après, la loi du 17 juin 1791, interdisant toute réunion ou association de personnes exerçant la même profession, vint arrêter net l'organisation de la prévoyance par les intéressés eux-mêmes, en cas de chômage ou de maladie. Le député Le Chapelier, rapporteur de la loi devant l'Assemblée nationale, tout en reconnaissant que les caisses de secours projetées avaient paru utiles, déclara qu'il ne devait plus y avoir en présence que l'intérêt particulier de chaque individu et l'intérêt général, et que c'était à la nation à fournir des travaux aux personnes valides qui en avaient besoin pour leur existence et des secours aux infirmes.

La loi du 17 juin 1791 ne fut pas appliquée longtemps dans toute sa rigueur : en 1803, le préfet de l'Isère autorisa la création d'une société de bienfaisance des gantiers de Grenoble, formée dans le but de secourir les chômeurs et les malades; la même autorisation fut accordée en 1804 aux cordonniers de la même ville. En 1817, les chapeliers de Lyon et de Paris obtinrent aussi cette faveur. Mais ces mesures étaient laissées à l'appréciation des préfets et le nombre des caisses de chômage resta toujours très restreint.

Lors de la discussion de la loi du 15 juillet 1850 sur les sociétés de secours mutuels, la proposition fut faite d'inscrire les secours en cas de chômage au nombre des opérations que pourraient se permettre ces sociétés; cette proposition fut repoussée presque sans discussion.

106. *Législation actuelle.* — La loi du 21 mars 1884 sur les syndicats professionnels permet la constitution de caisses de chômage formées entre les membres des syndicats, dans le mode qui convient à chaque association. Les secours peuvent être prélevés sur la caisse commune du syndicat, ou bien, ce qui est le cas le plus général, le syndicat peut affecter à la caisse de secours une partie déterminée de ses ressources, ou encore, alimenter cette caisse au moyen de cotisations spéciales. Il n'y a même aucun empêchement à ce qu'un syndicat professionnel soit créé uniquement en vue de parer au chômage.

L'article 7 de la loi du 21 mars 1884, qui stipule que toute personne qui se retire d'un syndicat conserve le droit d'être membre des sociétés de secours mutuels et de pensions de retraite pour la vieillesse à l'actif desquelles elle a contribué par des cotisations ou versements de fonds, n'est pas applicable aux caisses de chômage fondées par les syndicats. Le fonctionnement régulier de ces caisses étant intimement lié au service de placement des ouvriers sans travail organisé par le syndicat, on comprend que celui qui renonce à participer aux frais nécessités par ce service renonce en même temps à ses avantages et ne peut, par conséquent, continuer à être membre de la caisse de chômage, sous peine de grever celle-ci dans une proportion plus forte que les autres membres.

Les syndicats professionnels, jouissant de la personnalité civile en vertu de la loi du 21 mars 1884, peuvent recueillir des dons et legs sans l'autorisation du gouvernement (1); ces dons et legs peuvent être affectés spécialement aux caisses de chômage comme à toutes autres œuvres rentrant dans les attributions légales des syndicats; seule, l'acquisition d'immeubles qui ne seraient pas nécessaires au fonctionnement de l'association est interdite.

Cependant, les unions de syndicats, qui peuvent bien constituer entre leurs membres des caisses de chômage, ne peuvent recevoir des dons et legs, car elles n'ont pas la personnalité civile et ne peuvent ester en justice.

107. Les caisses syndicales de chômage peuvent aussi recevoir des subventions des municipalités, étant entendu que les délibérations des conseils municipaux sont, sur ce point comme sur les autres, soumises à l'approbation du préfet qui peut la subordonner à l'adoption des règles jugées par lui nécessaires pour la bonne administration des deniers publics. Le conseil municipal de Dijon, qui subventionne les caisses syndicales de chômage depuis 1896, a adopté, le 20 février 1900, un règlement qu'il nous paraît intéressant de reproduire (2).

108. D'après l'article 1er de la loi du 1er avril 1898 sur les sociétés de secours mutuels, ces sociétés peuvent, accessoirement, créer au profit de leurs membres des caisses de chômage, à condition d'alimenter ces

---

(1) Trib. civ. de la Seine, 3 août 1893 et 16 juillet 1896.

(2) « *Règlement concernant les caisses de chômage.* — Des subventions seront accordées sur les fonds de la ville aux caisses de chômage établies par les syndicats ouvriers et dont les statuts auront été approuvés par le conseil municipal. Ces subventions seront, à compter de ce jour, soumises aux règles suivantes :

« Art. 1er. Le syndicat devra s'imposer une cotisation spéciale destinée à alimenter sa caisse de chômage d'une façon régulière.

« Art. 2. Il ne lui sera accordé de subvention qu'autant que les recettes spéciales de sa caisse auront été insuffisantes pour assurer le secours prévu aux chômeurs.

« Art. 3. En cas d'insuffisance constatée, il sera accordé au syndicat une somme égale au déficit jusqu'à concurrence du montant des cotisations perçues.

« Art. 4. Aucun chiffre minimum n'est fixé; la ville ne subventionnera que jusqu'à concurrence de 2 francs par jour, dimanches et fêtes non compris. Les syndicats qui accorderaient davantage aux chômeurs ne pourront réclamer que le déficit résultant du payement des journées ramenées au chiffre de 2 francs; le surplus restera à leur charge. De même, la ville ne subventionnera aucun chômeur n'ayant pas au moins un an de résidence à Dijon; les secours accordés avant ce délai resteront entièrement à la charge des syndicats et seront déduits du déficit accusé.

« Art. 5. Aucune durée de secours n'est imposée aux syndicats qui baseront nécessairement cette durée sur leurs ressources doublées par la subvention municipale.

« Art. 6. Dans le cas où le double des recettes aurait été atteint et que le chômage persisterait au delà du terme fixé par les règlements spéciaux, il pourra être accordé une subvention supplémentaire aux chômeurs du syndicat. Toutefois ce supplément de secours ne sera accordé que si le syndicat s'impose une cotisation de chômage d'au moins 50 centimes par mois et par adhérent.

« Art. 7. Dans tous les cas extraordinaires, la demande adressée au conseil municipal sera accompagnée d'un certificat de la Bourse du travail, si ce syndicat y est adhérent, attestant que les renseignements fournis par le syndicat sont exacts.

« Art. 8. Au cas où plusieurs syndicats s'entendraient pour ne former qu'une caisse de chômage, les mêmes dispositions seront appliquées à l'*Union* de ces syndicats, qui n'en feront qu'un aux yeux du conseil municipal. »

caisses au moyen de cotisations ou de recettes spéciales.

Enfin, les personnes qui voudraient, en dehors des syndicats professionnels et des sociétés de secours mutuels, constituer des caisses de chômage, le peuvent en se conformant aux dispositions de la loi du 1er juillet 1901, relative au contrat d'association.

CHAPITRE II.

CONTRAT DE TRAVAIL.

SECTION PREMIÈRE.

LIBERTÉ DU TRAVAIL.

§ 1er. — *Définition.*

109. La liberté du travail est la faculté pour chacun de débattre librement et individuellement avec celui qui l'emploie les conditions (taux et mode d'évaluation du salaire, durée du travail, mode de travail, etc.) auxquelles il engage ses services, la liberté de vendre ou de refuser son travail à son gré. Elle se définit par opposition aux régimes où le travail est obligatoire comme à ceux où l'individu ne peut vendre son travail qu'à des conditions impérativement fixées par une corporation. C'est en ce sens que le terme, liberté du travail, est employé par le législateur dans les articles 414, 415 et 416 du Code pénal : il considère comme une atteinte à la liberté du travail tout concert entre ouvriers tendant à restreindre la liberté de traiter individuellement.

110. Entendue ainsi, la liberté du travail se distingue très nettement de la liberté du commerce et de l'industrie, qui est parfois comprise dans le terme plus général de liberté du travail, et qui est à proprement parler la faculté pour chacun d'exercer à son choix tout commerce ou toute industrie sous les seules conditions imposées par les lois et règlements pris dans l'intérêt public (1).

§ 2. — *Historique.*

111. La liberté du travail n'existait pas sous l'ancien régime dans les arts et métiers organisés en corporations. Pour pouvoir s'engager et être engagé comme ouvrier, il fallait satisfaire aux conditions édictées par la corporation. Il fallait d'abord avoir fait un certain nombre d'années d'apprentissage. Le nombre des apprentis était rigoureusement limité dans chaque profession. L'apprenti ne pouvait pas choisir son maître; il devait entrer chez celui où se trouvaient encore des places vacantes. Après l'apprentissage venait le compagnonnage qui durait souvent cinq années. Les années passées comme apprenti, comme compagnon ou comme maître dans une corporation n'entraient pas en ligne de compte quand l'ouvrier quittait sa corporation pour embrasser un autre métier, ni même quelquefois pour entrer dans une autre corporation du même métier.

112. L'édit de 1776, pris sur l'initiative de Turgot, affranchit pour la première fois les travailleurs des entraves des corporations. Il est dit dans le préambule de l'édit : « Dieu en donnant à l'homme des besoins, en lui rendant nécessaire la ressource du travail, a fait du droit de travailler la propriété de tout homme, et cette propriété est la première, la plus sacrée et la plus imprescriptible de toutes. Nous voulons, en conséquence, abroger ces institutions arbitraires qui ne permettent pas à l'indigent de vivre de son travail, qui éteignent l'émulation et l'industrie et rendent inutiles les talents de ceux que les circonstances excluent d'une communauté, qui surchargent l'industrie d'un impôt énorme, onéreux aux sujets, sans aucun fruit pour l'État, qui, enfin, par la possibilité qu'elles donnent aux membres de se liguer entre eux, de forcer les membres les plus pauvres de subir la loi des plus riches, deviennent un instrument de monopole et favorisent des mesures dont l'effet est de hausser, au dessus de leur proportion naturelle, les denrées les plus nécessaires à la subsistance du peuple... Toutes les classes de citoyens sont privées du droit de choisir les ouvriers qu'ils voudraient employer et des avantages que leur donnerait la concurrence pour le bas prix et la perfection du travail. On ne peut souvent exécuter l'ouvrage le plus simple sans recourir à plusieurs ouvriers de communautés différentes, sans essuyer les lenteurs, les infidélités, les exactions que nécessitent ou favorisent les prétentions de ces différentes communautés et les caprices de leur régime arbitraire et intéressé. »

113. L'édit de février 1776, en conséquence, abrogea tous les privilèges, statuts et règlements donnés aux corps et communautés de marchands et artisans, ainsi qu'aux maîtrises et jurandes, et reconnut à toutes les personnes le droit d'embrasser et d'exercer dans tout le royaume telle espèce de commerce et telle profession d'arts et métiers que bon leur semblera.

Mais un édit d'août 1776 rétablit le plus grand nombre des corps et communautés. L'apprentissage et le compagnonnage reparurent en même temps.

114. Ce fut la loi du 2 mars 1791 qui supprima définitivement les corporations : elle proclame la liberté du travail et de l'industrie, en entendant ce terme dans le sens le plus large. « A compter du 1er avril prochain il sera libre à toute personne de faire tel négoce ou d'exercer telle profession, art ou métier qu'elle trouvera bon. »

La Constitution de 1793 dit également : « Nul genre de travail, de culture, de commerce ne peut être interdit à l'industrie des citoyens » (1). Puis elle ajoute : « Tout homme peut engager ses services, son temps, mais il ne peut se vendre ni être vendu ; sa personne

---

n'est pas une propriété aliénable. La loi ne reconnaît point de domesticité; il ne peut exister qu'un engagement de soins et de reconnaissance entre l'homme qui travaille et celui qui l'emploie ». Cette restriction à la liberté du travail, destinée à sauvegarder la liberté même de l'homme, se retrouve dans la législation actuelle.

115. La Constitution de 1848 par son article 13, garantissait également *la liberté du travail* et de l'industrie.

116. La loi du 2 mars 1791 en proclamant la liberté absolue du travail n'avait posé aucune règle pour l'exercice de cette liberté. Sauf la disposition ci-dessus reproduite de la Constitution de 1791, aucune restriction n'était apportée à la faculté pour chacun d'engager ses services. Aucune loi, aucun règlement ne réglait les rapports des patrons et des ouvriers. La rupture du contrat n'était soumise à aucune sanction. Des plaintes très vives se firent entendre contre cette anarchie. « L'habitude de violer les engagements relatifs au travail est devenue si universelle parmi les ouvriers qu'on ne peut plus compter sur leur coopération » (1). La loi du 22 germinal an XI, dans ses titres II et III, régla les obligations entre les ouvriers et ceux qui les emploient. D'autre part le Code pénal vint édicter des peines très sévères contre ceux qui porteraient atteinte à la liberté du travail, tandis que le Code civil dans ses articles 1779, 1780 et 1781 posa les règles auxquelles devait satisfaire le contrat de louage.

§ 3. — *Législation actuelle.*

117. Dans l'état actuel de la législation, tout individu jouit d'une entière liberté de travail. Il peut travailler ou ne pas travailler pour tel ou tel individu et il peut débattre librement avec celui qui l'emploie les conditions auxquelles il lui engage ses services, sous réserve de l'observation des lois réglementant le travail (2).

118. Toutefois certaines restrictions sont apportées par les lois et règlements à cette liberté absolue de travailler.

En premier lieu, l'article 1780 du Code civil dit qu'« on ne peut engager ses services qu'à temps et pour une entreprise déterminée ». Par ces mots « à temps » il faut entendre une période limitée, et en tous cas inférieure à la durée probable de la vie de celui qui s'engage. Par cette disposition le législateur a voulu éviter que l'exercice de la liberté du travail n'aboutît à l'aliénation même de cette liberté. L'engagement des services pour toute la vie peut en effet être considéré comme une sorte d'esclavage. En conséquence un contrat, par lequel une personne engage ses services sa vie durant, est frappé de nullité. Il en est de même lorsqu'elle engage ses services pour une période déterminée, si cette période est aussi longue que la durée probable de sa vie.

Il est également interdit de faire par voie détournée ce qu'il est prohibé de faire directement. Ainsi est nulle la convention par laquelle une personne s'engage pour une entreprise déterminée, si en fait cette entreprise ne peut être achevée avant la fin de la vie de celui qui s'oblige.

La nullité de semblables conventions peut être invoquée par le domestique, l'ouvrier ou l'employé. Peut-elle être invoquée également par le maître? La question est controversée. La rupture de semblables conventions n'entraine aucuns dommages et intérêts, car on a toujours le droit de rompre un engagement illicite (1). Toutefois on admet généralement que celui qui a reçu, à raison de la clause frappée de nullité, un salaire plus élevé et qui s'affranchit de l'exécution de cette clause doit être tenu de restituer ce qu'il est censé avoir reçu sans cause (2).

119. On considère également comme illicite et nulle la clause par laquelle un employé qui loue ses services à une maison de commerce, s'interdit la faculté de prendre *en aucun temps*, après sa sortie de cette maison, *aucun emploi* dans *une autre maison* faisant le même commerce (3).

Par contre a été jugée licite et obligatoire la clause par laquelle un employé ou un ouvrier qui loue ses service à une maison de commerce ou d'industrie s'interdit, même à jamais, la faculté d'exercer dans un rayon *limitativement* déterminé la même profession (4).

120. A la liberté du travail de l'ouvrier correspond la liberté pour le patron de débattre librement avec les ouvriers qu'il emploie les conditions auxquelles il les engage. On désigne quelquefois sous le nom de liberté du travail cette faculté corrélative de la liberté du travail proprement dite, qui paraît rentrer plutôt dans la liberté du commerce et de l'industrie.

Ainsi, il a été jugé qu'une convention par laquelle des fabricants s'engagent à peine d'amende à ne faire à leurs ouvriers aucune avance, était nulle comme contraire au principe de la liberté du travail (5).

De même a été annulée comme illicite et contraire à la liberté de l'industrie, la convention par laquelle deux fabricants s'engagent, pour un temps d'ailleurs illimité, à payer les ouvriers qu'ils emploient suivant un tarif fixé, en s'interdisant de le changer (6).

121. Les atteintes à la liberté du travail par violences, voies de fait, menaces ou manœuvres frauduleuses, ou bien par amendes, défenses, prescriptions, interdictions prononcées par suite d'un plan concerté sont punies par les articles 414-415-416 du Code pénal (7).

---

(1) Discussion sur le rapport présenté aux Consuls le 13 ventôse an X.
2) V. *supra*, v° Industrie, la réglementation du travail.

(1) Bordeaux, 23 janvier 1827 ; J. C., Louage d'ouvrage, n° 22; Lyon, 4 mai 1865, D. P. 66.2.165.
(2) Cf. Trib. féd. de la Suisse, 3 juin 1893, S. 93.4.32.
(3) Cass. 11 mai 1858, S. 58.1.717.
(4) Cass. 24 janvier 1866, S. 66.1.43; Rennes, 19 février 1895, G. P. 95.1.571; Paris, 23 juin 1882, S. 83.2.13.
(5) Douai, 22 mars 1862, S. 63.2.111.
(6) Nancy, 23 juin 1851, D. P. 53.1.38.
(7) V. *infra* ce qui concerne les grèves et les associations professionnelles, n°° 389 et suiv., n°° 433 et suiv.

122. Par contre, une grave atteinte à la liberté du travail est autorisée par l'article 475 du Code pénal, qui est ainsi conçu : « Seront punis d'amende, depuis 6 fr. jusqu'à 10 francs inclusivement, ceux qui, le pouvant, auront refusé ou négligé de faire les travaux, le service ou de prêter le secours dont ils auront été requis dans les circonstances d'accidents, de tumultes, naufrage, inondations, incendie, ou autres calamités, ainsi que dans tous les cas de brigandage, pillage, flagrant délit, clameur publique ou d'exécution judiciaire » (1).

Cette atteinte à la liberté du travail se justifie par des raisons d'intérêt public. Dans l'examen des conditions dans lesquelles s'exerce ce droit de réquisition nous laisserons de côté le droit de réquisition exercé par les officiers de police judiciaire et autres représentants de l'autorité judiciaire qui est étranger au droit administratif.

123. Quelles sont les autorités qui peuvent exercer le droit de réquisition? Dans l'ordre administratif, ce droit n'appartient en principe qu'au préfet, au maire et au commissaire de police. En cas d'urgence, il peut être exercé même par un gendarme. Il a été jugé qu'un gendarme, en cas d'incendie, peut requérir de faire la chaîne (2). Il en est de même en pareil cas des sapeurs-pompiers (3).

Bien que la réquisition doive être faite par une personne ayant qualité à cet effet, eu égard aux limites du territoire où elle exerce ses attributions, on n'admet pas que celui qui est requis puisse refuser le service qui lui est demandé sous prétexte que l'accident ou le fléau auquel il s'agit de porter remède n'a pas lieu dans la commune où il réside. Spécialement, un maire peut requérir un loueur de chevaux résidant dans sa commune de conduire des pompes dans une commune voisine où un incendie a éclaté (4).

La personne qui requiert le service ou le secours est tenue de faire connaître sa qualité; sinon le citoyen auquel il s'adresse n'est pas tenu d'obtempérer (5).

124. La réquisition doit être faite sous la forme d'un *ordre direct* et *immédiat*. Une simple prière ne suffit pas pour obliger le requis à fournir le service qui lui est demandé. Aucune formalité particulière n'est toutefois exigée; il suffit que l'objet de la réquisition soit exprimé, que la personne à laquelle elle est adressée soit indiquée, ainsi que le titre et la qualité du requérant. La réquisition, en cas d'urgence, peut même être verbale (1).

125. Le droit de réquisition s'applique exclusivement aux faits accidentels et aux maux urgents contre lesquels le temps manquerait pour recourir aux services et aux secours organisés. Ainsi les habitants peuvent être requis de faire la chaîne en cas d'incendie (2); un médecin peut être requis à l'effet de donner ses soins en cas de calamité publique (3).

126. L'énumération contenue dans l'article 475 n'est pas limitative, mais énonciative. On peut y joindre notamment : la chute inopinée d'une grande quantité de neige interrompant les communications (4) ou l'état de guerre (5). Toutefois les réquisitions militaires proprement dites font actuellement l'objet de lois et règlements spéciaux (6).

L'article 475 § 12, du Code pénal est-il applicable aux particuliers qui refusent de participer aux battues organisées pour la destruction des animaux nuisibles en vertu de l'arrêté du 19 pluviôse an V? La question est controversée (7).

Par contre la loi de 1884 sur l'organisation municipale donne le droit au maire de requérir, à l'effet de détruire les loups et sangliers, les habitants avec armes et chiens propres à la chasse de ces animaux. Les habitants qui s'y refusent paraissent devoir être passibles des peines édictées par l'article 475 § 12 du Code pénal.

127. Le droit de réquisition ne peut s'exercer quand il s'agit d'une mesure permanente, d'un remède qui peut être organisé d'avance, contre un mal général que l'on prévoit. Par exemple, l'article 475 § 12 du Code pénal ne paraît pas applicable au cas où une municipalité a prescrit aux habitants de faire la garde à tour de rôle sur les côtes de la commune pour empêcher un débarquement et par suite l'invasion du choléra (8).

Le droit de réquisition ne peut s'exercer non plus quand il s'agit d'un besoin individuel ou d'un malheur particulier. L'article 475 § 12 ne s'applique pas au cas de refus soit de porter secours à un blessé ou de le recevoir (9), ni au cas où un particulier a refusé de transporter sur un brancard le cadavre d'un homme tué par accident sur une route.

128. La contravention existe toutes les fois que l'inculpé a refusé, négligé ou même oublié d'obtempérer à la réquisition. La loi n'admet qu'une seule excuse au cas de non-exécution de la réquisition, c'est l'impossibilité de l'exécuter.

---

(1) Les réquisitions en cas d'accidents, prévues par les décrets des 3 janvier 1813 et 26 mars 1843 concernant la police des mines, relèvent du principe posé par l'article 475 du Code pénal. Ce sont des réquisitions d'outils, chevaux et *hommes* (D. 3 janvier 1813, art. 5, 14 et 17; 26 mars 1843, art. 2, § 3).

L'article 17 du décret du 3 janvier 1813 s'exprime ainsi : « Les exploitants et directeurs des mines voisines de celle où il serait arrivé un accident, fourniront tous les moyens de secours dont ils pourront disposer, soit en hommes, soit de toute autre manière, sauf le recours pour leur indemnité, s'il y a lieu, contre qui de droit »... Les autres articles cités chargent les autorités locales directement (D. 3 janvier 1813, art. 14) ou sur réquisition de l'ingénieur des mines (D. 3 janvier 1813, art. 5; 26 mars 1843, art. 2) de prendre sur-le-champ les dispositions nécessaires, ainsi qu'il est pratiqué en matière de voirie lors du péril imminent de la chute d'un édifice.

(2) Cass. crim. 8 octobre 1842, D. 42.1.419.
(3) Cass. crim. 11 juillet 1867, D. 68.1.47.
(4) Cass. crim. 3 juin 1848, D. 48.1.153.
(5) Cass. crim. 8 avril 1854, D. 54.1.212.

(1) Cass. crim. 20 mars 1851, 12 mai 1871, D. 51.5.479-71.1.262.
(2) Cass. crim. 11 décembre 1863, D. 66.1.439.
(3) Cass. crim. 27 janvier 1858, D. 58.1.66.
(4) Cass. crim. 15 décembre 1855, D. 56.1.159.
(5) Cass. crim. 12 mai 1871, D. 71.1.262.
(6) V. *Répertoire du droit administratif*, v° RÉQUISITIONS.
(7) V. *ibid.*, v° BÊTES ET ANIMAUX.
(8) C. sup. de Bruxelles, 27 décembre 1831, J. G., v° CONTRAVENTIONS, n° 388.
(9) Cass. crim. 29 fructidor an X, 4 juin 1860, J. G., v° CONTRAVENTIONS, n° 389; 17 juin 1853, 2 juillet 1857, D. 53.5.414-57.1.376.

Il a été jugé que les maires ont le droit d'organiser dans les circonstances calamiteuses, telles qu'en temps de crise révolutionnaire, un service momentané d'ordre et de sûreté (1).

SECTION II.

NATURE DU CONTRAT DE TRAVAIL.

§ 1er. — *Définitions.*

129. Le contrat de travail est le contrat par lequel une personne s'engage à travailler pour une autre personne qui s'engage en échange à lui payer un prix convenu.

Le contrat de travail est désigné dans le Code civil sous le nom de « louage des gens de travail » (art. 1779), de « louage des domestiques et ouvriers », de « louage de services » (art. 1780). C'est une des trois espèces du louage d'ouvrage et d'industrie. Les deux autres sont : 1° le louage des voituriers, tant par terre que par eau qui se chargent du transport des personnes ou des marchandises; 2° le louage des entrepreneurs d'ouvrage par suite de devis ou marchés.

130. Le contrat de travail se distingue nettement du louage des voituriers. On ne le distingue pas toujours facilement du louage des entrepreneurs d'ouvrage, qu'on désigne généralement dans le langage courant sous le nom de louage d'ouvrage.

Dans le contrat de travail, l'objet du contrat consiste dans les services promis; dans le louage d'ouvrage, il consiste dans l'œuvre que l'entrepreneur a promis d'effectuer. Les gens de travail ne supportent jamais les risques de la chose qui leur est confiée, et leurs salaires leur sont toujours dus par le maître, si la chose vient à périr par cas fortuit. Au contraire, l'entrepreneur supporte les risques jusqu'à la réception de son travail, soit pour la matière et le travail, s'il fournit lui-même la matière, soit pour le travail seulement si la matière est fournie par le maître (2).

Aux termes de l'article 1799 « les maçons, charpentiers, serruriers et autres ouvriers qui font directement des marchés à prix fait sont astreints aux règles prescrites dans la présente section (Des devis et marchés); ils sont entrepreneurs dans la partie qu'ils traitent ». L'ouvrier charpentier qui s'est engagé à faire un travail déterminé doit donc être considéré comme entrepreneur (3).

Il a été jugé qu'un maçon, chargé de réparer une conduite sur le terrain de l'administration du service municipal, qui était payé à la journée, mais qui fournissait et dirigeait lui-même le travail, n'était pas un ouvrier, mais un entrepreneur (4).

Par contre, celui qui ne s'est engagé qu'à travailler pour un certain nombre de journées est un ouvrier.

Le plombier qui a fait des travaux de couverture, sans marché préalable à prix fait, doit être considéré comme ouvrier (1).

En somme, dans le louage de services, le maître a la direction du travail et fait travailler l'ouvrier sous ses ordres. Dans le louage d'ouvrage, le locateur s'engage à faire un travail donné qu'il confectionne sous sa responsabilité (2).

§ 2. — *Historique.*

131. Les règles relatives au contrat de travail sont contenues tout entières dans l'article 1780 du Code civil. On s'est souvent étonné du peu de place que tient ce contrat dans notre Code : les rédacteurs du Code civil se sont en effet contentés de deux articles pour régler les rapports entre patrons et ouvriers, l'article 1780 et l'article 1781 qui depuis a été abrogé par la loi du 2 août 1868. On a prétendu que cette négligence des législateurs du premier Empire était voulue, qu'ils avaient l'idée de régler plus tard les questions afférentes au contrat de louage (3). Il est probable qu'ils se fiaient à la liberté des conventions pour dénouer tous les conflits entre patrons et ouvriers.

Depuis le Code civil, quatre lois seulement sont intervenues pour régler le contrat de travail et la plupart du temps sur des points de détail : la loi du 2 août 1868, qui a supprimé l'article 1781, qui donnait au maître le privilège exorbitant d'être cru sur son affirmation pour la quotité des salaires et les acomptes versés, la loi du 27 décembre 1890, qui a complété l'article 1780 et qui a été modifiée récemment par la loi du 10 avril 1902 et enfin la loi du 18 juillet 1901.

132. Cette négligence du législateur a eu pour conséquence d'obliger les contractants à tout prévoir dans le contrat ou à s'en rapporter à des usages trop souvent douteux et incertains. De là de fréquents procès entre patrons et ouvriers (4).

§ 2. — *Législation actuelle.*

133. L'article 1780 est ainsi conçu : « Nul ne peut engager ses services qu'à temps ou pour une entreprise déterminée. » La loi du 27 décembre 1890 a ajouté à cet alinéa trois paragraphes complémentaires, relatifs à la résiliation et à la rupture du contrat de louage de service fait sans détermination de durée ainsi qu'aux indemnités qui peuvent être allouées le cas échéant. Nous examinerons ces derniers paragraphes sous la rubrique : *Rupture du contrat de travail.*

Mais avant d'examiner en détail les règles qui président à la formation, à l'exécution et à la rupture du con-

---

(1) Cass. crim. 7 décembre 1848.
(2) Baudry-Lacantinerie et Wahl. *Du contrat de louage*, n° 1832; Guillouard, *Traité du louage*, t. II, p. 769.
(3) Cass. 12 avril 1853, S. 53.1.257
(4) Trib. de Sarlat, 27 novembre 1900. *Recueil de documents sur les Accidents du travail (Jurisprudence)*, mars 1902, p. 156.

---

(1) Cass. 27 janvier 1851, S. 51.1.247.
(2) Baudry-Lacantinerie et Wahl. *loc. cit.*, n° 1833.
(3) Hubert Valleroux, *Contrat de travail*, p. 44.
(4) Glasson. *Le Code civil et la question ouvrière*, p. 11.

trat de travail, il est absolument nécessaire de déterminer tout d'abord le domaine d'application de ces règles, c'est-à-dire les catégories de personnes entre lesquelles peut intervenir un contrat de travail.

134. Si l'on s'en rapportait au titre de la section du Code civil, dont l'article 1780 est l'article unique, et qui est intitulée « Du louage des domestiques et ouvriers », il semblerait que les règles posées dans cet article ne s'appliquent qu'à ces deux catégories de personnes; les « domestiques » c'est-à-dire les personnes qui donnent leurs soins à la personne du maître, qui l'aident dans les travaux agricoles et qui logent et vivent ordinairement dans la maison, et les « ouvriers » c'est-à-dire les personnes qui exercent des professions manuelles et qui n'habitent généralement pas le toit du maître et ne sont pas nourries par lui.

En réalité, la jurisprudence applique l'article 1780 à toutes les catégories de personnes dont les services peuvent faire l'objet d'un contrat de louage, encore qu'elles ne soient ni domestiques, ni ouvriers.

Ainsi l'article 1780 a été appliqué à l'employé de commerce ou commis (1), aux voyageurs de commerce (2), aux concierges (3), aux artistes dramatiques, aux précepteurs (4), aux jardiniers (5), aux rédacteurs de journaux (6), aux secrétaires, bibliothécaires, etc.

135. Le fait que le maître a délégué une partie de ses pouvoirs à un de ses employés ne change pas la nature du contrat qui les lie. Ainsi les tribunaux regardent comme un simple contrat de travail le contrat qui lie un patron à son contremaître (7), ou à son directeur d'usine (8). Il a été jugé notamment qu'on devait considérer comme un simple agent subordonné aux administrateurs sociaux le directeur administratif, qui est chargé, sous l'autorité du conseil d'administration, de l'exploitation d'un journal appartenant à une société anonyme, alors surtout que l'exploitation du journal n'est pas l'objet unique de cette société (9).

136. Les règles relatives au contrat de louage s'appliquent-elles aux relations de l'Etat, des départements, des communes et des établissements publics avec le personnel qu'elles emploient?

La question est d'importance pour les intéressés, en raison particulièrement des indemnités qui peuvent être allouées lors de la rupture de contrats de louage de services fait sans détermination de durée. Elle offre aussi pour les administrations publiques un intérêt d'ordre public; ainsi : « le louage de service, fait sans détermination de durée, peut toujours cesser par la volonté d'une des parties contractantes », régime très différent de celui sous lequel l'autorité accepte ou refuse les démissions.

En l'absence de règles précises inscrites dans un texte législatif formel, plusieurs systèmes ont été imaginés. Nous les examinerons successivement.

137. Dans un premier système, on assimile à un contrat de louage de services les relations existant entre l'Etat et tous les agents qu'il emploie : fonctionnaires, employés, agents, ouvriers, etc. Ce système a été exposé par des juristes allemands ou suisses (1).

Dans un second système, on rejette entièrement l'idée de contrat. Le service de l'Etat est une obligation pour tout citoyen. En ce sens on peut invoquer la loi française des 3-22 août 1790 aujourd'hui abrogée, dans laquelle l'Assemblée nationale déclarait que « chez un peuple libre, servir l'Etat est un devoir que tout citoyen est tenu de remplir. »

D'autres auteurs enfin ont vu dans les relations de l'Etat avec ses agents un contrat spécial, auquel ils ont donné le nom de contrat de service public ou de contrat de droit public (2). Cette opinion n'a été adoptée par aucun tribunal français.

Les systèmes que nous venons de passer en revue ont ceci de commun qu'ils ne distinguent pas expressément entre les différentes catégories d'agents de l'Etat.

138. Dans les systèmes que nous allons examiner, il est fait au contraire une distinction entre ces agents.

Dans un premier système, on assimile à un mandat le contrat qui se forme entre l'Etat et ses fonctionnaires. Il a été exposé par Dareste. « L'Etat, dit-il, en même temps qu'il demande un certain service aux fonctionnaires, leur communique une partie de son pouvoir. Le contrat qui se forme entre l'Etat et le fonctionnaire est un mandat salarié, mais un mandat *sui generis*. Le caractère politique y prédomine, et c'est pourquoi, presque en tous pays, les contestations auxquelles il peut donner lieu sont réservées à la juridiction administrative (3). » Cette opinion semble partagée par M. Perriquet qui a réuni, dans les chapitres qu'il consacre au mandat, toutes les notions relatives à l'état, aux traitements et aux fonctions des fonctionnaires civils et militaires (4). Ce système a été développé surtout par des juristes italiens (5).

Il ne s'applique qu'aux fonctionnaires à qui l'Etat communique une partie de son pouvoir. Il admet implicitement la distinction formulée par un second système dans lequel on distingue les différents agents de l'Etat, des départements et des communes en deux catégories : les fonctionnaires et les employés. Les premiers sont les agents qui ont une part à l'autorité publique

---

(1) Guillouard, *loc. cit.*
(2) Rouen, 12 janvier 1889, Rec. du Havre, 1889.2.45.
(3) Trib. de la Seine, réf., 7 février 1899, S. 99.2.140.
(4) Guillouard, *loc. cit.*
(5) Trib. civ. de Lyon, 13 novembre 1883, G. P. 84.1, suppl. n° 9.
(6) Cass. 24 janvier 1865, D. 65.1.40; 19 avril 1867, D. 67.1.372.
(7) Lyon, 7 juillet 1887 (*Mon. de Lyon*, 9 août 1887); Trib. comm. de Marseille, 8 septembre 1890 (Rec. de Marseille, 1890.1.310).
(8) Trib. comm. du Havre, 14 août 1889 (Rec. du Havre, 1889.1.212); Rouen, 16 décembre 1889 (Rec. du Havre, 1890.2.22).
(9) Trib. comm. 10 novembre 1887, G. P. suppl. 88.1.38.

(1) Kress, *Dissertatio juridica de jure officiorum et officialium*. Helmstadt, 1732, chap. II, p. 33. — Haller, *Restauration des Staatswissenschaften*. Winterthur, 1817; Struben, *Rechtliche Bedenken*. Hanovre, 1827, t. II, n° 433, p. 233.
(2) Larnaudé, professeur de droit public à la Faculté de droit de Paris; Kammerer, *De la fonction publique dans le droit allemand*.
(3) Dareste, *La justice administrative en France*, p. 372.
(4) Perriquet, *Traité des contrats de l'Etat*, p. 435 et suiv.
(5) Ernesto Miceli, *Le guarentigie dei Funzionari pubblici*. Catane, 1897, p. 63. — Meucci, *Storia di diritto amministrativo*, 1re partie, sect. II, chap. V, art. 2.

c'est-à-dire ceux qui ont le droit de commander et de prendre des décisions en vertu d'une délégation de l'autorité publique. Les employés sont ceux qui accomplissent des besognes purement exécutives ou techniques : les employés de bureaux et les commis, les employés de chemins de fer de l'Etat, des postes et télégraphes, les professeurs, les ingénieurs, les archivistes, etc... Les premiers seraient nommés par un acte de la puissance publique. Les autres ne seraient liés à l'administration que par un contrat de louage d'ouvrage. — Cette opinion qui a été admise dans le droit fédéral suisse a été soutenue dans le *Recueil périodique de Dalloz* (1879. II, 161) et dans le *Journal des conseillers municipaux* (1879, p. 159).

Cette théorie semble avoir été suivie, du moins en ce qui concerne les secrétaires et employés de mairie, par la Cour de Lyon, dans son arrêt du 3 février 1872 (1) par le tribunal civil de Marseille, dans un jugement du 2 août 1878 (2) et par le tribunal civil d'Alais, dans un jugement fortement motivé que nous reproduisons ci-dessous (3).

La même théorie semble avoir été également soutenue, toujours en ce qui concerne les secrétaires de mairie, par le Tribunal des conflits dans son arrêt du 14 juin 1879 (1). Mais cette jurisprudence ne s'est pas maintenue.

139. Un second système a été exposé par M. Laferrière dans son *Traité de juridiction administrative.* (I, p. 564 et 565). Il n'interviendrait de contrat entre l'Etat, le département et la commune et leurs agents, que lorsqu'il n'y aurait aucune collation de fonction ou d'emploi ; par exemple, en ce qui concerne l'Etat, lorsqu'il s'agit de missions, de travaux d'une nature spéciale et temporaire : telles sont les missions données par l'Etat dans un intérêt public ou scientifique, les tâches confiées à des employés auxiliaires ne figurant pas dans les cadres du personnel administratif. Dans ces cas il interviendrait un contrat analogue au contrat de travail. Quant aux collations d'emploi, ce sont des actes administratifs aussi bien que les collations de fonctions. Il n'est pas nécessaire, pour qu'un acte confé-

---

(1) La Cour, — Considérant que l'allocation à l'intimé (un secrétaire de mairie) d'une somme de 600 francs à raison de sa révocation de secrétaire de la mairie de Roanne, ne fait aucunement grief à ce principe d'ordre public que l'autorité a le droit de révoquer, quand il lui plaît, tous les fonctionnaires de l'ordre administratif, sans être tenue jamais de justifier d'une cause de révocation ni de leur accorder une indemnité ; qu'en effet, les secrétaires de mairie ne sont pas des fonctionnaires publics ; que la loi organique du 18 juillet 1837 ne les nomme pas et que l'avis du Conseil d'Etat du 20 juillet 1807 décide de la manière la plus formelle qu'ils n'ont aucun caractère public ; que le maire ne peut leur déléguer aucune de ses attributions ; qu'ainsi les secrétaires sont de simples serviteurs de la mairie ; — Considérant que la décision du tribunal de Roanne ne viole pas davantage cet autre principe, beaucoup moins généralement admis, que le maire peut renvoyer sans indemnité son secrétaire, le chef, son employé pour un manquement dans leur service sans que les tribunaux aient le droit de contrôler l'affirmation du maire ou du chef ; qu'en effet il a été plaidé au nom du maire de Roanne que l'intimé avait été renvoyé non à raison d'un fait personnel, mais parce que l'emploi de secrétaire de la mairie avait été supprimé... — Par ces motifs, confirme...

(2) S. 1879.2.78.

(3) Attendu que la convention intervenue entre la ville et les demandeurs est un contrat purement civil ; que le maire, en s'assurant leurs services pour un temps illimité et moyennant un traitement annuel fixé d'avance, s'est soumis de plein droit, vis-à-vis d'eux, aux règles spéciales au louage d'ouvrage (C. civ., art. 1780) : — Attendu que le défendeur soutient vainement qu'en qualité de maire il a le droit de révoquer librement les fonctionnaires placés sous ses ordres, sans que les tribunaux puissent entraver son action ou contrôler ses actes, mais attendu que les secrétaires de mairie ne sont pas des fonctionnaires publics, qu'ils n'exercent aucune autorité spéciale, ne sont reconnus par aucune loi et ne peuvent être considérés que comme des auxiliaires de la municipalité qui les choisit, mais qui ne peut leur déléguer aucune partie de ses pouvoirs ; — Attendu que ces principes paraissent désormais incontestables ; que les secrétaires institués par l'article 17 de la loi du 21 fructidor an III auprès de chaque municipalité pour garder les papiers et signer les expéditions, ont disparu avec la loi du 28 pluviôse an VIII ; que, certains de ces agents ayant continué à exercer leur ministère, un avis du Conseil d'Etat du 20 juillet 1807 déclara expressément qu'ils étaient dépourvus de tout caractère public, et que cet état de choses fut maintenu par la loi du 18 juillet 1837, qui refusa de les comprendre parmi les agents reconnus de la municipalité ; — Attendu que la jurisprudence a été appelée plusieurs fois à faire l'application de ce principe ; qu'il a été jugé notamment que les secrétaires de mairie n'étaient protégés, pour les diffamations ou injures commises envers eux à raison de leurs fonctions, que par les peines édictées en faveur de simples particuliers ; que ces employés n'étaient pas couverts autrefois par l'article 75 de la Constitution du 22 frimaire an VIII ; et enfin qu'ils étaient de simples serviteurs à gage de la mairie ; — Attendu qu'il ne s'agit pas, dans l'espèce, de reviser la décision prise par le maire, en vertu des pouvoirs que lui confère l'article 12 de la loi de 1837 et de le contraindre à conserver des employés qu'il a expulsés ; qu'une pareille action échapperait évidemment à la connaissance de l'autorité judiciaire ; mais que la prétention des demandeurs a un but différent et tend exclusivement à revendiquer le bénéfice des règles spéciales au contrat intervenu entre eux et la ville d'Alais ; — Attendu qu'ainsi formulée, les tribunaux ont le droit et le devoir d'apprécier leur réclamation et de l'accueillir, si toutefois elle est fondée ; que l'application des actes administratifs ne présentant ni ambiguïté, ni équivoque, rentre en effet dans leurs attributions qui leur permettent de les examiner, sans toutefois y porter atteinte, et qu'en usant de ce droit l'autorité judiciaire ne viole en rien le principe de la séparation des pouvoirs édicté par la loi du 16 août 1790 et le décret du 16 fructidor an III ; qu'on ne saurait oublier, en outre, que le maire a la double qualité d'agent du gouvernement et de représentant de la commune ; que si les arrêtés pris par lui, comme délégué du pouvoir exécutif, et notamment l'institution ou la révocation des fonctionnaires dont le choix lui est confié, ont un caractère d'administration générale inhérent à leur objet et à la qualité du signataire, il en est autrement des actes que le maire accomplit comme mandataire légal de la commune ; qu'il se trouve à cet égard dans la même situation que les directeurs de compagnies industrielles ou de tout autre être moral ; — Attendu que les demandeurs, dépourvus de tout caractère public, ont été engagés pour le service des bureaux de la mairie dont la municipalité a l'organisation exclusive, tant pour la fourniture que pour la composition du personnel ; qu'avant d'entrer en fonctions, ils n'ont prêté aucun serment, et que leur nomination ou leur révocation échappe entièrement au contrôle de l'autorité supérieure dont ils ne sont à aucun titre les agents ; — Attendu que les services infimes qu'est appelée à rendre cette classe d'employés expliquent pour leur choix la liberté et l'indépendance du maire dont ils préparent le travail ; que ce fonctionnaire doit nécessairement avoir confiance dans ses collaborateurs et pouvoir les changer à son gré, comme le ferait un officier ministériel de ses clercs, ou un négociant de ses commis ; — Attendu néanmoins qu'en usant de cette faculté, il doit respecter les coutumes généralement reçues en se conformant aux prescriptions de droit commun qui régissent le contrat de louage de services et qui ont pour but d'assurer, soit à l'employé avant son renvoi, soit au maître, avant le départ de son commis, le délai voulu pour lui trouver un successeur ; — Attendu que les difficultés que peuvent faire naître l'exécution d'un pareil contrat ou l'application des règles qui lui sont propres, rentrent dans les attributions des juges ordinaires, qui commettraient un déni de justice en refusant de les juger. — Par ces motifs, le tribunal se déclare compétent. Trib. civ. d'Alais 14 août 1878. Fabre et autres c. maire d'Alais.

(1) Considérant que les secrétaires de mairie ne sont pas des fonctionnaires ou des agents dont les services doivent être assimilés aux services administratifs de l'Etat, et que ni la loi du 28 pluviôse an VIII, relative aux travaux publics, ni aucune loi n'a attribué à la juridiction administrative contentieuse la connaissance des difficultés auxquelles peut donner lieu le règlement des *salaires* dus par les communes aux secrétaires de mairie : qu'en l'absence d'une disposition contraire, c'est aux tribunaux judiciaires qu'il appartient de connaître de ces difficultés qui se rattachent à des *conventions de droit commun* et que, par suite, c'est à tort que le préfet du département de l'Eure a revendiqué pour l'autorité administrative le litige pendant entre le sieur Labrebis et la commune de Nonancourt...

rant une fonction ou emploi ait le caractère d'un acte de puissance publique, qu'il délègue cette puissance, *il suffit qu'il l'exerce*. Or, le préfet qui nomme aux emplois départementaux en vertu du décret-loi du 25 mars 1852, le maire qui nomme aux emplois communaux en vertu des lois des 18 juillet 1837 et du 5 avril 1884, font acte d'autorités hiérarchiques et non de contractants; ils exercent les pouvoirs qu'ils tiennent de ces lois, à l'égard des employés aussi bien que des fonctionnaires, soit qu'ils les nomment, soit qu'ils les révoquent; le Code civil, le contrat de louage d'ouvrage sont hors de cause dans les deux cas. Il importe peu que la nomination n'ait eu lieu qu'après des pourparlers entre l'autorité qui nomme l'employé et cet employé (1). Le Tribunal des conflits revenant sur sa jurisprudence première, s'est prononcé dans ce sens, à propos d'une nomination d'architecte voyer, dans son arrêt du 27 décembre 1879 (2).

140. Depuis ce dernier arrêt, la jurisprudence est fixée dans ce sens. La théorie qui s'en dégage peut se formuler ainsi :

L'acte par lequel un employé est nommé, lorsque cette nomination a été faite par l'autorité administrative en vertu des pouvoirs qui lui sont conférés par les lois en vigueur, est un acte purement administratif et n'a pas pour effet de créer un contrat de louage de services entre l'autorité administrative et la personne qu'elle a nommée. Il est révocable à la volonté de l'autorité qui l'a pris, à la seule condition d'observer les règles fixées à ce sujet par les lois en vigueur et les règlements pris en vertu de ces lois. Il n'y a pas lien contractuel ; les obligations réciproques de l'autorité et de celui qu'elle emploie dérivent de la loi.

Cette jurisprudence ne s'applique pas seulement aux fonctionnaires, catégorie mal déterminée, que le rapprochement de l'intitulé de la section III, titre Ier,

livre III du Code pénal avec le texte de l'article 123 placé sous cet intitulé conduit parfois à définir « individus dépositaires de quelque partie de l'autorité publique » (1). Elle s'applique à tous les emplois civils et militaires auxquels on est nommé par un acte de la puissance publique.

141. Toutefois dans des arrêts récents, le Conseil d'Etat fait une réserve en ce qui concerne les conventions qui auraient pu intervenir en dehors de la nomination. Il admet qu'indépendamment de la nomination, l'autorité administrative ait pu prendre avec la personne nommée des engagements, en ce qui concerne notamment le temps pendant lequel l'employé conservera ses fonctions; mais c'est à ce dernier à justifier de l'existence de semblables conventions que la nomination seule ne présume pas (2).

Or il est extrêmement rare qu'en dehors de la nomination à un emploi public intervienne entre l'autorité administrative et l'employé une convention formelle dont ce dernier puisse faire la preuve. Dans ces conditions, on peut poser le principe que lorsqu'il y a nomination, et que cette nomination est prévue par une disposition légale ou un décret réglementaire, il n'y a pas de contrat de travail.

142. Sont ainsi formellement exclus de l'application de l'article 1780 du Code civil :

1° Les employés civils et militaires de l'Etat dont la nomination est prévue soit par l'article 3 de la loi du 25 février 1875 relative à l'organisation des pouvoirs publics (3), soit par des lois spéciales, soit par des décrets du Président de la République pris en vertu de la délégation générale de l'article 3 de la loi du 25 février 1875 (4).

2° Les employés des départements dont la nomination par le Préfet est prévue par le décret-loi du 25 mars 1852.

3° Les employés municipaux dont la nomination est prévue par la loi du 5 avril 1884.

Le champ d'application de l'article 1780 se trouve ainsi considérablement restreint; tout au moins en ce qui concerne le personnel des administrations publiques proprement dites, on peut dire que le régime du contrat est l'exception : seuls y resteraient soumises

---

(1) Voir en ce sens les arrêts des cours d'Aix du 10 décembre 1878, et de Nîmes du 24 février 1879 (S. 79.2.78), qui ont réformé les jugements précités des tribunaux de Marseille et d'Alais. Voir encore les arrêts de la Cour de cassation du 7 juillet 1880 qui ont rejeté les pourvois formés contre les susdits arrêts (S. 80.1.464).

(2) Le Tribunal des conflits, — Vu les lois des 16-24 août 1790, 16 fructidor an III et 18 juillet 1837 ; — Vu les ordonnances des 1er juin 1828 et 12 mars 1831, le règlement du 26 octobre 1849 et la loi du 24 mai 1872. Considérant que la loi du 18 juillet 1837, relative à l'administration municipale, règlemente dans son titre II les attributions du maire et dispose (art. 12) : « que ce fonctionnaire nomme à tous les emplois communaux pour lesquels la loi ne prescrit pas un mode spécial de nomination et qu'il suspend et révoque les titulaires de ces emplois »: — Considérant que le maire de la ville d'Autun, en nommant le sieur Guidet aux fonctions d'architecte voyer de la commune, a fait acte de son administration ; que, si cette nomination n'a eu lieu qu'après des pourparlers entre le maire et le sieur Guidet, relativement aux conditions proposées de part et d'autre et sur lesquelles l'accord s'est définitivement établi, il n'en résulte nullement que l'acte dont s'agit ait perdu son caractère administratif et doive être considéré comme contrat de louage de services appartenant au droit commun; — Considérant, d'autre part, qu'en révoquant le sieur Guidet de la fonction à laquelle il l'avait ainsi appelé, le maire n'a fait encore qu'un acte rentrant dans ses attributions administratives et dont l'appréciation ne saurait appartenir aux tribunaux civils; qu'il suit de là que c'est à bon droit que le conflit d'attribution a été élevé par le préfet. — Art. 1er. L'arrêté du 30 août 1879, par lequel le préfet de Saône-et-Loire a élevé le conflit d'attributions est confirmé. — Art. 2. Sont considérés comme non avenus l'exploit introductif d'instance du 26 juin 1879 et le jugement du tribunal civil d'Autun du 19 août suivant.

(1) V. aussi Dalloz, 1879, t. II, p. 161.

(2) En ce sens, C. d'Et. 28 juillet 1882 (*Rec. des arrêts du C. d'Et.* p. 739); 12 janvier 1883 (S. 1884.3.76); 25 janvier 1888, Wottling (S. 1888.2.186); 29 avril 1892 (S. 1894.3.33). — Nous ne citons ici que l'arrêt du 11 juillet 1891, les autres sont conçus dans des termes absolument identiques : « Le Conseil d'Etat, — Considérant que le maire de Pont-à-Mousson, en nommant en septembre 1888 le sieur Nil aux fonctions d'agent voyer communal, directeur du service des eaux et de la voirie, a fait un acte rentrant dans les attributions qui lui appartenaient aux termes de l'article 88 de la loi du 5 avril 1884 ; que le sieur Nil n'est pas fondé à se prévaloir de cette nomination pour soutenir qu'il avait le droit de conserver ses fonctions pendant un temps déterminé, et *qu'il ne justifie d'aucune convention qui serait intervenue à cet effet entre lui et la commune de Pont-à-Mousson*; que dans ces circonstances le maire, en révoquant le sieur Nil dans l'intérêt du service municipal, a fait un acte rentrant dans l'exercice de ses attributions; que cet acte n'a pu engager la responsabilité pécuniaire de la ville de Pont-à-Mousson... »

(3) Art. 3. — Le Président de la République... nomme à tous les emplois civils et militaires.

(4) V. *Répertoire du droit administratif*, v° FONCTIONNAIRES.

les missions et tâches temporaires confiées à des employés auxiliaires, ne figurant pas dans le cadre du personnel administratif.

C'est ainsi que le Tribunal des conflits a reconnu le caractère de contrat de louage de services à la convention intervenue entre un maire et les personnes appelées — à titre d'employés auxiliaires — à établir au nom et sous la responsabilité du maire, le recensement de la population de la ville qu'il administre. On ne saurait assimiler en effet la tâche temporaire confiée à ces personnes à un des emplois communaux dont la nomination est prévue par l'article 88 de la loi du 5 avril 1884 (1).

143. Les règles posées par le Conseil d'Etat dans sa jurisprudence peuvent-elles s'appliquer aux ouvriers et employés des exploitations industrielles de l'Etat, des départements et des communes ? Peut-on assimiler aux *emplois* de l'Etat, des départements et des communes dont il est question dans la loi du 25 février 1875, dans le décret-loi du 25 mars 1852 et dans la loi du 5 avril 1884, les situations de commis et d'ouvriers dans les exploitations commerciales et industrielles de l'Etat ?

S'il en était ainsi, le champ d'application de l'article 1780 se trouverait assez restreint en ce qui les concerne. Il y a sans doute encore de nombreux ouvriers et employés embauchés à titre temporaire pour des travaux temporaires, et dont les conditions de travail et le nombre sont réglés par la direction des travaux suivant les besoins et la concurrence. Il y a de nombreux chantiers de travaux en régie, par exemple. — Mais, pour les exploitations ayant un certain caractère de permanence, sous l'empire de préoccupations relatives à la retraite, le personnel se trouve de plus en plus fréquemment régi par des décrets d'organisation établissant certaines règles, sinon toujours des cadres proprements dits; dès lors, il échapperait généralement au régime du contrat de louage pour rentrer sous celui de la collation d'emploi. Et comme, sous l'influence de nécessités économiques et aussi de tendances théoriques, l'importance de ces exploitations va croissant, on verrait un nombre de plus en plus grand de citoyens assimilés aux fonctionnaires; ce qui n'est pas sans inconvénient ni même sans danger.

144. Nous ne chercherons pas, dans l'étude qui va suivre, à distinguer le personnel en permanent et auxiliaire-temporaire. Nous considérons comme acquis, en tout état de cause, le fait que les auxiliaires-temporaires ont un contrat de louage de services. Ce qui nous occupe, c'est la situation du personnel dit ou réputé permanent, classé, commissionné, de ce personnel organisé qui jouit d'une certaine stabilité et presque toujours, maintenant, d'un droit à la retraite. Il ne sera

toutefois pas inutile de rappeler que, en général, permanents comme auxiliaires et temporaires sont sujets au licenciement, les permanents après les temporaires, lorsque manque le travail. Dans les établissements de la Guerre notamment, une grande partie du personnel civil a été embauché en vue d'une besogne déterminée et en principe temporaire : la réfection de notre armement; ainsi, à la date où nous écrivons cet article (juillet 1902), il est question de licencier 6.000 ouvriers de ces établissements (auxiliaires, journaliers et commissionnés) parce que sont terminées les fabrications pour lesquelles ils avaient été embauchés. — C'est là un premier caractère qui distingue de l'emploi public ces situations d'ouvriers et de commis dans les établissements industriels de l'Etat, des départements et des communes, et il se réfère aux distinctions déjà établies par la jurisprudence du Conseil d'Etat.

145. Pour l'assimilation complète des ouvriers et employés des exploitations de l'Etat aux titulaires d'emplois civils, on fait valoir souvent que leurs salaires figurent en dépense au budget et sont réglés par le vote des Chambres sur la proposition du Gouvernement dans les mêmes conditions que les traitements des fonctionnaires; qu'ils sont placés sous les ordres exclusifs de fonctionnaires de l'Etat et nommés par eux. Nous ne pouvons nous arrêter à ces ordres de considérations. — Les salaires des auxiliaires temporaires, à qui la jurisprudence reconnaît un contrat de travail, figurent de même au budget, tandis que les rétributions d'un certain nombre de fonctionnaires, — comme les conservateurs des hypothèques, — n'y figurent point. — Les auxiliaires temporaires sont placés également sous les ordres des fonctionnaires et nommés par eux.

Il nous faut laisser de côté tous les arguments comme ceux-ci qui se trouvent réfutés par la jurisprudence relative aux missions temporaires, et examiner la question même qui est le fond de la controverse. S'agit-il bien d'emplois auxquels on soit nommé par un acte de la puissance publique ? Ou bien l'Etat, les départements, les communes doivent-ils être investis en l'espèce d'une autre qualité ?

146. La gestion du domaine privé de l'Etat nous fournit une première série d'arguments pour la non-assimilation aux emplois publics des situations d'ouvrier et d'employé dans les exploitations conduites par l'Etat, et pour l'attribution à l'Etat d'une qualité distincte de celle de la puissance publique, chargée de l'administration publique. Il n'y a pas de contestation sur ce point. Mais nous avons des arguments plus topiques s'appliquant directement au personnel de certaines exploitations régi par des décrets d'organisation.

Tout d'abord, il serait permis de tirer de la qualité même d'ouvrier, reconnue expressément à une partie de ce personnel, la présomption qu'il ne s'agit pas d'emplois publics, civils ou militaires. Et cette induction n'est pas purement verbale. Le législateur, dans les discussions préparatoires de la loi du 9 avril 1898 sur la responsabilité des accidents dont les ouvriers sont victimes dans leur travail, n'a pas admis un instant que

---

(1) Trib. confl. 17 mai 1873. — Vu la loi du 28 pluviôse an VIII, art 3: — Considérant qu'il n'est pas permis de confondre avec des entrepreneurs de travaux publics, exécutant en leur nom et à leurs profits et risques personnels, les travaux qu'ils ont commissionnés ou dont ils ont traité, les personnes appelées, à titre d'employés auxiliaires, à établir au nom et sous la responsabilité du maire, le recensement de la population de la ville qu'il administre; ... que la convention, qui règle les bases et les conditions de son accomplissement ne constitue qu'un contrat de louage de services.

les ouvriers de l'Etat, des départements, des communes dussent se trouver sous un régime autre que leurs camarades de l'industrie privée. Bien que le texte de la loi se borne à exempter de tout ou partie de ses obligations certains ouvriers, certaines exploitations de l'Etat, la jurisprudence des tribunaux ordinaires n'a pas hésité à admettre, *a contrario*, que la loi s'appliquait en général aux ouvriers des exploitations de l'Etat, des départements et des communes. La jurisprudence aujourd'hui distingue expressément entre l'Etat remplissant ses fonctions essentielles de police et d'administration et l'Etat conduisant des opérations industrielles que des particuliers eussent pu effectuer et en fait effectuent souvent pour eux-mêmes ou au compte de l'Etat. Sans doute la loi de 1898 ne parle pas en termes exprès d'un contrat de louage de services; elle ne fait que le sous-entendre. Mais elle appelle « chefs d'entreprises » les personnes civiles ou morales responsables des indemnités. La loi que nous venons de rappeler (1), reconnaît donc expressément l'Etat, les départements et les communes comme pouvant être et étant souvent en fait des « *chefs d'entreprises* », — et la jurisprudence détermine progressivement dans quels cas ils doivent être considérés comme tels.

147. Cette théorie, d'ailleurs, est en accord avec la distinction classique entre les actes de puissance publique et les actes de gestion. « Ces derniers, dit M. Laferrière (2), sont ceux que l'administration accomplit en qualité de gérant et d'intendant des services publics et non comme dépositaire d'une part de souveraineté. » Les facultés que l'Administration exerce dans l'accomplissement de ces actes n'excèdent pas, en général, celles que les citoyens possèdent en vertu du droit privé, ou qu'ils peuvent s'attribuer par des stipulations librement consenties. Les marchés passés par l'Administration pour assurer le fonctionnement des services publics et l'exécution des travaux d'intérêt général, les actes faits pour la mise en valeur des propriétés publiques, les engagements pécunaires contractés par l'Etat ou par les administrations locales pour subvenir aux besoins qu'ils ont mission de satisfaire, sont des actes de gestion; l'intérêt public les motive, mais en général la puissance publique n'y intervient pas.

A la vérité, une certaine difficulté subsiste de marquer le point précis où commence la collation d'emploi public, où finit le contrat de louage de services. Entre les administrations publiques et les exploitations nettement industrielles de l'Etat « chef d'entreprise », il y a des services dont le caractère est contestable. Il n'en est pas moins certain qu'il y a ici, en règle générale, contrat de louage de services, tandis que, pour les emplois administratifs, nous avons montré que ce contrat était tout à fait exceptionnel.

148. Pourra-t-on, pour faire la distinction entre les personnes qui ont un contrat de louage de services et celles qui n'en ont pas, tirer argument du fait que certains règlements appliqués aux établissements industriels de l'Etat parlent d'*emplois* de commis ou d'ouvriers et de *nomination* à ces emplois. Nous ne pensons pas que l'on puisse trouver dans ces expressions mêmes une raison sérieuse de décider.

L'instruction du 25 mai 1899, qui règle la situation du personnel civil employé dans les magasins administratifs des services du harnachement, de la cavalerie, de l'habillement, etc., parle par exemple d'*emplois* de commis, d'ouvrier et d'ouvrière (1). Mais le mot est pris dans son sens le plus général, le plus banal, dans ce règlement et dans d'autres; il s'applique à des auxiliaires comme à des ouvriers permanents, à des ouvriers bénéficiant de la loi du 9 avril 1898 et pour lesquels l'Etat est un chef d'entreprise comme à des employés d'administration. D'autre part, il est question, à plusieurs reprises dans l'instruction précitée du 25 mai 1899, dans le décret du 21 juin 1900 modifié par celui du 12 avril 1900, qui règle la situation du personnel des arsenaux, de *nominations* à des emplois d'ouvriers; mais les rédacteurs de ces textes ne paraissent pas avoir attaché un sens particulier à ce terme, et on chercherait vainement une différence essentielle entre les ouvriers qui sont simplement admis et ceux qui sont l'objet d'une nomination. Le décret précité du 21 juin 1900 prévoit bien, par exemple, une nomination pour les ouvriers permanents (2), à la différence des ouvriers stagiaires, pour lesquels il n'est question que d'admission et non de nomination dans les articles 3 et 4. Mais l'article 2 prévoit aussi une nomination pour le passage des ouvriers stagiaires manœuvres à la situation d'ouvriers stagiaires spécialistes.

149. A défaut de précision suffisante des expressions courantes, pouvons-nous demander des précisions nouvelles et directes à la jurisprudence relative à l'article 1780 du Code civil, en dehors des arguments de principe déjà tirés par nous de l'application de la loi du 9 avril 1898.

La question ne s'est encore posée devant les tribunaux qu'à l'occasion des ouvriers et employés des chemins de fer de l'Etat, et elle n'a pas été résolue.

Un chef de section au service de l'administration des chemins de fer de l'Etat avait été révoqué de ses fonctions par une décision du conseil d'administration desdits chemins de fer. Il forma contre l'Etat une demande en indemnité fondée sur l'article 1780 du Code civil. Cette demande ayant été rejetée par le Ministre, il se pourvut devant le Conseil d'Etat.

Dans ses observations sur le pourvoi, le Ministre des Travaux publics exprima l'avis que l'administration des chemins de fer de l'Etat devait être considérée comme une compagnie privée et que les contestations entre cette administration et les particuliers devaient être soumises aux mêmes règles que les difficultés entre les compagnies de chemins de fer et les tiers.

---

(1) V. *Répertoire du droit administratif*, v° Industrie (Accidents du travail).
(2) *Traité de la juridiction administrative*, liv. III, chap. 1, p. 485.

(1) Art. 4.
(2) Art. 8.

Le commissaire du Gouvernement, M. Marguerie, s'est prononcé au contraire pour l'assimilation des agents des chemins de fer de l'Etat aux agents de l'Etat, Il s'est appuyé sur l'article 11 du décret du 25 mai 1878 sur l'organisation des chemins de fer de l'Etat, qui est ainsi conçu : « Les divers agents, actuellement employés sur les lignes rachetées seront... pendant la durée de leur service, considérés comme des agents temporaires de l'Etat », et sur l'article 4 du décret du 25 mai 1878 qui a investi le conseil d'administration du pouvoir de nommer et révoquer sur la proposition du directeur tous les agents et employés. Il a conclu de ces textes que le requérant ayant été révoqué par l'autorité compétente n'a pas le droit de se pourvoir par la voie contentieuse contre la décision qui a prononcé la révocation. La théorie soutenue par le commissaire du gouvernement est à peu près identique à celle qui résulte de la jurisprudence récente du Conseil d'Etat que nous avons exposée plus haut, elle soustrait aux règles du contrat de louage les agents des chemins de fer de l'Etat parce que leur nomination et leur révocation sont réglées par une disposition réglementaire. Elle admet au fond que par le décret du 25 mai 1878, le Président de la République a délégué au conseil d'administration son droit de nommer à certains « emplois civils ».

Le Conseil d'Etat ne s'est pas prononcé entre la thèse du Ministre et celle du commissaire du Gouvernement; il s'est borné à statuer sur la question de compétence toute différente (1).

150. La question s'est posée à nouveau devant la Cour d'Orléans qui s'est également bornée à statuer sur la question de compétence (2).

151. Est-il possible de trouver dans les travaux parlementaires des indications qui permettent de dire plus nettement à quels employés des exploitations industrielles et commerciales de l'Etat s'applique l'article 1780 du Code civil ?

La question a été examinée à plusieurs reprises, notamment lors de la discussion de la loi de 1890 qui a modifié l'article 1780 du Code civil.

152. En ce qui concerne les employés des chemins de fer de l'Etat, « il ne saurait en effet y avoir de doute, déclara à cette occasion M. Hérisson, ministre des Travaux publics. Les chemins de fer de l'Etat sont administrés en dehors du Ministre des Travaux publics. Les chemins de fer de l'Etat ne sont autre chose qu'une Compagnie particulière dont le ministre nomme les administrateurs et ces administrateurs nomment leurs agents dans les conditions ordinaires des compagnies » (3). Dans la même séance, le rapporteur de la loi fit observer que « les procès entamés à cet égard ne sont pas dirigés contre le Ministre des Travaux publics, mais contre le Directeur des chemins de fer de l'Etat », Dans cette thèse, tous les employés de tous grades des chemins de fer de l'Etat auraient un contrat de louage de services, non pas avec l'Etat directement, mais avec l'Administration des chemins de fer de l'Etat.

153. Quant aux ouvriers des arsenaux et des manufactures de l'Etat, ils furent l'objet d'une observation de M. Lacombe à la séance du Sénat du 27 novembre 1890. « Ces catégories de personnes, dit-il, travaillent aussi à une exploitation industrielle de l'Etat (1). » Posée par M. Lacombe, la question n'est pas résolue dans les documents parlementaires.

154. La question a encore été agitée au Parlement lors de la discussion à la Chambre des députés des propositions de loi relatives aux conseils de prud'hommes. Le Ministre du Commerce, dans la séance du 11 février 1901, a déclaré formellement qu'il y avait contrat de louage entre l'Etat et les ouvriers de ses entreprises industrielles (2). En est-il de même des employés, chefs ouvriers, contremaîtres, préposés, des manufactures de tabacs ou d'allumettes, dessinateurs des arsenaux, commis aux écritures ? La Chambre des députés, dans le texte voté dans la séance du 11 février 1901, laisse la question en suspens : Elle laisse à des décrets le soin d'énumérer les catégories de personnel qui seront justiciables des conseils de prud'hommes. Elle distingue; elle admet le contrat de louage de services pour une grande partie du personnel ; mais elle ne fournit aucne indication précise sur la distinction à faire.

Pour M. Jourde, au cours de la même discussion, la distinction entre l'employé et l'ouvrier d'une part, et le fonctionnaire, d'autre part, serait très simple à établir : le fonctionnaire serait nommé par le pouvoir exécutif ou par une délégation de ce pouvoir ; au contraire, l'employé et l'ouvrier seraient engagés par le directeur de l'entreprise (3).

155. En ce qui concerne le personnel civil employé dans les magasins administratifs de la Guerre, l'application de cette théorie aurait pour conséquence de soumettre aux règles du contrat de louage, non seulement les ouvriers et ouvrières, mais les maîtresses ouvrières ou surveillantes, les sous-chefs ouvriers, les chefs ouvriers, les commis ordinaires et les commis principaux, qui sont nommés par les chefs de service (4). Par contre, les experts nommés par le ministre seraient soustraits au régime du contrat de louage.

De même en ce qui concerne les arsenaux et établissements de la marine, les ouvriers stagiaires et les ouvriers permanents, qui sont nommés par les directeurs et les chefs de service compétents, et les chefs ouvriers, nommés par le conseil d'administration, seraient assimilés, au point de vue juridique, aux ouvriers de l'industrie privée.

La distinction pratique faite par M. Jourde n'est pas au fond très différente de la distinction de principe que

---

(1) C. d'Et. cont. 10 juillet 1885.
(2) Orléans, 28 novembre 1891.
(3) J. off., Débats, 1882, p. 2108; Séance de la Chambre des députés du 22 décembre 1882.

(1) J. off., Débats parlementaires, 1890, p. 1067.
(2) Ibid., 1901, p. 381.
(3) Ibid., 1901, p. 383.
(4) Inst. 25 mai 1899, art. 7 et 19 modifiés par Circ. 31 janvier 1901.

nous avons établie précédemment. Nous ne pouvons cependant admettre que lorsque l'admission n'est pas prononcée par le directeur de l'établissement, elle soit toujours faite par délégation du pouvoir exécutif.

156. On a proposé encore de distinguer entre les ouvriers commissionnés, d'une part, qui seraient assimilés aux fonctionnaires et les ouvriers non commissionnés d'autre part. Mais on peut objecter que la commission ne modifie pas toujours dans la même mesure dans tous les établissements la situation des agents à qui elle est accordée. En ce qui concerne le personnel civil des magasins administratifs de la guerre, elle a pour effet principal de subordonner la révocation de l'agent commissionné à une décision spéciale du ministre, ce qui tendrait à assimiler les agents commissionnés aux fonctionnaires dont la nomination et la révocation dépendent également d'une décision spéciale du pouvoir exécutif. Mais il est d'autres services où la commission n'a pour effet que de donner quelques garanties supplémentaires à l'agent commissionné, sans le placer sous la dépendance directe du ministre.

157. De l'examen des travaux parlementaires, de la jurisprudence, des doctrines et des faits, une conclusion négative ressort avec évidence : Il n'existe point de critérium, s'appliquant à tous les cas et permettant de déterminer, avec une précision suffisante et sans contestation, dans chaque espèce, s'il y a ou non lieu à application des règles du contrat de louage. Nous restons au point où nous étions dès le début de la deuxième partie de cet exposé, savoir : Pour les emplois de l'ordre administratif, le contrat de louage est tout à fait exceptionnel ; pour le personnel des établissements industriels de l'Etat, des départements et des communes, il doit se présumer. La distinction entre les deux séries n'est pas absolument nette.

158. Mais à défaut de précision suffisante des principes, nous trouverons un très grand nombre de cas d'espèce résolus : 1° l'application de la loi du 9 avril 1898 sur la responsabilité des accidents fait connaître progressivement les services, les exploitations pour lesquels l'Etat, les départements, les communes, les établissements publics ont la qualité de chef d'entreprise ; 2° l'application de la loi de 1853 sur les pensions civiles fait connaître — pour l'Etat, — quels sont dans ces services et exploitations, au regard de la jurisprudence, les emplois publics (1). Cette loi, en effet, n'a défini ni le fonctionnaire, ni l'emploi public. Elle laisse de côté d'importantes catégories de fonctionnaires de l'Etat. Mais on peut dire que toutes les catégories de fonctionnaires et d'agents extrêmement nombreux, qui sont admis par la jurisprudence administrative au bénéfice de ses dispositions, sont considérés par elle comme remplissant des emplois publics.

159. En nous basant sur les considérations précédentes, nous pouvons résumer ainsi qu'il suit la situation, au point de vue du contrat de louage de service,

des fonctionnaires, employés et ouvriers de l'Etat, des départements, des communes, des établissements publics.

160. a) Etant donnée la généralité des termes de l'article 1780 du Code civil, l'application des règles posées dans cet article constitue le droit commun, auquel il ne peut être dérogé que par des dispositions légales expresses. En fait, chaque fois que le Conseil d'Etat ou le Tribunal des conflits ont refusé d'appliquer à un employé les règles de l'article 1780, ils n'ont pas manqué de rappeler le texte précis qui, par dérogation au droit commun, réglait le mode de nomination et de révocation de l'employé.

161. b) Les dispositions légales relatives : 1° aux emplois civils et militaires de l'Etat visés par l'article 3 de la loi du 25-28 février 1875 ; 2° aux emplois départementaux visés par l'article 5 du décret du 25 mars 1852; 3° aux emplois communaux visés par l'article 88 de la loi du 5 avril 1884 ont pour effet de soustraire ces emplois au régime du contrat de louage. La collation de ces emplois, la révocation de leurs titulaires sont des actes de la puissance publique exclusifs du lien contractuel. Seules pourraient relever de l'article 1780 des conventions particulières ne visant ni la nomination, ni la révocation, ni les obligations administratives dérivées de la loi.

162. c) Le mot *emploi* implique l'idée d'une occupation permanente ; il ne s'applique pas aux tâches temporaires qui peuvent être confiées à des personnes embauchées spécialement pour ces tâches.

163. d) La loi du 25-28 février 1875, — qui attribue au Président de la République la nomination à tous les emplois civils et militaires,— vise uniquement les personnes employées par l'Etat agissant en tant que puissance publique ; elle est relative à l'organisation des pouvoirs publics. Le Président de la République peut déléguer son pouvoir par des décrets réglementaires ; mais l'organisation d'un personnel par décret ne saurait transformer en emplois publics les emplois qui ne sont pas visés par la loi de 1875.

Aux emplois civils et militaires auxquels il est pourvu par le Président de la République en vertu de la loi de 1875, il y a lieu d'ajouter les emplois créés par des lois spéciales, quand ces lois ont fixé des règles pour leur collation ou leur révocation.

164. e) En ce qui concerne les emplois départementaux à la nomination des préfets, ils sont énumérés par l'article 5 du décret du 25 mars 1852.

165. f) L'article 88 de la loi du 5 avril 1884 dispose que le maire nomme à tous les emplois communaux pour lesquels les lois, décrets et ordonnances en vigueur ne fixent pas un droit spécial de nomination. La restriction apportée par cet article aux pouvoirs du maire n'a pas d'intérêt en l'espèce. Les emplois communaux qui ne sont pas à la nomination du maire, en vertu de cet article, sont à la nomination soit du ministre, soit du préfet ou d'une autre autorité administrative en vertu des lois, décrets et ordonnances en vigueur.

---

(1) V. *Répertoire du droit administratif*, v° FONCTIONNAIRES.

Mais doit-on entendre par emplois communaux tous les emplois qui peuvent être créés par la commune ? Il convient de faire la même distinction que plus haut pour la loi de 1875. Les emplois dont il est question dans l'article 88 de la loi de 1884 sont les emplois qui sont créés en vue d'assurer l'exercice des attributions qui ont été conférées aux communes par les lois, décrets et ordonnances en vigueur.

166. *g)* Vis-à-vis des employés et ouvriers de leurs entreprises commerciales et industrielles, l'Etat, les départements, les communes, les établissements publics ont la qualité de chefs d'entreprise. Pas plus ici que dans la gestion de leur domaine privé, ils n'agissent en tant que puissance publique ; ils concluent des contrats de travail sous l'empire de l'article 1780 du Code civil.

167. *h)* La distinction entre les services administratifs et les établissements industriels et commerciaux n'est pas toujours parfaitement nette, et la distinction entre le personnel administratif nommé par collation d'emploi et le personnel industriel et commercial ayant un contrat de travail peut être délicate au sein même des établissements industriels et commerciaux. La jurisprudence du Conseil d'Etat (soit directement, soit indirectement par l'application de lois comme celle des pensions civiles), la jurisprudence des tribunaux de droit commun (soit directement, soit par l'application de la loi du 9 avril 1898 sur la responsabilité des accidents classent progressivement un très grand nombre de cas d'espèce. Il y a lieu de se reporter aux articles du *Répertoire de droit administratif* qui correspondent à ces diverses lois.

168. La question de savoir si un ouvrier, d'une part, et d'autre part l'Etat, le département, la commune, un établissement public, sont liés par un contrat de travail, est nettement différente de celle relative à la détermination du tribunal compétent pour juger les conflits entre ces personnes civiles et leurs ouvriers.

Pour trancher cette dernière, il faut appliquer ici les principes généraux du droit administratif. En ce qui concerne les conflits entre l'Etat et ses ouvriers, il y a lieu de distinguer selon que le contrat a été passé pour la gestion du domaine privé, ou d'un service public.

Quand le contrat a été passé pour la gestion du domaine privé, le principe absolu, et rigoureusement appliqué par la jurisprudence, est que les tribunaux de droit commun sont compétents. Telle est par exemple la compétence s'il y a conflit entre l'administration des forêts et les ouvriers qu'elle emploie directement pour la construction des bâtiments ou chemins d'exploitation dans les forêts, ou entre l'administration de l'agriculture et les ouvriers employés sur des domaines agricoles de l'Etat.

Quand le contrat a été passé pour la gestion des services publics, le principe reste le même; le contrat reste de droit commun par sa nature. Mais les lois du 8 août 1790 et du 26 septembre 1793, qui réservent aux ministres seuls le droit de déclarer l'Etat débiteur et le décret du 11 juin 1806 qui donne au Conseil d'Etat la connaissance de toutes contestations ou demandes relatives aux marchés passés avec les ministres, permettront à la ju-

risprudence de réserver à la juridiction administrative, c'est-à-dire au ministre intéressé avec recours contentieux de pleine juridiction devant le Conseil d'Etat, la connaissance de la plupart des conflits (1).

169. En ce qui concerne les conflits relatifs au contrat de travail entre le département, la commune, les établissements publics, et d'autre part les ouvriers qu'ils emploient, le principe est différent. Les lois du 8 août 1790, du 26 septembre 1793, et le décret du 11 juin 1806 n'étant pas applicables à ces personnes civiles et aucun texte n'ayant enlevé aux tribunaux ordinaires la connaissance des conflits relatifs aux obligations contractées même pour la gestion des services publics par les autorités administratives autres que l'Etat.

Dans tous les cas, ici, qu'il s'agisse de la question du domaine privé ou du domaine public, la compétence est judiciaire.

Signalons en terminant que l'Etat, les départements, les communes, les établissements publics ne sont pas actuellement justiciables des conseils de prudhommes (2).

SECTION III.

FORMATION ET EXÉCUTION DU CONTRAT DE TRAVAIL.

ARTICLE PREMIER. — *Règles et conditions.*

170. La formation du contrat de travail est soumise, d'une part, aux règles générales applicables à toutes les conventions, d'autre part, aux règles spéciales de l'article 1780 du Code civil et à celles qui sont édictées dans les lois réglementant le travail, notamment la loi du 2 novembre 1892 sur le travail des enfants, des filles mineures et des femmes dans les établissements industriels, la loi du 9 septembre 1848 sur la durée du travail dans les usines et manufactures et la loi du 12 juin 1893 sur l'hygiène et la sécurité des ateliers.

Les conditions essentielles pour la validité des conventions en général et par suite du contrat de travail sont fixées par les articles 1108 et suivants du Code civil. Ce sont : 1° le consentement de la partie qui s'oblige ; 2° sa capacité de contracter ; 3° un objet certain qui forme la matière de l'engagement ; 4° une cause licite dans l'obligation.

171. *Capacité des parties.* — L'article 1124 du Code civil range parmi les incapables de contracter : 1° les mineurs ; 2° les interdits ; 3° les femmes mariées dans les cas exprimés par la loi) ; 4° généralement tous ceux à qui la loi a interdit certains contrats. La loi n'édictant aucune incapacité spéciale en ce qui concerne le contrat de louage de services, il ne reste à examiner

---

(1) Signalons que par une disposition expresse de la loi du 9 avril 1898, les tribunaux de droit commun sont compétents pour régler les indemnités dues aux ouvriers de l'Etat en vertu de ladite loi. — V. *Répertoire du droit administratif*, v° INDUSTRIE (Accidents du travail).

(2) V. Laferrière. *Traité de la juridiction administrative*, t. 1, p. 432, 485, 587, 628, etc.

que la situation des mineurs, des femmes mariées et des interdits à l'égard de ce contrat.

172. Le mineur devrait être représenté au contrat soit par le père, soit par un tuteur. Certains auteurs sont même d'avis que le tuteur doit être autorisé par le conseil de famille, en raison de la gravité du contrat.

Cette application rigoureuse des principes du Code civil au contrat de louage de services aurait de grands inconvénients dans la pratique. L'article 387 du Code civil, en excluant du droit de jouissance des parents les biens que les enfants pourront acquérir par un travail ou une industrie séparée, a implicitement reconnu au mineur une certaine indépendance en matière de contrat de travail. Aussi admet-on généralement que le mineur peut valablement engager ses services avec l'autorisation tacite de son père ou de son tuteur. L'autorisation tacite résultera notamment du fait que le mineur a exécuté le contrat au vu et au su de ceux-ci (1). Il a été même jugé que l'enfant mineur qui a été mis par ses parents dans la nécessité de travailler pour vivre, doit être présumé avoir reçu d'eux tous pouvoirs nécessaires pour réclamer, en cas de besoin, le prix de son travail devant la juridiction compétente (2).

Quant au mineur émancipé, on décide généralement qu'il peut louer ses services sans l'assistance de son curateur (3).

173. La femme mariée ne peut louer ses services qu'avec l'autorisation de son mari : telle est la conséquence de l'article 217 du Code civil sur l'autorisation maritale. Il faudrait, si l'on suivait rigoureusement les règles de l'article 217, que le mari concourût dans le contrat de travail ou donnât son consentement par écrit. Ces conditions sont rarement réalisées dans la pratique. Il n'en est pas moins vrai que le consentement tacite du mari résultant du fait qu'il laisse sa femme exécuter le louage de services est juridiquement insuffisant et qu'il serait possible à celle-ci d'invoquer devant les tribunaux la nullité de son engagement pour défaut d'autorisation maritale. Notons encore qu'à défaut de l'autorisation maritale, on admet généralement que les tribunaux ne pourraient pas valablement autoriser la femme à contracter un louage de services, sauf dans le cas où, étant abandonnée par son mari, elle se trouverait dans la nécessité d'engager ses services pour vivre (4).

174. *Objet certain du contrat de travail.* — L'objet du contrat de travail, c'est, d'une part, les services que l'ouvrier s'engage à fournir, d'autre part, le prix ou salaire que lé maître s'oblige à payer.

Le prix ou salaire que le maître s'engage à payer doit consister en argent. Cela ressort des termes de l'article 1710 qui définit le contrat de louage d'ouvrage, dont le contrat de travail est une variété, « un contrat par lequel l'une des parties s'engage à faire quelque chose pour l'autre, moyennant *un prix* convenu entre elles ». Le mot prix doit s'entendre d'une somme d'argent ; autrement il n'y aurait pas louage, mais échange. Cependant si l'élément principal du salaire doit consister en argent rien n'empêche qu'on y joigne, à titre d'accessoires, certaines prestations en nature fournies par le maître à l'ouvrier.

Si les parties n'ont pas fixé de prix, il ne s'ensuit pas la gratuité des services rendus par l'ouvrier. En vertu de l'article 1135, en effet, « les conventions obligent non seulement à ce qui y est exprimé, mais encore à toutes les suites que l'équité, l'usage ou la loi donnent à l'obligation d'après sa nature ». Or la nature du contrat de travail implique le paiement par le maître d'un certain prix en échange des services rendus. Il en résulte que le patron ne pourrait s'y soustraire alors même que le contrat serait muet sur ce point (1).

175. Aux conditions générales de validité, qui s'appliquent à tous les contrats, l'article 1780 n'en ajoute qu'une, c'est que les services des gens de travail ne doivent être engagés qu'à temps et pour une entreprise déterminée (2).

176. *Forme du contrat.* La loi n'exige pour la validité du louage de services aucune forme particulière ; il peut être conclu verbalement ou par écrit. Cela ressort nettement de l'article 2 de la loi du 2 juillet 1890 qui a supprimé les livrets d'ouvriers. Il n'y a là d'ailleurs qu'une application des principes du droit commun. Lorsqu'il est constaté par écrit, l'acte doit être fait en double exemplaire, à raison de son caractère synallagmatique (3). En fait, le louage de services n'est presque jamais constaté par écrit.

177. Sur l'existence du contrat lui-même, il est rare qu'il s'élève une contestation quelconque. A supposer, par impossible, qu'il en surgisse, le fait matériel du travail chez le patron ne peut être considéré que comme l'exécution d'un louage de services. De sorte que, ce fait une fois établi par la preuve testimoniale, — et cette preuve sera admise dans tous les cas, puisqu'il s'agit d'un fait matériel, — il en résultera nécessairement qu'il existe un louage de services.

178. La nature des services que l'ouvrier est tenu de fournir peut être facilement déterminée, dans la plupart des cas, par le sens que l'usage assigne aux dénominations sous lesquelles sont désignées les diverses catégories d'ouvriers. Les noms usuels de chauffeur, mécanicien, menuisier, etc., répondent à un ensemble de fonctions généralement définies.

179. Il peut se produire des contestations au sujet de la durée du contrat, quand elle n'est pas fixée par un contrat écrit. La loi fixe à cet égard certaines présomptions. L'article 15 de la loi du 9 juillet 1889 dispose que « la durée du louage des domestiques et des ouvriers ruraux est, sauf preuve d'une convention contraire,

---

(1) Trib. de la Seine, 25 octobre 1894 (*Gaz. Pal.* 94.2.587).
(2) Cons. des prud'h. de Nantes, 18 novembre 1892 (*J. Prud'h.* 93.116).
(3) Baudry-Lacantinerie et Wahl, t. II, n° 1328.
(4) Pic, *Du contrat de travail*, p. 331-333

(1) Cornil, p. 40; Pic, p. 334.
(2) V. *supra*, n°ˢ 118 et suiv.
(3) V. *infra*, en ce qui concerne l'enregistrement, n°ˢ 182 et suiv.

réglée suivant l'usage des lieux ». Et cette règle s'applique en somme à tous les ouvriers et employés (1). L'article 15 de la loi du 22 germinal an XI décide que « l'engagement d'un ouvrier ne pourra excéder un an à moins qu'il n'ait un traitement et des conditions stipulées par un acte exprès ». On considère généralement que l'expression *acte exprès* désigne ici un acte écrit, par opposition à un engagement verbal (2). On n'a d'ailleurs jamais, ou à peu près, l'occasion d'appliquer cet article.

Le mode de paiement des salaires ne constitue pas une preuve de la durée du contrat. L'ouvrier payé à la semaine ou au mois ne peut être présumé engagé par semaine ou par mois.

180. Les contestations relatives au contrat de louage portent surtout sur le salaire, et c'est aussi en cette matière que la preuve est la plus malaisée à faire quand il n'existe pas de contrat écrit. L'article 1781 du Code civil, abrogé par la loi du 2 août 1868, donnait à cet égard une situation exceptionnellement favorable au patron vis-à-vis de l'ouvrier. Il disposait que « le maître est cru sur son affirmation pour la quotité des gages, pour le paiement du salaire de l'année échue et pour les acomptes donnés pour l'année courante. » Depuis l'abrogation de cet article, ce sont les règles du droit commun qui s'appliquent. Mais, en vertu de ces règles, la preuve testimoniale ne peut être admise, pour les demandes supérieures à 150 francs, que s'il existe un commencement de preuve par écrit.

181. *Services publics.* — En ce qui concerne les ouvriers et employés de l'Etat, des départements, des communes, aucune règle particulière ne préside à la formation des contrats de travail (3).

Pour les mineurs et les femmes, les règlements en vigueur ne prescrivent pas d'exiger soit l'autorisation du père ou tuteur, soit celle du mari.

Il est extrêmement rare qu'intervienne un contrat écrit entre l'Administration et ses ouvriers. L'article 9 de l'instruction du 25 mai 1899 sur la situation du personnel civil des magasins administratifs des services du harnachement, de l'habillement, du campement, etc., porte bien, par exemple, qu'il est délivré à tout commis ou ouvrier nouvellement admis une lettre de service portant indication de l'emploi et de la classe auxquels il est nommé. De même l'article 36 porte qu'une lettre de service est délivrée à chaque expert, payé au mois ou à l'année, entrant en fonctions. Mais ces lettres de service ne constituent pas des contrats écrits : ces contrats devraient être, en effet, puisqu'il s'agit d'une convention synallagmatique, faits en double exemplaire et signés des deux parties. Elles pourraient cependant constituer un commencement de preuve par écrit dans les contestations supérieures à 150 francs. Ce que nous

venons de dire s'applique également aux commissions qui sont *délivrées* à diverses catégories d'ouvriers de l'Etat (1).

182. *Enregistrement.* — Jusqu'à la loi du 2 juillet 1890, tous les contrats écrits de louage de services étaient soumis au droit proportionnel de 1 0/0 établi par l'article 69 de la loi du 22 frimaire an VII pour les marchés de constructions, réparations, etc. (2).

Cette solution n'avait pas prévalu sans controverse. Pendant quelques années la régie avait considéré le louage de services comme un bail, en se fondant sur ce que le locateur de services donne à bail son travail (3). D'autre part, certains tribunaux admirent que, s'il était possible d'assimiler le louage d'ouvrage ou d'industrie à un marché, il n'en était pas de même du louage de services, celui-ci n'étant pas prévu par la loi, constituait un contrat innommé passible du droit fixe de 3 francs (4).

La Régie forma contre ce dernier jugement un pourvoi qui fut admis par la chambre des requêtes de la Cour de cassation, mais dont elle se désista ensuite (5).

183. La question paraît tranchée depuis la loi du 2 juillet 1890 qui excepte de l'enregistrement certains contrats de louage. Il en résulte *a contrario* que les autres contrats de louage sont passibles du droit proportionnel. Voici comment est appliqué ce droit en l'état actuel de la législation.

Il faut d'abord distinguer parmi les contrats de louage de services ceux qui sont passés « entre les chefs ou directeurs des établissements industriels et leurs ouvriers ». « Cette nature de contrat est exempte de timbre et d'enregistrement », en vertu de l'article 2 de la loi du 2 juillet 1890. La disposition s'applique à tous les ouvriers, quel que soit leur mode de rémunération, même quand l'ouvrier est rémunéré en partie au moyen d'une participation aux bénéfices. Elle s'applique même dans le cas où le contrat serait soumis à l'enregistrement dans un délai déterminé par sa forme ou dans le cas où il en serait fait usage en justice. Si, volontairement, les parties soumettent l'acte à la formalité de l'enregistrement, il doit être enregistré gratuitement : tel est le droit commun en matière d'actes exempts.

184. Cette immunité ne s'applique pas aux contremaîtres, qu'ils soient rémunérés par un salaire fixe ou par une part de bénéfice. Le but principal de la loi de 1890, a-t-on dit, a été de supprimer les lois ou décrets relatifs aux livrets d'ouvriers; et c'est par une faveur accessoire que les contrats de louage d'ouvrage entre patrons et ouvriers ont été dispensés de droits fiscaux. Or, les contremaîtres n'ont jamais été assujettis à la

---

(1) Dans le Nord, la fabrication du sucre de betterave ne se prolonge généralement pas au delà de quatre mois par an (octobre à janvier). Le contrat des ouvriers engagés pour cette fabrication est considéré en conséquence comme ayant une durée fixe de quatre mois (Pic. p. 425).
(2) Pic, p. 422.
(3) V. *supra*, nᵒˢ 134 et suiv., dans quel cas il y a contrat de travail.

(1) Nous parlerons plus loin des stipulations insérées dans les actes réglementaires (V. Règlements d'atelier).
(2) Trib. de la Seine, 14 mars 1855 (*J. Enreg.*, nᵒ 16135).
(3) Sol. régie, 10 septembre 1830 (*Cont. Enreg.*, nᵒ 2361); Trib. de Vervins, 12 mars 1835 (*J. Enreg.*, nᵒ 11234).
(4) Trib. de Ploërmel, 30 août 1871 (Garnier, *Rép. pér.*, nᵒ 3388; *Cont. Enreg.*, nᵒ 14936).
(5) Garnier, *Rép. pér.*, nᵒ 3673.

formalité des livrets d'ouvriers (1). La solution est la même, pour les mêmes raisons, en ce qui concerne les contrats passés entre les maîtres et les domestiques, et ceux passés entre les patrons et les employés (2). L'acte fixant les conditions de l'engagement d'un domestique attaché à la personne est aujourd'hui comme autrefois passible du droit proportionnel de 1 0/0 (3). Il en est de même du contrat passé entre un patron et son employé et fixant les appointements de ce dernier. Sont considérés comme employés les personnes chargées de distribuer l'ouvrage et de recevoir les travaux (4), celles chargées de tenir les livres, la caisse et la comptabilité d'une maison de commerce, les uns et les autres moyennant des appointements (5).

185. Il a été jugé que la convention passée entre un propriétaire et un tiers et par laquelle ce dernier se charge de la garde des propriétés du premier est un louage de services passible du droit de 1 0/0 (6). Cependant, une autre opinion admet que le contrat entre un propriétaire et un garde particulier n'est passible que du droit de 3 francs comme mandat (7). Est encore un louage d'ouvrage passible du droit de 1 0|0 la clause d'un contrat de mariage portant que le père du futur époux paiera à ce dernier une somme fixe annuelle à titre d'appointements, à la condition que le fils dirigera l'usine du père (8).

186. Lorsque le gérant d'un bureau de tabac doit exploiter le bureau non pas à ses risques et périls, mais pour le compte du titulaire du débit, et moyennant une somme fixe ou une remise proportionnelle sur le chiffre des affaires ou des bénéfices, le droit de 1 0/0 est exigible (9). Il n'en est pas ainsi quand le gérant est chargé de gérer à ses risques et périls et ne doit payer qu'une somme déterminée au titulaire : il y a alors bail, passible d'un droit de 0 fr. 20 0/0 (10). On considère comme un marché passible du droit de 1 0/0 : 1° l'allocation d'un traitement aux administrateurs et commissaires d'une société (11); 2° l'allocation d'un traitement annuel au gérant d'une société ou à un des associés chargé de la gérance (12). Il en est autrement s'il s'agit d'une société en commandite; le traitement fixe annuel prévu pour les associés gérants ne constituant pas une rémunération de services distincts des obligations sociales qui leur incombent (13). En tout cas, s'il s'agit d'un employé intéressé, qui doit tou-

cher une part de bénéfices à titre de rémunération, le droit de 1 0/0 est exigible, car la jurisprudence et la doctrine admettent qu'en droit civil, l'employé ne prend pas alors la qualité d'associé (1).

Article 2. — *Règlement d'atelier. Amendes. Mise à pied.*

187. *Définition.* — On appelle règlement d'atelier un document, généralement affiché dans les ateliers, contenant un certain nombre de dispositions pour régler les conditions de travail des ouvriers qui y sont employés. L'observation de ces dispositions est ordinairement sanctionnée par des amendes, retenues, mises à pied, etc... Le nombre et la nature des dispositions contenues dans les règlements d'atelier varient beaucoup. Certains règlements n'édictent que des mesures destinées à maintenir l'ordre et la discipline des ateliers. D'autres contiennent en outre des stipulations relatives aux heures de travail et de repos, au mode de paiement des salaires, aux conditions d'embauchage et de renvoi des ouvriers. D'autres, encore, contiennent des prescriptions destinées à prévenir les accidents et à assurer l'hygiène et la sécurité des ateliers.

188. *Historique. Jurisprudence.* — Le Code civil ne parle nulle part de semblables règlements. Il n'en est question, dans notre législation, qu'à l'article 20 de la loi du 2 novembre 1892, lequel a conféré aux inspecteurs le pouvoir de se faire représenter les « règlements d'ateliers » dont il n'est donné d'ailleurs aucune définition. Cependant, dans un avant-projet du Code civil rédigé par Louis Costaz, sur l'ordre du ministre de l'Intérieur, comte Chaptal, et qui a été retrouvé en 1892 par M. Marc Sauzet (2), les patrons étaient forcés de dresser un règlement d'atelier pour leur personnel ouvrier, règlement qui devait être déposé à la mairie et affiché dans l'établissement. Cette disposition disparut dans la rédaction définitive.

189. Dans le silence de la loi on s'est demandé quelle était la nature juridique de semblables règlements. Deux théories ont été soutenues à cet égard. L'une voit dans le règlement un acte unilatéral, expression de la volonté du patron qui l'impose à ses ouvriers en vertu d'un pouvoir qu'il tiendrait de sa qualité de patron. Cette théorie a été soutenue par M. Saint-Romme, rapporteur d'un projet de loi, au nom de la commission du travail de la Chambre des députés, pour engager la Chambre à repousser une proposition de M. Ferroul, qui tendait à soumettre la rédaction des règlements d'atelier à la collaboration des patrons et des ouvriers. « C'est le patron, disait-il, qui fournit l'atelier, c'est-à-dire l'outil que l'ouvrier mettra en action ; c'est donc à lui d'en assurer le bon fonctionnement et ce n'est qu'à cette condition que le patron pourra être responsable d'une manière absolue de tous les accidents

---

(1) Sol. régie, 4 janvier 1892. S. 94.2.120.
(2) Sol. régie, *loc. cit.*
(3) *Tr. alph. des dr. d'enreg.,* v° Marché, n° 7-70.
(4) Sol. régie, 4 janvier 1892, précitée.
(5) Trib. de Lyon, 28 février 1862 (Garnier. *Rép. pér.,* n° 1260).
(6) Sol. régie, 31 août 1822 (*J. Enreg.,* n° 7409).
(7) *J. Enreg.,* n° 16592-4°.
(8) Sol. régie, 5 octobre 1878 (*Tr. alph. des dr. d'enreg.,* v° Contrat de mariage, n° 103).
(9) *Dict. d'enreg.,* v° Mandat, n° 137.
(10) *Ibid.*
(11) Cass. de Belgique. 15 avril 1869 (Garnier, *Rép. pér.,* n° 2931).
(12) Trib. de la Seine. 20 août 1858 (Garnier, *Rép. pér.,* n° 1074): Trib. de Sedan, 11 décembre 1867, S. 68.2.122.
(13) Trib. de Versailles, 19 décembre 1871 (Garnier, *Rép. pér.,* n° 3379). — *Contra :* Trib. de la Seine, 29 février 1868, S. 68.2.122.

---

(1) *Tr. alph. des dr. d'enreg.,* v° Société, n° 234; *Dict. d'enreg.,* v° Société, n° 25.
(2) *Rev. d'écon. pol.,* 1892-1893.

qui pourraient arriver » (1). L'argument invoqué par M. Saint-Romme ne vise qu'une partie des stipulations ordinaires des règlements ; il a perdu d'ailleurs de sa force, depuis que la loi du 9 avril 1898 a mis le risque professionnel et non plus la faute du patron à la base de la responsabilité des accidents du travail. La théorie manque d'ailleurs de base juridique. En vertu de quel texte de loi un patron aurait-il le droit, de sa propre autorité et en dehors de toute convention, d'imposer à ses ouvriers l'observation de telle ou telle prescription? Si l'on considère les règlements d'atelier comme des actes unilatéraux, émanant de la seule volonté des patrons, l'exécution ne saurait en être poursuivie en justice. L'exposé des motifs de la proposition de M. Ferroul dit à ce sujet : « Jusqu'à présent les employeurs individuels ou collectifs ont fait la loi, de véritables lois dans les ateliers, sous le nom de règlements... De titre à ce pouvoir législatif usurpé par des particuliers, aucun, sinon la possession d'une fraction de l'outillage industriel et commercial, de même que sous l'ancien régime, la possession d'une partie du sol entraînait le droit de justice haute et basse ».

190. L'autre théorie voit dans le règlement d'atelier une sorte de contrat bilatéral collectif, intervenu entre le patron et ses ouvriers pour fixer les principales conditions du contrat de travail. La grande objection faite à cette théorie, c'est que le règlement est généralement l'œuvre exclusive du patron ; ce n'est qu'exceptionnellement que les ouvriers interviennent dans sa rédaction. « Le règlement de fabrique, disait en 1886 un inspecteur fédéral suisse, ne peut valoir comme convention écrite. Il n'a pas en réalité le caractère d'une convention, d'un contrat dans le sens propre du mot, puisqu'il n'est qu'un ordre, un ensemble de devoirs imposé par l'un des contractants, le patron, à l'autre contractant, l'ouvrier, ensemble de devoirs que le travailleur doit accepter à son entrée dans la fabrique, conditions sous le bénéfice desquelles il reçoit de l'ouvrage. Le travailleur n'est pas libre, si on lui donne une place, de récriminer contre l'une ou l'autre disposition du règlement, ni même de demander un changement; il doit prendre le règlement tel qu'il est, sinon il ne reçoit pas le travail ; ainsi le règlement n'a pas le caractère d'une convention. » Cette objection n'est pas juridiquement insurmontable. La validité du contrat de travail, comme des conventions en général, n'est pas subordonnée à un débat préalable, à une discussion des stipulations qu'il contient. Le louage de services est parfait par le consentement des parties contractantes, et il suffit que ce consentement soit établi pour que le contrat ait tout son effet.

191. Cette dernière théorie est celle qui est suivie aujourd'hui par la jurisprudence ; celle-ci considère que le règlement d'atelier remplace en général, au moins dans la grande industrie, la preuve écrite du contrat que les parties contractantes n'ont pas l'habitude de dresser. Toutefois le règlement d'atelier ne peut être considéré comme tenant lieu de contrat écrit que s'il est prouvé que les deux parties en ont eu connaissance et y ont donné leur adhésion.

Dans certains établissements le patron fait signer le règlement à l'ouvrier au moment de son entrée à l'atelier ; parfois, en outre, il lui en remet un exemplaire. C'est le procédé qui se rapproche le plus de la forme légale du contrat écrit. On a contesté toutefois que cette façon de procéder pût tenir lieu d'une convention écrite : « On a cherché, à plusieurs reprises, dit à ce sujet un inspecteur fédéral suisse dans son rapport de 1886, à donner le caractère d'une convention écrite au règlement, parce que le travailleur à son entrée doit le soussigner. Cette manière de faire ne peut rien changer à la chose parce que l'ouvrier sans place ne peut pas dans la pratique étudier, ni peser les dispositions du règlement à lui soumis ; il ne peut lui être demandé de discuter chaque point et de juger l'ensemble à la simple lecture. Dans la plupart des cas, il ne se risquera pas même à lire le règlement, particulièrement s'il est long et si le fabricant ou le directeur se tiennent près de lui ; il le signera simplement parce qu'il est sans travail et doit gagner sa vie, et qu'au refus de sa signature, il ne serait pas employé. La signature peut tout au plus servir à démontrer que le règlement de fabrique a été remis à l'ouvrier à son entrée. » Néanmoins, les tribunaux sont unanimes pour attribuer la valeur d'une convention écrite à un règlement d'atelier que l'ouvrier a signé au moment de son engagement (1).

192. En est-il de même quand l'ouvrier n'est pas appelé à signer le règlement à son engagement, mais quand celui-ci est ostensiblement affiché dans l'atelier? Il a été jugé que le patron ne pouvait opposer à l'ouvrier un règlement d'atelier dont il ne lui a pas donné connaissance dans les pourparlers d'engagement et que postérieurement à l'engagement, l'ouvrier n'a ni accepté ni signé (2), ni un règlement même affiché dans les locaux de travail, dont l'ouvrier n'a pu avoir connaissance que postérieurement à l'engagement (3).

193. Mais la jurisprudence de la Cour de cassation est aujourd'hui fixée dans le sens contraire. Elle a jugé formellement que dans le cas où le règlement particulier d'une usine impose aux ouvriers qui y travaillent des conditions différentes de celles admises par les usages locaux, la preuve que l'ouvrier a eu connaissance de ce règlement peut se faire par témoins et même par simples présomptions; qu'elle ne doit pas nécessairement être faite par écrit (4). L'affichage dans l'atelier présume l'adhésion au règlement de l'ouvrier qui y est occupé: l'ouvrier, qui travaille dans un atelier où un règlement est affiché dans les endroits les plus apparents et qui

---

(1) Chambre des députés, séance du 4 novembre 1892.

(1) Cass. 16 janvier 1866, S. 66.1.7; 14 février 1866, S. 66.1.194; 11 mai 1886, S. 86.1.416, etc.; Trib. comm. de la Seine, 17 mars 1894 (*le Droit*, 3 janvier 1895).
(2) Trib. comm. de Lille, 26 mai 1891, S. 92.2.125.
(3) Trib. comm. de Nantes, 9 février 1889 (*Rec. de Nantes*, 1889, t. 1, p. 129).
(4) Cass. 16 janvier 1866, S. 66.1.7.

a eu connaissance de ce règlement, est censé en accepter les clauses (1).

194. Que décider dans le cas où le règlement aurait été d'abord affiché, puis aurait ensuite disparu ? La question n'a pas été portée à notre connaissance devant les tribunaux français. En Belgique, le conseil des prud'hommes de Verviers a considéré comme nul et non avenu un règlement primitivement affiché dans les ateliers, mais qui en avait disparu au moment du blanchissage de ceux-ci et n'avait pas été réaffiché. Il a également refusé de tenir compte d'un règlement qui avait été affiché sur le mur à l'entrée de l'établissement mais qui avait été recouvert et caché par un règlement de la caisse de secours (2).

195. Le dépôt au greffe du conseil des prud'hommes suffit-il, à lui seul, *en l'absence d'affichage*, pour donner au règlement la force d'une convention écrite ? La question n'a pas non plus été examinée à notre connaissance par les tribunaux français; elle a été tranchée par la négative par les tribunaux belges. Il paraît impossible d'adopter une autre solution.

Les stipulations du règlement sont parfois sanctionnées par des pénalités : les plus habituelles sont les amendes ou retenues de salaire, les mises à pied.

196. *Amendes.* — Quel est le caractère juridique des amendes ou retenues de salaire ? Il dépend de la conception que l'on se fait du règlement d'atelier. Si le règlement d'atelier est considéré comme une sorte de loi édictée par le patron seul et imposée par lui à ses ouvriers, on ne pourra considérer les amendes que comme des pénalités analogues à celles que sanctionnent les lois et règlements émanant de l'autorité publique. Mais, seuls, les tribunaux peuvent prononcer des pénalités. Il n'est pas possible d'admettre qu'un particulier, sans délégation aucune de la société, sans investiture, se fasse lui-même à la fois législateur, juge et percepteur à son propre profit. On ne voit pas non plus comment dans cette conception le patron pourrait poursuivre en justice le recouvrement des amendes qu'il aurait infligées, ni défendre aux demandes en remboursement des amendes qu'il aurait perçues. La loi ne lui donnerait, en effet, aucune action à cet égard. Il n'en est pas de même si, comme aujourd'hui l'admet la jurisprudence, le règlement d'atelier constitue, dans certaines conditions énoncées plus haut, une convention écrite entre le patron et l'ouvrier. Dans ce cas, les amendes et les retenues de salaire apparaissent non plus comme des pénalités, mais comme des dommages-intérêts fixés à forfait et sanctionnant l'exécution des stipulations convenues entre les parties. La fixation préalable de dommages-intérêts en cas de non-exécution d'un contrat est une coutume assez habituelle, et par là les amendes ou retenues prévues par les règlements d'atelier se justifient au point de vue juridique. La conséquence de cette manière de voir devrait être toutefois que le taux des amendes et retenues ne peut dépasser certaines limites sans que la convention qui les fixe prenne un caractère léonin.

197. La jurisprudence a sanctionné à maintes reprises la légalité des amendes. Il a été jugé notamment que la stipulation, dans un règlement d'atelier, d'amendes dont le montant est retenu sur le salaire en cas d'infraction à ce règlement est licite (1). Les tribunaux peuvent-ils réduire le taux des amendes quand celui-ci leur paraît exagéré ? La Cour de cassation, contrairement à la doctrine exposée plus haut, s'est prononcée pour la négative; elle a jugé formellement que lorsque le règlement d'une fabrique auquel ont adhéré les ouvriers qui y travaillent, leur interdit certains actes sous peine d'une amende déterminée, les tribunaux ne peuvent, en cas d'infraction, réduire cette amende sur le motif qu'elle est excessive (1).

198. *Mises à pied.* — Plus difficile à déterminer est la nature juridique de la mise à pied, c'est-à-dire de l'exclusion temporaire de l'ouvrier de l'atelier. Ce n'est pas une amende, une retenue de salaire; l'ouvrier, pendant qu'il est exclu de l'atelier, ne travaille pas, et n'a pas droit à un salaire. Elle ne peut être considérée non plus comme des dommages-intérêts, exigés en représentation d'un dommage causé. Ce n'est pas enfin un renvoi, une rupture du contrat de louage ; l'ouvrier, après la fin de l'exclusion temporaire, est réintégré dans son emploi. C'est une sorte d'interruption du contrat de louage, consentie par avance si le règlement est fait dans des conditions de validité, et qui laisse subsister ce contrat, tout en le suspendant pendant une période déterminée. La question de la mise à pied n'a jamais, à notre connaissance, été portée devant les tribunaux.

199. *Ouvriers de l'État, etc.* — Dans les manufactures des tabacs et des allumettes, un règlement d'ordre et de discipline est affiché dans les ateliers. C'est un véritable règlement d'atelier auquel s'appliquent les considérations développées plus haut. Il est élaboré par le conseil de la manufacture et approuvé par le directeur général.

Les règlements d'ordre et de discipline ne diffèrent guère d'une manufacture à l'autre. Ils contiennent les règles relatives à l'admission des ouvriers, aux heures de travail et de repos, au mode de travail et de rémunération, à la police, à la discipline, aux mesures de sûreté. Ils ne sont pas signés par les ouvriers au moment de leur engagement, et il n'est pas spécifié qu'il leur en soit donné lecture. Toutefois l'article 113 de l'Instruction de 1862 sur le service des manufactures prescrit de donner connaissance aux ouvriers, avant leur admission, de la clause d'après laquelle ils ne sont admis que temporairement dans les manufactures et ne peuvent avoir droit à aucune indemnité en cas de congédiement par le directeur. En outre des règle-

---

(1) Cass. 11 mai 1886, S. 86.1.416; 7 août 1877, S 78.1.107, etc.
(2) Rodeux, *Études sur le contrat de travail*, p. 64.

(1) Cass. 14 février 1866, S. 66.1.194 ; Trib. comm. de la Seine, 17 novembre 1894 (*la Loi*, 14 décembre 1894).

ments d'ordre et de discipline, des ordres de service réglant des points spéciaux, tels que l'ordre de service du 30 octobre 1900 concernant les rapports du personnel ouvrier avec ses chefs, doivent être également affichés dans les ateliers. Un grand nombre de ces ordres de service, par leur nature et leur publicité, ont le caractère de règlements d'atelier.

200. On rencontre, dans beaucoup d'établissements industriels de l'Etat, des règlements d'ordre intérieur et des ordres de service émanant de la direction. Mais on peut considérer que, dans ces établissements, les règlements d'atelier sont surtout représentés par les décrets, arrêtés et instructions ministérielles qui règlent la situation du personnel. Ces documents sont élaborés par l'administration. Les ouvriers ou les employés ne sont pas en principe admis à en discuter les clauses, mais, ainsi que pour tout règlement devant valoir comme contrat de travail, des mesures doivent être prises pour les porter à la connaissance du personnel. En ce qui concerne, par exemple, les magasins administratifs des services du harnachement de la cavalerie, de l'habillement et du campement, des subsistances et de santé, les conditions de travail des commis et ouvriers sont réglées : 1° par le décret du 26 février 1897 ; 2° par l'instruction ministérielle du 25 mai 1899 modifiée par celle du 13 mai 1901 ; 3° par un règlement intérieur spécial à chaque établissement. L'article 11 de l'instruction du 25 mai 1899 porte que « tout agent doit, lors de son admission, signer une déclaration constatant qu'il lui a été donné connaissance de la présente instruction et du décret du 26 février 1897 ». En outre le règlement intérieur spécial à chaque établissement et qui doit être approuvé par le directeur régional, doit être, aux termes de l'article 26 de l'instruction du 25 mai 1899, affiché dans l'intérieur de l'établissement. On voit que toutes les précautions sont prises par l'instruction précitée pour que l'adhésion des ouvriers aux conditions de leur contrat de travail soit formellement constatée.

201. La situation du personnel ouvrier des arsenaux et établissements de la marine est réglée par le décret du 21 juin 1900 modifié par celui du 12 avril 1902.

Ces décrets ont été pris par le Président de la République sur la proposition du Ministre de la Marine et ils régissent tous les agents du personnel ouvrier sans qu'aucune clause prescrive de donner aux agents connaissance de leurs dispositions à leur entrée dans les ateliers. L'affichage de ces décrets n'est pas non plus prévu. Peut-on considérer que, dans ces conditions, l'ouvrier en a eu connaissance ? L'affirmative paraît devoir être soutenue, en raison de la publicité donnée aux décrets par le *Journal Officiel* et de leur caractère d'actes de l'autorité publique. Néanmoins, il paraîtrait plus régulier que l'adhésion des agents fût constatée, comme dans les établissements de la Guerre, par une signature donnée au moment de leur engagement, du moins pour la partie du personnel qui n'est pas nommée par un acte de la puissance publique et doit être considérée comme ayant un contrat de travail. En dehors

de ces décrets, les agents sont encore soumis aux consignes relatives à la discipline, à la police et à la sûreté spéciales à chacun des établissements de la Marine.

202. Les décrets, instructions et règlements, qui régissent le personnel ouvrier des établissements de l'Etat prévoient comme sanctions de leurs dispositions, soit les amendes, soit les mises à pied.

Les règlements des manufactures de l'Etat interdisent toute retenue sur les salaires à titre de punition. Ils prévoient bien le remboursement par celui qui en est l'auteur, des dégradations de meubles, d'ustensiles et de bâtiments, mais ces remboursements ne sont qu'une application des principes généraux du Code civil sur la réparation des dommages par leur auteur, et ne visent en rien l'application des conditions du contrat de louage. Par contre, ces règlements prévoient que les *fautes légères* seront punies par une mise à pied, dont la durée est fixée d'après la gravité de l'infraction. Par fautes légères, il faut entendre évidemment les fautes prévues par le règlement lui-même et qui constitueraient une inobservation des conditions acceptées par l'ouvrier au moment de son engagement. Le règlement ne vaut, en effet, d'après la jurisprudence, qu'à titre de convention entre les parties et il ne saurait attribuer à l'une d'elles, c'est-à-dire à l'administration, un pouvoir de juridiction quelconque sur les ouvriers qu'elle emploie.

203. L'instruction du 25 mai 1899 sur les établissements de la Guerre prévoit à la fois des retenues de salaire qui varient d'une heure de salaire jusqu'à la moitié du salaire pendant quinze jours au plus, des exclusions temporaires ou mises à pied pendant 15 jours au plus, la rétrogradation, c'est-à-dire la diminution de salaire, et le renvoi. L'instruction n'indique pas d'une façon précise les faits pour lesquels les ouvriers peuvent encourir ces punitions; elle semble laisser ce soin aux règlements intérieurs des divers établissements, qui, d'après l'article 26 de l'instruction, doivent prévoir « la nature, la durée et l'application des diverses punitions à infliger au personnel civil ».

204. Le décret du 21 juin 1900 sur les arsenaux et établissements de la Marine prévoit dans son article 25 les peines qui peuvent être infligées aux agents du personnel ouvrier. Ces peines sont : 1° l'avertissement ; 2° le blâme ; 3° le blâme avec affichage ; 4° la mise à pied, qui ne peut excéder 4 jours ; 5° la rétrogradation, c'est-à-dire la diminution de salaire ; 6° le congédiement. Le décret prévoit que ces peines « peuvent être infligées pour négligence, incapacité, inconduite ou faute contre la discipline. » L'inconduite semble précisée par le dernier paragraphe de l'article 26 qui prévoit l'application des peines précitées en cas d'ivresse ou de scandale dans l'arsenal. Quant aux fautes contre la discipline, elles sont prévues par les lois et consignes relatives à la discipline, à la police et à la sûreté des arsenaux et établissements, visées par le **paragraphe 1er de l'article 26**.

SECTION IV.

RÉSOLUTION DU CONTRAT DE LOUAGE.

ARTICLE PREMIER. — *Règles communes.*

205. Le contrat de louage de services est soumis aux dispositions du droit commun relatives à la nullité et à la résolution des contrats.

Il est nul si le consentement des parties a été donné par erreur, extorqué par violence ou surprise (1). Aussi admet-on que le patron pourrait rompre sur-le-champ l'engagement d'un ouvrier qui aurait *frauduleusement* dissimulé un vice le rendant impropre au travail pour lequel il est engagé (2).

Dans le cas où l'une des deux parties ne satisferait pas à son engagement, l'autre partie aurait le droit de demander en justice la résolution du contrat avec dommages-intérêts. Mais elle ne pourrait recourir à la faculté que mentionne l'article 1184 du Code civil de forcer l'autre partie à exécuter la convention. Le contrat de travail est une obligation de faire dont l'inexécution se résout en dommages et intérêts (3).

206. Les cas de force majeure prévus par l'article 1148, amènent la résiliation du contrat sans donner ouverture à une action en dommages-intérêts. La mort de l'ouvrier est un de ces cas ; de même la destruction par cause fortuite (incendie, inondation, etc.) de l'usine où l'ouvrier était engagé ; de même encore la guerre, si toutefois elle met le patron dans l'impossibilité d'exploiter son industrie ou son commerce, etc.

207. Des principes des articles 1142, 1184 du Code civil découle la faculté pour chacune des parties de rompre le contrat de louage de services, (d'en cesser l'exécution) par sa seule volonté, sous réserve du paiement éventuel de dommages-intérêts à l'autre partie.

Mais tout d'abord il convient de préciser les faits d'après lesquels la volonté de l'une des parties peut se présumer.

En général, la rupture du contrat de travail par la volonté de l'une des parties est facilement établie. Elle résulte soit de pièces écrites, soit de déclarations verbales, soit enfin de faits qui peuvent être prouvés par témoignage. Ainsi l'absence prolongée et injustifiée d'un ouvrier peut être considérée à bon droit comme impliquant de sa part la volonté de rompre le contrat. Il se présente cependant des cas où la question de savoir à qui incombe la rupture du contrat de travail peut être contestée.

208. Les conditions du contrat, et notamment le mode de paiement des salaires, peuvent-ils être modifiés par l'une des parties, sans que ces modifications puissent être considérées comme la rupture du contrat pri-

mitif ? Il a été jugé que la substitution du salaire aux pièces au salaire à la journée devait être considérée comme une rupture du contrat et ne pouvait être imposée à l'ouvrier s'il n'avait été prévenu dans les mêmes délais que ceux fixés pour la rupture du contrat (1). Il a été jugé également que le fait par un patron de modifier le tarif de paye équivalait à une rupture du contrat et que le nouveau tarif ne pouvait entrer en vigueur qu'après l'expiration du délai de prévenance fixé pour la rupture du contrat (2).

Dans le sens contraire, il a été jugé, dans la même espèce, que si l'ouvrier avait voulu dénier à son patron le droit de modifier brusquement le tarif de paye, il aurait dû protester contre de tels agissements et tout en continuant à travailler, porter le différend devant le conseil des prud'hommes ; qu'en refusant de travailler et en se retirant de l'usine, l'ouvrier avait rompu le contrat de sa propre autorité (2). Cette dernière décision paraît peu juridique et méconnait, semble-t-il, le caractère contractuel du tarif de paye, qui constitue un des éléments du contrat de travail. C'est un principe de droit qu'aucune modification ne peut être apportée à une convention sans le consentement de toutes les parties contractantes, et aucune partie n'a le droit d'imposer aux autres des conditions que celles-ci n'ont pas consenties. L'application de ces principes ne paraît pas présenter de difficultés quand il s'agit de modifications apportées aux éléments essentiels du contrat de travail, c'est-à-dire à la nature des services exigés, au tarif et au mode de paiement du salaire.

209. Quand il s'agit de modifications apportées par le patron au règlement d'atelier, y a-t-il rupture du contrat de travail ? Dans la théorie qui considère le règlement comme un acte unilatéral émanant de la seule volonté du patron, la question ne présente pas de difficulté : elle se résout naturellement par la négative. Mais nous avons vu que la jurisprudence considérait au contraire le règlement d'atelier comme une partie intégrante du contrat de travail. Il en faudrait conclure que toute modification apportée au règlement équivaut à une rupture du contrat et peut donner lieu à l'application de l'article 1780 du Code civil.

210. Il résulte implicitement d'un arrêt de la chambre des requêtes de la Cour de Cassation que le fait, pour une compagnie, de mettre un de ses employés d'abord en disponibilité, puis en demi-solde jusqu'au moment où il serait en état de subir un examen institué depuis son engagement, peut être considéré comme un congédiement indirect et conditionnel (3).

211. Le refus d'un employé de se rendre à un nouveau poste auquel il a été nommé, constitue-t-il de sa part, en l'absence de stipulations expresses de son

---

(1) C. civ., art. 1109.
(2) Baudry-Lacantinerie, *Précis*, t. III, n° 721.
(3) C. civ., art. 1142.

(1) Lyon, 6 novembre 1894 (*Mon. jud. de Lyon*, 28 avril 1895). — *Contrat:* Lyon, 5 mars 1890 (*Mon. jud. de Lyov*, 5 avril 1890).
(2) Cons. des prud'h. de Roubaix (*Moniteur des fils et tissus* 16 janvier 1895).
(3) Cass. req. 9 janvier 1901 (*Gaz. des Trib.*, 17 janvier 1901).

contrat relatives aux mutations et à défaut d'usages locaux en l'espèce, une rupture du contrat de louage ? Il a été jugé qu'un employé qui refuse de se rendre au lieu où il doit exercer les nouvelles fonctions auxquelles il a été nommé, ne donne point par cela même sa démission; il témoigne au contraire son désir formel de rester au service de la compagnie qui l'emploie, mais au lieu où il résidait avant la nouvelle situation qui lui est faite. Ce refus d'obéissance constitue un acte d'insubordination de nature à motiver sa révocation, mais ne le constitue pas à l'état de démissionnaire (1).

212. Enfin, le fait, pour un ouvrier, de se mettre en grève constitue-t-il de sa part la rupture du contrat de travail qui le lie à son patron, lorsqu'il n'y a pas d'actes antérieurs du patron modifiant le contrat et équivalant à une rupture? Il a été jugé qu'un ouvrier en grève doit être considéré comme ayant rompu son contrat de travail, alors surtout qu'en fait il n'est pas justifié d'un état de grève générale, l'empêchant d'agir de plein gré et que, d'ailleurs, invité à reprendre son travail, il a refusé tout d'abord de répondre à l'appel de son patron (2). La Cour de Cassation a jugé de même qu'un ouvrier ayant, de son plein gré, quitté son patron pour se mettre en grève, doit être considéré comme ayant rompu son engagement (3). Il faudrait naturellement appliquer la même solution au patron en cas de lock-out volontaire (4).

213. Nous rappellerons sommairement les principales difficultés auxquelles donne lieu la rupture du contrat de louage à durée déterminée, ou conclu sans détermination de durée.

Article 2. — *Contrat de louage à durée déterminée.*

214. Lorsque la durée du louage de services est déterminée par une clause expresse ou tacite, chacune des parties contractantes est liée jusqu'à l'expiration du terme convenu, et toute rupture anticipée du contrat autorise la partie envers laquelle l'engagement n'est point exécuté à en réclamer la résiliation et des dommages-intérêts. Ceci n'est qu'une application du principe rappelé plus haut, contenu dans les articles 1142 et 1184 du Code civil relatifs à l'inexécution du contrat. La durée des contrats peut être déterminée, à défaut de conventions expresses, soit par les usages des lieux, soit par la durée des travaux pour lesquels les ouvriers ont été engagés. La durée déterminée du contrat ne résulte pas du mode de paiement des salaires. Le fait qu'un employé touchait des appointements mensuels est insuffisant pour le faire considérer comme engagé au mois (5). A l'expiration de la durée pour laquelle le contrat est conclu, le défaut de renouvellement ne saurait constituer une rupture du contrat (1).

215. Le contrat de louage à durée déterminée peut être rompu sans donner lieu à ouverture de dommages-intérêts, par application de l'article 1148 du Code civil, quand la rupture est le fait d'un cas de force majeure (2). Il a été jugé que le contrat de louage conclu pour un temps déterminé n'est pas résilié par la survenance d'une guerre qui oblige le patron à restreindre ses opérations, mais sans l'empêcher de continuer son entreprise. Le louage de services pourrait être encore résilié de plein droit et sans indemnité si l'ouvrier était appelé inopinément sous les drapeaux ou si l'industrie dans laquelle il est employé se trouvait monopolisée par l'Etat.

216. Les intempéries doivent-elles être considérées comme force majeure dans le cas d'ouvriers employés à la journée qu'elles empêcheraient de travailler une partie de la journée ? Le maître serait-il tenu à payer à l'ouvrier la journée entière ? Certains auteurs résolvent la question par la négative (3). Nous pensons cependant que si le patron tient les ouvriers à sa disposition pendant toute la journée, par exemple, dans l'espérance d'une cessation prochaine des intempéries, il devra leur payer la journée tout entière. La question est plus délicate si le patron a renvoyé ses ouvriers définitivement dans le cours de la journée : il y aura des cas d'espèce suivant les usages locaux et la profession.

Le manque d'ouvrage peut-il être considéré comme cas de force majeure ? Nous ne le pensons pas. C'est au patron, avant d'engager des ouvriers pour une durée déterminée, de s'assurer qu'il a de l'ouvrage à leur donner (4). La faillite ou la déconfiture du patron ne peuvent être non plus considérées comme cas de force majeure (5). Il en est de même de la cession de l'établissement (6).

217. Il a été jugé que le patron est fondé à congédier un employé qui, en s'engageant à son service, lui a dissimulé ses antécédents judiciaires (en l'espèce des condamnations pour abus de confiance) (7).

De même, l'inconduite d'un domestique, surtout si elle est notoire et scandaleuse, a été jugée comme justifiant son renvoi avant l'époque fixée (8).

218. L'absence d'un ouvrier peut-elle être considérée comme motif légitime de résiliation du contrat de travail? Il y a lieu de distinguer. Si l'absence est justifiée et est en outre de courte durée, elle ne peut autoriser le patron à demander la résiliation du contrat de louage. Il en serait autrement si l'absence était de longue durée. Mais même de courte durée, l'absence

---

(1) Cass. 13 janvier 1892, S. 93.1.257.
(2) Trib. de la Seine, 30 janvier 1894 (*la Loi*, 4-5 mars 1894).
(3) Cass. req. 18 mars 1902 (*Gaz. des Trib.*, 19 mars 1902); Cons. des prud'h. de Reims, 30 avril 1902 (*Gaz. des Trib.*, 5-6 mai 1902).
(4) V. *infra*, Grèves et coalitions.
(5) Rennes, 14 janvier 1895, S. 96.2.16.

(1) Lyon. 12 février 1897 (*la Loi*, 3 juin 1897); Cass. 20 mars 1895, S. 95.1.318.
(2) V. *supra.* n° 1148.
(3) Guillouard, t. II, n° 730; Aubry et Rau, t. IV, p. 515.
(4) *Idem.*
(5) Trib. de la Seine, 28 janvier 1893 (*J. Prud'h.* 93.270).
(6) Paris, 14 novembre 1872.
(7) Paris, 10 mai 1887, S. 97.1.187.
(8) Cass. 26 février 1896, S. 97.1.187.

de l'ouvrier pourrait être pour le patron un motif légitime de demander la résiliation du contrat si elle était injustifiée et si l'ouvrier ne l'en avait pas averti.

219. L'absence de l'ouvrier appelé sous les drapeaux comme réserviste ou territorial pour une période obligatoire d'instruction militaire ne peut légitimer la rupture du contrat de travail. C'est la conséquence formelle de l'article 1er de la loi du 18 juillet 1901. Si l'ouvrier est engagé pour une durée déterminée, il devra être repris à l'expiration de sa période militaire, si le terme de son contrat n'est pas encore arrivé à cette époque. Toutefois il en serait autrement si le contrat de louage avait pour objet une entreprise temporaire prenant fin pendant la période d'instruction militaire (1).

La rupture du contrat de louage motivée uniquement par l'appel de l'ouvrier sous les drapeaux pour accomplir une période obligatoire d'instruction militaire donne lieu à des dommages-intérêts, quelles que soient les stipulations contraires qui auraient pu intervenir entre les parties. Ces stipulations seraient en effet nulles de plein droit (2). Ces dommages-intérêts doivent être arbitrés par le juge conformément à l'article 1780 du Code civil en tenant compte des usages, de la nature des services engagés, du temps écoulé, des retenues opérées, des versements effectués en vue d'une pension de retraite et en général de toutes les circonstances qui peuvent justifier l'existence et déterminer l'étendue du préjudice causé.

ARTICLE 3. — *Contrat de louage à durée indéterminée.*

§ 1er *Considérations générales.*

220. Avant la loi du 27 décembre 1890 qui a complété l'article 1780 du Code civil, il était admis que, dans le contrat de louage à durée indéterminée, chaque partie pouvait à tout moment résilier le contrat, à la condition d'observer les délais de prévenance fixés par l'usage des lieux (3). La non observation des délais de prévenance pouvant seule donner lieu à indemnité en faveur de l'autre partie, la solution était applicable même quand l'ouvrier n'avait pas démérité (4).

221. La faculté laissée à chaque partie de rompre quand il lui plaisait le contrat de louage à durée indéterminée soulevait de vives critiques surtout en ce qui concernait les employés de chemins de fer souvent congédiés sans motifs et sans indemnité d'aucune sorte, alors même qu'ils avaient, pendant plusieurs années, par voie de cotisations obligatoires, effectué des versements à une caisse de retraite. Leur situation était d'autant plus mauvaise que les compagnies n'avaient laissé s'établir aucun usage relativement aux délais de congé-

diement et que, par suite, elles pouvaient exercer leur droit de renvoi sans être astreintes à l'observation d'aucun délai. Aussi, dès 1872, le Parlement fut saisi d'une proposition tendant à régler les rapports des compagnies de chemins de fer avec leurs employés. En 1882 la Chambre des députés vota une proposition dans ce sens. Mais la commission du Sénat ne voulut pas maintenir à cette proposition son caractère exceptionnel, elle rédigea un texte général applicable à tous ceux qui louent leurs services. Les principes de la commission sénatoriale ont passé dans la loi du 27 décembre 1890 : « Le contrat de louage de services fait sans détermination de durée peut toujours cesser par la volonté d'une des parties contractantes, mais la résiliation par la volonté d'une seule des parties peut donner lieu à des dommages-intérêts au profit de l'autre. »

222. Deux ordres de questions sont donc à examiner, les premières relatives aux délais de prévenance et aux indemnités que peut entraîner leur non observation, les deuxièmes relatives à la rupture injustifiée du contrat de louage et aux dommages-intérêts auxquels elle peut donner ouverture.

§ 2. *Délai-congé.*

223. Il est d'usage dans beaucoup de corporations que les parties se préviennent mutuellement un certain temps à l'avance de leur intention de rompre le contrat de louage. Ce délai varie suivant les professions. Quelle est la force obligatoire de ces usages ? Doivent-ils être observés en toute circonstance ?

La jurisprudence admet que ce n'est qu'en cas de faute grave de l'une des parties que l'autre peut être autorisée à rompre le contrat sans observer les délais de prévenance. Il a été jugé que le patron pouvait être autorisé à renvoyer immédiatement un ouvrier quand celui-ci est inculpé de vol ou de meurtre (1). Par contre, il a été jugé que l'absence de courte durée d'un ouvrier, qui avait d'ailleurs avisé ses chefs par écrit de son absence, si elle autorisait le patron à résilier le contrat de louage, ne l'autorisait pas à ne pas observer le délai de prévenance (2).

224. A plus forte raison, le délai de prévenance doit-il être observé quand il n'est relevé aucune faute à la charge de l'ouvrier. Ce délai doit même être observé quand le patron a des motifs légitimes de résiliation de contrat. Il a été jugé dans ce sens qu'un patron, qui a renvoyé son employé pour des raisons d'ordre général et supérieur tenant à la situation nouvelle qui lui est faite par la cessation de la subvention qu'il recevait de l'Etat pour un service public, n'en doit pas moins observer la convention intervenue entre lui et son ouvrier au sujet du délai de prévenance (3). De

---

(1) L. 18 juillet 1901, art. 2.
(2) *Ibid.*, art. 4.
(3) C. civ., art. 1736; Cass. 17 mai 1887, S. 87.1.378.
(4) Cass. 5 février 1872.

(1) Douai, 2 janvier 1900. S. 1900.2.172; Cass. 9 juillet 1901. S. 1902.1.114.
(2) Douai, 11 mai 1892, S. 94.2.193; Cass. 21 novembre 1893, S. 95.1.166.
(3) Cass. 15 février 1899, S. 99.1.313.

même, la rupture du contrat de louage résultant de l'exercice légitime du droit de grève n'autorise pas l'ouvrier à ne pas observer les délais de prévenance (1).

225. Les délais de prévenance doivent-ils être observés nonobstant conventions contraires ? On a soutenu que de telles conventions étaient interdites par l'article 1780 du Code civil qui porte « que les parties ne peuvent renoncer à l'avance au droit éventuel de demander des dommages-intérêts ». Mais cette interdiction ne s'applique qu'aux dommages-intérêts qui peuvent être alloués en réparation du préjudice causé par une résiliation abusive du contrat de louage et non à ceux que peut entraîner l'inobservation des délais de prévenance dont il n'est pas question à l'article 1780. Il en résulte que les parties peuvent parfaitement, par conventions expresses, déroger aux usages en matière de délai-congé, réduire ou augmenter ce délai, et même le supprimer tout à fait. Il a été jugé à plusieurs reprises par la Cour de Cassation que, dans le contrat de louage fait sans détermination de durée, les parties contractantes sont libres de fixer le délai qui devra exister entre la déclaration du congé ou du départ et la cessation effective du travail ; qu'elles peuvent même convenir qu'aucun délai de ce genre ne sera observé (2). Cette convention peut résulter d'une mention du règlement d'atelier (3).

226. De même les parties peuvent librement fixer le chiffre de l'indemnité due en cas de non observation du contrat de louage, et déroger pour cette fixation au chiffre établi par l'usage. De semblables conventions ont été sanctionnées à plusieurs reprises par les tribunaux (4).

227. En l'absence d'usages ou de conventions relatives au délai de prévenance, aucun délai ne peut être actuellement imposé aux parties pour la rupture du contrat qui les lie. Il a été jugé qu'un tribunal appliquait faussement la loi en condamnant une compagnie d'éclairage et de force motrice à payer des dommages-intérêts à son ancien ouvrier pour ce seul motif « qu'elle ne l'aurait pas prévenu une huitaine d'avance ainsi que le comporte l'article 1780 du Code civil modifié par la loi du 27 décembre 1890 », qu'aucun de ces textes de loi n'impose en effet une telle obligation (5).

228. Dans le calcul du délai-congé ne doit entrer en aucun cas, même en cas de rupture du contrat pour motifs légitimes, la durée de la période obligatoire d'instruction militaire, à laquelle serait convoqué un ouvrier ou un employé. Toute stipulation contraire serait nulle de plein droit. L'article 2 de la loi du 18 juillet 1901 ne vise expressément que les délais impartis

par l'usage ; il y a lieu, semble-t-il, d'assimiler à ces délais ceux qui sont fixés par conventions expresses.

§ 3. *Rupture injustifiée.*

229. L'observation du délai-congé ne suffit pas à mettre à l'abri d'une demande en dommages-intérêts celle des deux parties qui a pris l'initiative de la rupture du contrat (1). L'article 1780 du Code civil modifié par la loi du 27 décembre 1890 dispose en effet que la résiliation du contrat par la volonté d'un seul des contractants peut donner lieu à des dommages-intérêts. Ces dommages-intérêts ne sont pas dus dans tous les cas. L'article 1780 n'a pas fixé les cas où des dommages-intérêts doivent être alloués. Les tribunaux ont donc un pouvoir souverain d'appréciation.

Deux théories ont été soutenues à cet égard.

230. Dans un système, on soutient que les dommages-intérêts sont dus quand la rupture n'est pas appuyée de motifs légitimes. A l'appui de ce système on invoque l'interprétation qui a été donnée au Sénat du paragraphe de l'article 1780 par M. Léon Renault : « Que veulent dire ces mots : « peut donner lieu à des dommages-intérêts » ? Ils ne peuvent avoir qu'une seule signification, c'est qu'il y aura lieu à des dommages-intérêts, si la rupture du contrat voulue par une seule des parties contractantes n'est pas appuyée de motifs légitimes, car en dehors de cette interprétation de la disposition ajoutée par le projet de loi à l'article 1780, il n'y en a pas d'autre que la raison puisse concevoir. C'est une innovation dont la portée est considérable, car dorénavant, dans la matière du louage d'ouvrage et d'industrie, le pouvoir de chacune des parties de rompre le contrat est subordonné à l'existence de motifs légitimes (2). » Cette théorie semble confirmée par le texte de l'article 2 de la loi du 18 juillet 1901, qui a apporté une nouvelle modification à l'article 1780, déjà modifié par la loi du 27 décembre 1890. Cet article vise, en effet, expressément la dénonciation du contrat « pour cause légitime ». Dans ce système, c'est à celui qui a pris l'initiative de la rupture du contrat à faire la preuve qu'il avait pour ce faire des motifs légitimes, et faute de faire cette preuve, il est passible de dommages-intérêts. Cette théorie a été admise par plusieurs tribunaux (3). Il a été jugé notamment qu'un adjudicataire de l'octroi d'une ville, auquel le cahier des charges de l'adjudication donnait le droit de renvoyer à volonté ses préposés, et qui avait des raisons sérieuses d'imposer à son personnel une notable réduction de traitement, avait un motif suffisamment légitime de renvoyer un de ses employés (4). La Cour de cassation a confirmé cet arrêt par le motif que l'arrêt avait appliqué la loi en se

---

(1) Cass. req. 18 mars 1902 (*Gaz. des Trib.*, 20 mars 1902).
(2) Cass. 2 février 1898, S. 99.1.22 ; 25 janvier 1899, S. 99.1.313 ; 18 juillet 1899, S. 99.1.508 ; 20 juin 1900, S. 1901.1.13.
(3) Cass. 12 novembre 1900, S. 1901.1.14 ; 22 mai 1901, S. 1901.1.204 ; 12 mars 1902 (*Gaz. des Trib.*, 21 août 1902).
(4) Lyon, 10 mai 1898, S. 99.2.309 ; Cass. 2 février 1898, S. 99.1.22 ; 22 juillet 1902 (*Gaz. des Trib.*, 28-29 juillet 1902).
(5) Cass. 20 mars 1895, S. 95.1.313 ; 14 novembre 1894, S. 95.1.260.

(1) Trib. de la Seine, 5 février 1895, 6 mai 1896 ; Trib. comm. de Toulouse, 9 juin 1889 ; Cass. 22 mai 1901, S. 1901.1.264.
(2) Sénat, 25 novembre 1890 (Déb. parl., p. 1074).
(3) Rouen, 29 décembre 1894, S. 95.2.212 ; Dijon, 25 juin 1895, S. 97.2.189 ; Trib. de Nîmes, 8 août 1895 (*Gaz. des Trib.*, 19 janvier 1896).
(4) Bastia, 27 février 1893, S. 95.1.263.

fondant sur ce que le congédiement n'avait été donné ni sans motifs sérieux ni sans cause légitime (1).

231. Dans l'autre système, on estime qu'on ne peut fonder la demande de dommages-intérêts sur le seul fait du congédiement *même sans motifs*. Il faut encore qu'en rompant le contrat, le patron ou l'ouvrier aient commis une faute, et que d'autre part cette faute ait causé un préjudice à la partie qui a subi la rupture. La jurisprudence de la Cour de cassation est aujourd'hui absolument fixée dans ce sens. Elle décide que les juges ne sauraient relever comme faute à l'encontre du patron le défaut de justification de la mesure de renvoi qu'il a prise contre son ouvrier ; qu'il y a là une interversion de l'ordre de la preuve (2) ; aussi, qu'en résiliant le contrat de louage la partie qui en a pris l'initiative n'a fait qu'user du droit qui lui est reconnu par l'article 1780 du Code civil et que « cette résiliation ne donne lieu à dommages-intérêts que dans le cas où la partie qui en est l'auteur a usé de son droit d'une façon *abusive* et *préjudiciable* (3) ». Dans ce système, la preuve est donc renversée. Ce n'est plus à la partie qui a rompu le contrat à prouver qu'elle avait des motifs légitimes pour le rompre ; c'est à la partie qui réclame des dommages-intérêts à prouver que la rupture du contrat, qu'elle a soufferte, a été abusive et préjudiciable à ses intérêts (4). On peut se demander, si, dans ce système, la loi de 1890 a modifié en rien la situation antérieure. En l'absence même de texte spécial, les tribunaux ont jugé que l'usage abusif d'un droit, comme celui de grève ou de mise à l'index, pouvait donner lieu à des dommages-intérêts.

232. La brusquerie de la résiliation ne suffit pas à constituer une faute du patron, s'il avait été convenu entre les parties que le contrat pouvait être rompu par chacune d'elle sans délai de prévenance et sans indemnité. Il faudrait, pour donner ouverture à des dommages-intérêts, que le congédiement lui-même constituât de la part du patron un abus de son droit (5).

233. Il n'y a pas faute de la part d'une compagnie de chemin de fer à révoquer un employé contre lequel avaient été relevées des charges assez graves pour motiver une condamnation à six mois d'emprisonnement pour vol ; la compagnie n'était point tenue d'attendre l'arrêt qui devait statuer sur l'appel de l'employé pour prendre à l'égard de celui-ci une décision définitive (6). Il a été jugé également qu'il n'y avait pas faute de la part d'une compagnie de chemin de fer, à renvoyer un employé sur lequel pesaient de graves soupçons de vol, de tentative de meurtre, soupçons qui ont donné lieu à une instruction qui a été close par une ordonnance de non lieu par insuffisance des présomptions de culpabilité (1). Il a été jugé qu'aucune indemnité n'était due à un employé de chemin de fer révoqué pour des faits d'indiscipline et de refus de travail (2), ni à un employé qui n'a été congédié dans un délai d'usage qu'à la suite de prétentions et de réclamations mal fondées soulevées par lui, alors surtout qu'aucune retenue n'était faite sur son traitement et qu'il n'avait droit à aucune retraite (3).

234. L'ouvrier qui, aux termes de son contrat, ne peut quitter le travail sans le consentement de son patron, est en faute et peut être renvoyé par celui-ci sans indemnité, s'il a fait, sans autorisation, une absence de plusieurs jours, encore qu'il aurait avisé par écrit ses chefs de son intention de s'absenter (4).

235. Par contre, l'employé qui a avisé dûment son patron de son intention de s'absenter quelques jours et auquel il n'a été fait aucune observation, a pu se croire à bon droit autorisé jusqu'au moment de son départ, et le patron a commis une faute en renvoyant son employé parce que celui-ci n'aurait pas tenu compte d'une interdiction de s'absenter qu'il lui aurait signifiée au dernier moment (5). De même a été trouvé abusif le renvoi d'un ouvrier en raison d'une courte absence nécessitée par les obsèques d'un oncle (6). Le patron commet encore une faute en renvoyant un ouvrier pour cause de maladie (7), à moins que la maladie ne soit trop longue et que le patron ne soit obligé d'engager d'autres ouvriers (8) ou à moins que l'ouvrier néglige de prévenir le patron de sa maladie.

236. En vertu de la loi du 18 juillet 1901, il y aurait faute également de la part du patron à rompre le contrat de louage d'un ouvrier pour la raison que cet ouvrier serait forcé de s'absenter pour accomplir une période obligatoire d'instruction militaire.

237. Il n'y a pas faute de la part d'une compagnie de navigation qui a congédié un de ses employés non par voie de suppression d'emploi, mais par mesure d'économie et pour le remplacer par un employé auquel elle a attribué des appointements moins élevés (2).
Au contraire, le patron, dans l'industrie duquel se produit tous les ans, à une certaine époque, une baisse momentanée de travail et qui est dans l'usage de mettre alors au repos les derniers ouvriers entrés, ne saurait, lorsqu'il s'agit d'un ancien ouvrier, depuis onze ans à son service et à qui aucun reproche n'est adressé, le renvoyer contrairement à l'usage suivi et en lui causant un préjudice certain; le patron commet alors une faute en abusant du droit qui lui appartenait de rompre

---

(1) Cass. 14 novembre 1894, S. 95.1.263.
(2) Cass. 22 mai 1901. S. 1901.1.264; 12 mars 1902 (*Gaz. des Trib.*, 21 août 1902).
(3) Cass. 18 mars 1901, S. 1901.1.271; 22 mai 1901, S. 1901.1.264; 12 novembre 1900. S. 1901.1.14.
(4) Cass. 22 mai 1901. S. 1901.1.264; 19 juin 1897 et 2 mars 1898, S. 99.1.33.
(5) Cass. 22 juillet 1902 (*Gaz. des Trib.*, 28-29 juillet 1902).
(6) Cass. 22 juillet 1896 (*Gaz. Pal.* 96.2.447).

(1) Douai, 2 janvier 1900, S. 1900.2.172.
(2) Trib. de Lyon, 10 janvier 1894 (*la Loi*, 8 mai 1894).
(3) Paris, 12 juin 1894 (*la Loi*, 25 octobre 1894).
(4) Cass. req. 21 novembre 1893, S. 95.1.166.
(5) Cass. req. 20 janvier 1902, S. 1902.1.189.
(6) Chambéry, 11 mars 1896, S. 98.2.267.
(7) Cass. 28 juillet 1897, S. 99.1.35.
(8) Baudry-Lacantinerie et Wahl, *Contrat de louage*, t. II, n° 2225.
(9) Aix, 1er février 1899, S. 99.2.277.

le contrat de louage sans détermination de durée qui le liait à l'ouvrier (1).

Il y a enfin motif légitime pour un fermier des droits d'octroi qui, en raison de la diminution des recettes de l'octroi, congédie un de ses employés, alors d'ailleurs qu'il l'a prévenu quinze jours à l'avance (2).

238. Les opinions politiques d'un caissier de caisse d'épargne ne sauraient être considérées comme un motif légitime de révocation, de la part de l'administration d'une caisse d'épargne qui est une institution privée et dont les employés ne peuvent être assimilés à des fonctionnaires publics (3). On doit admettre que dans ce cas la révocation est non seulement illégitime, mais abusive.

Il y a atteinte à la liberté des ouvriers hors de l'atelier et par suite faute du patron, à renvoyer brusquement des ouvriers pour avoir usé de la faculté que la loi leur reconnaît de former un syndicat (4), mais il n'y aurait pas faute si ces ouvriers faisaient de la propagande syndicale dans les ateliers (5).

239. Un ouvrier peut rompre le contrat de travail pour faire grève. La grève est un fait licite et l'exercice d'un droit, qui ne saurait constituer à lui seul une faute. Néanmoins, l'état de grève ne saurait dispenser les ouvriers de l'observation du délai de prévenance (6).

240. Quant à la fixation des dommages-intérêts à allouer, la loi du 27 décembre 1890 dispose à cet égard que le juge doit tenir compte des usages, de la nature des services engagés, du temps écoulé, des retenues opérées et des versements effectués en vue d'une pension de retraite, et en général, de toutes les circonstances qui peuvent justifier l'existence et déterminer l'étendue du préjudice causé.

Dans le cas où une convention intervenue entre les parties aurait fixé à l'avance l'indemnité à allouer en cas de résiliation du contrat de travail, cette convention lie-t-elle le juge, en vertu du principe posé par l'article 1134 du Code civil, que les conventions légalement formées tiennent lieu de loi à ceux qui les ont faites? Sans doute, les conventions intervenues, à cet égard, entre les parties pourront parfois fournir d'utiles indications au juge, mais elles ne sauraient lier son pouvoir souverain d'appréciation. Il est d'ailleurs à remarquer que les conventions ne figurent pas dans la nomenclature des éléments d'appréciation que la loi énumère pour la fixation des indemnités.

241. En tous cas, ne saurait être valable une convention d'après laquelle les parties renonceraient d'avance à toute indemnité. Une semblable convention tombe en effet, sous le coup d'une disposition formelle de la loi du 27 décembre 1890 aux termes de laquelle « les

parties ne peuvent renoncer à l'avance au droit éventuel de demander des dommages-intérêts en vue des dispositions ci-dessous ». Cette interdiction doit s'appliquer à tous les contrats de travail en cours, qu'ils soient ou non postérieurs à la loi de 1890, celle-ci n'ayant fait qu'appliquer à un cas spécial le principe général d'après lequel nul ne peut, par convention, s'affranchir de la responsabilité de ses fautes (1).

242. Cette disposition s'applique à la convention en vertu de laquelle l'ouvrier s'engage à ne réclamer aucune indemnité, si le congé donné lui accorde un délai de quinze jours ; l'observation de la condition de délai ne peut mettre obstacle à une réclamation éventuelle en dommages-intérêts (2). Il a été jugé dans le même sens que la clause de la convention qui, en cas de rupture immédiate du contrat et quel qu'en soit le motif, attribue à qui la subit une indemnité dérisoire, constitue la renonciation indirecte prévue et prohibée par l'article 1780, § 5 du Code civil, et le juge a qualité pour interpréter souverainement la volonté des parties sur ce point et allouer à l'employé congédié des dommages-intérêts plus forts (3).

243. Le juge pour fixer l'indemnité doit se référer aux usages existants dans la corporation et dans la région. Le pays dont il faut observer l'usage est en principe, celui où le contrat a été passé.

Toutefois les usages ne constituent qu'un des éléments d'appréciation du juge, et il ne saurait se refuser à examiner les autres circonstances invoquées par le demandeur à l'appui de sa demande d'indemnité.

La nature des services engagés doit entrer en ligne de compte. Comme l'a fait remarquer M. Poincaré, dans son rapport sur la loi de 1890, « il est juste que l'indemnité varie suivant la difficulté du travail, la valeur de l'employé, le genre d'industrie, d'art ou de commerce (4) ». Il a été jugé qu'en raison de l'importance de la situation faite à un employé et aux circonstances de son engagement le délai d'un mois que lui fixait son patron était manifestement insuffisant pour lui permettre de se pourvoir ailleurs et constituait pour l'employé une cause de préjudice dont réparation lui était due (5).

Le temps écoulé constitue aussi un élément important d'appréciation. Toutefois, s'il doit en être tenu compte au cas de rupture abusive du contrat de louage de services, la prolongation des services ne saurait modifier la nature du contrat, ni faire obstacle au droit que tient chacune des parties contractantes de résilier à tout moment le contrat de louage (6).

244. Enfin les retenues subies et les versements effecués en vue d'une caisse de retraites doivent entrer en ligne de compte. Au cours de la discussion de la loi

---

(1) Cass. 12 novembre 1900, S. 1901.1.221.
(2) Cass. 14 novembre 1894, S. 95.1.260.
(3) Orléans, 15 mars 1893, S. 93.2.207.
(4) Cass. 19 juin 1897, S. 97.1.33.
(5) *Ibid.*
(6) Cass. 18 mars 1902 (*Gaz. des Trib.*, 20 mars 1902, conclusions de l'avocat général).

(1) Cass. 22 juillet 1902 (*Gaz. des Trib.*, 28-29 juillet 1902).
(2) Cass. 30 mars 1895, S. 95.1.317.
(3) Cass. 25 juin 1897, 25 janvier 1899, S. 99.1.313.
(4) Ch. des députés, 29 décembre 1888 (Rapport Poincaré, page 21, Annexes).
(5) Paris, 21 novembre 1895.
(6) Cass. 18 juillet 1899, S. 99.1.500.

de 1890, M. Cuvinot avait déposé l'amendement suivant : « La rupture du contrat laisse subsister, nonobstant convention contraire, les droits éventuels acquis par l'employé à raison de sa participation à une caisse de retraite quel que soit d'ailleurs le mode d'administration de cette caisse ». Cet amendement souleva de vives critiques. On objecta qu'il était injuste, dans le cas où la caisse serait alimentée en partie par des sommes versées par le patron, de forcer le patron à abandonner à l'ouvrier qui le quittait le versement fait en sa faveur ; que cette disposition détournerait les patrons d'opérer ces sortes de versements. L'amendement fut écarté.

Les juges doivent-ils donc tenir compte des versements effectués par les patrons ? Dans le silence de la loi, ils ont à cet égard un pouvoir souverain d'appréciation. Mais il y a lieu de remarquer que la loi ne distingue pas et que le juge doit tenir compte de toutes les circonstances qui peuvent justifier l'existence et déterminer l'étendue du dommage causé. On peut soutenir que l'employé congédié avant d'avoir rempli les conditions pour avoir sa retraite, pouvait légitimement compter sur la bonification de retraite résultant des versements effectués par le patron, qui formaient comme une des clauses de la convention intervenue entre eux.

Les agents des chemins de fer de l'Etat se trouvent à ce point de vue dans une situation spéciale. Ce réseau a été formé en majeure partie par des lignes rachetées à des compagnies antérieures et la caisse des retraites pour les employés du réseau n'a commencé à fonctionner qu'à partir du 1er janvier 1883. L'Etat n'ayant pas reconnu les services des agents antérieurs à la rétrocession du réseau, il s'ensuit que les employés ne peuvent demander aux tribunaux de tenir compte des versements effectués ou des retenues ópérées pendant le temps qu'ils étaient au service des compagnies auxquelles l'Etat s'est substitué (1).

245. Il a été jugé que l'ouvrier congédié ne pourrait réclamer le remboursement des retenues prélevées pour alimenter une caisse de secours, l'ouvrier, pendant la durée de son travail, ayant été garanti contre les conséquences des maladies et accidents auxquels il était exposé et devant être considéré comme ayant reçu sous cette forme l'équivalent des retenues par lui versées (2). D'autre part, l'ouvrier congédié ne saurait réclamer le bénéfice des dispositions des caisses de secours ou de retraites, qui prévoient l'allocation anticipée de pensions de retraite, quand cette allocation est purement facultative de la part du patron (3). Toutefois une compagnie de chemin de fer dont le règlement prévoit le remboursement intégral de retenues effectuées sur le salaire aux employés révoqués ou congédiés, ne pourrait refuser ce remboursement intégral à un employé qu'elle a révoqué, sous le prétexte que cet employé, en

refusant de se rendre au poste qui lui était assigné, se constituait à l'état de démissionnaire (1).

246. *Homologation administrative des statuts de caisses de retraite.* — La loi du 27 décembre 1890 contient une disposition aux termes de laquelle « dans le délai d'une année (à partir du 27 décembre 1890) les compagnies et administrations de chemins de fer devront soumettre à l'homologation ministérielle les statuts et règlements de leurs caisses de retraite et de secours ». Cette disposition n'assurait pas un contrôle suffisamment efficace de l'Etat sur les caisses de retraite. Le ministre des travaux publics avait bien le droit de refuser l'homologation des statuts qui lui étaient soumis par les compagnies, mais il n'avait pas le droit d'y apporter des modifications. Cette lacune a été comblée par la loi du 10 avril 1902 aux termes de laquelle, dans le cas où l'homologation, prévue par l'article 2 de la loi du 27 décembre 1890 sur le contrat de louage et les rapports entre les agents de chemins de fer et les compagnies, n'est apportée que sous réserve de certaines modifications ou additions non acceptées par la compagnie, il sera statué par un décret rendu sur avis conforme du Conseil d'Etat.

§ 5. *Ouvriers de l'Etat, etc.*

247. Les règles qui président à la rupture du contrat de louage s'appliquent à tous les ouvriers et employés de l'Etat auxquels doit être reconnu un contrat de travail; elles ne s'appliquent pas aux fonctionnaires et agents de tout ordre qui seraient nommés par acte de l'autorité publique (1). Un maçon, un menuisier employés dans les travaux en régie de l'Etat, des départements, des communes se trouveront en principe dans les mêmes conditions que les ouvriers similaires de la localité. Toutefois, il est à remarquer, en matière de délai-congé, que les règlements des exploitations industrielles et commerciales de l'Etat prévoient généralement la rupture sans délai du contrat de louage de services.

SECTION V.

MARCHANDAGE.

§ 1er. — *Considération générales.*

248. Le marchandage est une forme du contrat de travail. Il comprend trois sortes d'agents : l'entrepreneur, le marchandeur et les ouvriers. Il est inutile de donner une définition des ouvriers et de l'entrepreneur dont les rapports sont réglés par l'article 1787 et suivants du Code civil ; une différence toutefois est à signaler : dans le contrat de marchandage l'entrepreneur joue le rôle de maître, le marchandeur le rôle d'entrepreneur fournissant seulement son industrie sans fournir

---

(1) Schaffhauser, *Lois nouvelles*, p. 53.
(2) Trib. comm. de Grenoble, 23 janvier 1893, S. 95.2.253.
(3) Trib. comm. de Nevers, 2 juin 1896 (*Gaz. des Trib.* 96.1).

(1) Cass. 13 janvier 1892, S. 93.1.257.

de matière. Quant aux ouvriers embauchés par le marchandeur, ils n'ont pour ainsi dire aucun rapport de droit avec l'entrepreneur. En effet, le marchandeur est un sous-entrepreneur de main-d'œuvre qui, avec les matières premières et le gros outillage fournis par l'entrepreneur principal, fait exécuter les travaux à lui confiés, soit dans l'atelier ou le chantier de l'entrepreneur, soit à son domicile propre (suivant le genre d'industrie), avec l'aide d'ouvriers embauchés et payés par lui à la journée ou aux pièces, sans l'intervention de l'entrepreneur. Dans le bâtiment le marchandeur porte souvent le nom de tâcheron, dans le vêtement celui d'entrepreneur.

249. L'existence du contrat de marchandage semble immémoriale. Ses partisans invoquent en sa faveur les arguments suivants : le marchandeur, comme un contremaître, décharge le patron des besognes de second ordre ; le prélèvement qu'il opère sur le salaire des ouvriers est une rémunération des tâches d'organisation et de surveillance qu'il a assumées. La connaissance qu'il a des détails du métier lui permet de faire une meilleure distribution du travail, et la surveillance continuelle qu'il exerce, pousse les ouvriers qu'il a embauchés à un travail plus suivi. Aussi, dans beaucoup de circonstances, l'ouvrier à la journée embauché par le marchandeur gagne un salaire plus élevé que celui qui est embauché par l'entrepreneur lui-même. Il est facile d'ailleurs pour un ouvrier de devenir marchandeur et l'accessibilité de cette situation stimule l'énergie et l'initiative des ouvriers les plus intelligents. Le marchandage est une étape entre la classe ouvrière et le patronat. C'est grâce au marchandage que beaucoup d'ouvriers ont pu devenir patron.

250. Au contraire, les ouvriers en général se sont depuis longtemps élevés contre le marchandage. Ils lui adressent deux reproches principaux : avilissement du salaire ; danger de perdre les salaires.

251. *Avilissement de salaire.* — Le marchandeur ne peut obtenir de travail qu'en acceptant de forts rabais. Quand il embauche des ouvriers aux pièces, il ne peut s'en tirer lui-même qu'en imposant aux ouvriers un tarif encore plus réduit que celui qu'il a accepté. Quand de plus, il rétrocède une partie de sa sous-entreprise à un second, les salaires tendent encore à s'avilir davantage. Le fait se produit surtout dans l'industrie du vêtement où souvent le système de la sous-entreprise est poussé à l'infini. Ce système *(sweating system)* ne pourra disparaître qu'avec l'abolition du marchandage. On objecte, il est vrai que, dans certaines professions, les ouvriers employés par le tâcheron gagnent davantage que s'ils étaient employés par l'entrepreneur ; cela est exact dans l'industrie du bâtiment, et surtout vrai quand les ouvriers sont employés à la journée et choisis parmi les ouvriers d'élite. Ils donnent un rendement maximum, puisque le marchandeur est toujours auprès d'eux pour les pousser et pour tirer tout ce qu'il est possible de leur activité. Mais l'augmentation de salaire **est-elle proportionnelle à l'augmentation d'énergie dépensée ?**

252. B. *Possibilité de perte de salaire.* — Le marchandeur vit en garni, il a rarement un capital, il paye ses ouvriers avec les acomptes que lui fournit l'entrepreneur. S'il devient insolvable, les ouvriers, qui ne peuvent exercer d'action contre le marchandeur, ne peuvent davantage exercer de recours contre l'entrepreneur avec qui ils n'ont aucun lien de droit. En effet, si certains conseils de prud'hommes (et en particulier le conseil de prud'hommes du bâtiment de Paris) (1) considèrent que la responsabilité de l'entrepreneur est engagée lorsque le tâcheron ne travaille que pour un seul patron, les tribunaux de commerce se refusent à confirmer cette responsabilité et annulent les jugements des conseils de prud'hommes où elle est constatée (2). Ils considèrent dans tous les cas le marchandeur ou tâcheron comme un entrepreneur et se refusent à l'assimiler aux chefs d'ateliers visés par l'arrêt du 18 mars 1806 et le décret du 11 juin 1809. Quant aux tribunaux civils, leur jurisprudence peut se résumer ainsi (3) :

a.) Le contrat de marchandage ne donne pas lieu à application de l'article 1797 du Code civil qui décide que « l'entrepreneur répond du fait des personnes qu'il emploie », parce que le marchandeur ne saurait être considéré comme le préposé de l'entrepreneur.

b.) Les ouvriers ne peuvent exercer contre l'entrepreneur, considéré dans l'espèce comme le maître de l'affaire, que l'action subsidiaire de l'article 1778 disant que les ouvriers « qui ont été employés à la construction d'un bâtiment ou d'autres ouvrages faits à l'entreprise, n'ont d'action contre celui pour lequel l'ouvrage a été fait, que jusqu'à concurrence de ce dont il se trouve débiteur envers l'entrepreneur au moment où l'action est intentée ». C'est-à-dire que si l'entrepreneur a payé intégralement le marchandeur, les ouvriers ne peuvent poursuivre contre lui le recouvrement de leurs créances impayées, et qu'ils se trouvent complètement désarmés contre celui qui bénéficie en somme de leur travail.

253. Les ouvriers ajoutent que le marchandage, qui cause le surmenage des ouvriers, a pour conséquence la diminution de la conscience professionnelle ; les ouvriers poussés par le tâcheron ne peuvent travailler vite qu'à la condition de travailler mal. Il augmente le chômage, puisqu'un certain nombre d'ouvriers robustes et plus consciencieux donnent une production exagérément intensive qui prive les ouvriers moyens d'une partie des travaux qui leur reviendraient naturellement. Il pousse, en résumé, les ouvriers les plus actifs à s'enrichir en prélevant leur aisance sur le salaire réduit de leurs camarades et conduit ainsi à une entre-exploitation de la classe ouvrière.

———

(1) V. Notes de l'Office du travail (*Compte rendu de la huitième session du Conseil supérieur du travail*, p. 113 et suiv. Paris, imp. nat. 1889).

(2) *Ibid.*, p. 115 et suiv.

(3) Tribunal civil de la Seine. 20 avril 1898. Defressine et consorts c. Auget. Dans le même sens : Poitiers, 9 juin 1853. Cassation, 11 juin 1861. Cassation, 16 décembre 1873.

254. Ces plaintes ne sont pas nouvelles. Le 1er mars 1848, jour de la première séance de la commission du Gouvernement pour les travailleurs, les ouvriers délégués par les corporations demandaient « l'abolition du marchandage, c'est-à-dire, l'exploitation des ouvriers par des sous-entrepreneurs de travaux ». Le lendemain, une réunion nombreuse de patrons et de chefs d'industries délibéra sur cette réclamation des travailleurs et en accepta les conclusions (1).

Immédiatement, un décret intervint à la date du 2-4 mars 1848 ayant pour but de fixer « la durée de la *journée de travail* et d'abolir le *marchandage* (2). »

Ce décret fut suivi quelques jours après de l'arrêté du 21-24 mars 1848, relatif à la répression de l'exploitation de l'ouvrier par voie de marchandage (3).

255. Lors de la discussion qui aboutit au vote de la loi du 9 septembre 1848 limitant la journée de travail à douze heures dans les usines et manufactures, il fut décidé que la question du marchandage serait réservée pour une discussion ultérieure. Cette discussion n'eut jamais lieu ; la loi du 9 septembre 1848 se borne à abroger le décret du 2 mars 1848, en ce qui concerne la *limitation des heures de travail*.

Bien que les prescriptions du décret de mars 1848 soient par conséquent restées virtuellement en vigueur, la question de leur application sommeilla pendant de longues années. Mais en 1896 des ouvriers, créanciers d'une somme considérable de salaires, repoussés dans leurs prétentions par le tribunal de commerce de la Seine, songèrent au décret de 1848 et citèrent le tâcheron et l'entrepreneur devant le tribunal correctionnel en demandant, comme dommages-intérêts, le solde de leurs salaires. L'affaire fut jugée par le tribunal correctionnel le 9 avril 1897 (1); sa sentence fut confirmée par la Cour de Paris, le 9 juillet suivant (2). Sur pourvoi de l'entrepreneur, cet arrêt fut cassé le 4 février 1898 (3) et l'affaire renvoyée devant la cour d'Orléans. La cour d'Orléans, après avoir confirmé par défaut, le 5 juillet 1898 (4), l'arrêt de la cour de Paris en ce qui concerne la définition du délit de marchandage, adopta sur opposition le 11 juillet 1899 (5) une théorie toute différente. Nouvelle cassation le 16 février 1900 (6), et nouveau renvoi devant la cour de Bourges qui adopta le 20 juin 1900 (7) la deuxième théorie de la cour d'Orléans. Enfin, le 31 janvier 1901 (8), arrêt de cassation toutes chambres réunies qui confirme la jurisprudence de la chambre criminelle, et renvoie devant la cour de Rouen ; celle-ci, liée par la décision de la Cour suprême, ne peut que confirmer la thèse juridique que celle-ci a adoptée. Toutes ces juridictions sont d'accord pour considérer que la législation de 1848 est encore en vigueur. En effet, les lois ne sont pas abrogées dans notre droit par désuétude ; d'autre part, on ne saurait prétendre que l'article 13 de la Constitution de 1848, posant le principe très vague et très général de la liberté du travail et de l'industrie, a abrogé une législation aussi spéciale que celle du marchandage (9). Il a été jugé également que le délit de marchandage ne peut être relevé qu'à l'encontre du sous-entrepreneur, ouvrier ou tâcheron, et non contre l'entrepreneur lui-même, lequel ne peut être considéré comme auteur ou co-auteur du délit de marchandage; ce dernier peut toutefois être envisagé comme complice du sous-entrepreneur et tomber de ce chef sous l'application des articles 59 et 60 du Code pénal (10).

256. Mais les juridictions sont en désaccord profond sur l'interprétation à donner au délit même de marchandage. Pour la cour d'Orléans (deuxième arrêt), le décret

---

(1) Parmi les demandes faites au nom de la classe ouvrière, deux sont l'objet d'une insistance particulière de la part de l'Assemblée qui en demande la solution immédiate. Ces deux demandes sont les suivantes : réduction du nombre d'heures de travail; abolition du marchandage, c'est-à-dire de l'exploitation des ouvriers par des sous-entrepreneurs de travaux.

Sur le marchandage, des détails précis sont donnés par divers membres; il en résulte que diverses sortes de marchandage sont à distinguer. — Il y a les marchandeurs ou tâcherons qui sous-entreprennent certaines parties des travaux et les font exécuter à la journée par des ouvriers sous leurs ordres directs. Ce genre de marchandage est oppressif pour l'ouvrier. L'abolition en est non seulement consentie, mais demandée par l'Assemblée. — Il y a ensuite le marchandage habituel qui consiste dans le travail à la pièce ou piéçard. Ce genre de travail est avantageux à l'ouvrier comme au patron, car à l'un il assure un bénéfice proportionnel à son activité et à l'autre une livraison plus rapide. Le piéçard est à conserver. — Il y a enfin un troisième genre de marchandage qui consiste dans l'entreprise faite ensemble par plusieurs ouvriers, par association, avec partage des bénéfices dépassant le salaire de la journée de chacun, partage fait au prorata du taux de la journée de chaque associé. C'est là un genre d'association utile à conserver et à encourager.

En conséquence de ces explications, contradictoirement entendues des ouvriers et des patrons, le Gouvernement provisoire a immédiatement rendu ce décret par lequel le marchandage oppressif est aboli.

(2) D. 2-4 mars 1848. — Sur le rapport de la Commission de gouvernement pour les travailleurs. — Considérant : 1° qu'un travail manuel trop prolongé, non seulement ruine la santé du travailleur, mais encore, en l'empêchant de cultiver son intelligence, porte atteinte à la dignité de l'homme; 2° que l'exploitation des ouvriers par les sous-entrepreneurs ouvriers, dits marchandeurs ou tâcherons, est essentiellement injuste, vexatoire et contraire aux principes de la fraternité;

Le Gouvernement provisoire de la République, décrète : 1° la journée de travail est diminuée d'une heure. En conséquence, à Paris, où elle était de onze heures, elle est réduite à dix; et, en province, où elle avait été jusqu'ici de douze heures, elle est réduite à onze (Disposition abrogée par l'article 1er du décret-loi du 9 septembre 1848); 2° l'exploitation des ouvriers par des sous-entrepreneurs ou marchandeurs est abolie. — Il est bien entendu que les associations d'ouvriers, qui n'ont point pour objet l'exploitation des ouvriers les uns par les autres, ne sont pas considérées comme marchandage.

(3) Sur le rapport de la Commission du gouvernement pour les travailleurs : Considérant que le décret du 2 mars, qui détermine la durée du travail effectif et qui supprime l'exploitation de l'ouvrier par voie de marchandage, n'est pas universellement exécuté en ce qui concerne cette dernière disposition; considérant que les deux dispositions contenues dans le décret précité sont d'une égale importance et doivent avoir force de loi; — Le Gouvernement provisoire de la République, tout en réservant la question du travail à la tâche, arrête : toute exploitation de l'ouvrier par voie de marchandage sera punie d'une amende de 50 à 100 francs pour la première fois, de 100 à 200 francs en cas de récidive, et s'il y avait double récidive, d'un emprisonnement qui pourrait aller de un à six mois. Le produit des amendes sera destiné à secourir les invalides du travail.

---

(1) D. P. 97.2.402.
(2) D. P. 97.2.403.
(3) S. 90.1.249.
(4) S. 99.2.201.
(5) S. 99.2.231.
(6) S. 1900.1.537.
(7) S. 1900.2.300.
(8) V. *infra*, n° 256, en note.
(9) Cass. 4 février 1898. S. 99.1.249.
(10) Cass. 4 février 1898, S. 99.1.249.
Dans le même sens : Orléans, 5 juillet 1898, S. 99.2.201; 11 juillet 1899. S. 99.2.231; Bourges, 20 juin 1900, S. 1900.2.300. — En sens contraire : Paris, 9 juillet 1897, D. P. 97.2.401.

du 2 mars 1848 prohibe tout marchandage sans distinction; il n'y a pas lieu de rechercher si le salaire payé aux ouvriers consiste dans un salaire moyen ou avili, le salaire ne dépendant que de la libre disposition des parties. Le marchandage consiste dans le seul fait d'une convention passée entre un tâcheron ouvrier et des ouvriers qu'il emploie sous ses ordres directs, le tâcheron étant payé à l'entreprise, c'est-à-dire à un prix forfaitaire pour une ou plusieurs unités de travail convenues, tandis qu'il paye ses ouvriers à l'heure ou à la journée. Pour que l'entrepreneur soit complice de ce délit, il suffit qu'il sache, en passant son contrat de sous-entreprise, que son tâcheron emploiera, pour l'exécuter, des ouvriers travaillant à l'heure ou à la journée. On voit que la cour d'Orléans refuse de considérer le vol et la fraude comme les éléments substantiels et nécessaires du marchandage prohibé. Même attitude et jurisprudence de la cour de Bourges (1). Au con-

traire, le tribunal de la Seine et la cour de Paris, ont jugé « que la loi ne condamne pas *ipso facto* le contrat de marchandage loyal fait de bonne foi » ; ils estiment : qu'en employant les mots « exploitation de l'ouvrier par voie de marchandage » les auteurs du décret de 1848 ont eu en vue de prohiber le trafic déloyal qui peut se produire dans le marchandage, d'atteindre et de punir la collusion entre l'entrepreneur et le sous-traitant ou tout acte dolosif de l'un ou de l'autre dont le but serait d'entraîner une réduction exagérée du prix du travail et d'exposer les ouvriers aux dangers de l'infidélité ou de l'insolvabilité du marchandeur dans le règlement de leur paye ». Quant à la Cour de cassation (1),

---

(1) Bourges, 20 mai 1900.
En ce qui concerne le délit de marchandage : — Attendu qu'il résulte des circonstances dans lesquelles ont été rendus lesdits décret et arrêté que le marchandage exercé par un sous-entrepreneur, tâcheron ou ouvrier, faisant travailler d'autres ouvriers à l'heure ou à la journée, doit être considéré en lui-même comme une exploitation répréhensible; qu'en effet, le Gouvernement provisoire constituait, dès le 29 février 1848, sous la présidence et la vice-présidence de deux de ses membres, Louis Blanc et l'ouvrier Albert, une « Commission de gouvernement pour les travailleurs », afin d'aviser à la réorganisation du travail; que, le lendemain, une proclamation du Gouvernement annonce que la commission vient d'entrer en fonctions et s'occupe « de résoudre les questions relatives aux heures de travail » et à l'« abolition du marchandage », sans se borner à promettre la suppression des abus du marchandage, dont il n'est pas davantage parlé dans la suite; que le compte rendu publié au *Moniteur officiel* (journal officiel de l'époque) fait connaître qu'à la séance tenue par la commission, le même jour, 1er mars, deux demandes sont l'objet d'une insistance particulière de la part de l'assemblée, qui en demande la solution immédiate : réduction du nombre des heures de travail, « abolition du marchandage ». c'est-à-dire de « l'exploitation des ouvriers par des sous-entrepreneurs de travaux »; qu'il contient, en outre, le passage suivant, relatif à la réunion qui eut lieu le lendemain : « Sur le marchandage, des détails précis sont donnés par divers membres; il en résulte que diverses sortes de marchandage sont à distinguer : il y a les marchandeurs ou tâcherons qui sous-entreprennent certaines parties des travaux et les font exécuter à la journée par des ouvriers sous leurs ordres directs. Ce genre de marchandage est oppressif pour l'ouvrier. L'abolition en est non seulement consentie, mais réclamée par l'assemblée »; qu'il est ensuite expliqué que le travail à la pièce, avantageux à l'ouvrier comme au patron, doit être conservé, et que le marchandage consistant dans l'entreprise faite ensemble par plusieurs ouvriers, par association avec partage des bénéfices, est utile à conserver et à encourager; qu'à la fin du compte rendu, on lit : « En conséquence de ces explications, le Gouvernement provisoire a immédiatement rendu un décret par lequel le marchandage oppressif est aboli; — Attendu que le décret, rendu pour donner satisfaction aux réclamations des ouvriers, et que précèdent les mots : « Sur le rapport de la Commission de gouvernement pour le travailleur », se réfère nécessairement à l'appréciation de la commission sur le marchandage qu'elle qualifiait d'oppressif, et ne laisse aucun doute sur le sens dans lequel doit être compris le motif du décret : « Considérant que l'exploitation des ouvriers par les sous-entrepreneurs ouvriers, dits marchandeurs ou tâcherons, est essentiellement injuste, vexatoire et contraire au principe de la fraternité »; qu'en décrétant l'abolition de l'exploitation des ouvriers par des sous-entrepreneurs, ou « marchandage », c'est bien le marchandage en lui-même, considéré comme un des modes de ce qu'on appelait, dans le langage du temps, l'exploitation de l'homme par l'homme, que le Gouvernement provisoire a voulu supprimer, et non pas seulement son abus, caractérisé par « un acte frauduleux, aboutissant au profit abusif que le tâcheron tire du travail de l'ouvrier », dont il n'a jamais été question; — Attendu que la même interprétation s'impose à l'égard de l'arrêté du 21 mars 1848, rendu également sur la réclamation, qui s'était produite la veille à la commission du travail, de la part du délégué des ouvriers, Bernard. qui, après avoir expliqué « tous les inconvénients du marchandage », avait fait « observer que, le décret du 2 mars n'étant pas partout exécuté, une sanction était nécessaire; — Attendu que, s'il est dangereux de rechercher dans des documents extrinsèques

l'interprétation d'un texte clair et précis, le sens et la portée des termes employés par le législateur doivent être déterminés par les circonstances et les préliminaires de la loi, lorsque, comme dans l'espèce, ils ont avec elle les relations les plus étroites et les plus certaines; — Attendu, d'ailleurs, qu'on réprime un abus, mais qu'on ne l'abolit pas; qu'on ne saurait comprendre que le décret du 2 mars 1848, voulant s'opposer à l'exploitation frauduleuse et cupide des marchandeurs, l'ait simplement déclarée abolie, sans en prononcer aucune répression; — Attendu que l'interprétation qui précède était celle des contemporains, ainsi que le démontre la discussion qui se produisit quelques mois plus tard devant l'Assemblée nationale, lorsque fut proposée l'abrogation du décret du 2 mars; que c'est ce qui ressort notamment des paroles prononcées, aux séances des 30 août et 8 septembre 1848, par les représentants Buffet et Perdiguier; — Attendu qu'il n'y a lieu de s'arrêter à l'argument que les premiers juges ont tiré de ce que, pendant cette discussion, le représentant Guérin aurait retiré un amendement ayant pour but de maintenir ou même d'étendre l'interdiction du marchandage, ce qui ferait supposer que l'abolition précédemment prononcée n'était pas absolue; qu'il suffit de se reporter au compte rendu inséré au *Moniteur universel* du 10 septembre 1848 pour se convaincre que le représentant Guérin avait présenté son amendement, complètement étranger à la théorie du marchandage oppressif, parce que l'abrogation intégrale du décret du 2 mars était réclamée, et qu'il le retira quand il fut assuré que l'abrogation de la partie relative au marchandage était abandonnée; — Attendu que l'interprétation consistant à considérer le marchandage comme prohibé. alors seulement qu'il y a abus et profit excessif du tâcheron livrerait à l'arbitraire la question de savoir quand commence l'exploitation des ouvriers et le profit déloyal et excessif du marchandeur, que non seulement les textes n'ont pas définis, mais sur lesquels ils sont entièrement muets; qu'elle nécessiterait, en outre, dans chaque affaire, des vérifications aussi dispendieuses que délicates; — Attendu que le marchandage du tâcheron, sous-entrepreneur ouvrier, employant des ouvriers à l'heure ou à la journée, est en lui-même prévu et puni, et qu'il rentre, eu conséquence, par la nature de l'infraction, dans la classe des délits inintentionnels, réprimés abstraction faite de leur moralité, dont sans parler des lois spéciales, on trouve des exemples dans les articles 292, 410 et 411 du Code pénal; que l'intention requise en l'espèce, pour constituer le délit résulte suffisamment de l'accomplissement volontaire d'un acte que la loi considère en lui-même comme « injuste », vexatoire et contraire au principe de la fraternité; — Attendu que les décret et arrêté à appliquer visent uniquement « les sous-entrepreneurs, dits marchandeurs ou tâcherons »; que c'est donc à tort que le tribunal de la Seine a entendu ces textes dans un sens large, et prétendu englober tous ceux qui, à un titre quelconque, feraient acte d'exploitation de l'ouvrier; qu'en droit pénal, l'interprétation doit être restrictive; d'où il suit que, le fait du sous-entrepreneur tâcheron étant seul prévu, l'entrepreneur ne peut être considéré comme auteur principal ou coauteur du délit.
(1) Il nous paraît important de reproduire en partie les trois arrêts de la Cour de cassation qui définissent souverainement le marchandage. — Cass. crim., 4 février 1898.
Sur le second moyen pris dans ses deux branches, de la fausse application des décret et arrêté de mars 1848. des articles 1..., 59 et 60 du Code pénal, en ce que l'arrêt attaqué a déclaré interlocutoirement ces textes de loi applicables au demandeur, l'entrepreneur, soit comme coauteur éventuel du délit, alors qu'ils ne visent que les sous-entrepreneurs. soit comme complice éventuel du même délit, alors que les règles de la complicité ne peuvent pas s'appliquer dans cette matière : — Attendu que, suivant le décret du 2 mars 1848, l'exploitation des ouvriers par des sous-entrepreneurs, ou marchandage est abolie; — Attendu que cette disposition vise exclusivement le sous-entrepreneur, ouvrier ou tâcheron comme pouvant être l'auteur du marchandage lorsqu'il emploie des ouvriers travaillant à l'heure ou à la journée, mais qu'elle ne s'applique pas à un entrepreneur qui n'est pas ouvrier, ni au travail à la tâche,

acceptant le même point de vue, elle estime aussi que le délit de marchandage n'est pas un délit contraventionnel qui existe et doit être réprimé, par le seul fait que l'acte dommageable a été accompli même sans intention de nuire : « Attendu, dit-elle, que l'exploitation de l'ouvrier par le sous-entrepreneur ouvrier comporte, par sa nature, au sens des décret et arrêté de mars 1848, l'appréciation d'un acte frauduleux aboutissant au profit abusif que le tâcheron tire du travail de l'ouvrier; que cet acte nécessite donc, pour devenir délictueux, la réunion de trois éléments : un fait matériel, une intention de nuire, et un préjudice pour l'ouvrier. »

257. La jurisprudence de la Cour de Cassation ne fait

---

ni aux associations d'ouvriers qui n'ont point pour objet l'exploitation des ouvriers les uns par les autres; que cela résulte notamment du considérant qui motive le décret du 2 mars, du second paragraphe de ce décret et du préambule de l'arrêté du 21 mars, qui réserve formellement la question du travail à la tâche; — Attendu que le décret du 2 mars ne prévoit pas non plus la participation directe de l'entrepreneur, soit comme co-auteur, soit comme auteur principal, à l'accomplissement de ce délit; que cela résulte également des termes du considérant qui précède ce décret, où il est dit que l'exploitation des ouvriers par les sous-entrepreneurs ouvriers dits marchandeurs ou tâcherons est essentiellement injuste, vexatoire et contraire au principe de la fraternité, sans aucune mention des entrepreneurs; — Attendu que l'arrêt attaqué allègue vainement que, à défaut du décret du 2 mars, l'arrêté du 21 mars, aux termes duquel toute exploitation de l'ouvrier par voie de marchandage est réprimée, comprendrait l'entrepreneur principal; que la légère différence de rédaction qui existe entre le décret du 2 et l'arrêté du 21 est sans aucune portée juridique; qu'il est constant, en effet, que l'arrêté n'a pas eu d'autre but que de donner au décret la sanction pénale qui lui manquait; — Attendu, enfin qu'il est de principe qu'en matière pénale tout est de droit étroit, et qu'on ne saurait, ainsi que le dit à tort le jugement dont l'arrêt entrepris s'est approprié les motifs, « entendre dans un sens large » une disposition de loi qui prononce une peine, et « englober » dans cette disposition des individus et des actes qu'elle ne vise pas expressément; que cette manière de comprendre et d'interpréter les décret et arrêté de mars 1848 est contraire à toutes les règles qui gouvernent l'application des lois pénales, lesquelles doivent toujours être entendues non dans un sens extensif, mais dans un sens restrictif; — Attendu que le demandeur soutient vainement, d'autre part, que les relations directes de l'entrepreneur avec l'ouvrier étant protégées par l'immunité absolue qui résulte du principe de la liberté des conventions, l'entrepreneur ne peut devenir le complice d'un délit de marchandage, et que ce délit, étant un délit contraventionnel, ne comporte pas l'application des règles ordinaires de la complicité; — Attendu qu'il s'agit d'apprécier et de qualifier non pas les relations directes de l'entrepreneur avec l'ouvrier, mais l'assistance prêtée par l'entrepreneur au tâcheron auteur principal éventuel d'un acte délictueux vis-à-vis de l'ouvrier; — Attendu, tout d'abord, que le délit de marchandage ne saurait être classé dans la catégorie des délits que le pourvoi appelle contraventionnels; — Attendu, en effet, qu'aux termes de l'article 1er du Code pénal, l'infraction que les lois punissent de peines correctionnelles est un délit et que cette règle générale régit les matières spéciales, à moins d'une dérogation expresse de la loi; — Attendu que l'intention coupable doit accompagner le fait incriminé comme délit pour le rendre passible de la peine, et que ce principe ne souffre exception que dans le cas où la loi en a autrement ordonné, ou lorsque, par la nature des choses, ce fait rentre nécessairement dans la classe des délits matériels qui existent par cela seul que l'acte punissable a été accompli, et auxquels, pour cette raison, le législateur donne souvent lui-même le nom de contraventions; — Attendu que l'infraction réprimée par l'arrêté du 21 mars 1848 est punie d'une amende de 50 à 100 francs pour la première fois, de 100 à 200 francs en cas de récidive, et, en cas de double récidive, d'un emprisonnement de un à six mois, qu'elle constitue donc un délit; — Attendu que l'exploitation de l'ouvrier par le sous-entrepreneur ouvrier comporte, par sa nature, au sens des décret et arrêté de mars 1848, l'appréciation d'un acte frauduleux aboutissant au profit abusif que le tâcheron tire du travail de l'ouvrier; que cet acte nécessite donc, pour devenir délictueux, la réunion de trois éléments : un fait matériel, une intention de nuire et un préjudice pour l'ouvrier; — Attendu que, d'ailleurs, le marchandage n'exclurait pas l'application des règles ordinaires de la complicité, même en admettant la doctrine erronée du demandeur suivant laquelle il pourrait être commis par un tâcheron de bonne foi; — Attendu que tout individu qui commet un délit peut être aidé dans cet acte coupable et que cette assistance est frappée de la même peine que la perpétration de l'acte, sauf les cas où la loi en aurait disposé autrement; que le principe ainsi posé par les articles 59 et 60 du Code pénal étant général, l'exception, pour être admise, doit être formellement écrite dans la loi; que cette exception n'existe pas dans les décret et arrêté de mars 1848;

D'où il suit : 1° que l'arrêt attaqué a faussement appliqué les décret et arrêté précités en considérant l'entrepreneur comme pouvant être le co-auteur du délit de marchandage; 2° que cet arrêt a, au contraire, sainement interprété lesdits décret et arrêté en retenant la fraude et le dol comme devant être les éléments substantiels du marchandage ré-

primé par la loi, et que l'entrepreneur complice de ce délit tombe enfin, suivant le droit commun, sous le coup des dispositions générales des articles 59 et 60 du Code pénal;

Sur le moyen additionnel pris de la violation de l'article 7 de la loi du 20 avril 1810 en ce que l'arrêt attaqué a éventuellement retenu à la charge du demandeur un délit de marchandage qui, en l'état des faits constatés, ne pouvait lui incomber ni comme co-auteur, ni comme complice; — Attendu que la citation incriminait une combinaison entre l'entrepreneur et le tâcheron ayant eu pour résultat de faire exécuter les travaux de l'entreprise à prix réduits sous le couvert du tâcheron insolvable, au détriment des ouvriers; — Attendu que l'arrêt attaqué déclare expressément qu'il n'est pas exact que les faits allégués par les ouvriers soient d'ores et déjà démentis par les documents produits à la Cour au nom de l'entrepreneur; que cette appréciation de fait est souveraine et qu'elle justifie, à ce point de vue, la mesure d'instruction qui a été ordonnée; — Mais attendu que, de ce qui précède, il résulte qu'il y a lieu de casser l'arrêt attaqué pour ce motif seulement que le dispositif du jugement, que cet arrêt s'est approprié, a prescrit une expertise dont l'objet essentiel est, suivant les termes de la mission donnée à l'expert, de rechercher les éléments de la culpabilité de l'entrepreneur considéré par l'arrêt comme l'auteur principal ou le co-auteur d'un délit de marchandage, alors que cet entrepreneur ne peut être légalement que le complice éventuel de ce délit;

Par ces motifs, casse et annule l'arrêt rendu par la Cour d'appel de Paris, le 9 juillet 1897.

Cass. crim., 16 février 1900.

Sur le premier moyen pris de la violation des décret et arrêté de mars 1848, et de l'article 1er, § 2, du Code pénal, en ce que l'arrêt attaqué a considéré le délit de marchandage comme un délit-contravention : — Attendu que le délit de marchandage ne saurait être classé dans la catégorie des délits contraventionnels; — Attendu, en effet, qu'aux termes de l'article 1er, § 2, du Code pénal, l'infraction que les lois punissent de peines correctionnelles est un délit, et que cette règle générale régit les matières spéciales, à moins d'une dérogation expresse de la loi; — Attendu que l'intention coupable doit accompagner le fait incriminé comme délit pour le rendre passible de la peine, et que ce principe ne souffre exception que dans le cas où la loi en a autrement ordonné ou lorsque, par la nature des choses, ce fait rentre nécessairement dans la classe des délits matériels, qui existent, par cela seul que l'acte punissable a été accompli et auxquels, pour cette raison, le législateur donne souvent lui-même le nom de contraventions; — Attendu que l'infraction réprimée par l'arrêté du 2-4 mars 1848 est punie d'une amende de 50 à 100 francs pour la première fois, de 100 à 200 francs en cas de récidive, et, en cas de double récidive, d'un emprisonnement de un à six mois; qu'elle constitue donc un délit; — Attendu que le décret du 2 mars 1848 définit le délit de marchandage « l'exploitation des ouvriers par des sous-entrepreneurs »; — Attendu que cette exploitation de l'ouvrier par le sous-entrepreneur ouvrier comporte par sa nature, au sens des décret et arrêté de mars 1848, l'appréciation d'un acte frauduleux aboutissant au profit abusif que le tâcheron tire du travail de l'ouvrier; que cet acte nécessite donc, pour devenir délictueux, la réunion de trois éléments : un fait matériel, une intention de nuire et un préjudice pour l'ouvrier; qu'ainsi le dol et la fraude sont les éléments substantiels du marchandage réprimé par la loi;

Par ces motifs, et sans qu'il y ait lieu de statuer sur le second moyen du pourvoi : — Casse et annule l'arrêt rendu, le 18 juillet 1899, par la Cour d'appel d'Orléans.

Cass. Chambres réunies, 31 janvier 1901.

... Attendu qu'il résulte du texte même, tant du décret du 2 mars 1848 que de l'arrêté du même mois, que le fait qui a été d'abord interdit, puis puni des peines correctionnelles par le Gouvernement provisoire, n'est point tout embauchage d'ouvriers à la journée par un tâcheron, mais seulement l'exploitation des ouvriers au moyen du marchandage, exploitation qui ne consiste, de la part du sous-traitant, qu'à tirer un profit abusif du travail de ceux qu'il emploie; que l'acte nécessite donc, pour devenir délictueux, la réunion de ces trois éléments : un fait matériel, l'intention de nuire et un préjudice causé aux ouvriers; qu'en condamnant le demandeur en cassation, à raison d'un prétendu délit de marchandage, sans constater ni l'existence d'une fraude, ni le caractère dommageable des conditions dans lesquelles les ouvriers avaient été employés, la Cour de Bourges a violé la loi;

Par ces motifs, sans qu'il y ait lieu d'examiner les autres moyens proposés : — Casse et annule l'arrêt de la Cour de Bourges, en date du 20 juin 1900.

pas disparaître toutes les objections des auteurs et des spécialistes qui ont étudié la question (1). Ceux-ci maintiennent en effet, qu'en rapprochant les termes du décret du 2-4 mars et de l'arrêté du 21-24 mars 1848 du texte du procès-verbal de la séance du 1er-2 mars 1848, on voit clairement ce que le législateur a entendu abolir et punir des peines de l'arrêté du 21-24 mars. C'est « l'exploitation des ouvriers par des sous-traitants ou marchandage » (décret du 2-4 mars), ainsi défini : le marchandage est le fait de « sous-entreprendre certaines parties de travaux et de les faire exécuter par des ouvriers placés sous les ordres directs » du marchandeur (procès-verbal du 1er mars 1848), le marchandage étant considéré comme « oppressif pour l'ouvrier » (procès-verbal) « injuste, vexatoire et contraire aux principes de la fraternité » (décret). De tout ceci, il résulte qu'une définition très exacte a été donnée du marchandage par la législation en question et que c'est celle contenue dans le procès-verbal de la séance du 1er mars 1848, laquelle est la suivante : le marchandage considéré comme oppressif et par suite aboli est celui où « les marchandeurs sous-entreprennent certaines parties des travaux et les font exécuter à la journée par des ouvriers sous leurs ordres directs ».

258. La jurisprudence de la Cour de cassation rend très difficile et très rare l'application de la législation de 1848. Il est presque matériellement impossible d'établir l'intention de nuire en matière de marchandage. En fait, d'ailleurs, la collusion entre l'entrepreneur et le tâcheron, dans le but soit de soustraire l'entrepreneur au paiement des salaires, soit d'avilir les salaires, n'existe presque jamais. L'entrepreneur use d'un moyen commode de se décharger de la surveillance et de la responsabilité, et le tâcheron désire gagner plus largement sa vie. Leur intention n'est pas de nuire directement aux ouvriers, mais d'en tirer des avantages qu'ils ne pourront réaliser souvent que par une pratique indirectement « oppressive pour l'ouvrier », dans le sens où le législateur de 1848 entendait les mots « oppression » et « exploitation ».

§ 2. *Question relative aux travaux pour l'Etat*

259. En ce qui concerne les entrepreneurs travaillant pour les administrations publiques, le conseil municipal de Paris, outre qu'il demandait que des clauses protectrices du travail fussent insérées dans les cahiers des charges, invitait le 27 avril 1885 « l'administration à faire exécuter la loi en ce qui concerne le marchandage ». Cette délibération fut annulée par décret le 17 mars 1888 dans celles de ses parties établissant une durée normale de travail et un minimum de salaire, mais resta intacte en ce qui concerne le marchandage. Le conseil municipal la confirma le 2 mai 1888 dans une nouvelle délibération approuvée cette fois par le Gou-

vernement et dont une partie interdisait formellement « l'emploi des sous-entrepreneurs, tâcherons ou marchandeurs... Les ouvriers employés aux travaux de la ville devront être occupés pour compte direct des adjudicataires sans aucun intermédiaire ».

Un arrêt du Conseil d'Etat, rendu le 21 mars 1890, sur la demande d'entrepreneurs, annula les arrêtés par lesquels le préfet de la Seine avait approuvé les marchés du 10 juillet 1888 à l'occasion desquels les entrepreneurs avaient dû s'engager à respecter les conditions du travail fixées par la délibération précitée du 2 mai 1888. Mais cet arrêt ne visait pas la clause relative au marchandage qui depuis fut maintenue dans les cahiers des charges de la ville de Paris.

260. En ce qui concerne l'Etat, un arrêté du ministère du Commerce, en date du 25 septembre 1895, relatif aux clauses et conditions générales imposées aux entrepreneurs de travaux de l'Exposition de 1900, ordonne que « l'entrepreneur ne peut céder à des sous-traitants une ou plusieurs parties de son entreprise sans le consentement de l'administration ». Dans tous les cas, il demeure personnellement responsable tant envers l'administration qu'envers les ouvriers et les tiers. Le marchandage est également interdit à « l'entrepreneur conformément au décret du 2 mars 1848 et à telle qu'elle résulte du décret du 2 mars 1848 ».

261. Les décrets du 10 août 1899, s'emparant de tous ces précédents (1), édictent que, dans les cahiers des charges des marchés passés au nom soit de l'Etat, soit des départements, des communes ou des établissements publics de bienfaisance « une clause du cahier des charges rappellera l'interdiction du marchandage, telle qu'elle résulte du décret du 21 mars 1848 ».

En prévision, d'ailleurs, des difficultés auxquelles donne lieu la définition du marchandage interdit, les décrets du 10 août prennent d'autres précautions. Ils prescrivent que dans les mêmes marchés, les cahiers des charges devront interdire à l'entrepreneur de « céder à des sous-traitants, aucune partie de son entreprise, à moins d'obtenir l'autorisation expresse de l'Administration et sous la condition de rester responsable tant envers l'Administration que vis-à-vis des ouvriers et des tiers ». Par là, l'Administration est armée et doit arriver à la suppression pratique du marchandage. Elle pourra refuser l'autorisation de sous-traiter quand le sous-traité lui paraîtra comporter un véritable marchandage. Elle empêchera surtout que les entrepreneurs principaux n'échappent, comme le permet la jurisprudence actuelle, à des obligations réelles envers leurs ouvriers en rétrocédant une partie de leur entreprise ; elle fera disparaître ainsi un des principaux inconvénients du marchandage, la perte du salaire par suite de l'insolvabilité du tâcheron (2).

---

(1) Raoul Jay, *Revue d'économie politique*, 1900, p. 126 : Appleton, Note sous l'arrêt de la Cour de Paris, D. 97.2.401 : Roux, Note sous l'arrêt de la Cour de cassation, S. 99.2.201 ; *Conseil supérieur du travail, huitième session*, décembre 1898 (Paris, Imp. nat., 1899). Opinion de MM. Millerand, p. 19 ; Jean Parché, p. 25 ; Kenfer, p. 39, etc.

(1) Le Conseil supérieur du travail dans ses septième et huitième sessions a examiné la question du marchandage qui a fait l'objet d'une proposition de loi déposée le 30 janvier 1894 (*J. of.*, p. 100, Documents parlementaires).

(2) Le rapport déposé le 3 mars 1899 par M. Pierre Baudin, député, au nom de la Commission du travail de la Chambre, sur une proposition

Ajoutons que, en ce qui concerne les marchés de l'État, l'avilissement des salaires et le surmenage des ouvriers, qui ont été reprochés au marchandage, ne doivent plus légalement se produire : le premier décret du 10 août prescrit formellement que pour les ouvriers employés à l'exécution de ces marchés, les cahiers des charges fixeront, comme maximum de durée de travail, la durée normale et courante du travail, comme minimum de salaire le taux normal et courant du salaire, pour chaque profession intéressée dans la région où les travaux sont exécutés. Les départements, les communes, les établissements publics de bienfaisance ont la faculté, en vertu des deux autres décrets du 10 août, d'insérer les mêmes conditions protectrices dans leurs cahiers des charges (1).

262. Au point de vue tout particulier de la protection des travailleurs employés dans les établissements industriels, il n'est pas possible aux chefs d'établisse-ment de se décharger sur des tâcherons ou sous-entrepreneurs de main-d'œuvre des obligations qui leur sont imposées par les lois du 2 novembre 1892, sur le travail des enfants, des filles mineures et des femmes. L'article 26 de la loi du 2 novembre 1892, dispose que les contraventions sont relevées à l'égard des manufacturiers, directeurs ou gérants, et la jurisprudence de la Cour de cassation l'a rappelé dans un arrêt du 24 janvier 1902 (1).

Il est intéressant de rapprocher cette jurisprudence de celle précédemment rappelée qui déclare : 1° que l'entrepreneur ne peut être recherché comme auteur ou co-auteur du délit de marchandage ; 2° qu'il n'est pas responsable des salaires dus par le marchandeur. Mais elle s'appuie sur d'autres textes ne prêtant pas à ambiguïté.

La loi du 12 juin 1893, sur l'hygiène et la sécurité dans les établissements industriels, emploie dans son article 7 des expressions différentes de celles qui figurent à l'article 26 de la loi de 1892. Les contraventions doivent être relevées, d'après ledit article 7, contre les chefs d'industrie, directeurs gérants ou préposés. Il y

---

de loi à laquelle ont été empruntées presque textuellement ces dispositions, vient à l'appui de nos explications [Rapport sur les conditions du travail dans les marchés de travaux publics, commentaire des articles 7 et 8 du texte de la Commission (*J. off.*, p. 839, Document parlementaire n° 779)].

Nous avons indiqué. dit le rapporteur, le sens et la portée de ces deux articles. Nous nous bornons à rappeler ici que l'article 8 garantit les ouvriers contre toutes interprétations restrictives du mot travaux et contre le marchandage. Il n'est pas loisible au bénéficiaire du marché de transformer ces fournitures par un sous-traité des travaux décrits et prévus au cahier des charges. Le sous-traité doit être autorisé expressément par l'autorité administrative compétente et le sous-traitant doit être agréé. Le cédant et le cessionnaire restent d'ailleurs conjointement responsables de l'exécution des clauses relatives aux conditions du travail. Les pénalités prévues par l'article pour non-exécution des clauses insérées en vertu des articles 1, 2 et 3 de la présente loi. sont indépendantes des sanctions spéciales qu'entraînerait le fait du marchandage, si. par impossible, il se présentait malgré la vigilance préventive de l'Administration.

(1) Voici, à titre d'exemple, les clauses relatives au marchandage, insérées dans les cahiers des clauses et conditions générales des marchés de quelques ministères

Ministère des Travaux publics.

Cahiers des clauses et conditions générales imposées aux entrepreneurs des travaux des Ponts et chaussées (Arr. 16 février 1892 modifié par Arr. 30 septembre 1899, art. 9). — L'entrepreneur ne peut céder à des sous-traitants une ou plusieurs parties de son entreprise sans le consentement de l'Administration.

Dans tous les cas, il demeure personnellement responsable, tant envers l'Administration qu'envers les ouvriers et les tiers.

Si un sous-traité est passé sans autorisation, l'Administration peut, suivant les cas, soit prononcer la résiliation pure et simple de l'entreprise. soit procéder à une nouvelle adjudication à la folle enchère de l'entrepreneur.

Le marchandage est également interdit à l'entrepreneur conformément au décret du 2 mars 1848 et à l'arrêté du Gouvernement du 21 mars 1848 (Arr. 30 septembre 1899).

Ministère du Commerce, etc.

Marchés des Postes et des télégraphes. — Conditions du travail : sont applicables aux travaux et fournitures résultant de l'adjudication visée au présent cahier des charges. les dispositions du décret du 10 août 1899, concernant les conditions du travail telles qu'elles sont insérées au *Journal officiel* du 11 août 1899.

Ministère de l'Agriculture.

Marchés de la Direction de l'hydraulique agricole. — Les marchés passés par ce service sont rédigés d'après les cahiers des clauses et conditions générales des travaux des Ponts et chaussées (V. ci-dessus l'article 9 de ce cahier).

Marchés de la Direction des eaux et forêts (Arr. 7 novembre 1899, art. 21). — L'entrepreneur ne pourra céder à des sous-traitants aucune partie de

---

son entreprise, à moins d'obtenir l'autorisation expresse de l'Administration et sous la condition de rester personnellement responsable tant envers l'Administration que vis-à-vis des ouvriers et des tiers.

En cas d'infraction à cette clause, l'Administration pourra, suivant les cas. soit prononcer la résiliation pure et simple du marché, soit procéder à une nouvelle adjudication à la folle enchère de l'entrepreneur. Il est d'ailleurs rappelé que le marchandage est interdit par application du décret du 2 mars 1848 et de l'arrêté du Gouvernement du 21 mars 1848.

(1) Cass. crim. 24 janvier 1902. — Arrêt rendu sur le réquisitoire du Procureur général. qui avait été chargé par le Garde des sceaux de requérir. dans l'intérêt de la loi et par application de l'article 441 du Code d'instruction criminelle, l'annulation d'un jugement du tribunal de simple police de Saint-Didier-la-Seauve (Haute-Loire), en date du 15 mai 1901, qui avait relaxé des poursuites dirigées contre lui, en vertu de l'article 4 de la loi du 2 novembre 1892, le sieur Binachon, directeur des usines Dorian et Cie, à Pont-Salomon.

Sur le moyen tiré de la violation de l'article 26 de la loi du 2 novembre 1892 : — Attendu que l'article susvisé dispose : « § 1, les manufacturiers, directeurs ou gérants d'établissements visés dans la présente loi, qui auront contrevenu aux prescriptions de ladite loi et des règlements d'administration publique relatifs à son exécution, seront poursuivis devant le tribunal de simple police et passibles d'une amende de 5 à 15 francs ; § 4, les chefs d'industrie seront civilement responsables des condamnations prononcées contre leurs directeurs ou gérants » ; — Attendu que le sieur Binachon, directeur des usines Dorian, Holtzer, Jackson et Cie, était poursuivi pour avoir, en contravention à l'article 4 de la loi du 2 novembre 1892, employé dans ses usines trois enfants mineurs de 18 ans ; qu'il a soutenu que les contraventions ne pouvaient être retenues contre lui par le motif que les enfants mineurs, trouvés dans ses usines, n'étaient pas employés par lui, mais par des tâcherons, travaillant aux pièces, et payant eux-mêmes les enfants qu'ils occupent ; qu'il a été relaxé par le motif qu'il ne saurait être déclaré responsable des infractions commises à son insu par des entrepreneurs occupés aux usines dont il a la direction ; — Attendu que l'article 26 susvisé, sous la dénomination de manufacturiers, directeurs ou gérants, soumet à la responsabilité pénale des contraventions commises au cours du travail les chefs immédiats de service où les infractions ont eu lieu, et qu'à défaut d'agents intermédiaires, chefs de service, cette responsabilité pénale se confond avec la responsabilité civile, sur la tête du chef d'industrie ; — Attendu qu'il résulte de la décision attaquée que Binachon avait la direction des usines dans lesquelles étaient employés les enfants au sujet desquels les infractions ont été relevées ; — Attendu qu'il importe peu que ces enfants aient été employés à l'insu de Binachon par des tâcherons ou entrepreneurs occupés auxdites usines, alors que la surveillance des travaux lui incombait en qualité de directeur, et aussi la responsabilité de l'observation des prescriptions légales ; — D'où il suit qu'en relaxant Binachon des fins de la poursuite, la décision attaquée a violé l'article susvisé ;

Par ces motifs. casse et annule. dans l'intérêt de la loi. le jugement du tribunal de simple police de Saint-Didier-la-Seauve, en date du 15 mai 1901...

a lieu, à notre avis, d'interpréter ces termes comme le fait l'arrêt du 24 janvier 1902 de la Cour de cassation en recherchant le directeur effectif de l'établissement.

SECTION VI.

CLAUSES IMPOSÉES PAR L'ÉTAT, LES DÉPARTEMENTS, LES COMMUNES AUX SOUMISSIONNAIRES DE LEURS MARCHÉS.

263. *Définition*. — Il s'agit ici de garanties données aux ouvriers employés à l'exécution des marchés de travaux et de fournitures passés au nom de l'Etat, des départements et des communes, au moyen de clauses spéciales insérées dans les cahiers des charges, visant le repos hebdomadaire, les salaires, la durée du travail, les heures supplémentaires, la limitation du nombre des étrangers.

264. Dans quel but ont été stipulées ces garanties ? Plusieurs documents officiels couvrent de leur autorité la réponse à cette question. Il suffira de se référer au dernier, qui résume les précédents, le rapport fait au nom de la commission du travail « sur les conditions du travail dans les marchés de travaux publics », par M. Pierre Baudin, député (1). Ce qui donne à ce rapport une autorité particulière, c'est que les dispositions adoptées par la commission ont été reprises par le Gouvernement et insérées, sauf les dispositions pénales, dans les décrets du 10 août 1899 qui ont réglé la matière et fait abandonner le projet de loi.

La dépréciation des salaires par les adjudications, mise en avant comme principal motif par M. Pierre Baudin (2), affirmée par les syndicats ouvriers, acceptée par le Conseil supérieur du travail, n'est pas admise sans réserves. En particulier, elle est contestée par le Conseil général des Ponts et Chaussées (3). C'est elle cependant qui déjà avait motivé en Belgique et en Angleterre l'intervention des pouvoirs publics. On en trouve l'expression très nette dans la résolution du 13 février 1891 de la Chambre des Communes : « Dans l'opinion de la Chambre, il est du devoir du Gouvernement de prendre des mesures, dans tous les contrats qu'il passe, contre les maux révélés devant la commission d'enquête sur le *sweating-system*, d'insérer des clauses destinées à prévenir les abus qui résultent des sous-entreprises, et de faire tous ses efforts pour assurer le paiement de salaires égaux à ceux qui sont généralement acceptés comme courants, dans chaque métier, pour les ouvriers compétents. »

265. D'autres idées, d'autres revendications ont agi dans le même sens. Les partisans du minimum de salaire cherchent à faire pénétrer cette réforme dans les travaux exécutés pour le compte des Etats et des autorités provinciales ou communales : 1° avec l'idée que l'Etat doit donner l'exemple des réformes sociales : 2° avec la conviction que la législation instituée pour l'Etat s'étendra fatalement et rapidement à tous les établissements industriels. Le salaire minimum doit être, pour eux, le salaire nécessaire à une vie normale en chaque région. Plus d'un incident, dans l'historique de la réforme, et même l'inscription dans nos décrets des mots « salaire *normal* et courant », attestent l'influence de cette conception.

266. *Historique*. — Le règlement d'administration publique du 18 novembre 1882, abrogeant l'ordonnance royale du 4 décembre 1836, rendue en vertu de la loi du 31 janvier 1833 (1), a fixé les règles à suivre pour la passation des marchés au compte de l'Etat. Les règles applicables aux communes et aux établissements publics de bienfaisance ont été fixées par l'ordonnance du 14 novembre 1837.

Ces actes réglementaires ne contiennent aucune stipulation concernant les ouvriers employés à l'exécution des travaux. Cependant, les cahiers des charges établis par les différentes administrations ont presque toujours contenu des clauses visant le personnel employé et, pour ne citer que l'administration des Ponts et Chaussées, l'arrêté pris par le ministre des Travaux publics le 16 février 1892, après avis du Conseil d'Etat, contenait diverses dispositions de cette nature, qui ne faisaient, d'ailleurs, que reproduire celles d'un arrêté du 16 novembre 1866 (2).

On remarquera que le cahier des charges des Ponts et Chaussées prescrivait le repos dominical, malgré la loi du 12 juillet 1880, qui a abrogé celle du 18 no-

---

(1) Parmi les documents antérieurs sur lesquels s'appuie le rapport Baudin, on consultera tout particulièrement le compte rendu de la session de décembre 1897 du conseil supérieur du travail (7e session) et les documents annexes.

(2) Ch. des députés. Doc. parl. n° 776. session de 1899. — « Le système des marchés au rabais imposé à toutes les administrations incite nécessairement les concessionnaires à établir leurs prix de revient sur les moindres valeurs. Il pousse à l'abaissement des salaires. Si l'on conteste à la collectivité le droit de s'ingérer dans le contrat de travail pour favoriser l'une des parties, on doit au moins lui prescrire de ne rien faire pour affaiblir l'un des contractants. Or, qu'elle le veuille ou non, par la quantité des travaux qu'elle ordonne, par le mode et l'importance des marchés qu'elle passe avec l'industrie privée, elle agit sur les salaires dans le sens de leur dépréciation. C'est un fait de l'expérience. Il importe qu'elle garantisse les ouvriers des redoutables conséquences de ses méthodes. » « L'Angleterre et la Belgique (*ibid*.. p. 20, al. 5) ont montré dans quelle mesure les pouvoirs publics devaient et pouvaient intervenir dans le contrat de travail, quand il s'agit d'un travail exécuté sur les fonds publics. Cette intervention ne doit pas avoir d'autre objet que de corriger les torts faits aux salaires par l'opération de l'adjudication. Constater le salaire payé aux ouvriers dans la région pour le même travail accompli en dehors des adjudications de travaux publics, et obliger les soumissionnaires à s'engager à payer ce salaire à tous les ouvriers de la même catégorie ; de même pour la limitation de la journée de travail ; interdire le système qui fait suer le travail aux ouvriers : *sweating system*, comme disent les Anglais, tel est le problème. »

(3) Rapp. Baudin, p. 237 et suiv., avis du 31 octobre 1898.

(1) L. 31 janvier 1833, art. 12. — Une ordonnance royale réglera les formalités à suivre à l'avenir dans tous les marchés passés au nom de l'État.

(2) « L'entrepreneur doit payer ses ouvriers tous les mois ou à des époques plus rapprochées, si l'administration le juge nécessaire... Pour le fonctionnement du service médical et l'allocation de secours aux ouvriers atteints de blessures ou de maladies occasionnées par les travaux, à leurs veuves et à leurs enfants, l'entrepreneur est soumis aux retenues et autres obligations qui résultent soit des lois, soit des décrets et arrêtés ministériels en vigueur au moment de l'adjudication... Il est interdit à l'entrepreneur de faire travailler les ouvriers les dimanches et jours fériés... L'ingénieur a le droit d'exiger le changement ou le renvoi des agents et ouvriers de l'entrepreneur pour insubordination, incapacité ou défaut de probité. »

vembre 1804 relative à l'interdiction du travail les dimanches et jours de fêtes religieuses reconnues par la loi.

267. Le 30 novembre 1882, le conseil municipal de Paris fut saisi d'une proposition tendant à modifier le cahier des charges des travaux de la ville, par l'insertion d'une clause relative aux salaires des ouvriers, ces salaires devant toujours être ceux inscrits dans la série des prix, établie par l'administration (1). La discussion de cette proposition se prolongea pendant plusieurs années, une enquête ayant été décidée sur les avantages et les inconvénients de la mesure proposée. Le comité consultatif de la préfecture de la Seine émit l'avis, le 12 janvier 1885, que le principe de la *concurrence*, inscrit à l'article 1er de l'ordonnance royale du 14 novembre 1837, faisait obstacle à l'insertion de la clause demandée (2). Le conseil municipal adopta néanmoins, le 2 mai 1888, une délibération favorable (3). Des adjudications eurent lieu, avec le nouveau cahier des charges en juillet 1888 et les rabais obtenus furent aussi élevés qu'aux adjudications précédentes.

Trois entrepreneurs de maçonnerie, qui s'étaient présentés aux adjudications en déclarant ne pas accepter les clauses relatives aux conditions du travail, et qui avaient été, par ce fait, exclus de la liste des soumissionnaires bien qu'offrant des rabais supérieurs à ceux de leurs concurrents, attaquèrent devant le Conseil d'Etat les opérations du bureau d'adjudication et les arrêtés préfectoraux approuvant les adjudications.

Le 21 avril 1890, le Conseil d'Etat annula les arrêtés attaqués, par ce motif : « Que les conditions auxquelles les requérants ont refusé de se soumettre constituaient une violation de l'ordonnance du 14 novembre 1837 et du principe de la liberté des conventions entre patrons et ouvriers (1). »

Le 13 juin 1890, le conseil municipal vota le maintien de la délibération du 2 mai 1888, et le 28 décembre, il décida que les cahiers des charges pour les adjudications des travaux d'entretien, du 1er avril 1891 au 31 mars 1894, comprendraient les conditions du travail spécifiées dans cette délibération.

Un décret du 23 janvier 1891 annula la délibération du 28 décembre 1890. Le 9 mars 1891, le préfet de la Seine fut invité par le conseil à se pourvoir devant le Conseil d'Etat contre cette annulation. La requête de la ville fut rejetée, le 25 janvier 1895 (2).

L'interdiction des sous-entreprises et la limitation du

---

(1) La genèse de cette proposition est intéressante et met en présence les deux conceptions qui ont abouti à la réglementation en vigueur. Depuis 1833 l'administration faisait dresser, pour la vérification des mémoires d'entrepreneurs, un tableau des prix courants ; ce tableau contenait un état des salaires courants à Paris dans l'industrie du bâtiment, état qui peu à peu devint la cote officielle des salaires dans cette industrie. En 1872, l'administration sollicita le concours, pour la revision de la série des prix, des représentants des patrons et des ouvriers de chaque profession. Lors de la revision de 1876, pour éviter les grèves pendant les travaux de la prochaine Exposition, la commission de revision fut invitée à tenir compte non seulement des salaires déjà appliqués, mais des conventions conclues entre patrons et ouvriers pour les deux années à venir, les délégués ouvriers prenant l'engagement de ne faire aucune demande d'augmentation avant l'expiration de ces deux années. Ainsi, la série donnait une consécration à des conventions qui modifiaient les salaires courants. Elle avait donc changé de caractère ; elle devait abandonner encore davantage les règles qui avaient présidé à son premier établissement. La commission de revision de 1880 tint compte à la fois et des conventions conclues pour l'avenir entre patrons et ouvriers sous réserve de leur inscription à la série, et des demandes qui lui furent soumises directement, sans entente préalable entre les deux parties. En outre, contrairement à ce qui s'était produit en 1876, les ouvriers refusèrent de prendre aucune espèce d'engagement relativement à la date des demandes futures ; et des demandes d'augmentations, suivies de grèves, eurent lieu dès l'année suivante. Aussi, les entrepreneurs, considérant que leur concours au travail de la commission de revision ne leur apportait plus aucune garantie, refusèrent-ils, en 1882, de participer à une nouvelle revision. La série de 1882, établie avec le seul concours des ouvriers, contenait des majorations de salaires, non encore appliquées et repoussées par les patrons : c'était une fixation administrative du salaire. Les patrons la considérèrent comme lettre morte ; d'où profond désappointement des ouvriers qui demandèrent l'insertion des salaires de 1882 dans les cahiers des charges des travaux de la ville, avec obligation pour les entrepreneurs de les payer à titre de salaire minimum.

(2) « Considérant que le principe ainsi posé de la concurrence implique nécessairement, pour chacun des soumissionnaires entre lesquels la préférence doit se déterminer par le plus fort rabais, la faculté de rechercher et d'appliquer toutes les économies dont les divers éléments de l'entreprise seraient susceptibles et notamment les réductions réalisables sur la main-d'œuvre. »

(3) Les conditions du travail des ouvriers seront réglées de la manière suivante dans les cahiers des charges servant de base aux adjudications de la ville de Paris :

L'emploi de sous-entrepreneurs, tâcherons ou marchandeurs est formellement interdit. Les ouvriers employés aux travaux de la ville devront être occupés pour le compte direct des adjudicataires, sans aucun intermédiaire.

La durée normale de la journée de travail ne pourra pas excéder neuf heures de travail effectif et il y aura un jour de repos par semaine.

Si l'ouvrage est fait à la journée ou à l'heure, l'entrepreneur sera tenu de payer à l'ouvrier, dans chaque catégorie de profession, le prix minimum obligatoire fixé à la série sans rabais.

Si l'ouvrage est fait aux pièces, les salaires seront déterminés par les prix élémentaires mentionnés aux sous-détails de la série ; en cas d'absence de sous-détails pour un travail déterminé, les prix seront fixés de manière à assurer à l'ouvrier le prix minimum obligatoire de la journée fixé à la série sans rabais. L'ouvrier aura droit au bénéfice des dispositions de la série relatives aux plus-values indiquées aux prix de la série.

Dans les circonstances exceptionnelles, si, par suite d'un cas fortuit, l'ingénieur ou l'architecte qui dirigerait les travaux autorisait l'exécution d'un travail en dehors des heures réglementaires, les heures supplémentaires ainsi autorisées seront payées, le jour, au prix de l'heure augmenté de 25 0/0 et la nuit au double de ce prix. Les mêmes plus-values s'appliqueront au cas où le travail serait exécuté aux pièces en dehors des heures réglementaires.

L'entrepreneur ne pourra employer plus d'un dixième d'ouvriers étrangers pour chaque nature de travaux, étant spécifié que, dans les postes et casernes, il ne pourra être employé que des ouvriers français.

Chaque contravention aux dispositions précédentes donnera lieu à une amende de 10 francs, sans préjudice des clauses et conditions générales pouvant entraîner la déchéance de l'adjudicataire.

(1) Le commissaire du gouvernement avait fait, sur le fond même de la question, la déclaration suivante : « Nous ne poserons pas en principe que les cahiers des charges en matière de travaux publics ne peuvent jamais contenir, en faveur des ouvriers, des stipulations obligatoires pour les entrepreneurs, car ce serait déclarer illégal le plus ancien, le plus vénérable des cahiers des charges, celui des travaux des ponts et chaussées, qui, dans son article 15, prescrit aux entrepreneurs de payer les ouvriers chaque mois et prend même des mesures pour assurer le payement d'office, et qui, dans son article 16, prescrit une retenue d'un centième destinée à former un fonds de secours pour les ouvriers blessés ou malades ; l'article 11 du même cahier des clauses et conditions générales prescrit en faveur des ouvriers le repos obligatoire du dimanche. De même, les cahiers des charges pour les fournitures des ministères de la guerre et de la marine contiennent presque toujours des stipulations en faveur des ouvriers. Supposons qu'une ville dans laquelle une épidémie a amené la misère stipule que les ouvriers originaires de la ville seront seuls employés aux travaux publics ; supposons qu'un conseil municipal, dans l'intérêt du travail national, restreigne, comme l'a fait précisément le conseil municipal de Paris, l'emploi des ouvriers étrangers, ces clauses nous paraissent absolument légales. »

(2) « Considérant que, par la délibération du 28 décembre 1890, le conseil municipal de Paris a autorisé le préfet de la Seine à procéder à l'adjudication des divers travaux communaux, à la condition d'imposer à

nombre des ouvriers étrangers, n'ayant pas été visées dans les deux arrêts du Conseil d'Etat, continuèrent à figurer dans les cahiers des charges.

268. Pour éviter de nouvelles difficultés, les promoteurs de la réforme jugèrent qu'il y avait lieu d'en saisir le Parlement. Diverses propositions furent soumises à la Chambre (1). M. Pierre Baudin déposa, le 3 mai 1899, un rapport favorable.

269. Le Conseil supérieur du travail s'était placé sur un terrain autre que le conseil municipal de Paris en 1888. Les clauses introduites par celui-ci dans le cahier des charges des travaux de la ville contenaient la limitation de la durée de la journée de travail à 9 heures, tandis que l'usage généralement adopté était la journée de 10 heures. Elles stipulaient le paiement des salaires au taux fixé par la série des prix de la ville de Paris, édition de 1882, et les salaires qui y étaient indiqués, supérieurs à ceux des années précédentes, n'avaient reçu aucun commencement d'application et n'étaient pas davantage le résultat de conventions entre patrons et ouvriers, contrairement aux usages qui avaient prévalu pour l'établissement des précédentes séries. L'action de la ville de Paris aboutissait donc à la fixation, par les pouvoirs publics, du taux des salaires et de la durée de la journée de travail. Le Conseil supérieur du travail, reprenant l'idée primitive de la série et suivant l'exemple de l'Angleterre et de la Belgique, s'était borné à demander « l'obligation, pour l'entrepreneur, de se conformer au taux des salaires et à la durée du travail considérés comme normaux et courants dans la ville ou la région où le travail est exécuté et fixés dans le cahier des charges ; ces conditions de salaires et de durée du travail seront constatées par les administrations intéressées qui devront s'entourer de tous les renseignements nécessaires et prendre l'avis de commissions mixtes composées, en nombre égal, de patrons et d'ouvriers ».

270. Le ministre du Commerce fit réaliser le 10 août 1899, par voie de décret, la réforme demandée par le Conseil supérieur du travail et déjà mise sous forme de projet de loi par la commission du travail de la Chambre des députés. Ce n'est pas que les considérants plus haut rappelés, par lesquels le Conseil d'Etat avait motivé ses arrêts, ne pussent également s'appliquer à cette réforme, mais point n'était besoin d'une

loi pour supprimer les obstacles juridiques. Ce n'était pas la loi du 31 janvier 1833 (1) qui s'opposait à ce que fussent restreintes les conditions de la concurrence par l'insertion dans les cahiers des charges de clauses relatives aux salaires et à la durée du travail ; seules s'y opposaient les ordonnances rendues en vertu de cette loi, et interprétées par les arrêts du Conseil d'Etat. Déjà le règlement d'administration publique du 18 novembre 1882 avait remplacé l'ordonnance royale du 4 décembre 1836 et accru la catégorie des marchés soustraits à la concurrence, passés de gré à gré. Un nouveau décret, rendu dans les mêmes formes, pouvait apporter des modifications à celui de 1882 et stipuler de nouvelles exceptions au principe de la concurrence illimitée. Restait, il est vrai, la liberté des conventions : imposer des conditions de travail violait « le principe de la liberté des conventions entre patrons et ouvriers » (2) ; le conseil municipal n'avait pu, « sans sortir de ses attributions, substituer une réglementation imposée à l'effet légal des conventions entre patrons et ouvriers ». Mais ces motifs semblaient n'avoir été indiqués par le Conseil d'Etat qu'à titre accessoire, et ils n'avaient pas à ses yeux la même valeur que la violation des ordonnances prescrivant la concurrence. Les clauses relatives au repos hebdomadaire, au mode de paiement des salaires, à la limitation du nombre des étrangers, admises dans les cahiers des charges des Ponts et Chaussées, non annulées dans les cahiers des charges de la ville de Paris, eussent violé la liberté des conventions au même titre que celles relatives aux salaires et à la durée du travail, si cette liberté eût pu être invoquée en l'espèce. Aussi le Conseil d'Etat ne présenta-t-il contre les décrets préparés en 1899 par le Gouvernement aucune objection tirée de la liberté des conventions.

271. *Réglementation actuelle.* — Les décrets sur les conditions du travail dans les marchés de travaux publics ou de fournitures, par adjudication ou de gré à gré, sont au nombre de trois : le premier pour les marchés de l'Etat ; le second pour ceux des départements ; le troisième pour ceux des communes et des établissements publics de bienfaisance. L'insertion de certaines clauses dans les cahiers des charges est obligatoire pour toutes les administrations ; l'insertion des autres clauses est obligatoire pour les travaux de l'Etat, et simplement autorisée pour les travaux des départements, des communes, etc.

Dans les trois décrets, l'article 2 stipule que l'entrepreneur ne pourra céder à des sous-traitants aucune partie de son entreprise, à moins d'obtenir l'autorisation expresse de l'administration et sous la condition de rester personnellement responsable, tant envers l'administration que vis-à-vis des ouvriers et des tiers. Une clause du cahier des charges doit rappeler l'interdiction du marchandage telle qu'elle résulte du décret

---

l'adjudicataire l'obligation de payer à ses ouvriers un salaire minimum déterminé par la ville, pour une journée de travail, dont elle avait également fixé le maximum de durée ;

« Considérant que s'il appartenait au conseil municipal de déterminer, dans l'intérêt de la ville, les conditions de ces adjudications, il ne pouvait, sans sortir de ses attributions, substituer une réglementation imposée à l'effet légal des conventions entre patrons et ouvriers et faire obstacle à l'application de l'ordonnance du 14 novembre 1837, qui oblige les communes à donner les entreprises pour travaux et fournitures avec concurrence et publicité ; qu'ainsi la ville n'est pas fondée à soutenir que le décret attaqué qui a annulé la délibération du 28 décembre 1890, par application de l'article 11 de la loi du 14 avril 1871, est entaché d'excès de pouvoir. »

(1) Proposition de M. Vaillant, 30 janvier 1894 ; de M. Castelin, 23 juin 1894 ; de M. Dansette, 13 juin 1896 ; de M. Vaillant, 27 juin ; de M. Holz, 4 novembre ; de M. Castelin, 18 novembre 1898.

(1) V. note sous le n° 266.
(2) Arr. 21 avril 1890. V. *supra*, n° 267.

du 2 mars 1848 et de l'arrêté du Gouvernement du 21 mars 1848 (1).

Est obligatoire pour les travaux de l'Etat, facultative pour les travaux des autres administrations, l'insertion, dans les cahiers des charges : 1° du repos hebdomadaire; 2° d'un salaire minimum égal au salaire courant; 3° d'une durée maxima du travail journalier calculée sur la durée courante, pour chaque profession dans chaque région ; 4° enfin de la proportion maxima des ouvriers étrangers. L'entrepreneur doit s'engager à observer les conditions insérées, dans tous les chantiers ou ateliers organisés ou fonctionnant en vue de l'exécution du marché (2).

Toutefois, l'insertion de cette clause reste facultative dans les cas prévus à l'article 18, §§ 3 et 5 du décret du 18 novembre 1882, c'est-à-dire pour les objets dont la fabrication est exclusivement attribuée à des porteurs de brevets d'invention et pour les ouvrages et objets d'art et de précision dont l'exécution ne peut être confiée qu'à des artistes ou industriels éprouvés.

L'article 3 des décrets fixe le mode de constatation du taux du salaire et de la durée de la journée de travail (3).

272. Les sanctions à l'exécution des décrets, qui auraient pu être pénales si la réforme avait été réalisée par voie législative, ne peuvent être qu'administratives, et sont les suivantes :

1° S'il est constaté une différence entre le salaire payé aux ouvriers et le salaire courant, l'administration intéressée indemnisera directement les ouvriers lésés au moyen de retenues opérées sur les sommes dues à l'entrepreneur et sur son cautionnement (art. 4) ;

2° Lorsque des infractions réitérées aux conditions du travail auront été relevées à la charge d'un entrepreneur, l'administration pourra, sans préjudice de l'application des sanctions habituelles prévues au cahier des charges, décider de l'exclure de ses marchés à l'avenir, pour un temps déterminé ou définitivement (art. 5).

273. *Mesures d'application.* — Le ministre du Commerce a adressé aux préfets, le 14 novembre 1899, une circulaire accompagnée d'instructions générales relatives à l'application du décret du 10 août 1899 sur les conditions du travail dans les marchés passés au nom de l'Etat. Les observations qui y sont consignées s'appliquent également aux marchés passés au nom des départements et des communes.

D'autre part, les divers départements ministériels ont réglementé pour leurs services propres l'application du décret du 10 août 1899 (1).

Nous allons passer en revue les différentes clauses du décret en indiquant à propos de chacune d'elles les commentaires et interprétations des diverses administrations.

274. Tout d'abord, les clauses relatives à la main-d'œuvre sont-elles applicables à tous les marchés de travaux et fournitures ? La circulaire du ministre du Commerce, suivie en cela par les instructions des autres départements, distingue entre les fournitures exécutées spécialement pour l'Etat, « dans les chantiers ou ateliers organisés ou fonctionnant en vue de l'exécution du marché » (art. 1er du décret) et les fournitures courantes, très souvent prêtes à l'avance, que l'on trouve en magasin, destinées à la consommation publique, telles que charbons, farines, chaux, toiles ordinaires, articles de papeterie et de bureau, etc. Les cahiers des charges des marchés de ces fournitures courantes ne comportent pas ordinairement l'insertion des clauses relatives à la main-d'œuvre, parce que, à aucun moment de la production desdites marchandises, on ne peut dire si l'ouvrier travaille pour le compte de l'Etat.

Il est toutefois bien entendu que l'expression *ateliers* désigne strictement, non point l'ensemble d'un établissement industriel : usine, manufacture, fabrique, mais tout groupement distinct d'ouvriers qui fonctionne

---

(1) V. *supra*, n° 254.

(2) D. 10 août 1899, art. 1er. — « 1° Assurer aux ouvriers et employés un jour de repos par semaine ;

2° N'employer d'ouvriers étrangers que dans une proportion fixée par l'administration selon la nature des travaux et la région où ils sont exécutés ;

3° Payer aux ouvriers un salaire normal égal, pour chaque profession et dans chaque profession pour chaque catégorie d'ouvriers, au taux couramment appliqué dans la ville où le travail est exécuté ;

4° Limiter la durée du travail journalier à la durée normale du travail en usage, pour chaque catégorie, dans la dite ville ou région.

En cas de nécessité absolue, l'entrepreneur pourra, avec l'autorisation expresse et spéciale de l'administration, déroger aux clauses prévues aux paragraphes 1er et 4 du présent article. Les heures supplémentaires de travail ainsi faites par les ouvriers donneront lieu à une majoration de salaire dont le taux sera fixé par le cahier des charges. »

(3) D. 10 août 1899, art. 3. — La constatation ou la vérification du taux normal et courant des salaires et de la durée normale et courante de la journée du travail sera faite par les soins de chaque administration intéressée, pour les travaux de l'État ; par les soins du préfet, pour les travaux départementaux ; sous le contrôle du préfet par l'administration intéressée, pour les travaux des communes et des établissements publics de bienfaisance. Pour cette opération, il faudra :

« 1° Se référer, autant que possible, aux accords entre les syndicats patronaux et ouvriers de la localité ou de la région ;

2° A défaut de cette entente, provoquer l'avis de commissions mixtes composées en nombre égal de patrons et d'ouvriers ; et, en outre se munir de tous renseignements utiles auprès des syndicats professionnels, conseils de prud'hommes, ingénieurs, architectes départementaux et communaux et autres personnes compétentes.

Les bordereaux résultant de cette constatation devront être joints à chaque cahier des charges, sauf dans les cas d'impossibilité matérielle. Ils seront affichés dans les chantiers ou ateliers où les travaux sont exécutés. Ils pourront être revisés, sur la demande des patrons ou des ouvriers, lorsque les variations dans le taux des salaires ou la durée du travail journalier auront reçu une application générale dans l'industrie en cause.

Cette revision sera faite dans les conditions indiquées sous les numéros 1° et 2° du présent article. Une revision correspondante des prix du marché pourra être réclamée par l'entrepreneur ou effectuée d'office par l'administration, quand les variations ainsi constatées dans le taux des salaires ou la durée du travail journalier dépasseront les limites déterminées par le cahier des charges.

Lorsque l'entrepreneur aura à employer des ouvriers que leurs aptitudes physiques mettent dans une condition d'infériorité notoire sur les ouvriers de la même catégorie, il pourra leur appliquer exceptionnellement un salaire inférieur au salaire normal. La proportion maxima de ces ouvriers par rapport au total des ouvriers de la catégorie et le maximum de la réduction possible de leurs salaires seront fixés par le cahier des charges. »

(1) Guerre : Instruction du 21 août 1899, complétée par celle du 30 octobre suivant ; — Marine : Circulaire du 27 novembre 1899 et arrêté en date du même jour ; — Agriculture : Cahier des clauses et conditions générales imposées aux entrepreneurs pour le service de l'administration des eaux et forêts adopté le 7 novembre 1899 ; — Travaux publics : Arrêté du 30 septembre 1899 modifiant l'arrêté du 16 février 1892 sur les clauses et conditions générales imposées aux entrepreneurs des travaux des ponts et chaussées et circulaire en date du même jour ; circulaire du 17 octobre 1900.

principalement en vue de l'exécution du marché. Ainsi, par exemple, il n'est pas nécessaire que, dans une imprimerie, tout le personnel travaille au compte de l'État pour que le décret soit applicable ; il suffit qu'une équipe déterminée d'ouvriers fonctionne d'une manière continue en vue du marché avec l'État, pendant un certain nombre de jours. Mais si le travail exécuté au compte de l'État est peu important, s'il peut être abandonné et repris par courtes périodes irrégulières, il est manifeste que tout contrôle devient impossible et que toutes stipulations restent vaines.

C'est, d'ailleurs, au ministre spécialement intéressé qu'il appartient, sauf les recours oc droit, de trancher par des décisions d'espèces, les cas particuliers dont l'interprétation pourrait soulever un doute.

Nous avons vu que l'insertion des clauses relatives à la main-d'œuvre était facultative dans les marchés passés pour la fourniture d'ouvrages et d'objets d'art et de précision dont l'exécution ne peut être confiée qu'à des artistes ou industriels éprouvés. Cette dernière catégorie comprend, par exemple, d'après l'interprétation du ministère de la Marine « les achats de bâtiments et de machines motrices, canons, affûts, plate-formes, projectiles, etc. (dans cet etc. est compris le matériel de torpillerie), à construire par l'industrie et généralement les fournitures d'objets spéciaux de grand outillage qui ne peuvent être confiés qu'à des industriels présentant des garanties de capacité (1) ».

275. Quelle sera l'autorité administrative chargée de déterminer s'il y a lieu d'insérer dans les marchés rentrant dans ces catégories les clauses du décret du 10 août 1899 ? D'après les instructions du ministère de la Marine, qui seules résolvent la question, l'autorité chargée de la conclusion du marché doit présenter au ministre, avant d'engager tout pourparler administratif ou technique, les motifs qui militent en faveur de l'application du décret ou de l'insertion dans l'acte de préparation d'un ou plusieurs de ces articles. La décision appartient au ministre. En thèse générale, d'ailleurs, la possibilité matérielle de l'application des clauses du décret suffira à la justifier.

En dehors de l'exception prévue par le décret lui-même, les administrations publiques peuvent-elles se dispenser d'insérer les clauses relatives à la main-d'œuvre dans un marché pour l'exécution duquel des chantiers et des ateliers ont été organisés ou fonctionnent ? Evidemment non.

Cependant les instructions du ministre de la marine prévoient que dans certains cas il y aura impossibilité soit d'appliquer le décret, soit de lui emprunter un certain nombre de dispositions. Dans ces cas, le ministre estime qu'il y a lieu de tolérer une exception soit partielle, soit totale des stipulations du décret (2).

276. *Repos hebdomadaire.* — D'après le décret, l'entrepreneur doit s'engager à assurer à ses ouvriers et employés un jour de repos par semaine. Le décret n'exige pas davantage, et ce jour peut ne pas être le même pour tous les ouvriers. Est-ce à dire que les administrations n'aient pas le droit d'aller plus loin et de fixer dans le cahier des charges le jour qui doit être attribué au repos hebdomadaire ? Nous ne le croyons pas. Ce n'est pas en effet du décret du 10 août 1899 que les administrations publiques tiennent le droit de fixer les jours de repos des ouvriers employés pour l'exécution des marchés de l'État. Nous avons vu qu'avant ce décret, les cahiers des charges des entrepreneurs de travaux des Ponts et Chaussées, par exemple, contenaient des stipulations relatives à l'observation du repos du dimanche et des jours fériés, et ces stipulations n'avaient soulevé aucune objection de la part du Conseil d'Etat.

Aussi la plupart des administrations publiques dans les instructions qu'elles ont adressées pour l'application du décret, sont allées plus loin que le décret. L'instruction de la Guerre du 21 août 1899 porte que « pour ne pas désorganiser les chantiers et pour permettre au personnel de surveillance de profiter lui-même de cet avantage, le jour de repos sera le même pour tous les ouvriers. Il sera déterminé suivant les usages locaux. » L'instruction de la Marine du 27 novembre 1899 porte seulement « qu'il est désirable que le même jour de repos soit stipulé pour tous les ouvriers (1) ». Toutefois l'arrêté pris en date du même jour pour l'exécution du décret du 10 août 1899 dispose (art. 1er) que « lorsque les chantiers fonctionneront à l'intérieur des arsenaux ou établissements de la Marine existant ou en cours de création ou dans des terrains appartenant à la Marine, le titulaire du contrat sera tenu de faire reposer ses ouvriers et employés les mêmes jours que ceux adoptés par la Marine ».

A la suite du décret du 10 août 1899, la clause qui interdisait le travail des dimanches et des jours fériés dans le cahier des charges des entrepreneurs des travaux des Ponts et Chaussées a été supprimée. Néanmoins la circulaire du ministre des Travaux publics, en date du 30 septembre 1899, décide qu'il convient de stipuler dans le cahier des charges que le jour de repos, que l'entrepreneur est tenu d'accorder à ses employés et ouvriers, en vertu du décret du 10 août 1899, sera le même pour tous les ouvriers d'un même chantier.

277. *Ouvriers étrangers.* — Le décret n'a cru devoir fixer aucune limitation en ce qui concerne la main-d'œuvre étrangère, laissant aux administrations intéressées le soin de fixer dans chaque espèce la pro-

---

(1) Inst. min. Mar. 27 novembre 1899.

(2) « L'extrême faiblesse des moyens d'action dont le décret a armé l'État en ce qui concerne l'exécution des engagements réclamés par lui de ses co-contractants, risquerait, dit-il, trop fréquemment de rendre ces engagements illusoires pour qu'il soit prudent de les exiger en de-

hors des cas où l'administration dispose, par ailleurs, de procédés suffisants pour assurer le respect. » (Inst. gén. 27 novembre 1899, p. 6).

« Toutefois c'est à l'autorité qui désire exempter le contrat préparé par elle de l'application du décret ou n'y incorporer qu'une partie des garanties stipulées par cet acte en faveur des ouvriers qu'il appartient de fournir les motifs de cette exception partielle, » (*Ibid.*, p. 8).

(1) Cf. Circ. Commerce, 14 novembre 1899.

portion d'ouvriers étrangers que l'entrepreneur est autorisé à employer (1).

La circulaire du ministère du Commerce s'exprime à ce sujet de la manière suivante : « Sauf dans les chantiers ou ateliers, où, pour des raisons spéciales, telles que l'intérêt de la défense nationale, la main-d'œuvre étrangère est interdite, la proportion *maxima* des étrangers à admettre doit être fixée au cahier des charges. Exceptionnellement, et dans le cas où il serait tout à fait impossible à l'administration intéressée ou ou préfet de déterminer à l'avance cette proportion, notamment lorsque reste inconnue, jusqu'à l'adjudication, la région où le travail sera exécuté, on se bornera à insérer la clause générale de l'article 1er. § 2, telle qu'elle est rédigée au décret. »

L'instruction de la Guerre rappelle que la main-d'œuvre étrangère est déjà interdite dans un certain nombre de chantiers ou ateliers où son emploi serait de nature à compromettre les secrets de la défense nationale. Cette interdiction ne doit pas être généralisée d'une façon absolue. C'est aux directeurs régionaux que le ministre laisse le soin de fixer dans chaque cahier des charges la proportion d'ouvriers étrangers à admettre sur les chantiers de travaux en tenant compte des localités et des professions.

L'arrêté du ministre de la Marine du 27 novembre 1899 rappelle également que l'emploi des ouvriers étrangers reste interdit, à moins d'autorisation spéciale, à l'intérieur des arsenaux et établissements de la Marine conformément aux règlements de police en vigueur. Quand l'emploi de la main-d'œuvre étrangère pourra être autorisée sans inconvénients, elle ne devra, d'après l'instruction ministérielle du 27 novembre 1899, excéder 10 0/0 du nombre total des ouvriers de la même profession employés. C'est au ministre qu'il appartient d'augmenter cette proportion en raison de la nature des marchés et de la région où ils s'exécutent.

Le ministre des Travaux publics n'a pas fixé la proportion d'ouvriers étrangers que les entrepreneurs peuvent être autorisés à employer dans le cahier des clauses et conditions générales imposées aux entrepreneurs des travaux des Ponts et Chaussées. Cette proportion doit être fixée dans chaque cahier des charges d'après les habitudes établies et les circonstances particulières à l'adjudication en cause.

278. *Détermination du salaire normal et de la durée normale de la journée de travail.* — La définition du salaire normal et courant et de la durée normale de travail a été donnée dans le rapport de M. Pierre Baudin, que nous croyons utile de reproduire *in-extenso* sur ce point (1).

Le décret du 10 août 1899 impose à l'entrepreneur l'engagement de payer un salaire normal et égal pour chaque profession, et dans chaque profession pour chaque catégorie d'ouvriers au taux couramment appliqué dans la ville ou la région où le travail est exécuté.

Les différents ministères ne se prononcent point de la même manière sur l'interprétation à donner à ces principes. Alors que le ministre du Commerce et avec lui le ministre de la Marine ne reconnaissent dans chaque spécialité qu'une catégorie d'ouvriers proprement dits (2), le ministre de la Guerre, au contraire, dans la circulaire du 21 août 1899, semble admettre que

---

(1) Le rapport de M. Baudin (V. n° 264) s'exprimait ainsi à ce sujet : « *Ouvriers étrangers.* — Le projet ne fixe pas d'avance, *ne varietur*, pour tout le territoire, pour tous les genres de travaux, la proportion de main-d'œuvre étrangère. Quel est, en effet, le but à atteindre ? C'est d'éviter que des étrangers ne soient attirés par les entrepreneurs soumissionnaires, à des taux de salaires inférieurs au taux normal, et ne viennent prendre la place d'ouvriers de la région en quête de travail. Le paragraphe 3 de notre article premier règle la question des salaires. Mais ceci fait, il faut tenir compte de ce qu'en certaines régions de la France la répugnance ou l'inaptitude de la population à certains travaux, ou l'importance momentanée des travaux par rapport à la population résidente, peuvent nécessiter l'emploi d'ouvriers étrangers. Il faudra qu'une administration soucieuse du bien public tienne compte de ces circonstances, dans chaque cas, pour concilier la possibilité d'exécuter les travaux avec l'intérêt des populations ouvrières. Une limite fixée d'avance, ici trop haute et là trop basse, ne produirait que des mécomptes; elle ne serait point observée.

« Dans l'exposé général, nous avons déjà attiré l'attention sur les difficultés diplomatiques que pourraient entraîner des prescriptions générales trop rigoureuses, ayant l'apparence d'atteintes à la liberté des professions garantie par les traités. Tel serait le cas d'une limitation générale et arbitraire, allant rechercher les étrangers non seulement sur les chantiers publics ou dans les travaux assimilables à ceux de ces chantiers, mais dans les ateliers de l'industrie privée. Tel n'est point, au contraire, la nature des prescriptions d'espèce que nous prévoyons : elles résultent des circonstances, elles ont pour but d'arrêter un afflux immodéré et inutile de main-d'œuvre attiré par l'annonce de travaux publics et sans relation avec les besoins que font naître ces travaux; ce sont des mesures d'ordre destinées à prévenir le chômage et la misère dans l'intérêt à la fois des Français et des étrangers. »

(1) « Le but à atteindre est celui-ci : Non pas empêcher l'abondance ou la rareté de la main-d'œuvre, l'abondance ou la rareté des travaux d'avoir une répercussion sur le marché de la main-d'œuvre. Mais éviter que l'État, certains départements, telle grande ville viennent brusquement troubler le cours normal de la main-d'œuvre par une oppression due à la nature ordinaire de leurs contrats (l'adjudication) et à leur formidable puissance comme clients. Ils stipuleront donc ceci : Je veux payer le salaire normal, courant, celui qui se peut constater en dehors de mes propres chantiers et de mes travaux. Je veillerai à ce que ce salaire soit payé par les entrepreneurs ou fabricants dans les mains-d'œuvre qu'ils exécutent expressément et spécialement pour moi.

« Au sein de la commission, une discussion a eu lieu sur le point de savoir s'il convenait de maintenir les mots: salaire normal et courant. Quelqu'un a proposé d'enlever le mot normal comme constituant un pléonasme s'il n'a pas de signification propre, ou comme dangereux s'il ajoute un sens à la phrase. La majorité a été d'un avis contraire. A tort ou à raison, à raison suivant nous, on a pu soutenir que les adjudications et les grands travaux de l'État troublaient le cours normal des salaires: C'est là théorie que nous venons d'exposer. Le mot normal exprime l'idée qu'il s'agit d'un cours des salaires établi en dehors de l'influence de ces éléments perturbateurs. Il met en relief ce fait, que les conditions prévues par la présente loi permettront de considérer le salaire courant comme normal. »

(2) Inst. gén. min. Comm. — Chaque profession doit-elle comporter deux ou plusieurs catégories, de manière que l'entrepreneur puisse classer ses ouvriers dans chacune d'elles, suivant leurs aptitudes professionnelles? Formulée avec cette généralité, l'interprétation permettrait, je le crains, d'établir des distinctions contraires à l'esprit du décret. Certes, il est bien conforme au décret de subdiviser chaque profession en autant de spécialités distinctes qu'en consacrent les usages locaux, et de prévoir pour chacune de ces spécialités un salaire différent, suivant ces mêmes usages. Il est naturel également et conforme à l'usage de distinguer dans certaines professions les ouvriers ou compagnons et les aides. Mais il serait contraire, par exemple, aux prescriptions du décret de prévoir des taux de salaires à la journée différents pour rétribuer, suivant leurs aptitudes professionnelles, des ouvriers employés à des travaux identiques. Qui serait juge en effet, sinon l'entrepreneur lui-même, de ces aptitudes professionnelles, et quelle garantie sérieuse resterait dès lors à l'ouvrier pour le payement du salaire normal et courant ?

La seule dérogation à ces règles précises est stipulée par l'article 3, dernier alinéa, pour les ouvriers que leurs aptitudes physiques mettent dans une condition d'infériorité notoire sur les ouvriers de la même catégorie.

la répartition des ouvriers par catégorie dans chaque profession peut être faite d'après leur aptitude professionnelle (1).

En ce qui concerne le travail aux pièces, doit-on laisser toute liberté à l'entrepreneur, à condition que le salaire de l'ouvrier reste au moins égal au taux fixé à la journée pour sa catégorie? Autrement dit les bordereaux de salaires ne doivent-ils porter que des prix à l'heure ou à la journée? Sur ce point le ministre du Commerce établit une distinction que nous rappelons en note (2).

Que faut-il entendre, enfin, par la région où le travail est exécuté? Nous pensons avec le ministre du Commerce que c'est la portion de territoire pour laquelle les conditions de travail sont à peu près identiques (3).

279. L'article 3 du décret indique que les constatations relatives au taux des salaires et à la durée du travail seront faites par les soins de l'administration intéressée. Plusieurs administrations peuvent être intéressées à l'établissement d'un bordereau unique, applicable aux travaux que chacune d'elles commande à une même industrie. Il en est ainsi, notamment, pour les travaux du bâtiment, les terrassements et les travaux connexes. L'intermédiaire du préfet est tout indiqué pour la confection de ces bordereaux, d'autant plus qu'il peut avoir à en faire dresser de semblables pour les travaux d'intérêt local. Nous reproduisons en note les instructions très importantes sur ce point du ministre du Commerce (4).

---

(1) Le taux normal du salaire de chacune des catégories étant déterminé, l'administration n'a pas à s'immiscer dans le contrat à intervenir entre l'entrepreneur et l'ouvrier relativement à la catégorie dans laquelle ce dernier pourra être rangé.

(2) Il est incontestable que l'Administration ne saurait intervenir dans le mode de distribution du travail propre à chaque entreprise et annexer à chaque cahier des charges un bordereau visant tous les modes de rémunération qui se peuvent rationnellement concevoir. Mais, d'autre part, s'il existe des salaires aux pièces d'un usage courant dans une région, usage constaté dans les formes prévues à l'article 3, il serait contraire à la lettre et à l'esprit du décret de ne pas les inscrire aux bordereaux.

Dès lors, il paraît indispensable d'établir la distinction ci-après :

Lorsqu'il existe pour des travaux aux pièces un tarif bien défini et couramment usité dans la région, l'Administration devra inscrire ce tarif dans les bordereaux sous les garanties exigées par l'article 3. L'ouvrier n'aura point alors le droit d'exiger l'application d'un prix fixé à l'heure ou à la journée, puisque le prix de son travail aux pièces aura été établi dans les bordereaux suivant un tarif reconnu normal et courant. Dans le cas contraire, l'entrepreneur ou le fabricant restant libre d'ailleurs d'établir chez lui tel mode de rémunération du travail qui lui paraîtrait le plus convenable, le salaire moyennement gagné par un ouvrier en un temps donné ne devra pas être inférieur au salaire courant à l'heure ou à la journée, inscrit sur les bordereaux. (Inst. gén. min. Commerce, p. 8; Guerre, p. 3.)

(3) Lorsque les travaux s'exécutent dans une ville assez importante pour qu'il y ait un salaire normal et courant des catégories d'ouvriers appelées à y coopérer, le décret dit expressément : salaire courant dans ladite ville. Mais, en dehors de ce cas, il emploie l'expression forcément vague de « région ». Ce ne sont donc pas seulement les communes où s'exécutent les travaux adjugés, mais aussi les communes voisines et, en général, toute la portion de territoire pour laquelle les conditions de travail sont identiques ou à peu près. Suivant les cas, et suivant l'importance des travaux, cette dénomination comprendra une ou plusieurs communes, un ou plusieurs cantons, un ou plusieurs arrondissements. (Inst. gén. min. Commerce; Cf. inst. de la Marine, p. 15.)

(4) Les constatations auxquelles le préfet aura à faire procéder devront, pour présenter toutes les garanties possibles d'exactitude et d'impartialité, être opérées avec le concours d'une commission administrative peu

---

280. Le décret prévoit qu'en cas de nécessité absolue l'entrepreneur pourra, avec l'autorisation de l'administration, déroger à l'obligation du repos hebdomadaire et à la durée du travail fixée par le cahier des charges ; dans ce cas, les heures supplémentaires donneront lieu à une majoration de salaire dont le taux sera fixé par le cahier des charges.

Le taux de la majoration des heures supplémentaires peut être fixé, en même temps que le salaire courant et normal et dans les mêmes conditions ; dans ce cas

---

nombreuse, composée de personnes compétentes, indépendantes et désintéressées en l'espèce.

Cette commission administrative, qui dressera, sous le contrôle du préfet, les bordereaux de constatation, sera donc choisie par lui entre les personnes, autres que patrons et ouvriers, ayant une connaissance spéciale des différentes professions dont il y aura à constater les salaires sur un même bordereau. Elle comprendra notamment les représentants qualifiés des administrations, qui sont appelées à faire exécuter des travaux similaires. S'il s'agit de travaux de bâtiment, les services intéressés sont ordinairement l'administration des ponts et chaussées, le génie militaire, les architectes départementaux, les agents-voyers. La présence de leurs représentants dans la commission administrative est indispensable pour que le même bordereau puisse être, avec autorité, annexé aux cahiers des charges des travaux de ces administrations, tant qu'une revision régulière ne sera pas intervenue. Il importe de bien spécifier que la nomination d'une commission administrative, telle qu'il vient d'être dit, n'est nullement imposée par le décret ; elle est facultative. La réunion de commissions mixtes, composées de patrons et d'ouvriers, est seule obligatoire. Les instructions ministérielles n'indiquent ce mode de procéder que comme offrant plus de commodité pour les différents services et réalisant une économie de temps ; mais chaque administration intéressée tient du décret le droit de faire dresser elle-même les bordereaux qui lui sont nécessaires.

La commission subdivisera chacune des professions soumises à l'enquête en autant de spécialités distinctes qu'en consacrent les usages locaux ; mais les ouvriers employés à des travaux identiques ne doivent pas être répartis en plusieurs catégories d'après leurs aptitudes professionnelles, aptitudes dont l'entrepreneur est habituellement le seul juge. Il ne faut porter au bordereau qu'un seul taux de salaire pour chaque spécialité professionnelle.

La commission recherchera ensuite si des accords n'existent pas pour certaines professions entre syndicats patronaux et ouvriers de la localité ou de la région. Dans ce cas, elle vérifiera s'il s'agit d'accords effectifs engageant un nombre assez important de patrons et d'ouvriers et réellement appliqués ; et, s'il en est bien ainsi, son rôle se bornera à les consigner tels quels au bordereau de constatation. Mais on ne saurait admettre une convention syndicale ne s'appliquant, pour une profession déterminée, qu'aux travaux d'une destination spéciale, par exemple aux seuls travaux de l'État, à l'exclusion des travaux similaires destinés à d'autres clients s'il en existe. On ne peut raisonnablement concevoir en un même lieu des prix courants différents pour des travaux identiques.

En l'absence de convention syndicale réglant le taux des salaires, la commission prendra l'avis de commissions mixtes composées, dans chaque profession, d'un nombre égal de patrons et d'ouvriers. Trois ou quatre patrons et autant d'ouvriers suffiront ordinairement à constater les salaires de la profession qu'ils exercent. Ils seront choisis parmi les présidents, secrétaires ou membres des syndicats patronaux ou ouvriers — le préfet pouvant, d'ailleurs, inviter les syndicats à désigner eux-mêmes les membres des commissions mixtes — ou parmi les conseillers prud'hommes de la profession ou, à défaut des uns et des autres, parmi les personnes de la profession connues comme honorables et compétentes.

Les membres des commissions mixtes échangeront leurs observations sur le salaire couramment appliqué et la durée normale du travail en usage dans leur profession ; leur rôle se limitera à ces simples constatations de fait. Si, par extraordinaire, patrons et ouvriers émettaient des avis différents, ils consigneraient séparément leurs dires au procès-verbal de la séance. Sur le vu de ce procès-verbal et, s'aidant en outre des renseignements fournis par ses propres membres, par les ingénieurs, architectes départementaux et communaux et autres personnes compétentes, la commission administrative dressera le bordereau détaillé des salaires courants et des durées habituelles du travail journalier pour chacune des professions en cause.

Le décret parle à plusieurs reprises de « la localité ou de la région » : des travaux ayant fait l'objet d'une même adjudication peuvent, en effet, être exécutés dans une ou plusieurs communes, un ou plusieurs cantons, un ou plusieurs arrondissements. S'il existait, dans un même département, des régions présentant au point de vue des salaires ou du

il sera porté au bordereau (1), ou bien il peut être fixé par l'Administration eu égard aux habitudes locales et aux conditions spéciales de l'adjudication (2).

Le travail du jour réservé au repos, lorsqu'il sera exceptionnellement nécessaire, sera payé au même tarif que les heures supplémentaires (3).

Une circulaire du ministre des Travaux publics du 17 octobre 1900 fixe en principe la majoration des heures supplémentaires entre 10 et 15 0/0, et celles des heures de nuit entre 20 et 25 0/0 sauf exceptions à justifier (4).

281. *Proportion des ouvriers inférieurs.* — La disposition du dernier paragraphe de l'article 3 a pour but de ne pas exclure des chantiers les ouvriers âgés, les jeunes gens et d'une façon générale les ouvriers que leurs aptitudes physiques mettent dans une condition d'infériorité notoire. Ils pourront n'être pas payés au taux du salaire plein. Mais la proportion *maxima* des ouvriers inférieurs par rapport au total des ouvriers de la catégorie et le maximum de la réduction possible de leur salaire doivent être fixés dans le cahier des charges. La circulaire du ministre des Travaux publics fixe le nombre des ouvriers inférieurs pour les travaux des Ponts et Chaussées à 25 0/0 au maximun et la réduction de leur salaire sur le taux courant à 25 0/0 au maximum ; des proportions différentes peuvent d'ailleurs être fixées dans une même entreprise pour les différentes professions.

282. *Revision des bordereaux.* — Les bordereaux peuvent être revisés, même au cours des travaux ayant fait l'objet d'un marché (5). Si, dans l'ensemble d'une profession, les salaires ont subi une dépression générale ou si une augmentation a été appliquée pendant un temps assez long pour qu'on puisse la croire définitive, la revision du bordereau sera exigible. Les cahiers des charges ont toujours prévu les cas dans lesquels les modifications aux salaires ou au prix des matériaux peuvent entraîner des modifications au marché conclu et, sur ce point, le décret n'a rien innové.

La circulaire du ministre du Commerce du 14 novembre 1899 prescrit aux préfets de ne procéder à la revision des bordereaux que lorsque des réclamations sérieuses et concordantes feront craindre que les constatations primitives ne répondent plus au salaire courant et à la durée normale du travail.

Une revision correspondante des prix du marché ne peut d'ailleurs avoir lieu, d'après le décret, que lorsque les variations constatées dans le taux des salaires ou la durée du travail journalier dépassent les limites fixées par le cahier des charges. L'instruction du ministre de la Guerre prescrit de fixer cette limite de telle sorte que dans le cours d'un marché qui dure au plus trois ans il y ait peu de chances de la voir dépasser. La circulaire de la Marine se contente d'appliquer en l'espèce les dispositions de l'article 33 des conditions générales du 1er juillet 1884, d'après lesquelles une demande de revision ne peut être admise que lorsque la dépense totale des travaux restant à exécuter d'après le devis se trouve augmentée d'un sixième ou de 16,7 0/0 comparativement aux estimations du projet (1).

283. *Sanctions.* — Les sanctions sont inscrites aux articles 4 et 5 du décret. Celles de l'article 5 n'ont besoin d'aucune explication ; nous empruntons aux instructions générales du ministre du Commerce les observations qu'il a cru devoir présenter sur les dispositions de l'article 4 (2).

---

classement des spécialités des différences notables, il faudrait constituer, dans chacune de ces régions, des commissions mixtes dont les avis seraient transmis à la commission administrative.

Le bordereau contiendra non seulement le taux des salaires à l'heure ou à la journée, mais aussi les tarifs des travaux aux pièces, s'il existe de ces tarifs, bien définis et couramment usités dans la région. L'ouvrier n'aura point alors le droit d'exiger l'application d'un prix fixé à l'heure ou à la journée, puisque le prix de son travail aux pièces aura été établi dans les bordereaux suivant un tarif reconnu normal et courant.

Dans le cas contraire, l'entrepreneur ou le fabricant restant libre d'établir chez lui tel mode de rémunération du travail qui lui paraîtrait le plus convenable, le salaire moyennement gagné par un ouvrier en un temps donné ne devra pas être inférieur au salaire courant à l'heure ou à la journée, inscrit sur le bordereau.

Les bordereaux devront être joints à chaque cahier des charges, *sauf dans les cas d'impossibilité matérielle*, dit le paragraphe 4 de l'article 3 du décret. Souvent, en effet, tant que n'est point proclamé le nom de l'adjudicataire du marché, on ignore en quel lieu s'effectueront les fabrications prévues au marché. Le cahier des charges ne peut, dès lors, contenir que l'engagement général de se conformer aux prescriptions du décret. Il peut arriver aussi que les travaux soient très urgents et que le temps manque pour les constatations, d'autres circonstances encore peuvent se présenter; chaque administration est juge des cas exceptionnels où l'annexion des bordereaux au cahier des charges ne peut être faite avant l'adjudication et où ces bordereaux ne peuvent être établis qu'après.

(1) Inst. min. Guerre.
(2) Circ. Trav. publ. 30 septembre 1899 ; Mar. 27 novembre 1899.
(3) Inst. min. Guerre, 21 août 1899.
(4) L'office du travail a publié, en 1902, les bordereaux des salaires, établis en 1900 et 1901, conformément aux décrets du 10 août 1899, dans 74 départements. Les départements où cette opération n'avait pas encore été faite étaient : l'Allier, l'Aube, le Cantal, l'Eure, les Landes, le Lot-et-Garonne, la Lozère, la Mayenne, le Territoire de Belfort, la Haute-Savoie, le Tarn-et-Garonne, la Vendée et l'Yonne.
(5) Il faut éviter, avait dit déjà le rapporteur de la commission du travail de la Chambre des députés que la constatation administrative

---

devienne une fixation administrative des salaires. Le droit à revision doit être ouvert en permanence, sous la réserve que les intéressés plaignants fournissent des preuves suffisantes de leurs dires à l'administration qui a établi le bordereau en cours. » (V. *supra*, n° 264.)

(1) Si $\frac{a}{100}$ représente le rapport de la main-d'œuvre, y compris la part des frais généraux, au prix total du travail d'après les estimations du projet, il faudra, pour qu'il y ait lieu à revision, que le prix de a main-d'œuvre se soit accru dans le rapport $\left(1 + \frac{16.7}{a}\right)$ pour ouvrir le droit à l'examen d'admissibilité d'une demande en revision du prix du marché.

(2) D'après cet article, si l'Administration constate une différence entre le salaire payé aux ouvriers et le salaire courant prévu au bordereau, elle indemnisera directement les ouvriers lésés au moyen de retenues opérées sur les sommes dues à l'entrepreneur et sur son cautionnement.

Cette disposition ne saurait avoir pour résultat de faire l'Administration juge des différends qui peuvent naître entre les ouvriers et l'entrepreneur ; c'est un rôle qu'elle ne peut assumer sans sortir de ses attributions.

Lorsque le fonctionnaire chargé de la direction des travaux sera saisi de la réclamation d'un ouvrier, au sujet de son salaire, il en préviendra l'entrepreneur. S'il est constaté que la réclamation porte exclusivement sur le non-payement du salaire courant à un ouvrier de profession parfaitement définie, ayant travaillé le temps normal ou exécuté les pièces définies au bordereau des salaires, et si, pour un motif quelconque, l'entrepreneur ne peut ou ne veut pas payer lui-même à l'ouvrier ce qui lui est dû d'après ledit bordereau, le directeur des travaux fera payer l'ouvrier directement.

S'il est constaté, au contraire, que la réclamation a un autre objet,

Il convient de remarquer que l'article 4 du décret ne subordonne pas à une réclamation des intéressés le droit qu'il confère à l'administration d'indemniser directement les ouvriers lésés lorsqu'elle constate une différence entre le salaire payé et le taux fixé au cahier des charges. L'administration a le droit de faire sa conviction de toute manière, mais comme le décret ne donne pas à l'administration le droit de se faire présenter les livres de paye, la plupart du temps l'administration ne pourra être informée que par les ouvriers des infractions au cahier des charges commises à cet égard. Dans le cas de non-paiement du salaire normal, l'administration a le choix entre deux procédés : ou bien indemniser directement l'ouvrier lésé, ou bien laisser celui-ci porter la question devant les tribunaux et l'indemniser ensuite directement si l'adjudicataire est condamné et s'il se refuse à payer la somme fixée par le tribunal. Dans le premier cas, l'administration court le risque d'être attaquée par l'entrepreneur, si celui-ci conteste le bien fondé de la réclamation de l'ouvrier. Dans le second cas, l'administration est couverte par la décision judiciaire et ne court aucun risque. Aussi la circulaire des Travaux publics a posé en principe qu'il n'appartient à l'Administration ni de mettre en jeu l'action publique ni de se faire juge des différends qui peuvent naître entre les ouvriers et les entrepreneurs. Les ingénieurs devront laisser les ouvriers porter leurs réclamations devant le conseil de prud'hommes ou le juge de paix. Ils ne devront intervenir que lorsqu'il leur aura été démontré d'une façon quelconque que, d'une manière générale et non pour tel ou tel ouvrier particulier, les salaires courants ne sont pas payés. Ce n'est que dans ce dernier cas qu'ils prendront l'initiative d'indemniser les ouvriers lésés directement, qu'ils opéreront la retenue et se laisseront attaquer par l'entrepreneur devant le conseil de préfecture. Ils agiront de même à l'égard des sommes que l'entrepreneur aurait été condamné à payer à ses ouvriers par le conseil de prud'hommes ou le juge de paix, et qu'il se refuserait à verser.

En dehors de ces sanctions, la circulaire de la Marine du 27 novembre 1899 a maintenu l'amende de 20 francs prévue dans la plupart des marchés d'entreprise antérieurs au décret du 10 août, en cas d'infraction aux clauses relatives aux ouvriers étrangers.

284. *Moyens de surveillance.* — Le décret du 10 août 1899 n'a pas imposé aux administrations le soin de surveiller ni même de suivre l'exécution des engagements souscrits par leurs fournisseurs ou entrepreneurs. Non seulement on n'y trouve l'indication d'aucun procédé de contrôle tel que le droit d'assister au paiement des ouvriers, de vérifier les feuilles de paye ou de pointer les heures d'entrée et de sortie, mais l'intervention éventuelle de l'Etat, toujours provoquée par une réclamation de l'ouvrier lésé et sur un point particulier, cesse aussitôt que la question ainsi portée devant l'administration a été, soit résolue immédiatement par ses soins, soit transmise à l'examen de qui de droit.

285. *Algérie.* — Trois décrets ont été rendus, le 21 mars 1902, en vertu desquels les cahiers des charges des marchés de travaux publics ou de fournitures passés en Algérie, au nom de l'Etat ou de l'Algérie, *devront*, et ceux des départements, des communes et des établissements de bienfaisance *pourront* contenir des clauses par lesquelles l'entrepreneur s'engagera à observer certaines conditions en ce qui concerne la main-d'œuvre de ces travaux ou fournitures, dans les chantiers ou ateliers organisés ou fonctionnant en vue de l'exécution du marché (1).

Ces décrets ne visent pas le taux courant des salaires. celui-ci variant extrêmement, selon qu'il s'agit de la main-d'œuvre indigène, étrangère ou française (2).

Ils reproduisent les articles des décrets du 10 août 1899 relatifs aux sous-traités, au marchandage, à l'exclusion des marchés en cas d'infractions réitérées (art. 2 et 4), et aux exceptions prévues par les paragraphes 3 et 5 de l'article 18 du décret du 18 novembre 1882.

L'exécution des décrets a été réglementée par un arrêté et une circulaire du Gouvernement général de l'Algérie, du 17 juin 1902.

SECTION VII.

CONTRAT COLLECTIF. CONVENTIONS SYNDICALES.

286. Le contrat collectif de travail est proprement le contrat par lequel un groupe d'individus, agissant simultanément et *de concert*, engage ses services envers un employeur ou un groupe d'employeurs.

On donne également, dans le langage courant, le nom de contrat collectif de travail à des conventions ne com-

---

qu'elle porte, par exemple, sur le nombre des heures de travail faites, sur la nature de ce travail, sur la catégorie professionnelle dans laquelle l'ouvrier a été rangé, etc., il renverra les parties devant qui de droit conseil des prud'hommes, juges de paix, etc.), à fin de statuer. Les sommes mises à la charge de l'entrepreneur et que celui-ci se refuserait à payer seront également soldées à l'ouvrier par les soins de l'Administration.

Les sommes ainsi avancées seront retenues par voies de précompte sur les plus prochains mandats de l'entrepreneur. (Cf. Inst. gén. Guerre)

---

(1) « 1° Assurer aux ouvriers et employés un jour de repos par semaine; 2° N'employer d'ouvriers étrangers que dans une proportion fixée par l'administration selon la nature des travaux et la région où ils sont exécutés; 3° Limiter la durée du travail journalier à la durée normale du travail en usage, pour chaque catégorie, dans la ville ou région suivant la saison (Art. 1er). »

(2) « La constatation ou la vérification de la durée normale et courante de la journée de travail sera faite par les soins de l'administration Art. 3) », pour l'État ; par les soins du préfet ou du général commandant la division, pour les départements ; et par l'administration intéressée, sous le contrôle de l'un ou l'autre de ces deux fonctionnaires, pour les communes et les établissements de bienfaisance.

« En cas de nécessité absolue, l'entrepreneur pourra, avec l'autorisation expresse et spéciale de l'administration, déroger aux clauses 1 et 3. Les heures supplémentaires de travail ainsi faites par les ouvriers donneront lieu à une majoration de salaire dont le taux sera fixé par le cahier des charges (Art. 1er). »

portant pas d'engagements de service. Elles interviennent entre les représentants d'une collectivité ouvrière et des employeurs, soit isolés, soit réunis en collectivité, en vue de déterminer certaines conditions auxquelles devront satisfaire les contrats de travail individuels. On peut citer comme exemple l'engagement pris par les compagnies de mines du Pas-de-Calais d'assurer à leurs ouvriers un salaire moyen déterminé. Il n'est rien stipulé pour le salaire de chaque ouvrier ; mais le gain total de l'ensemble des ouvriers divisé par le nombre total des journées de travail faites par l'ensemble des ouvriers doit être égal ou supérieur à la moyenne fixée.

L'identité des clauses du contrat qui lie plusieurs individus ne suppose pas nécessairement l'existence d'un contrat collectif. Ainsi le fait qu'un même règlement intérieur est applicable à tous les ouvriers d'une usine, ne suffit pas à donner le caractère collectif à leur contrat de travail, si ces ouvriers ont été engagés individuellement et si ce règlement n'a pas fait l'objet d'un accord collectif. Inversement il arrive que le contrat collectif ne fixe pas des conditions de travail identiques pour tous les ouvriers qui y participent. Ce qui caractérise le contrat collectif, ce n'est pas la similitude des conditions de travail qui y sont fixées, mais la simultanéité, c'est-à-dire le fait que les conditions de travail du groupe qui engage ses services ont été réglées en même temps, et le *concert* existant entre les membres de ce groupe en vue de régler simultanément ces conditions.

287. On a souvent fait observer que le contrat collectif de travail n'était pas prévu par notre législation. Cette observation n'est plus absolument exacte, comme nous le verrons, depuis la loi du 27 décembre 1892 sur l'arbitrage et la conciliation, mais il n'en est pas moins vrai que le contrat collectif de travail n'est mentionné ni explicitement, ni implicitement dans le Code civil où ne paraît avoir été envisagé que le contrat individuel Toutefois les termes du Code civil relatifs au contrat de travail n'excluent pas formellement la légitimité du contrat collectif.

Le silence du Code civil n'a rien qui doive étonner. A l'époque où ont été rédigés nos codes, le contrat collectif n'existait pour ainsi dire pas et ne pouvait pas pratiquement exister. Sans doute le contrat collectif lui-même n'était pas interdit, mais le concert entre des ouvriers, pour obtenir un règlement en commun de leurs conditions de travail, concert qui est la condition essentielle du contrat collectif, était rendu extrêmement difficile par la législation en vigueur et notamment par la loi du 14 juin 1791.

Postérieurement l'article 414 du Code pénal interdisait la cessation concertée du travail, c'est-à-dire enlevait aux ouvriers tout moyen d'action pour obtenir des patrons la conclusion d'un contrat collectif.

Au cours du XIXᵉ siècle cette législation se manifeste en contradiction avec l'évolution économique. De plus en plus la grande industrie tend à se développer. Or si l'on conçoit comme normal le contrat individuel dans les petits ateliers où le patron traite directement et personnellement avec les ouvriers qu'il emploie, on comprend qu'il est à peu près impossible au directeur d'une grande manufacture d'instituer, avec chacun des ouvriers qu'il emploie, un débat contradictoire pour fixer les conditions du contrat de travail. D'autre part, le départ d'un ouvrier quand ce n'est pas un spécialiste, lui est indifférent, ne gêne pas la marche de son usine; l'ouvrier isolé n'a donc aucune chance d'influer sur les conditions du travail. La nécessité d'un contrat, qui règle à la fois et d'ensemble les conditions de travail de tous les ouvriers appelés à exécuter des travaux identiques paraît être la conséquence naturelle du régime de la grande industrie.

288. Dès 1849, à l'occasion de la discussion sur l'abrogation des articles 414, 415 et 416 du Code pénal, la question du contrat collectif fut nettement posée. « Le débat ne deviendra égal entre le chef d'industrie, et l'ouvrier, dit un député, M. Morin, à l'Assemblée nationale (1), que lorsque l'universalité de ses ouvriers ou tout au moins la très grande majorité d'entr'eux se présentera devant lui et lui dira : Ce n'est pas un seul ouvrier, ce ne sont pas trois ou quatre de vos ouvriers qui se présentent devant vous, c'est la masse, c'est l'universalité ou c'est la très grande majorité d'entr'eux. Nous nous sommes entendus, nous nous sommes concertés et nous venons débattre avec vous les conditions du salaire. »

Malgré les difficultés que rencontrait alors dans la législation cette forme de convention, on cite cependant quelques exemples de contrat collectif avant la loi du 21 mai 1864 qui rendit aux ouvriers le droit de coalition. La tolérance relative dont jouissent les associations ouvrières à partir de 1868 favorise aussi le développement du contrat collectif, mais ce n'est qu'à partir de la loi du 27 mars 1884, qui donna aux ouvriers le droit de s'associer pour la défense de leurs intérêts professionnels, que cette forme de contrat tendit à se multiplier. Enfin la loi du 27 décembre 1892 sur la conciliation et l'arbitrage fit entrer pour la première fois, bien que d'une manière insuffisamment explicite, le contrat collectif dans notre législation.

289. Le contrat collectif peut affecter un grand nombre de formes. On peut les ranger sous trois catégories. Dans la première se placent les contrats dont la forme collective est déterminée par le mode de rémunération ; la seconde comprend les contrats dont la forme collective résulte d'une entente ou d'un concert entre les ouvriers en vue d'obtenir un règlement collectif de leurs conditions de travail (taux, durée, etc.) ; enfin la troisième embrasse les contrats collectifs, dans lesquels interviennent les syndicats, et qui ont reçu le nom de conventions syndicales.

290. *1ᵉʳ Système.* — Les contrats collectifs de la première catégorie, à la différence des contrats des autres catégories qui sont dus en général à l'initiative des

---

(1) Séance du 11 octobre 1849 (*Moniteur* du 12).

ouvriers, sont le plus souvent introduits par les patrons eux-mêmes. Leur forme collective résulte de ce que le salaire est fixé en bloc pour une tâche qui doit être exécutée en commun par plusieurs ouvriers. Plusieurs cas peuvent se présenter. Dans le premier cas le patron fixe lui-même la composition de l'équipe et détermine la répartition du travail entre les ouvriers et la proportion suivant laquelle le salaire global devra être partagé entre eux. C'est ce qu'on a appelé le système du salaire à la pièce collectif (1). Ce mode de procéder offre des avantages dans les cas où il est difficile ou impossible d'évaluer exactement le produit individuel de chaque membre du groupe. Il est encore avantageux pour le patron en ce qu'il amène les ouvriers à se contrôler et à se faciliter mutuellement leur tâche. Ce genre de contrat est en usage dans les manufactures de l'Etat, notamment pour le paquetage des scaferlatis. La conduite du torréfacteur, celle des hachoirs dans quelques manufactures de tabacs, le chimiquage et le cartonnage dans les fabriques d'allumettes en sont d'autres exemples. Le prix de ces travaux est fixé globalement et réparti entre les ouvriers qui y participent au prorata de la difficulté de leur besogne ou de l'effort qu'elle exige. Tous les membres de l'équipe sont placés sur un pied d'égalité et aucun ne joue vis-à-vis des autres le rôle de surveillant ou de contremaître (2).

291. Dans une autre variété de ce contrat, en usage également dans les manufactures de l'Etat, le patron se contente de fixer la composition de l'équipe et le mode de répartition du salaire global, sans entrer dans le détail de la répartition du travail entre les membres de l'équipe. Par exemple la répartition du salaire est faite entre les ouvriers de l'équipe au prorata du nombre des heures de présence de chacun, parce qu'il n'est pas possible d'apprécier soit le temps employé, soit l'effort exercé, soit la quantité de matières manipulées par chacun de ceux qui participent à la tâche commune. Lorsqu'un ouvrier étranger à la brigade lui est momentanément adjoint, il est payé dans les mêmes conditions que des associés. Si un des associés concourt aux travaux d'une autre brigade, ou s'il exécute individuellement des mains-d'œuvre payées à la journée ou à la tâche, il rapporte à la masse commune les sommes qu'il a gagnées. C'est le cas des équipes dites de « service général » des manufactures de l'Etat, chargées des manutentions des matières premières ou des produits fabriqués, de leur chargement ou déchargement, etc. Dans les manufactures de tabacs le système est appliqué également aux mouilleurs, aux ouvriers chargés de la fabrication de la poudre, aux époular-

deurs ; dans les manufactures d'allumettes, aux soufreurs, aux ouvriers du séchoir, etc. (1).

292. Enfin le patron peut se contenter de fixer le salaire global, sans intervenir dans la composition de l'équipe et dans la répartition du travail et du salaire entre les membres de l'équipe. C'est ce que l'on appelle « le travail coopératif » (2), et ce que dans l'industrie typographique l'on désigne sous le nom de commandite. Les principaux traits de ce contrat sont les suivants : 1º les membres du groupe coopératif sont associés par leur libre choix, ils déterminent eux-mêmes de combien de personnes le groupe sera composé ; 2º les ouvriers associés choisissent eux-mêmes entre eux leur chef et 3º ils organisent la distribution du travail et du salaire collectifs entre les membres du groupe comme il leur paraît équitable. C'est avec le groupe que le patron traite directement. Ce genre de contrat est pratiqué par l'Etat depuis de nombreuses années pour l'impression du *Journal officiel*. L'Etat fournit le papier, le local, les machines et confie le travail à forfait à une société coopérative de compositeurs. Le système de la commandite est encore appliqué par l'Etat à l'Imprimerie nationale et par la Ville de Paris pour le cassage des pierres, etc.

Les règles du Code civil relatives au contrat de louage s'appliquent sans aucune difficulté aux contrats collectifs de cette première catégorie. Nous renvoyons donc aux chapitres précédents.

293. 2º *Système*. — La seconde catégorie des contrats collectifs est caractérisée par ce fait que la forme collective qu'ils affectent est déterminée non pas par le mode de rémunération ou la solidarité des ouvriers employés à une même tâche, mais par la volonté des ouvriers d'obtenir un règlement collectif des conditions de travail. Un semblable contrat intervient le plus souvent à la suite d'une grève, ou d'une rupture concertée des contrats de travail soit individuels, soit collectifs qui pouvaient lier les ouvriers à leur patron. La loi du 27 décembre 1892 (3) vise cette sorte de contrat, bien qu'il n'y soit pas expressément dénommé. Qu'est-ce en effet que l'accord, qui intervient d'après l'article 6 de la loi entre les parties ou leurs délégués pour régler ce que l'article 1ᵉʳ appelle « un différend d'ordre collectif portant sur les conditions de travail entre patrons et ouvriers », si ce n'est un véritable contrat collectif, tel que nous l'avons défini plus haut? Le projet, qui a servi de base à la loi du 27 décembre 1900, mentionnait même le temps minimum de la validité de la convention.

294. On ne pourrait certes prétendre qu'il ne saurait intervenir de contrat collectif que dans les conditions prévues par la loi du 27 décembre 1892, ni même que la procédure instituée dans cette loi doive être obliga-

---

(1) David Schloss, *Les modes de rémunération du travail*, traduction Rist. Paris, 1902, p. 109. — Ce que l'auteur appelle salaire collectif progressif n'est qu'une variété du salaire collectif à la pièce. Il ne diffère de celui-ci qu'en ceci, que le salaire se compose de deux parties : d'un salaire minimum fixé pour chaque individu et d'une prime collective à répartir entre les membres de l'équipe.

(2) Mannheim, *De la condition des ouvriers dans les manufactures de l'Etat.* Paris, 1902, p. 91.

(1) Mannheim, *op. cit.*, p. 91-93.
(2) David Schloss, *op. cit.*, p. 141.
(3) On verra (Conciliation et arbitrage, chap. IV, sect. III) que la loi du 27 décembre 1890 n'est pas applicable aux exploitations de l'Etat.

toirement suivie toutes les fois qu'un contrat de cette nature doit intervenir. Si la loi précitée a consacré pour la première fois l'existence du contrat collectif, nous avons vu plus haut que rien dans la législation antérieure n'interdisait la conclusion de semblables conventions, bien qu'elles n'y soient pas expressément prévues. Toutefois en l'absence d'autres textes, la loi du 27 décembre 1892 peut fournir d'utiles indications sur les conditions de validité du contrat collectif en général (1).

L'une des parties prend l'initiative d'adresser au juge de paix du canton ou de l'un des cantons, une déclaration contenant les noms, qualités et domiciles des parties en cause, l'objet du différend et les noms, qualités et domiciles des délégués choisis par la partie qui a pris l'initiative de la conciliation. Le juge de paix notifie la déclaration à la partie adverse. Si celle-ci accepte d'entrer en conciliation, elle désigne les délégués chargés de l'assister ou de la représenter, et en avise le juge de paix. Celui-ci invite alors les parties ou les délégués choisis par elles à se réunir en comité de conciliation, qui délibère en présence du juge de paix autorisé à diriger les débats. En cas d'accord, les conditions de la conciliation sont consignées dans un procès-verbal dressé par le juge de paix et signé par les parties ou les délégués.

Ce procès-verbal constitue-t-il le contrat collectif de travail? Il faut distinguer. S'il est signé par les parties elles-mêmes il ne peut y avoir de doute; par le fait qu'elles ont apposé leurs signatures au bas de l'acte, elles ont pris l'engagement de s'y conformer. La question est plus délicate quand le procès-verbal ne porte la signature que des délégués des parties.

Remarquons en passant que le nombre de ces délégués ne peut être inférieur à cinq, ce qui, dans la plupart des différends collectifs où le nombre des ouvriers intéressés est supérieur à ce chiffre, oblige ceux-ci à ne traiter que par délégués.

295. Quelle est la portée exacte du mandat confié à ces délégués? La loi stipule simplement qu'ils sont choisis parmi les intéressés pour les assister ou les représenter. Ces termes ne permettent pas de conclure que tous aient le droit d'engager effectivement leurs mandants. S'ils peuvent être désignés pour représenter les parties, ce qui paraît leur donner un mandat très large, quelques-uns peuvent aussi être désignés pour « assister » simplement les parties, ce qui restreint singulièrement dans ce cas leur mission. La difficulté de déterminer l'étendue exacte du mandat donné aux délégués, vient de ce qu'ils ne sont pas, en général, munis d'un pouvoir régulier et écrit : « La loi, dit l'exposé des motifs du projet qui est devenu la loi de 1892, s'est volontairement abstenue de déterminer

le mode de nomination des délégués des parties en cause. Elle s'en rapporte sur ce point aux intéressés eux-mêmes, éclairés à cet égard par une expérience déjà acquise » et le rapporteur devant la Chambre des députés déclarait que « la loi dispose, sans s'inquiéter de la formation du corps électoral, que les parties intéressées dans le débat, ouvriers et patrons, nommeront leurs délégués à leur fantaisie, comme ils ont l'habitude de le faire, sans règle de procédure électorale ». Ces déclarations paraissent indiquer la volonté du législateur de déroger, en l'espèce, à la restriction de l'article 1985 du Code civil qui n'admet la preuve testimoniale du mandat que lorsqu'il s'agit de sommes ou valeurs n'excédant pas cent cinquante francs.

En fait souvent le procès-verbal de conciliation arrêté par les délégués est soumis à la ratification des parties ; ce qui semblerait indiquer qu'alors les délégués ne représentent les parties que dans la mesure où les plénipotentiaires représentent la nation dans la conclusion des traités qui doivent être soumis à la ratification du Parlement. Dans ces conditions le contrat collectif ne serait parfait qu'après que les parties y auraient donné leur consentement, ce consentement pouvant s'exprimer soit par une manifestation formelle de leur volonté, par un vote, par exemple, soit tacitement, par le fait de la rentrée collective à l'atelier.

296. Lorsque les parties n'invoquent pas le bénéfice de la loi du 27 décembre 1892, la formation du contrat collectif peut se faire par un accord intervenu soit entre les parties elles-mêmes, soit entre leurs représentants. Dans ce cas la désignation de ces représentants n'est pas soumise aux restrictions de la loi de 1892. Leur nombre peut être supérieur à cinq, ils peuvent être choisis en dehors des intéressés, et il n'est pas nécessaire qu'ils soient citoyens français. Il serait excessif d'exiger d'eux un pouvoir régulier, donné par écrit. Un mandat verbal, donné dans les conditions larges qui ont été indiquées à propos de la loi de 1892, semble suffisant, surtout lorsque, ce qui arrive le plus souvent, le mandat qui leur est donné n'emporte que le droit de débattre les conditions de l'arrangement et d'arrêter les termes du contrat, lequel est habituellement soumis à la ratification de leurs commettants.

297. *Sanction du contrat collectif.* — La résiliation du contrat collectif ou l'inexécution de ses clauses peut donner ouverture à une action en justice dans les mêmes conditions que celles qui ont été fixées plus haut pour le contrat individuel. Ainsi l'article 1780 devra s'appliquer au contrat collectif, dans le cas où il est conclu pour une durée indéterminée. Cette solution s'impose nécessairement dans l'absence de dispositions légales spéciales au contrat collectif. Elle est implicitement contenue dans l'arrêt de la Cour de cassation du 18 mars 1902 qui a ttribué à la rupture collective et concertée du contrat de travail les mêmes effets qu'à la rupture individuelle en ce qui concerne l'ouverture à indemnité (1).

---

(1) Nous ne nous attacherons dans ce qui suit qu'aux dispositions qui concernent la conclusion du contrat collectif proprement dite; nous renvoyons, pour la loi elle-même et les difficultés qu'elle peut soulever en dehors de ce qui fait l'objet même de cet article, au chapitre relatif à la conciliation et à l'arbitrage.

(1) Cass. civ. 18 mars 1902 (*Bulletin de l'Office du travail*, avril 1902, p. 238).

9

Quant aux personnes à qui appartient l'action en justice pour obtenir l'exécution des clauses du contrat collectif ou sa résiliation, la jurisprudence paraît unanime à l'attribuer à chacune des personnes, composant le groupe qui a conclu le contrat et à l'égard desquelles il y aurait eu violation des engagements pris. C'est ainsi qu'il a été jugé à l'occasion d'un contrat collectif de travail que « celles-là seulement parmi les ouvrières syndiquées vis-à-vis desquelles les engagements pris par les patrons n'ont pas été remplis, ont le droit de se plaindre et de réclamer des dommages-intérêts » (I). A cette action individuelle de chacun des ouvriers composant la collectivité qui a été partie au contrat collectif correspond naturellement une action corrélative du ou des patrons qui ont été partie au contrat contre chacun des ouvriers de cette collectivité.

On peut soutenir cependant qu'à côté de cette action individuelle il peut exister une action collective. Ce n'est pas seulement l'amélioration de situation de tel ou tel ouvrier que la collectivité ouvrière a en vue en formant un contrat collectif ; elle est le plus souvent dominée par la préoccupation de régler d'un seul coup et d'ensemble la situation de tous les membres de la collectivité. Il y a intérêt pour elle, garantie pour chacun des individus composant la collectivité, à ce que les conditions de travail ne puissent être soumises à des variations individuelles. Si l'on admet que le contrat collectif se résout en une poussière de contrats individuels, rien n'empêche le patron, au lendemain de la formation du contrat collectif, de conclure avec chacun des ouvriers, pris séparément et privé de l'appui qu'il trouve dans la solidarité de ses camarades, des stipulations particulières qui détruiraient l'effet du contrat collectif.

298. La question de la légitimité de l'action collective des ouvriers en matière de contrat collectif ne s'est pas encore posée devant les tribunaux indépendamment de la question de savoir à qui appartient cette action. C'est en effet là que gît la difficulté.

L'action collective appartient-elle aux délégués qui ont été chargés de conclure le contrat collectif ? Ces délégués ne peuvent être considérés comme les représentants des ouvriers qu'au moment de la conclusion du contrat. A défaut de stipulation expresse, ils ne sauraient établir qu'ils ont reçu, en dehors du mandat de conclure le contrat, celui d'en surveiller et d'en assurer l'exécution. La question s'est posée notamment dans le cas où les ouvriers étaient représentés par leur syndicat au moment de la conclusion du contrat. Nous verrons plus loin à l'occasion des conventions syndicales, que la jurisprudence a refusé de reconnaître au syndicat, comme représentant des ouvriers, l'action en exécution du contrat collectif.

Si la jurisprudence n'admet pas que le mandat des délégués chargés de conclure le contrat puisse survivre à la conclusion de ce contrat, les mêmes objections ne sembleraient pas pouvoir être invoquées contre des délégués, auxquels la collectivité donnerait le mandat exprès de poursuivre en son nom l'exécution du contrat. Cette espèce ne s'est pas encore présentée, les ouvriers, en cas de violation du contrat collectif, recourant plus habituellement à la grève, mais il serait intéressant que le point fût tranché par les tribunaux. La réalisation de cette hypothèse présenterait d'ailleurs, des difficultés pratiques. Il serait difficile de faire désigner les délégués par l'unanimité des ouvriers, et dans le cas où ils ne seraient désignés que par la majorité, leur mandat pourrait être contesté. D'autre part il serait difficile de faire la preuve que la collectivité, qui poursuit l'exécution du contrat, est composée des mêmes individus que la collectivité qui a conclu le contrat. La collectivité des ouvriers d'une usine ou d'une même profession n'a pas en effet reçu de la loi la personnalité juridique. Il a été jugé dans ce sens que permettre à un groupe d'ouvriers — qui peut être désigné sous le même nom tout en étant composé successivement d'individus différents — de faire un traité en temps quelconque et de réclamer au même titre l'exécution de ce traité sans établir que ce groupe est dans les deux cas composé des mêmes personnes et que ces mêmes personnes sont toutes d'accord, constituerait une atteinte grave à la liberté individuelle et à la liberté du travail (I).

299. 3° *Système : Conventions syndicales.* — On groupe généralement sous le nom de conventions syndicales toutes les conventions passées entre un ou plusieurs syndicats ouvriers et un ou plusieurs patrons ou syndicats patronaux et ayant pour objet la fixation de conditions de travail (2). Il y a lieu, selon nous, de faire une distinction parmi ces conventions ; elles ne nous paraissent pas avoir le même caractère, dans le cas où le syndicat agit formellement au nom d'ouvriers déterminés et dans le cas où le syndicat agit exclusivement en tant que syndicat.

Dans le premier cas on se trouve en présence d'un contrat collectif de travail ordinaire conclu par délégués. La qualité de représentants d'un syndicat n'ajoute rien à la mission qu'ont reçue ces délégués, qui sont dans la situation de délégués ordinaires et n'ont pas plus de pouvoirs. La jurisprudence est absolument unanime sur ce point. Il a été jugé que le président d'un syndicat ouvrier qui a, comme tel, passé avec un patron du métier une convention relative aux conditions dans lesquelles doit s'exercer la profession, n'a pas d'action en justice pour réclamer au nom du syndicat l'exécution de cette convention, s'il résulte des faits de la cause *qu'il n'a agi en passant cette convention que comme mandataire d'une partie seulement des syndiqués* (en l'espèce les ouvriers du patron avec

---

(1) C. de Dijon, 23 juillet 1890, D. 93.1.241 ; Cass. civ. 1er février 1893. D. 93.1.241.

(1) Trib. comm. de Nantes, 13 avril 1897 (*Rev. des sociétés* 1898, p. 131).
(2) Barthélemy Raynaud, *Le contrat collectif de travail.* Paris, 1901.

lequel il a traité (1). La Cour de cassation s'est prononcée dans le même sens (2).

La théorie de la jurisprudence est très nette. Quand les syndicats agissent au nom d'ouvriers déterminés, ils n'agissent pas comme syndicats, mais comme représentants de ces ouvriers, et les conventions qu'ils passent en cette qualité n'ont d'effet que pour les ouvriers qu'ils représentent et n'ont aucun effet à l'égard des syndicats qui ne sauraient par suite en poursuivre l'exécution. On ne saurait arguer que les syndicats puisent le droit d'intervenir, au nom de leurs syndiqués, de la mission qui leur est attribuée par la loi de défendre les intérêts généraux de la profession; la demande en exécution d'un contrat collectif ne tend pas en effet, à la défense des intérêts généraux ou syndicaux, mais à la défense des intérêts d'un certain nombre de membres du syndicat et en vertu de la règle : nul en France ne plaide par procureur, le syndicat n'est pas recevable à ester en justice à l'occasion de cette demande, laquelle ne peut être formée qu'au nom de ceux ayant seuls qualité pour l'intenter (3).

300. Il n'en est pas de même quand les conventions ont été passées par les syndicats agissant comme syndicats et non comme représentants d'ouvriers déterminés. Une convention de ce genre sera, par exemple, celle par laquelle un patron prend vis-à-vis d'un syndicat ouvrier l'engagement de n'occuper d'ouvriers qu'à un tarif déterminé, ou de n'imposer à ces ouvriers qu'une durée de travail déterminée, cet engagement étant valable pour tous les ouvriers qui sont ou pourraient être employés par ce patron. La jurisprudence a constamment reconnu la validité d'une semblable convention et reconnu au syndicat le droit d'en poursuivre l'exécution.

Il a été jugé notamment « qu'il ressort clairement des travaux préparatoires du texte et de l'esprit de la loi du 21 mars 1884 que le législateur n'a point entendu confiner les syndicats professionnels dans le domaine purement abstrait des questions théoriques ; qu'en exprimant aux termes de l'article 3, qu'ils ont pour objet non seulement l'étude mais encore la défense des intérêts économiques, industriels, commerciaux et

agricoles, il leur a aussi attribué non le pouvoir de s'ingérer dans les affaires purement personnelles de tels ou tels de leurs membres pris individuellement, mais le droit de contracter et, par conséquent, le droit d'ester en justice pour y soutenir les intérêts de la généralité des syndiqués ; qu'il n'est pas contestable que la réglementation du taux des salaires rentre dans la catégorie des questions générales que les syndicats sont autorisés à traiter (1) ». Cette solution est implicitement contenue dans l'arrêt précité de la Cour de cassation du 1er février 1893, qui reconnaît explicitement le droit du syndicat de s'occuper de la fixation du taux des salaires et de la réglementation des heures de travail et ne lui dénie l'action en justice pour l'exécution de la convention qu'il a passée à ce sujet que parce qu'il n'a pas été en son propre chef partie au contrat et qu'il est simplement intervenu pour accepter au nom des ouvriers les offres qui leur étaient faites.

301. La question de savoir dans quels cas le syndicat a agi de son propre chef, et dans quels cas il a agi au nom d'ouvriers déterminés, est souvent délicate à résoudre. Dans l'espèce tranchée par l'arrêt précité de la Cour de cassation, la Cour suprême s'est appuyée sur les termes même du contrat où il était stipulé expressément que le syndicat traitait au nom des ouvriers. C'est également par des considérations d'espèce que le tribunal civil de Cholet dans le jugement rapporté plus haut, a décidé que dans le contrat collectif qui lui était soumis, les deux parties contractantes en présence étaient « d'une part les patrons, tous les patrons de l'industrie textile du rayon de Cholet, et d'autre part, non pas les ouvriers, ni même les syndiqués stipulant par l'intermédiaire de leurs mandataires, mais bien les syndicats professionnels, agissant pour eux-mêmes avec la personnalité civile qui leur est conférée par la loi. »

Mais il y a lieu de remarquer que l'action qui est reconnue au syndicat pour l'exécution de ces conventions est complètement distincte de celle qu'exerceraient des ouvriers pour l'exécution d'un contrat de louage. C'est ainsi que le tribunal de commerce de Paris n'a pas reconnu au syndicat qualité pour obtenir réparation du préjudice qu'aurait causé à un certain nombre d'employés l'inexécution des conditions de travail convenues dans la convention syndicale. Ce préjudice ne saurait être réparé qu'à l'égard de ceux auxquels il a été causé : il s'agit là, non d'intérêts communs à l'universalité des membres du syndicat, mais de droits individuels pour la poursuite desquels la chambre syndicale n'a pas qualité pour ester en justice (2).

C'est qu'en réalité les conventions du genre de celles que nous étudions ici ne sont pas des contrats de louage de services, c'est-à-dire des contrats par lesquels une personne engage ses services à une autre

---

(1) Trib. comm. de Nantes, 13 avril 1897 (*Rev. des sociétés*, 1898, p. 131).

(2) Cass. civ. 1er février 1893, D. 93.1.241. — Attendu qu'on lit au bas de cet engagement (le contrat collectif en question) la mention suivante : Accepté par les soussignés, membres de la Chambre syndicale de Chauffailles, *au nom des ouvriers; —* Attendu que l'arrêt dénoncé, tout en reconnaissant que la fixation du taux des salaires et la réglementation des heures de travail rentrent dans la catégorie des intérêts généraux dont la défense appartient aux syndicats professionnels, *déclare que celui de Chauffailles n'a été, dans l'espèce, qu'un simple intermédiaire* entre les propriétaires de l'usine et leurs ouvrières auxquelles seules diverses concessions ont été faites ; ... que de ces circonstances et du texte même de la convention, ledit arrêt a conclu que si MM. V..., G... et C... étaient réellement engagés envers leurs ouvrières, et si ces dernières pouvaient puiser dans la convention le cas échéant le principe d'une action individuelle en dommages-intérêts, *le syndicat qui n'est intervenu que pour accepter en leur nom les offres qui leur étaient faites* n'avait pas été, en son propre chef, partie au contrat et n'avait par conséquent aucun droit pour en revendiquer les effets ; — Par ces motifs, rejette...

(3) C. de Dijon, 23 juillet 1890; D. 93.1.241.

(1) Trib. civ. de Cholet, 12 février 1897 (*Rev. des sociétés*, 1897, p. 303); Trib. comm. de la Seine, 4 février 1892 (*Rev. du droit industriel*, 1893, p. 72).

(2) Trib. comm. de Paris, 4 février 1892, *loc. cit.*

personne qui s'engage en retour à lui payer un prix déterminé. Le syndicat ne promet pas au patron les services d'ouvriers déterminés.

D'autre part les conditions de travail qui sont fixées dans la convention s'appliquent en général dans ces sortes de conventions à tous les ouvriers de la corporation, qu'ils soient ou non rattachés au syndicat, qu'ils soient ou non au service des patrons au moment où intervient la convention. Ces conventions, quoique relatives à des clauses du contrat de travail, ne sont pas de véritables contrats de travail. Ce sont de la part des patrons, des engagements d'observer dans tous les contrats de travail qu'ils passeront à l'avenir avec des ouvriers de la profession, certaines conditions de salaire, de durée du travail, etc. Le plus souvent le syndicat ne prend aucun engagement en retour et la convention prend ainsi la forme d'un engagement unilatéral. En réalité, bien que cet engagement soit rarement indiqué expressément, l'engagement des patrons a pour corrélatif l'engagement, de la part du syndicat, d'user de son influence pour amener les ouvriers à accepter les conditions ainsi fixées ou à ne pas faire grève. Rien n'empêche d'ailleurs les parties de stipuler qu'une certaine somme sera payée par la partie qui ne tiendra pas l'engagement qu'elle a pris. C'est une coutume courante en Angleterre en matière de conventions syndicales.

302. Cette théorie de la convention syndicale ressort avec une certaine évidence de la jurisprudence, bien qu'elle n'ait pas encore été formulée expressément. C'est ainsi que les dommages-intérêts qui peuvent être accordés au syndicat en cas d'inexécution de la convention, ne lui sont pas alloués en réparation de dommage causé aux individus victimes de la violation les engagements, comme ce serait le cas en cas de rupture de contrat de louage, mais en réparation du préjudice moral que le syndicat, en tant que syndicat, peut éprouver par suite de l'inexécution de l'engagement pris à son égard (1). De même il a été jugé que le préjudice causé aux ouvriers par l'inexécution de la convention syndicale ne constituait pas l'objet de la demande formée par le syndicat en exécution de ladite convention ; que la question était plus haute et qu'il s'agissait de savoir si toute l'économie du tarif (fixé par ladite convention) pouvait être impunément compromise par le fait d'un seul, au risque de tout remettre en question et de faire renaître entre patrons et ouvriers toutes les difficultés que le règlement en question avait eu justement pour objet de résoudre, qu'ainsi on invoquerait vainement en l'espèce la maxime : « Nul ne plaide en France par procureur », que les chambres syndicales plaident pour elles-mêmes, non pour autrui, *pour l'intérêt professionnel*, qu'elles ont la mission de défendre et à raison duquel elles ont stipulé. Il importe peu d'ailleurs que le préjudice soit ou ne soit pas

encore effectivement réalisé; qu'il est de principe qu'un dommage éventuel suffit dès que la menace est sérieuse et le péril imminent (1).

303. Il n'y a aucune raison qui s'oppose à ce qu'il intervienne en dehors de la procédure prévue par la loi de 1892, qui ne s'applique pas aux ouvriers de l'Etat, des contrats collectifs entre l'Etat, les départements, les communes, et ceux de leurs ouvriers et employés qui sont liés par un contrat de travail. La possibilité de conclure un contrat collectif résulte naturellement de la possibilité de conclure un contrat individuel de travail. En fait on relève de nombreux exemples de contrats collectifs dans l'histoire des manufactures de l'Etat. En général, ces contrats, comme dans l'industrie privée, interviennent à la suite de grèves. Cependant jusqu'à une époque assez rapprochée l'administration avait eu pour principe de ne pas reconnaître à ses ouvriers le droit de grève, et par suite ne considérait pas comme possible qu'une discussion pût intervenir entre elle et ses ouvriers à la suite d'une cessation concertée du travail (2).

A partir de la grève qui éclata dans la manufacture de tabacs de Marseille en 1887, l'administration se départit du principe qu'elle avait observé jusque-là et admit des délégations des grévistes à discuter avec elle les modifications à apporter à leurs conditions de travail. Cette façon de procéder se généralisa avec la fondation de syndicats d'ouvriers des manufactures de l'Etat. On trouvera le détail des négociations collectives intervenues entre l'Etat et les ouvriers des manufactures de l'Etat dans le livre de M. Mannheim. L'ordre de service du 30 octobre 1900 a précisé les conditions dans lesquelles les délégués des ouvriers des manufactures de l'Etat pouvaient être admis à discuter avec leurs chefs leurs conditions de travail (3).

304. Il est difficile de déterminer d'une façon précise le caractère des conventions qui sont ainsi intervenues, parce qu'elles sont rarement passées sous la forme de contrats formels écrits et qu'elles se traduisent le plus souvent par des décisions unilatérales de l'administration. Les délégués des syndicats, qui sont le plus souvent parties dans ces conventions, agissent-ils comme représentant les ouvriers ou comme représentant le syndicat, personne morale indépendante des ouvriers qui le composent?

Quoi qu'il en soit aucune disposition légale ne s'oppose à ce que les syndicats des ouvriers de l'Etat concluent avec celui-ci des conventions ayant le caractère que nous avons reconnu plus haut aux conventions

---

(1) Trib. comm. de Paris (*Rev. du droit industriel*).

(1) Trib. civ. de Cholet, 12 février 1897, *loc. cit.*
(2) Une affiche apposée dans les ateliers à la suite d'une grève survenue en novembre 1882 dans la manufacture do tabacs de Lyon était ainsi conçue : « Ayant égard au prompt apaisement, l'administration est disposée à oublier complètement la tentative de désordre et d'insubordination qui vient de se produire... dans l'avenir, l'administration ne cédera pas plus qu'elle ne vient de céder et elle est résolue à prendre, dans les cas analogues, les mesures les plus énergiques pour y couper court : ateliers immédiatement fermés et nouveau recrutement. » (Mannheim, p. 421.)
(3) Mannheim.

syndicales. La possibilité de semblables conventions résulte même d'un texte formel, de l'ordre de service du 30 octobre 1900 précité (1).

CHAPITRE III.

SALAIRE.

SECTION PREMIÈRE.

MODE DE PAIEMENT. MINIMUM DE SALAIRE.

I. — Mode de paiement.

305. D'une manière générale le salaire est la rémunération des services rendus par un ouvrier ou un employé à son employeur.

Cette rémunération peut être calculée de diverses façons. Elle peut être fixée soit d'après la durée des services (salaire à l'heure, à la journée, au mois, à l'année), soit d'après la quantité de travail fourni (salaire aux pièces, à l'entreprise).

Entre ces deux modes-types de rémunération, il en existe beaucoup d'autres, qui tiennent à la fois de l'un et de l'autre. Ainsi, un ouvrier peut être payé à l'heure ou à la journée avec cette condition qu'il devra fournir pendant l'heure ou la journée un minimum de travail; c'est ce qu'on appelle proprement le « salaire à la tâche » (2), bien que cette expression soit très souvent employée comme synonyme de travail aux pièces. Il peut être également stipulé que l'ouvrier payé au temps ou aux pièces recevra une allocation supplémentaire appelée prime, s'il dépasse un minimum de travail fixé : c'est ce qu'on appelle quelquefois le « salaire progressif » (2).

306. Le salaire peut être fixé soit pour le travail de chaque ouvrier pris en particulier, soit pour le travail de toute une équipe d'ouvriers. Dans le dernier cas le salaire est dit « collectif ». Le salaire collectif peut être, comme le salaire individuel, au temps, aux pièces, à la tâche ou progressif. Le salaire collectif peut être fixé à la fois aux pièces pour le chef d'équipe et au temps pour les autres ouvriers : le chef d'équipe bénéficiant de la différence qui pourra exister entre la somme représentant le salaire aux pièces de l'équipe et les salaires au temps payés aux ouvriers : c'est ce qu'on appelle quelquefois « le travail à forfait ou à l'entreprise » (2). Enfin le salaire aux pièces de l'équipe peut être partagé entre les membres du groupe dans des proportions déterminées par les membres eux-mêmes,

c'est ce qu'on désigne parfois sous le nom de « travail coopératif » (1) ou de « commandite ».

Il arrive parfois qu'en dehors du salaire proprement dit calculé directement d'après la durée ou la quantité de travail, l'ouvrier reçoit de son employeur des allocations supplémentaires.

Il n'est pas sans intérêt de savoir jusqu'à quel point ces allocations peuvent être considérées comme partie intégrante du salaire. La question a surtout son importance pour le calcul de l'indemnité ou de la pension de l'ouvrier en cas d'accident, puisque la loi du 9 avril 1898 base cette indemnité ou cette pension sur le salaire journalier ou annuel de l'ouvrier. Mais elle peut avoir aussi son intérêt dans les contestations relatives au contrat de travail, dans le cas, par exemple, où les parties ont stipulé, qu'à défaut de l'observation du délai-congé, la partie qui a pris l'initiative de la rupture du contrat de louage, devra payer à l'autre comme indemnité le salaire afférent au délai-congé fixé. La question se pose également quand il s'agit de déterminer la quotité saisissable du salaire (2).

307. Nous avons vu plus haut qu'en principe le salaire doit consister en une somme d'argent, mais il peut s'y joindre des prestations en nature, nourriture, logement, etc., qui sont quelquefois fournies par l'employeur en outre du salaire en argent. On décide généralement que la nourriture fournie à l'ouvrier avec persistance et régularité doit être considérée comme faisant partie du salaire (3). Il en est de même des prestations en charbon accordées aux ouvriers en vertu de règlements (4). Par contre l'autorisation accordée aux ouvriers d'emporter parfois des débris de bois ne saurait être considérée comme une prestation en nature rentrant dans le salaire (5).

Quant aux allocations supplémentaires en argent, une distinction est à faire. Les unes ont un caractère régulier et sont dues à tout ouvrier qui remplit certaines conditions déterminées. Les autres sont aléatoires, arbitraires et ne constituent en aucune façon un droit pour l'ouvrier.

Dans la première catégorie rentrent les primes allouées pour l'entretien des machines ou pour l'économie de combustible. Il a été jugé que ces primes représentaient la rémunération d'un surcroît de travail et de soins et qu'elles devaient entrer dans l'évaluation du salaire (6). L'indemnité pour charges de famille qui est attribuée par un règlement général de l'employeur et dont peuvent bénéficier tous les ouvriers remplissant les conditions prescrites, bien que constituant pour

---

(1) « Après l'accomplissement des formalités prévues par la loi du 31 mars 1884, les syndicats seront admis à entrer en relations officielles avec les employés supérieurs de l'administration sous la seule réserve qu'ils auront préalablement fourni par écrit au chef de l'établissement la liste des membres composant leur bureau... Les délégations de la Fédération seront reçues à l'administration centrale sur demande écrite adressée sans intermédiaire au directeur général, en précisant les points sur lesquels devra porter l'entretien. L'audience ne sera accordée que *pour des questions générales embrassant l'ensemble du personnel.* »
(2) David Schloss, *Les modes de rémunération du travail* (trad. Rist., p. 12-14).

(1) David Schloss, *Les modes de rémunération du travail* (trad. Rist., p. 12-14).
(2) V. *infra*, sect. II, Saisie-Arrêt.
(3) Trib. civ. Mayenne, 23 mars 1900; Rouen, 11 avril 1900; trib. Seine, 2 octobre 1900 (*Accidents du travail. Jurisprudence*, mars 1902, p. 268, 424, 625.)
(4) Douai, 29 janvier 1901 (*ibid.*, p. 737).
(5) Trib. civ. Arbois, 11 septembre 1900 (*ibid.*, p. 422).
(6) Trib. civ. Narbonne, 24 janvier 1900; Bourges, 26 novembre 1900; *ibid.*, p. 497 et 681; Dijon, 10 mars 1902 (*Journal des Assurances-Accidents*, 1902, p. 154).

eux un droit, ne peut être considérée comme rentrant dans le salaire (1).

En ce qui concerne les indemnités de déplacement, trois systèmes ont été soutenus dans la jurisprudence. Dans un premier système, on considère que l'indemnité de déplacement constitue en réalité une augmentation de salaire et doit être comprise en conséquence dans le salaire (2). Dans un second système on dénie à l'indemnité de déplacement le caractère d'un supplément de salaire (3), tout au moins lorsque les règlements disposent que les indemnités de déplacement pour certains employés ne peuvent être plus élevées que les frais réellement effectués et admettent le système d'abonnement pour les autres (4). Dans un troisième système, on admet que le juge a le pouvoir d'apprécier quelle est la part de cette indemnité qui constitue pour l'ouvrier un bénéfice net (5). L'indemnité de logement ou de résidence est généralement considérée comme partie intégrante du salaire (6).

308. Pour les allocations qui ont un caractère arbitraire ou aléatoire, comme les pourboires, les gratifications, la grande majorité des tribunaux décident qu'en raison de leur caractère aléatoire et de l'impossibilité de fixer leur quotité, elles ne doivent pas entrer dans le calcul du salaire (7) à moins qu'elles ne représentent le prix d'un travail supplémentaire (8).

Les retenues sur les salaires pour versements à une caisse des retraites ou à une caisse de secours ou pour amendes et outils, doivent être comprises dans le calcul du salaire, comme si elles étaient directement versées à l'ouvrier (9). Il ne saurait en être de même des versements faits par les patrons au compte de chaque ouvrier à une caisse de secours ou de retraites; ces versements ne sont, en effet, acquis à l'ouvrier que sous certaines conditions déterminées par les règlements de ces caisses.

309. Enfin l'ouvrier peut, en outre de son salaire et des divers suppléments qui viennent d'être énumérés, être appelé à recevoir une part, déterminée d'avance, des bénéfices de l'entreprise dans laquelle il est employé. Ce cas se présente dans la convention dite « de participation aux bénéfices » et dans les sociétés coopératives de production pour les ouvriers associés.

La somme remise aux ouvriers lors de la répartition des bénéfices ne peut être considérée comme salaire, puisqu'elle n'est pas due en vertu d'un contrat de louage de services, mais en vertu d'un contrat, qui est, surtout dans la société coopérative de production, un véritable contrat de société. En réalité l'ouvrier dans ce cas est à la fois salarié et associé : à ce titre il reçoit deux rémunérations; l'une, en vertu de son contrat de louage, qui est son salaire journalier, l'autre, en vertu de son contrat de société, qui est la part qui lui est allouée avec les bénéfices.

La question n'a pas d'intérêt pour les ouvriers et employés de l'Etat, des départements et des communes. Les établissements dépendant de l'Etat, des départements et des communes n'ont pas en effet d'autonomie financière, leurs dépenses sont payées sur les fonds généraux des budgets nationaux, départementaux et communaux, comme leurs recettes, s'il y en a, sont fondues dans les recettes générales : il ne saurait donc être question de bénéfices, et de participation aux bénéfices des ouvriers et employés de ces entreprises.

310. A part la participation aux bénéfices, tous les modes de rémunération sont en usage dans les établissements de l'Etat. Dans les magasins administratifs des services du harnachement de la cavalerie, de l'habillement et du campement, des subsistances et de santé, le salaire est, en principe, payé à la journée (1). Ce n'est que pour certains emplois que le traitement peut être payé à la tâche, c'est-à-dire aux pièces, par décision du chef de service. A titre de faveur et en récompense de leurs bons services, le chef de service peut également accorder aux commis de toutes classes, aux chefs et sous-chefs ouvriers, aux maîtresses, sous-maîtresses et surveillantes un salaire au mois égal à 26 jours du salaire journalier (2). Ce n'est qu'à titre exceptionnel et dans des circonstances spéciales qu'en vue d'intéresser le personnel ouvrier à une bonne et rapide exécution du service, des primes de surveillance et de fabrication peuvent être accordées par le ministre sur la proposition du directeur régional (3). Quant aux experts des divers services, ils sont payés à l'année, au mois ou à la vacation.

311. Dans les établissements et arsenaux de la marine, le salaire est, en principe, payé à la journée (4). Ce salaire à la journée se combine avec différentes primes. Les primes à l'ancienneté consistent en une augmentation déterminée du salaire quotidien que les ouvriers permanents reçoivent régulièrement à des périodes fixées. Les primes à la capacité consistent également en des augmentations déterminées du salaire quotidien qui sont allouées aux ouvriers permanents et aux ouvriers stagiaires les plus méritants sur les propositions des commissions d'avancement. Des primes sont également accordées aux anciens élèves de mais-

---

(1) Angers, 19 mai 1900 (*Accidents de travail.* Jurisprudence, mars 1902, p. 631).

(2) Angers, 5 et 19 mai 1900 ; Douai, 29 mai 1900 (*Accidents du travail.* Jurisprudence, t. III, 449, 454, 457).

(3) Besançon, 11 avril 1900 (*ibid.*, t. II, 162) ; Douai, 3 décembre 1900; Paris, 26 janvier 1901 (*ibid.*, mars 1902, p. 688, 734).

(4) Lyon (*Accidents du travail.* Jurisprudence, mars 1902, p. 637).

(5) Bourges, 26 novembre 1900 ; Trib. civ. Dijon, 18 janvier 1900 (*ibid.*, p. 684, 171).

(6) Trib. civ. Briey, 13 février 1900; Trib. civ. Toulouse, 19 mai 1900; Trib. civ. Narbonne, 17 juillet 1900 (*Accidents du travail.* Jurisprudence, t. III, p. 110, 263, 388). — *Contra* : Trib. civ. Narbonne, 2 janvier 1901. (*Accidents du travail.* Jurisprudence, mars 1902, p. 497).

(7) Rouen, 11 avril 1900; Paris, 5 janvier 1901. — *Contra* : Grenoble, 8 août 1900 (*Accidents du travail.* Jurisprudence, mars 1902, p. 625, 662, 716).

(8) Paris, 5 janvier 1901 (*ibid.*, p. 716).

(9) Trib. civ. Valenciennes, 17 novembre 1899 (*ibid.*, p. 124) ; Trib. Dijon, 10 décembre 1898, S. 99.2.85.

---

(1) Instr. min. 25 mai 1899, art. 14.
(2) *Ibid.*, art. 15.
(3) *Ibid.*, art. 13.
(4) D. 21 juin 1900, art. 15.

trances munis du brevet de capacité ou du certificat d'études. Ces primes constituent en réalité des suppléments permanents qui s'ajoutent au salaire et se décomptent en un seul chiffre journalier (1).

D'autres primes sont allouées d'après la quantité ou la nature des travaux effectués. C'est ainsi que les agents du personnel ouvrier payé à la journée peuvent recevoir des primes à la production déterminées par des tarifs spéciaux et résultant du travail exécuté par eux (2). Des indemnités temporaires, fixées par le ministre dans tous les cas, peuvent être également accordées aux agents du personnel ouvrier en mission ou affectés à des travaux spéciaux. En outre les ouvriers en mission reçoivent, indépendamment de leurs frais de voyage, une indemnité et la totalité du salaire journalier pour chaque jour de mission, dimanches et fêtes compris (3). Chaque heure de travail en dehors des heures réglementaires est payée un quart en sus du dixième du taux de la journée ordinaire (4). Enfin des gratifications peuvent être accordées par le ministre à la suite de travaux extraordinaires.

312. Dans les manufactures de tabacs et d'allumettes, le travail aux pièces est de règle. Les sommes payées à la journée n'atteignent pas 10 % du montant total des salaires (5). Le travail à la journée ne s'applique que lorsque la nature ou les conditions du travail l'exigent, pour le chauffage des chaudières, pour les maîtresses chargées de former les apprentis, pour les receveuses, les vérificatrices chargées d'examiner les cigares ou de contrôler le poids des paquets de tabac ou d'allumettes, etc., etc. (6).

Le travail aux pièces se présente sous diverses formes. Il peut être individuel ou collectif. La grande majorité des ouvriers sont payés d'après le travail qu'ils fournissent individuellement, c'est le cas des écoteuses, étaleuses, cigarières et robeuses qui sont payées d'après le nombre de cigares ou de robes ou de feuilles écotées, étalées, découpées ; c'est le cas encore des ouvriers employés à la presse des allumettes, à la confection des sacs, coffrets, caisses, tonneaux, à l'aiguisage des lames ou hachoirs, à la conduite des machines à cigarettes, etc. (7).

Dans le travail collectif, toujours calculé aux pièces, le salaire global est divisé entre les membres de l'équipe tantôt d'après la difficulté de la besogne de chacun d'eux et de l'effort qu'elle exige (c'est le cas du chimiquage et du cartonnage dans les fabriques d'allumettes), tantôt d'après le nombre d'heures de présence de chacun d'eux (c'est le cas des soufreurs, des ouvriers du séchoir des fabriques d'allumettes) (8).

Le salaire progressif se rencontre également dans les manufactures de tabacs, par exemple, pour les ajusteurs attachés aux ateliers de machines à cigarettes, au salaire à la journée desquels s'ajoute une prime proportionnelle à la quantité de cigarettes fabriquées par les machines dont ils ont la surveillance (1).

Enfin des primes sont également allouées qui ne correspondent pas à une durée ou à une quantité supérieure de travail. Ainsi les chauffeurs de chaudières qui emploient mensuellement une quantité de combustibles inférieure à un chiffre normal fixé d'avance reçoivent une prime représentant une fraction de l'économie qu'ils ont fait réaliser à l'administration. Dans chaque atelier de cigares, une somme est répartie entre les ouvrières dont la proportion des malfaçons est la moins forte. De même les ouvrières qui emploient le moins de tabac pour la confection d'un même poids de cigares ou de cigarettes reçoivent des primes qui sont perçues, par voie de retenues, sur le salaire de celles qui en ont employé le plus (2).

II. — Époque de paiement du salaire.

313. Aucune loi n'a fixé l'époque à laquelle doit avoir lieu le paiement des salaires. Les conventions intervenues entre les parties font loi entre elles à cet égard et rien ne les empêche de stipuler que les paiements auront lieu à des intervalles aussi éloignés qu'elles le veulent. En l'absence de conventions formelles sur ce point, les tribunaux doivent se référer à l'usage du lieu ou de la profession. Néanmoins, étant donné que l'action des ouvriers et des gens de travail pour le paiement de leurs salaires se prescrit par six mois, il ne paraît pas possible d'admettre que le paiement des salaires, tout au moins en ce qui concerne les ouvriers et gens de travail, puisse être différé au delà de six mois, bien qu'aucun texte légal n'édicte formellement cette interdiction.

Dans les établissements de l'Etat les paiements des salaires se font à des intervalles assez rapprochés. Pour les ouvriers et employés au mois, les traitements sont payés tous les mois. Pour les ouvriers employés aux pièces ou à la journée, le paiement des salaires a lieu, dans les arsenaux et établissements de la Marine, par quinzaine : il est effectué à la fin de la journée, après les heures de cloche (3). Dans les manufactures de tabacs et d'allumettes, les ouvriers sont payés tous les dix jours par les préposés des ateliers (4).

III. — Minimum de salaire.

314. Le terme de « minimum de salaire » a des sens assez différents. Dans le travail aux pièces, il arrive souvent que le patron garantit à l'ouvrier un certain gain journalier. Cette pratique se rencontre, par exem-

---

(1) D. 21 juin 1900, art. 15.
(2) *Ibid.*, art. 18.
(3) *Ibid.*, art. 16.
(4) *Ibid.*, art. 17.
(5) Mannheim, *De la condition des ouvriers dans les manufactures de l'État*, 1902, p. 85.
(6) *Ibid.*, p. 86.
(7) *Ibid.*, p. 89-90.
(8) *Ibid.*, p. 91-94.

---

(1) Mannheim, *De la condition des ouvriers dans les manufactures de l'État*, 1902, p. 95.
(2) *Ibid.*, p. 98-10 .
(3) D. 21 juin 1900, art. 23.
(4) Instr. 1862 sur le service des manufactures, art. 127.

ple, dans les exploitations minières, où les compagnies allouent aux ouvriers des primes exceptionnelles, quand il survient des difficultés dans un chantier, de façon à assurer à l'ouvrier un salaire journalier déterminé. Ce salaire journalier reçoit souvent le nom de salaire minimum (1). Il se rencontre également dans les manufactures de tabacs et d'allumettes. Quand les ouvriers ont à manipuler soit des bois imparfaitement lisses et rectilignes, soit des tabacs de qualité inférieure, le taux du salaire est relevé de façon à atteindre un certain salaire journalier.

315. Dans un sens voisin, le minimum de salaire s'entend du salaire normal et courant en usage pour une catégorie déterminée d'ouvriers dans une localité déterminée, taux au dessous duquel les ouvriers estiment que le salaire ne doit jamais descendre. C'est ce principe du « minimum de salaire » qui a été introduit dans les travaux exécutés pour le compte de l'Etat par le décret du 10 août 1899 (2).

C'est également ce principe qui détermine le taux du salaire dans les magasins administratifs de la Guerre. L'article 12 de l'institution du 25 mai 1899 porte en effet que « dans chaque place et pour chacune des catégories (de commis et d'ouvriers)... le taux des traitements ou salaires... est fixé par le ministre, sur la proposition des directeurs régionaux, qui se basent, conformément à l'article 18 du décret du 26 février 1897, sur les traitements ou salaires alloués pour des emplois similaires dans les établissements industriels de la localité. »

316. Enfin, dans une troisième acception, le minimum de salaire s'entend du salaire considéré comme suffisant pour assurer à un ouvrier les moyens de subsister et de perpétuer sa famille. C'est sur le principe du salaire minimum ainsi entendu que sont établies les bases des salaires des ouvriers des manufactures de tabacs. Pour déterminer ces bases on prend en effet comme point de départ la cherté de la vie dans les localités où les manufactures sont situées. Environ tous les cinq ans, l'administration procède à une enquête d'ensemble et adresse aux directeurs un questionnaire détaillé permettant, sinon de calculer le prix de la vie pour une famille ouvrière dans chaque ville siège d'un établissement, tout au moins de se rendre compte de la cherté relative. D'après ces renseignements les manufactures sont réparties en trois classes : les établissements de Pantin, de Reuilly et du Gros-Caillou étant hors classe. Dans chaque classe on fixe d'abord le salaire à la journée des manœuvres et des femmes de peine. Quant aux salaires aux pièces, leur taux ne varie pas proportionnellement à celui du salaire à la journée, car la productivité des ouvriers varie beaucoup suivant les centres, de même que l'organisation de la main-d'œuvre, de sorte qu'il pourrait se faire que le salaire moyen des ouvriers aux pièces d'une manufacture appartenant à la 3e ou à la 2e classe fût supérieur à celui de la classe immédiatement supérieure, ou inver-

sement que le salaire moyen des ouvriers aux pièces dans une manufacture fût relativement inférieur au salaire établi pour les ouvriers à la journée. Pour obvier à cette difficulté, l'administration tient uniquement compte du rendement moyen des ouvriers de chaque manufacture, tel qu'il est établi par l'expérience, et elle fixe, d'après ce rendement, le taux du salaire aux pièces de telle sorte que le salaire moyen de chaque catégorie d'ouvriers dans chaque établissement soit autant que possible en rapport avec la classe dans laquelle il est placé. Le salaire moyen des ouvriers aux pièces est en général supérieur à celui des ouvriers à la journée et la rémunération des hommes est également supérieure à celle des femmes (1).

SECTION II.

PROTECTION DES SALAIRES.

I. — Saisie-arrêt.

317. La saisie-arrêt est l'acte par lequel un créancier (le saisissant) *arrête* entre les mains d'un tiers (le tiers saisi) le paiement des sommes ou la délivrance des effets mobiliers de son débiteur (le saisi), et obtient ensuite du tribunal la délivrance de tout ou partie de ces sommes ou effets jusqu'à concurrence de ce qui lui est dû.

Le Code de procédure civile donne aussi à la saisie-arrêt le nom d'opposition, mais ce dernier mot s'applique également à d'autres actes que ceux qui sont définis sous le nom de saisie-arrêt, c'est pourquoi il est préférable d'employer ce dernier terme.

La saisie-arrêt diffère de la saisie-exécution en ce que cette dernière ne peut se poursuivre que sur les meubles trouvés au domicile du débiteur ou de personnes qui ne sont pas des tiers par rapport à ce débiteur (tels que employés, caissiers, etc.), tandis que la saisie-arrêt ne peut s'exécuter que sur les choses du débiteur qui se trouvent en la possession des tiers.

La saisie-arrêt peut s'exercer aussi bien sur des effets mobiliers que sur des sommes ou des créances. On ne s'occupera ici que de la saisie-arrêt qui a pour objet les sommes ou créances qui dérivent du contrat de louage de services.

318. *Historique.* Le Code civil pose en principe dans les articles 2092 et 2093 que tous les biens du débiteur sont le gage commun de ses créanciers. Les salaires, traitements, et, d'une façon générale, les sommes et créances dues en exécution du contrat de louage font partie du patrimoine des ouvriers et employés auxquels ils sont dus. Pouvaient-ils être saisis entièrement par les créanciers de ces ouvriers et employés? C'eût été une conséquence rigoureuse. N'était-ce pas en effet indirectement condamner à mort les artisans et employés qui n'ont le plus souvent pour vivre que leurs

---

(1) D. Schloss, *Modes de rémunération du salaire* (trad. Rist, p. 35, 351).
(2) V. *supra*, n° 278 et suiv.

(1) Mannheim, *op. cit.*, pp. 113 et suiv.

salaires et leurs traitements? D'ailleurs le Code de procédure civile lui-même apportait des atténuations à la rigueur du principe posé par les articles 2092 et 2093. C'est ainsi que l'article 592 exclut du droit de saisie des créanciers certaines ressources suprêmes nécessaires au débiteur et à sa famille pour subsister au moins temporairement. L'article 581 déclare insaisissables les « sommes et pensions pour aliments ». Mais l'article 592 ne s'applique qu'à la saisie-exécution et non à la saisie-arrêt, et l'article 581 qu'aux sommes et pensions alimentaires provenant de testaments ou de donations.

Par suite du silence gardé par le Code civil et le Code de procédure civile à l'égard des salaires et traitements, rien ne s'opposait à ce que ceux-ci fussent entièrement saisissables. Jusqu'en 1895 la législation n'apportait d'atténuation à cette situation rigoureuse qu'en ce qui concerne les fonctionnaires civils et militaires. Aux termes de l'article 580 du Code de procédure civile, en effet, « les traitements et pensions dus par l'Etat ne peuvent être saisis que pour la portion déterminée par les lois ou ordonnances royales ». Cette portion avait été fixée, en ce qui concerne les traitements militaires, par la loi du 19 pluviôse an III, et, en ce qui concerne les fonctionnaires publics et employés civils, par celle du 21 ventôse an IX. Quant aux officiers et marins de la flotte, leur solde a été déclarée insaisissable par le décret du 11 août 1856.

319. S'inspirant de ces dispositions qui ne concernaient que les fonctionnaires ou employés civils et militaires de l'Etat, beaucoup de tribunaux déclarèrent insaisissables, en vertu de l'article 581 du Code de procédure civile, jusqu'à certaines limites déterminées suivant les circonstances, les salaires et traitements des particuliers. La Cour de Cassation protesta d'abord contre cette jurisprudence, qu'elle déclara contraire au texte de l'article 581 qui ne visait, d'après elle, que les sommes et pensions alimentaires provenant de testaments ou de donations (1). Néanmoins, la jurisprudence contraire finit par s'imposer, et la Cour de Cassation elle-même décida, à partir de 1860, qu'il appartenait aux tribunaux d'apprécier si les salaires ou traitements pouvaient être affranchis en tout ou en partie des effets de la saisie-arrêt, en raison de leur caractère alimentaire (2).

La loi du 12 janvier 1895 a enfin fait passer dans la législation le principe établi par la jurisprudence.

Elle limite au dixième la quotité saisissable des salaires des ouvriers et les petits traitements des employés. De plus elle simplifie et rend moins coûteuse la procédure et substitue la compétence du juge de paix à celle du tribunal civil.

320. Dans l'état actuel de la législation, la saisie-arrêt des salaires et traitements est soumise à trois régimes : 1° le régime de droit commun, qui est défini dans le titre VII du Code de procédure civile (Des saisies-arrêts ou oppositions, art. 557-582) ; 2° le régime spécial aux fonctionnaires et employés publics qui fait l'objet de dispositions légales et réglementaires particulières, quant à la fixation de la quotité saisissable, mais auquel s'applique, sauf quelques modifications de détail, la procédure de droit commun; 3° le régime de la loi du 12 janvier 1895, qui fixe des règles spéciales, non seulement en ce qui concerne la quotité saisissable, mais aussi en ce qui concerne la procédure.

Le régime de droit commun a une application très limitée. Il ne s'applique qu'aux traitements des commis ou employés, autres que les fonctionnaires publics, dont le montant est supérieur à 2,000 francs. Il ne présente donc qu'un intérêt restreint, au point de vue du droit administratif. On insistera surtout, dans ce qui suit, sur le régime spécial aux fonctionnaires publics, et sur celui de la loi de 1895.

321. *Du saisissant.* — Le saisissant doit être un créancier personnel du saisi ; il faut qu'il existe entre le saisissant et le saisi des rapports directs et que le saisi soit personnellement obligé envers le saisissant. Ainsi le créancier d'un employé ne peut saisir les sommes dues non à cet employé lui-même, mais à un débiteur de cet employé.

La saisie-arrêt, n'étant à son origine, tant que n'intervient pas la demande en validité, qu'un acte conservatoire, peut être pratiquée à la requête d'un individu incapable d'agir lui-même en justice, ou ne pouvant agir sans autorisation préalable. C'est ainsi qu'un maire, le receveur d'un hospice, un trésorier de fabrique, peut, sans autorisation, pratiquer une saisie-arrêt au bénéfice de la commune, de l'hospice ou de la fabrique (1). Il en est de même d'un failli (2).

322. Quant aux créances pour lesquelles on peut saisir-arrêter, elles doivent être certaines, liquides et exigibles (3). Par créance certaine, on entend une créance qui n'est pas contestée ou ne peut être contestée en justice. Par créance liquide on entend une créance dont l'existence est certaine et la quotité déterminée. Toutefois, lorsque la créance n'est pas liquide, le créancier peut demander au juge de faire une évaluation provisoire. Le juge compétent est, dans ce cas, si le créancier a un titre, ou le juge du domicile du saisi ou celui du domicile du tiers saisi ; s'il n'a pas de titre, seul le juge qui a qualité pour accorder la permission de saisir est compétent. L'évaluation de la créance est laissée au pouvoir discrétionnaire du juge (4). Enfin par créance exigible, il faut entendre une créance échue ou exigible.

Il ne suffit pas que la créance soit certaine et liquide : il faut encore que le créancier puisse invoquer un titre. Ces titres peuvent être des titres authen-

---

(1) Cass. Req. 22 novembre 1853, S. 54.1.5.
(2) Cass. 10 avril 1860, S. 60.1.502 ; — 29 mai 1874, S. 79.1.61.

(1) Deffaux et Harel, *Encyclop. des huissiers,* v° SAISIE-ARRÉT, n° 3. — Dubrac, *Formulaire des huissiers,* t. I, p. 450, note 2, n° 1.
(2) Paris, 24 décembre 1880, D. 81.2.203.
(3) C. Pr. Civ., art. 551.
(4) Cass. 16 mai 1882, D. 83.1.175.

tiques (actes notariés, jugement définitif) ou un acte sous seing privé signé du débiteur. A défaut de titre, le créancier doit être autorisé par le juge : le juge compétent est, dans ce cas, soit le juge du domicile du tiers saisi, soit celui du saisi (1). La permission est demandée au Président du tribunal de première instance, sauf dans le cas de la loi du 12 janvier 1895, où elle doit être demandée au juge de paix.

Le président peut accorder ou refuser. S'il accorde, l'ordonnance doit indiquer la somme pour laquelle la saisie est autorisée : elle ne préjuge pas la validité de la saisie.

323. *Du tiers saisi*. — Le tiers saisi doit être le débiteur personnel et direct du saisi ; d'autre part, la voie de la saisie-arrêt n'est permise qu'autant que les salaires à saisir sont entre les mains des tiers. Par tiers on doit entendre tout individu qui n'est pas placé dans un tel rapport de dépendance vis-à-vis du débiteur que sa personne se confonde avec la sienne, car en ce cas, c'est par voie de saisie-exécution qu'il faudrait agir. Le greffier comptable d'une maison centrale et le trésorier-payeur général, à qui est confié le pécule du détenu, ne peuvent être considérés comme des préposés du débiteur, mais comme des mandataires ou dépositaires nécessaires, c'est-à-dire des tiers. Par suite, une saisie peut être pratiquée à bon droit entre leurs mains (2).

324. Quand il s'agit de salaire ou traitements dus par l'Etat, les départements, les communes et les établissements publics, les lois et règlements en vigueur désignent au lieu du débiteur lui-même sur lequel on ne peut naturellement pratiquer la saisie-arrêt, les personnes compétentes pour recevoir la signification. Ces personnes sont, d'une manière générale, les « payeurs, agents ou préposés sur la caisse desquels les ordonnances ou mandats sont délivrés » (3). Ce sont toujours des comptables, jamais des ordonnateurs. En conséquence, une saisie-arrêt ne peut être faite entre les mains d'un maire ou d'un préfet (4).

Ces personnes compétentes pour recevoir une saisie-arrêt sont :

1° Pour les sommes dues par l'Etat, d'une manière générale et sauf quelques exceptions sortant du cadre de cette étude ; *a)* le conservateur des oppositions au ministère des Finances, si la saisie est faite à Paris ; *b)* les trésoriers payeurs généraux si elle est faite dans les départements. Quant aux receveurs des finances, percepteurs et autres receveurs des deniers publics, s'ils participent sur les fonds de leur caisse et pour le compte du payeur au paiement des dépenses pour lesquelles leur concours est nécessaire, cette coopération ne saurait les faire considérer ni comme des mandataires directs de l'Etat, ni comme des mandataires substitués par le trésorier payeur général, mais seulement comme de simples agents d'exécution auxiliaires de ce dernier. Ils ne sauraient donc utilement recevoir la signification d'une saisie-arrêt, ni opérer une retenue sur la somme qu'ils sont chargés de verser (1);

2° Pour les sommes dues par les départements : les trésoriers payeurs généraux;

3° Pour les sommes dues par les communes : les receveurs municipaux ;

4° Pour les sommes dues par les établissements publics : les agents comptables de ces établissements (receveurs des hospices, trésoriers des fabriques, secrétaires-trésoriers des bureaux de bienfaisance, etc.);

Dans les manufactures de l'Etat, en particulier, les saisies doivent être signifiées au conservateur des oppositions à Paris, et aux trésoriers payeurs généraux dans les départements. Ces fonctionnaires en informent les directeurs qui se bornent à fournir, à titre de renseignement, en même temps que les mandats de douanes, les bordereaux nominatifs, indiquant pour chacun des ouvriers débiteurs le montant du salaire et la quotité à prélever à titre de retenue (2).

325. *Quotité saisissable*. — Pour déterminer la quotité saisissable, il est nécessaire de distinguer les salaires et traitements visés par la loi de 1895, les traitements et allocations des employés qui sont visés par des dispositions spéciales et les traitements et allocations soumis au droit commun.

Pour ces derniers, il appartient aux tribunaux d'apprécier s'ils doivent être considérés comme alimentaires et affranchis à ce titre en tout ou en partie des effets de la saisie. Cette jurisprudence antérieure à la loi de 1895 s'applique encore aux traitements et allocations qui ne sont pas visés par cette loi.

En ce qui concerne les traitements dus par l'Etat, l'article 580 du Code de procédure dispose qu'ils ne peuvent être saisis que pour la portion déterminée par les lois ou arrêtés du gouvernement. D'après la loi du 21 ventôse an IX, « les traitements des fonctionnaires publics et employés civils sont saisissables jusqu'à concurrence du cinquième sur les premiers mille francs et toutes les sommes au-dessous ; du quart sur les cinq premiers mille suivants, et du tiers pour la portion excédant six mille francs, à quelque somme qu'elle s'élève et ce jusqu'à l'entier acquittement des créances » (3).

La loi du 21 ventôse ne précisant pas, on admet qu'elle s'applique à tous les fonctionnaires publics et employés civils non seulement de l'Etat, mais encore des départements, des communes, des établissements publics (Garsonnet, t. III, p. 532). Elle s'applique notamment aux agents voyers départementaux, aux employés des bureaux des préfectures et sous-préfectures, aux secrétaires et employés des mairies, aux préposés des octrois, aux cantonniers, aux gardes champêtres, aux

---

(1) Garsonnet, t. III, p. 692.
(2) Cass. Req. 18 février 1895, S. 97.1.403.
(3) L. 9 juillet 1836, art. 13.
(4) Cass. 22 avril 1830 (Dalloz, *Exploit*, n° 418); 14 février 1831, S. 31.1.103.

(1) L. 9 juillet 1836, art. 13. — Cass. 11 mai 1896, S. 99.1.407.
(2) Circ. Direct. gén. contrib. ind., 20 mars 1895.
(3) Art. 9.

agents des établissements d'assistance publique ; aux médecins et chirurgiens des hospices (1).

326. Par contre la loi de ventôse ne s'applique pas :
1° A l'avocat d'un ministère qui reçoit en cette qualité, à titre d'abonnement, une certaine somme par an (2) ;
2° Aux titulaires des bureaux de tabac (3) ;
3° Aux personnes salariées par une administration privée ;
4° Aux traitements inférieurs à 2,000 francs par an qui sont régis par la loi de 1895.

Avant la loi de 1895, l'administration admettait que la loi de ventôse s'appliquait aux ouvriers des manufactures de tabacs et d'allumettes de l'Etat, qu'elle assimilait, à ce point de vue, aux fonctionnaires publics et employés civils. Depuis le vote de la loi de 1895, elle a abandonné cette théorie, qu'elle ne paraît avoir admise que pour sauvegarder les intérêts des ouvriers (4). Aujourd'hui les saisies-arrêts des salaires des ouvriers des manufactures de l'Etat sont régies par la loi de 1895.

327. La loi du 12 janvier 1895 limite au dixième la quotité saisissable. Elle s'applique, d'une part, aux salaires des ouvriers et gens de service, quel que soit le montant des salaires. On a vu qu'elle s'appliquait en particulier aux ouvriers des manufactures de l'Etat. Elle s'applique, d'autre part, aux appointements et traitements des employés ou commis et des fonctionnaires, mais seulement lorsque ces traitements ne dépassent pas 2,000 francs par an (5). La Chambre des députés avait ajouté au dernier alinéa de l'article 1er un paragraphe ainsi conçu : « Au delà de ce chiffre de 2,000 fr., l'excédent est saisissable pour le tout. » Ce paragraphe ayant été supprimé par le Sénat, il en résulte que pour les traitements et appointements supérieurs à 2,000 fr., c'est le retour au droit commun, c'est-à-dire l'arbitrage ordinaire des tribunaux, pour les employés ou commis ordinaires, et l'application de la loi du 21 ventôse an IX pour les fonctionnaires publics visés par cette loi (6). Les gens de service (domestiques, ou gens de maison) sont ceux qui donnent leurs soins à la personne ou au ménage du maître et qui sont généralement logés et nourris par lui. Les ouvriers sont ceux qui exercent des professions manuelles et qui ne sont pas ordinairement logés et nourris par le patron. Enfin les commis ou employés sont occupés à des besognes commerciales qui ont un caractère plus intellectuel que manuel. Quant aux fonctionnaires, on doit entendre, au sens de la loi de 1895, ceux qui émargent au budget de l'Etat, du département, des communes ou des établissements publics. En particulier la loi de 1895

s'applique à une institutrice communale dont le traitement est inférieur à 2,000 francs (1). Par contre, elle ne s'applique pas aux pensions de retraite, un employé ou un ouvrier retraité n'étant ni un ouvrier, ni un commis ou employé (2). Les médecins et chirurgiens des hospices civils et des bureaux de bienfaisance doivent être considérés comme des employés ou des fonctionnaires; et si leur traitement est inférieur à 2,000 fr., il est soumis aux dispositions de la loi de 1895 (2).

328. Les forts des Halles de Paris, commissionnés par l'administration pour opérer le chargement, le déchargement et la livraison aux acheteurs des marchandises apportées aux Halles, doivent tant à raison de leur organisation en corporation que de leur mode de rétribution par un prélèvement fixe sur chaque colis enlevé réparti entre les membres de la corporation par un inspecteur des Halles, être considérés non comme des ouvriers, mais comme des employés. Par suite, si l'ensemble du gain annuel d'un fort de la Halle excède 2,000 francs, la saisie-arrêt pratiquée sur ses émoluments n'est pas soumise aux formes prescrites par la loi de 1895 (3).

329. Pour savoir si le traitement d'un commis, employé ou fonctionnaire, bénéficie ou non du régime modifié par la loi de 1895, de même que pour calculer le dixième saisissable, il faut ajouter au salaire ou traitement fixe, les allocations supplémentaires qui entrent comme partie intégrante dans la rémunération des services rendus (4). Si les commis ou employés, en outre de leurs appointements fixes, ont des remises proportionnelles à leur chiffre de vente, ces remises doivent s'ajouter au traitement fixe pour le calcul des appointements. Par contre on admet généralement que le montant des gratifications ne doit pas entrer dans le calcul (5). Les retenues subies par un employé ou un ouvrier sur son traitement ou sur son salaire en vue d'une pension de retraite font partie du salaire ou du traitement, et, par suite, entrent en compte dans le calcul du dixième saisissable (6). Ces retenues ayant fait partie des neuf dixièmes non saisissables par les créanciers ne sauraient faire l'objet d'une nouvelle saisie entre les mains du patron qui les conserve en vue de la pension de retraite à servir éventuellement. Spécialement au cas où un employé de chemin de fer vient à quitter le service d'une Compagnie et où, conformément aux règlements de cette Compagnie, celle-ci doit lui restituer les retenues qui ont été faites sur ses salaires, aucune saisie-arrêt ne saurait être pratiquée sur les sommes ainsi dues par la Compagnie (7).

330. Quand des saisies-arrêts sont pratiquées, pour sûreté d'une dette née du chef de la femme et grevant

---

(1) Rev. gén. d'adm., année 1885, t. II, p. 494 sq.; Orléans, 24 décembre 1856, S. 58.2.336.
(2) Garsonnet, t. II, p. 532.
(3) Cass. 20 décembre 1899, S. 00.1.153.
(4) Mannheim, *De la condition des ouvriers dans les manufactures de l'Etat*, p. 203 et 276.
(5) Art. 1er.
(6) Rapport Régismanset, au Sénat (*J. O.*, Doc. parl., Sénat, oct. 1894, p. 176).

(1) Trib. Perpignan, 20 février 1895, D. 96.2.185.
(2) Trib. Lille, 8 juin 1896, S. 97.2.54; Angers, 24 décembre 1897; Orléans, 24 décembre 1856; S. 58.2.336.
(3) Paris, 9 décembre 1898, S. 01.2.110
(4) V. *supra*, nos 307-309.
(5) Schaffhauser, *Saisie des gages et salaires*, n° 21.
(6) Trib. Dijon, 10 décembre 1898, S. 99.2.85.
(7) *Ibid.*

la communauté, sur les appointements et traitements des deux époux communs en biens, elles sont soumises aux règles de compétence établies par la loi de 1895 si les traitements ou appointements de chacun des deux époux sont inférieurs à 2,000 francs alors même que leur total qui tombe en communauté serait supérieur à cette somme, par le motif que si la communauté les possède réunis, c'est à la condition de faire face à un double besoin (I).

331. La limitation par la loi de 1895 de la quotité saisissable au dixième est d'ordre public, et le débiteur ne peut renoncer au bénéfice de ces prescriptions. Il ne pourrait accepter de ses créanciers une saisie supérieure au dixième de ses appointements.

Toutefois les saisies faites pour le paiement des dettes alimentaires prévues par les articles 203, 205, 206, 207, 214 et 349 du Code civil ne sont pas soumises à la restriction fixée par la loi (2). Il s'agit des aliments dûs par les parents à leurs enfants (art. 203), par les enfants à leurs ascendants (art. 205, 206, 207), par le mari à sa femme (art. 214), et par les enfants adoptifs à leurs parents adoptifs et par ces derniers à leurs enfants adoptifs (art. 349). La loi de 1895 n'a pas voulu faire obstacle aux devoirs alimentaires qui incombent à certains parents les uns envers les autres. Le créancier pour pension alimentaire concourt avec le créancier ordinaire sur le dixième saisissable ; sa créance n'est l'objet d'aucun privilège sur ce dixième. Mais si la distribution est insuffisante pour payer la dette, le créancier pour dette alimentaire a le droit de saisir la partie du salaire qui excède le dixième, et ce, jusqu'à entier paiement. Toutefois il y a lieu de tempérer cette solution par l'article 268 du Code civil, aux termes duquel les aliments ne sont accordés que dans la proportion du besoin de celui qui réclame et de la fortune de celui qui les doit (3).

Il a été jugé que la saisie-arrêt pratiquée par une femme sur les salaires de son mari pour avoir paiement de la pension alimentaire à elle allouée en vertu de l'article 238 du Code civil par une ordonnance de non conciliation, rendue en cours d'instance en divorce, ne doit pas être limitée au dixième des salaires (4). Bien que l'article 238 ne figure pas à l'énumération de l'article 3 de la loi de 1895, le tribunal a estimé qu'il y avait lieu de l'y comprendre, le principe étant le même, et le mari continuant à être obligé de fournir des aliments à sa femme et à ses enfants lorsque, par décision régulière, la femme est autorisée à résider en dehors du domicile conjugal.

332. *Procédure de droit commun.* — La procédure de la saisie-arrêt comprend quatre actes distincts.

La saisie-arrêt est d'abord signifiée par exploit au tiers saisi. Cet exploit doit contenir le titre ou l'ordonnance du juge en vertu desquels est pratiquée la saisie-arrêt; l'énonciation de la somme pour laquelle elle est faite ; et l'élection de domicile faite par le créancier dans le lieu (la commune) où demeure le tiers saisi, si le saisissant n'y demeure pas. La signification de la saisie-arrêt n'a pas pour effet d'enlever au saisi sa créance sur le tiers saisi; elle n'a d'autre effet que d'arrêter le paiement de cette créance entre les mains du saisi.

Le second acte comprend la dénonciation de l'exploit de saisie-arrêt au saisi, la demande en validité de la saisie-arrêt et le jugement de cette demande. L'exploit de saisie-arrêt doit être dénoncé au débiteur saisi dans la huitaine et par exploit. La dénonciation doit être accompagnée d'une assignation en validité. Les deux actes peuvent être faits par le même exploit. En tous cas l'exploit par lequel le débiteur est assigné en validité doit contenir constitution d'avoué. L'affaire est portée devant le tribunal civil, seul compétent pour statuer sur la validité d'une saisie-arrêt, en dehors des cas prévus par la loi de 1895. Le tribunal civil est compétent même quand, par la nature commerciale de la créance, la matière serait de la compétence des tribunaux de commerce (1).

Le jugement prononce ou non la validité. Dans l'affirmative, il ordonne par le même jugement que le tiers saisi videra ses mains entre celles du saisissant, jusqu'à concurrence de la créance de celui-ci. Si au contraire le jugement donne mainlevée de la saisie-arrêt, il ordonne que le tiers saisi se désaisisse entre les mains du saisi et le saisissant est condamné aux dépens. Le jugement de validité vient ainsi confirmer et compléter les effets de la saisie-arrêt : s'il la déclare valable, les droits du saisissant ne peuvent plus être contestés ; le tiers saisi peut payer le saisissant.

Le jugement en validité toutefois ne transfère que les sommes qui sont actuellement en la propriété du débiteur, c'est-à-dire les appointements échus au jour du jugement et non à échoir (2). Dans le sens contraire, il a été jugé que le jugement de validité atteint au fur et à mesure de leur exigibilité les appointements d'un employé qui s'acquièrent à des échéances successives (3). Le jugement de validité ne produit ses effets que s'il est définitif et s'il a été signifié au tiers saisi (4).

Le troisième acte a pour objet de contraindre le tiers saisi à déclarer les sommes qui sont entre ses mains. Il comprend la dénonciation au tiers saisi du jugement de la demande en validité (contre-dénonciation) qui doit être faite par exploit dans un délai de huitaine; l'assignation en déclaration affirmative, et le jugement sur cette déclaration. Le défaut de dénonciation au tiers saisi dans le délai de huitaine a pour résultat de rendre valables les paiements faits par lui jusqu'à la contre-dénonciation (5). L'assignation en déclaration

---

(1) Trib. Lyon, 20 décembre 1895, S. 96.2.52, D. 96.2.289 ; *contra :* Trib. Montpellier, 25 novembre 1895, S. 97.2.84.
(2) Art. 3,
(3) Trib. Seine, 6 février 1902, *G. des Trib.*, 12-13 mai 1902.
(4) *Ibid.*

(1) Cass. 13 mai 1884, D. 85.1.21.
(2) Cass. 28 octobre 1883.
(3) Alger, 23 novembre 1867, S. 68.2.85.
(4) Trib. civ. Montdidier, 16 mai 1890, G. P. 90.2.209.
(5) Cass. 28 décembre 1890, S. 81.1.155.

affirmative, peut être faite, s'il y a titre authentique dès le début de la procédure, par l'exploit de saisie-arrêt (1). S'il n'y a pas titre authentique, elle doit être faite en même temps que la contre-dénonciation. L'assignation doit être faite devant le tribunal qui doit connaître de la saisie, c'est-à-dire le tribunal du domicile du saisi, sauf, à lui, si sa déclaration est contestée à demander son renvoi devant son juge. L'assignation n'est pas nécessaire si toutes les parties sont d'accord sur l'existence entre les mains du tiers-saisi de fonds appartenant au saisi. La déclaration affirmative est la révélation exacte faite par le tiers saisi des sommes dues par lui au saisi. Elle doit être faite au greffe du tribunal du domicile du saisi ou devant le juge de paix du domicile du saisi. La déclaration doit être accompagnée de pièces justificatives. Si la déclaration est contestée par le saisissant, celui-ci doit assigner le tiers saisi en contestation de déclaration affirmative. Le tiers saisi peut demander le renvoi devant le juge qui serait compétent pour prononcer entre lui et le saisi, s'il était assigné en paiement par celui-ci. En cas de non-déclaration par le tiers saisi ou de déclaration irrégulière, mensongère ou frauduleuse, le tiers saisi peut être déclaré débiteur des causes de la saisie-arrêt, c'est-à-dire être tenu envers le saisissant comme le saisi l'était, le montant de la créance du saisissant fût-il supérieur à la propre dette du tiers saisi envers le saisi.

Le dernier acte de la procédure est constitué par la remise, entre les mains du saisissant, des sommes qui ont été saisies-arrêtées entre les mains du saisi.

333. Plusieurs incidents peuvent se produire au cours de la procédure. Le saisi peut former soit principalement, soit incidemment à l'occasion du jugement en validité, une demande en mainlevée de la saisie-arrêt. La demande principale doit être faite par assignation au domicile élu par le saisissant dans l'exploit de saisie-arrêt, et le tribunal compétent est le tribunal de première instance du domicile du saisi, et non celui du domicile du tiers saisi.

D'autre part le concours de plusieurs créanciers est un incident assez fréquent. La simple intervention de créanciers dans l'instance en validité intentée par un autre créancier ne leur confère pas les prérogatives attachées à la qualité de saisissant. Chacun des créanciers doit former une saisie-arrêt distincte. L'exploit de saisie-arrêt et la demande en validité, même contre-dénoncée, ne confère au créancier qui les a signifiés aucun privilège à l'encontre de ceux qui viendraient postérieurement (2). Il s'ensuit que les sommes saisies-arrêtées se distribuent au marc le franc entre les créanciers quelle que soit la date de leur saisie. Quant au jugement de validité, les auteurs admettent qu'il ne confère pas de privilège ; la Cour de cassation, au contraire, a décidé (3) que les sommes saisies ne

sont plus, après le jugement de validité, susceptibles de saisie nouvelle et de distribution.

334. *Procédure spéciale pour les salaires et traitements dus par l'Etat, les départements, les communes et les établissements publics.* La loi a édicté, en ce qui concerne les saisies-arrêts, des règles spéciales dans l'intérêt des administrations publiques, notamment pour ne pas les exposer à payer deux fois la même dette. Les articles 1 et 2 du décret du 18 août 1807 portent qu'à peine de nullité les exploits de saisie-arrêt entre les mains des receveurs, dépositaires ou administrateurs de caisses ou deniers publics exprimeront clairement les noms et qualités de la partie saisie, la désignation de l'objet saisi, la somme pour laquelle la saisie-arrêt est faite. Il n'est pas permis, dans le cas où la créance du saisissant n'est pas liquide, d'en faire faire l'évaluation provisoire par le juge (1). En conséquence l'exploit ne doit pas contenir des réserves indéterminées soit pour les intérêts, soit pour les frais (2). Enfin, au lieu de la simple énonciation du titre, l'exploit doit contenir extrait ou copie conforme du titre (3).

Le fonctionnaire entre les mains de qui la saisie est pratiquée, étant responsable du paiement, ne doit jamais se faire le juge de la validité de la saisie ; il doit s'abstenir, par suite, de vider ses mains entre celles du saisi, tant que la mainlevée n'a pas été donnée à l'amiable ou prononcée par le juge. Mais la saisie-arrêt n'ayant d'effet que jusqu'à concurrence de la somme portée à l'exploit, le payeur peut valablement payer l'excédent au saisi (4). Les exploits ne doivent pas être laissés au domicile personnel des administrateurs, mais à leurs bureaux (5). Ils doivent être remis, à peine de nullité, à la personne préposée pour les recevoir. L'opposition formée entre les mains de fonctionnaires qui sont ordonnateurs de dépenses publiques n'aurait aucun effet.

335. Il n'est pas nécessaire que ce soient les administrateurs eux-mêmes qui reçoivent les exploits de saisie. Ils peuvent être valablement signifiés aux commis ou employés désignés à cet effet par les personnes en question (6). Les grandes administrations, et notamment le ministère des Finances, ont organisé un service spécial des oppositions et un employé est chargé spécialement de recevoir les exploits de saisie-arrêt et de vérifier, avant le paiement, les mandats délivrés.

L'exploit doit être visé par la personne préposée pour le recevoir sur l'original. Le visa est délivré sans frais (7). A l'effet d'obtenir ce visa, l'huissier doit laisser l'exploit pendant 24 heures entre les mains du préposé. Ce délai n'a rien d'ailleurs d'obligatoire et le

____

(1) Garsonnet, t. III, p. 745.
(2) C. civ., 2073-2094.
(3) Cass. 2 juillet 1890, S. 90.1.433.

(1) Garsonnet, p. 600.
(2) Instr. 1845, art. 14 ; *ibid.*, 600.
(3) D. 18 août 1807, art. 2.
(4) J. G. *Trésor public*, n° 604.
(5) Cass. 27 avril 1830 (D. v° EXPLOIT, n° 418).
(6) Cass. 25 janvier 1825 (D. v° TRÉSOR PUBLIC, n° 606).
(7) L. 14 février 1792, art. 9.

visa, donné après son expiration, serait encore valable (1). Le visa peut être refusé si l'employé constate qu'une ou plusieurs formalités essentielles pour la validité de l'exploit ont été omises. Si le refus ne paraît pas justifié, le visa peut être demandé au chef de l'administration compétente, ou, à défaut, au Procureur de la République, qui en donne immédiatement avis aux chefs des administrations respectives (2).

336. Les formalités exigées pour la validité de l'exploit le sont dans l'intérêt de l'administration (3). Le saisi ne serait pas admis à contester la validité de l'exploit en raison de leur omission. Spécialement le receveur de l'enregistrement, dont le traitement a été saisi-arrêté entre les mains du directeur, ne serait pas recevable à prétendre que cette saisie aurait dû être faite entre les mains du receveur, c'est-à-dire de lui-même, alors que le directeur, loin de réclamer, a fait verser la somme à la caisse des consignations (4).

Le décret du 18 août 1807 ne modifie en rien les dispositions du droit commun en ce qui concerne les rapports du saisissant et du saisi, et laisse subsister notamment la formalité de la dénonciation de l'exploit de saisie-arrêt au saisi (5).

Par contre la demande en validité d'une saisie-arrêt formée entre les mains des représentants du trésor public n'a pas besoin de leur être dénoncée : les paiements faits par ceux-ci au mépris d'une saisie-arrêt régulièrement suivie d'une demande en validité qui ne leur a pas été dénoncée sont nuls (6).

Les règles sur l'assignation en déclaration affirmative ne sont pas non plus applicables en ce qui concerne les saisies pratiquées entre les mains des dépositaires, receveurs et administrateurs des deniers publics. Aux termes de l'article 569 du code de procédure civile, ces fonctionnaires ne doivent pas être assignés en déclaration affirmative, mais ils doivent délivrer un certificat constatant s'il est dû à la partie saisie et énonçant la somme si elle est liquide (7). Ce certificat se demande par une requête présentée par un avoué au moment où une demande en déclaration serait l'objet d'une assignation d'après le droit commun, c'est-à-dire, dès que la saisie-arrêt est signifiée, s'il y a acte authentique, ou dès qu'elle est déclarée valable, dans le cas contraire (8). En cas de contestation l'administration est assignée devant le tribunal de première instance du domicile du saisi, sauf à celui-ci à demander, s'il y a lieu, son renvoi devant la juridiction administrative (9). La disposition de l'article 569 s'applique non seulement aux caissiers du gouvernement, mais à ceux des villes, communes, et autres établissements publics. A supposer que les préfets puissent être assimilés aux receveurs, dépositaires et administrateurs de deniers publics, ceux qui forment des saisies-arrêts entre leurs mains ne peuvent que les obliger à délivrer un certificat des sommes saisies, mais non à faire une déclaration affirmative (1).

337. Les saisies-arrêts sur les salaires et traitements dûs par l'Etat n'ont effet que pendant cinq années, à compter de leur date, quels que soient les actes, traités ou jugements intervenus sur les dites saisies-arrêts (2). Elles doivent donc être renouvelées avant l'expiration de ces cinq années, faute de quoi, la saisie devenant sans effet, le comptable public qui a fait des paiements au préjudice d'une saisie-arrêt pratiquée entre ses mains, est déchargé de toute responsabilité (3). Cette péremption quinquennale est prescrite dans l'intérêt de l'administration, elle peut néanmoins être invoquée par des tiers qui auraient fait opposition dans la suite, pour écarter un saisissant antérieur (4). Cette péremption n'est pas applicable aux saisies-arrêts faites sur les sommes dues par les départements (5). Il en est de même des saisies faites sur les salaires et traitements dus par les communes.

338. Les contestations relatives aux saisies-arrêts pratiquées sur les traitements et salaires dus par l'Etat, les départements, les communes et les établissements sont de la compétence des tribunaux judiciaires (6).

339. *Procédure de la loi de 1895.* — Les deux caractères distinctifs de la procédure de la loi de 1895 sont les suivants : le ministère d'huissier est remplacé en majeure partie par la lettre recommandée envoyée par le greffier à la justice de paix ; toute la procédure se passe en justice de paix.

La saisie-arrêt ne peut être pratiquée, s'il y a titre, que sur le visa du greffier du juge de paix du domicile du débiteur (7). Le greffier ne peut refuser son visa sur le titre qui lui est présenté : il n'est cependant pas tenu de l'apposer sur un titre non timbré, ni enregistré, mais il ne doit pas examiner le titre au fond. S'il n'y a pas de titre, l'autorisation peut être donnée par le juge de paix du domicile du débiteur saisi qui devra évaluer ou énoncer la somme pour laquelle la saisie-arrêt sera formée. Toutefois le juge de paix pourra, si les parties n'ont pas été déjà appelées en conciliation, convoquer devant lui par simple avertissement le créancier et le débiteur à fin de conclusion, si possible, d'un arrangement amiable. L'exploit de saisie-arrêt doit contenir en tête l'extrait du titre et la copie du visa s'il y a titre, ou, à défaut de titre, copie de l'autorisation du juge. L'exploit est signifié au tiers saisi ou à son représentant préposé au paie-

---

(1) Bordeaux, 15 juin 1827, J. G. Trésor public, 602.
(2) D. 18 août 1807, art. 5.
(3) Cass. 25 juin 1825, S. cbr. — *Contra* : Garsonnet, t. III, p. 785.
(4) Chambéry, 20 janvier 1874, D. 76.5.398.
(5) Cass. 5 novembre 1872, S. 72.1.363.
(6) Cass. Req. 12 novembre 1877, D. 78.1.153.
(7) *Cf.* D. 18 août 1807, art. 6.
(8) Garsonnet, t. III, p. 764.
(9) *Ibid.*, p. 785.

(1) Cass. 11 février 1834, S. 34.1.103.
(2) L. 9 juillet 1836, art. 14.
(3) Cass. Req. 8 novembre 1847, D. 49.1.69.
(4) Cass. 9 août 1892, S. 93.1.201.
(5) Instr. 1845, art. 16 ; lettre min. Fin. 28 mai et 19 juin 1844, J. G., *Trésor public*, n° 632.
(6) J. G. *Trésor public*, n° 640.
(7) L. 12 janvier 1895, art. 6.

ment des valeurs ou traitements, dans le lieu où travaille le débiteur saisi (1). Cette disposition ne déroge pas à la règle en vertu de laquelle le trésorier payeur général, agent préposé au paiement des fonctionnaires publics dans le département, a seul qualité, en règle générale, pour recevoir la signification des oppositions formées sur les traitements des fonctionnaires publics qu'il est chargé de payer (2).

L'huissier saisissant doit faire parvenir au juge, dans un délai de 8 jours, l'original de l'exploit, sous peine d'une amende de 10 francs qui sera prononcée par le juge en audience publique (3). La nouvelle loi supprime les formalités de dénonciation et de contre-dénonciation, ce qui a pour inconvénient de ne pas informer le débiteur saisi de la saisie pratiquée contre lui. Au contraire lorsque d'autres créanciers surviennent, le greffier du juge de paix est tenu d'en donner avis au saisi et au tiers saisi dans les 24 heures par lettre recommandée qui vaudra opposition (4).

340. La demande en validité et en déclaration affirmative est portée devant le juge de paix du débiteur saisi soit par un des créanciers saisissants, soit par le débiteur, soit par le tiers saisi par le moyen d'une simple déclaration consignée sur le registre spécial tenu par le juge de paix. Dans les 48 heures le greffier convoque les intéressés par lettre recommandée à l'audience que le juge de paix aura fixée. Dans le silence de la loi sur le délai laissé aux parties pour comparaître, il faut décider, par analogie avec l'article 5 du Code de procédure civile, qu'il doit y avoir un jour au moins entre celui de la citation et le jour indiqué pour la comparution. En cas de moindre délai, il y a lieu de considérer la convocation comme non avenue et de rapporter le jugement rendu par défaut contre les parties tardivement citées (5). A cette audience ou à toute autre qu'il aura fixée, le juge de paix statue sur la validité, la nullité et la mainlevée de la saisie, ainsi que sur la déclaration affirmative que le tiers saisi sera tenu de faire séance tenante. Cette disposition ne donne au juge de paix compétence que pour statuer sur la validité de la saisie et non sur l'existence même de la créance, si cette dernière ne rentre pas dans sa compétence. Si donc des contestations s'élèvent sur l'existence ou le montant de la créance, le juge de paix devra surseoir à statuer jusqu'à ce que la juridiction compétente se soit prononcée (6). Le juge de paix statue sans appel sur la validité de la saisie ou sur sa main levée « dans la limite de sa compétence » et à charge d'appel, à quelque valeur que la demande puisse s'élever. On a fait observer que le tribunal de police n'était compétent en dernier ressort que jusqu'à 100 francs. Mais le législateur n'a pas

dit dans les limites de sa compétence en dernier ressort, de sorte qu'il faut étendre les limites de sa compétence ordinaire jusqu'à 200 francs (1). L'article 7 du code de procédure civile permet d'ailleurs aux parties de proroger la compétence du juge de paix en dernier ressort. Cette prorogation peut avoir lieu en matière de saisie-arrêt. Le tiers saisi qui ne comparaît pas ou qui ne fait pas sa déclaration est déclaré débiteur pur et simple des retenues non opérées et condamné aux frais par lui occasionnés. Dans le cas de défaut, avis du jugement est transmis à la partie défaillante par le greffier par lettre recommandée dans les cinq jours. Opposition peut être faite dans les huit jours de la date de la lettre par une déclaration inscrite au registre spécial. Les intéressés sont alors convoqués par lettre recommandée du greffier à la plus prochaine audience utile, et le jugement qui intervient est réputé contradictoire. L'appel doit être formé dans les dix jours, sans qu'il soit besoin de signifier le jugement, contre le jugement contradictoire ; le même délai est fixé pour les jugements par défaut à partir de l'expiration des délais d'opposition (2).

Après l'expiration des délais de recours, le juge procède à la distribution des fonds entre les ayants droit, si ceux-ci ne se sont pas amiablement entendus. Il peut surseoir à cette répartition tant que la somme à distribuer n'atteint pas, d'après la déclaration du tiers saisi, et déduction faite des frais et des créanciers privilégiés, un chiffre suffisant pour distribuer aux créanciers connus un dividende de 20 0/0. Une copie de l'état de répartition signée du juge et du greffier est envoyée à chacun des intéressés. Chacun des créanciers a alors une action directe contre le tiers saisi en paiement de sa collocation (3). Les effets de la saisie-arrêt et des oppositions consignées sur le registre spécial subsistent jusqu'à la complète libération du débiteur (4).

341. Les frais de saisie-arrêt et de distribution sont à la charge du débiteur et prélevés sur la quotité saisissable. Ces frais sont réduits au strict minimum. Tous les exploits, autorisations, jugements, décisions, procès-verbaux et état de répartition sont rédigés sur papier non timbré et enregistrés gratis. Il en est de même des avertissements, lettres recommandées et copies d'états de répartition (5). Toutefois ces dispositions ne peuvent être invoquées quand la poursuite a lieu en vertu d'un titre écrit : celui-ci doit, par application des principes généraux de la loi du 22 frimaire an VII, être enregistré avant tout usage (6). Ils ne s'étendent pas non plus aux quittances données en marge des copies des états de répartition par les ayants droit, ni aux quittances des frais et des collocations. Ces quittances doivent être revêtues du timbre de

---

(1) L. 12 janvier 1895, art. 6.
(2) Cass. 11 mai 1896, S. 99.1.407.
(3) L. 12 janvier 1895, art. 8.
(4) *Ibid*, art. 7
(5) Juge paix Lille, 6 novembre 1895, S. 96.2.51.
(6) Justice de paix de Paris, 17 juillet 1902, *Gaz. des Trib.*, 17-18 novembre 1902.

(1) *Mon. Juges de paix*, 1er février 1895, p. 85.
(2) L. 12 janvier 1895, art. 10.
(3) *Ibid.*, art. 11.
(4) *Ibid.*, art. 12.
(5) *Ibid.*, art. 15.
(6) Instr. de la Direction de l'Enregistrement, 13 février 1895.

0 fr. 10 dans les conditions prévues par l'article 18 de la loi du 23 août 1871.

Un décret, rendu le 8 février 1895, en exécution de l'article 16, a déterminé les émoluments alloués au greffier pour l'envoi des lettres recommandées et les copies et extraits des états de répartition (1).

La loi de 1895 n'a pas d'effet rétroactif au préjudice des droits antérieurement acquis ; mais les salaires dus à partir de sa promulgation ne peuvent être frappés par suite d'une saisie antérieure au delà du dixième ; à raison de l'indivisibilité d'une procédure relative à la contribution ouverte pour la distribution des salaires réservés avant et après la loi, le tribunal civil est seul compétent pour connaître de toutes les contestations la concernant (2).

II. — Cession des salaires.

342. Avant la loi de 1895 aucune disposition légale n'apportait de restriction au droit de l'employé ou de l'ouvrier de céder tout ou partie de la créance qu'il pouvait avoir contre son patron à raison de l'exécution d'un contrat de louage. Cependant des doutes s'étaient élevés sur la cessibilité des salaires, d'une façon absolue, en raison du caractère alimentaire qu'ils présentent le plus souvent (3).

D'ailleurs il y a lieu de faire observer que le cessionnaire ne peut faire usage du droit qu'il s'est acquis sur les salaires dus à l'ouvrier qui lui a cédé sa créance sur son patron, que par la voie de saisie-arrêt, de sorte que la question de la cessibilité des salaires est intimement liée à celle de leur saisissabilité. Or on a vu qu'avant la loi de 1895 la jurisprudence, en considération de leur caractère alimentaire, avait restreint notablement la portion saisissable des salaires.

La loi du 12 janvier 1895, en même temps que la saisissabilité des salaires et des petits traitements, a réglementé également leur cessibilité. Aux termes de l'article 2, les salaires, appointements et traitements visés par l'article 1er, c'est-à-dire les salaires des ouvriers et gens de service quel qu'en soit le montant et les appointements ou traitements des employés, commis et fonctionnaires, inférieurs à 2,000 francs par an, ne peuvent être cédés que jusqu'à concurrence d'un dixième. Ce dixième s'ajoute au dixième pour lequel la saisie-arrêt de ces salaires et traitements est autorisée en vertu de l'article 1er. Toutefois cette restriction n'est pas applicable aux cessions faites pour le paiement des dettes alimentaires prévues par les articles 203, 205, 206, 207, 214 et 349 du Code civil (4).

343. La loi de 1895, n'a prescrit aucune procédure spéciale en ce qui concerne la cession des salaires et petits traitements. Le droit commun s'applique donc aussi bien en ce qui concerne la signification du transport de la créance que pour le jugement des contestations relatives à la validité et aux effets de la cession elle-même. Spécialement la signification de la cession n'est pas soumise au visa préalable du greffier exigé pour la saisie-arrêt, et la cession consentie par le débiteur rend le juge de paix incompétent pour statuer sur toutes autres difficultés qui pourraient diviser les parties (I). Il y a donc lieu d'appliquer, en matière de cession de salaires et de traitements, quel que soit leur montant, les dispositions du code civil relatives à la cession des créances et autres droits incorporels en général (articles 1689 à 1701).

III. — Remboursement des fournitures et avances faites aux ouvriers et employés par les patrons.

344. Lorsque deux personnes se trouvent débitrices l'une envers l'autre, il s'opère entre elles une compensation qui éteint les deux dettes de plein droit, à l'instant où elles se trouvent exister à la fois et jusqu'à concurrence de leurs quotités respectives (2). La compensation n'a lieu qu'entre deux dettes également liquides et exigibles ayant pour objet une somme d'argent ou encore certaines choses fongibles de même espèce. Les prestations de denrées non contestées et dont le prix est réglé par des mercuriales peuvent se compenser avec des sommes liquides et exigibles (3).

La compensation ayant lieu quelles que soient les causes de l'une ou l'autre des dettes, en vertu de l'article 1293 du Code civil, rien ne s'opposait donc, en principe, avant la loi du 12 janvier 1895, à ce que la compensation ait lieu entre les salaires ou traitements dus à un ouvrier ou employé, d'une part, et les sommes qui serait dues par l'ouvrier ou employé à son employeur pour avances ou fournitures d'aliments, de matériaux, d'outils, etc. Toutefois il y a lieu de tenir compte que l'article 1293 du Code civil excepte de la compensation les dettes qui ont pour cause des aliments déclarés insaisissables. Or on a vu que la jurisprudence attribue, tout au moins pour une partie, aux salaires, un caractère alimentaire qui les rend pour cette partie insaisissables (4). Il en résulte que, même en dehors des cas où la loi de 1895 limite ou interdit la compensation, rien n'empêche les tribunaux de restreindre la mesure dans laquelle les employeurs peuvent retenir sur les salaires dus à leurs ouvriers et employés, les sommes qui pourraient être dues à eux-mêmes par ces derniers.

345. L'article 4 de la loi du 12 janvier 1895 interdit en principe toute compensation au profit des patrons entre les salaires dus par eux à leurs ouvriers et les sommes qui leur seraient dues à eux-mêmes pour fournitures diverses, quelle qu'en soit la nature. On

---

(1) *Journal Officiel*, 11 février 1895.
(2) Cass. 31 octobre 1900, S. 02.1.241.
(3) Trib. Paris, 22 septembre 1841, *Le Droit*, 23 septembre 1841.
(4) V. *supra*, n° 331.

(1) Cass. 27 décembre 1898, S. 99.1.259.
(2) Code civil, art. 1289-1290.
(3) *Ibid.*, art. 1291.
(4) N° 319.

remarquera que l'article 4 de la loi de 1895, à la différence des articles 1 et 2, ne vise que les salaires des ouvriers à l'exclusion des traitements des commis, employés et fonctionnaires : on peut en conclure que l'interdiction édictée par l'article 4 ne s'applique pas à ces derniers. L'article 4 n'admet d'exception à l'interdiction générale qu'il prononce qu'en ce qui concerne la fourniture des outils ou instruments nécessaires au travail, des matières et matériaux dont l'ouvrier a la charge et l'usage et les sommes avancées pour l'acquisition de ces divers objets.

En ce qui concerne les avances en argent, autres que celles faites pour l'acquisition des outils et matériaux, le patron ne peut se rembourser qu'au moyen de retenues successives ne dépassant pas le dixième du montant des salaires ou appointements exigibles. La retenue opérée de ce chef ne se confond ni avec la partie saisissable, ni avec la partie cessible, telles qu'elles sont déterminées dans les articles 1, 2 et 3 de la loi. Les acomptes sur un travail en cours ne sont pas considérés comme avances.

SECTION III.

PRIVILÈGES ET RECOURS POUR LE PAIEMENT DES SALAIRES.

346. Le législateur s'est préoccupé d'assurer le paiement des salaires des ouvriers. A cet effet il a accordé aux ouvriers des privilèges de diverses natures sur les biens de celui qui les emploie, et il leur a donné également des recours pour le paiement de leurs salaires contre les ayant cause de leurs employeurs.

PRIVILÈGES.

347. 1° *Privilège général sur les meubles de l'article 2101 du Code civil.* — L'article 2101 du Code civil place en quatrième rang, après les frais de justice, les frais funéraires et les frais de maladies, parmi les créances privilégiées sur la généralité des meubles, les salaires des gens de service pour l'année échue et ce qui leur est dû sur l'année courante.

Par « gens de service » il faut entendre les domestiques, c'est-à-dire les individus attachés à la famille ou à la personne. Les ouvriers et employés, et en particulier les commis des fonctionnaires, n'ont pas droit au privilège de l'article 2101 (1). Il ne présente donc aucun intérêt au point de vue du droit administratif.

348. 2° *Privilège sur la valeur des réparations ou constructions immobilières, de l'article 2103 du Code civil.* — Ce privilège est accordé aux architectes, entrepreneurs, maçons et autres ouvriers, employés pour édifier, reconstruire ou réparer des bâtiments, canaux et autres ouvrages quelconques. Il n'est accordé qu'à la condition

qu'un expert nommé d'office par le tribunal de première instance dans le ressort duquel les bâtiments sont situés ait dressé, préalablement à tous travaux, un état des lieux et que les ouvrages aient été reçus dans les six mois au plus de leur perfection par un expert également nommé d'office. Ce privilège ne peut excéder les valeurs constatées par le second procès-verbal, ni la plus-value résultant des travaux qui ont été faits. A défaut par le constructeur d'un édifice élevé en remplacement d'autres bâtiments démolis d'avoir fait dresser préalablement un procès-verbal constatant l'état des lieux, il ne peut réclamer aucun privilège même pour la partie des travaux exécutés postérieurement à un état des lieux dressé plus tard (1).

Ce privilège n'a pas non plus d'intérêt en droit administratif ; les ouvriers jouissant, comme on le verra plus loin, en matière de travaux publics, d'un privilège beaucoup plus énergique, celui du décret du 26 pluviôse an II.

349. 3° *Privilège en matière de faillite.* — Aux termes de l'article 549 modifié par les lois des 4 mars 1889 et 6 février 1895, le salaire acquis aux ouvriers directement employés par le débiteur pendant les trois mois qui ont précédé l'ouverture de la liquidation judiciaire ou de la faillite est admis au nombre des créances privilégiées au même rang que le privilège établi par l'article 2101 du Code civil. Le même privilège est accordé aux commis attachés à une ou plusieurs maisons de commerce, sédentaires ou voyageurs savoir : s'il s'agit d'appointements fixes, pour les salaires qui leur sont dus pendant les six mois antérieurs à la déclaration de la liquidation judiciaire ou de la faillite ; et, s'il s'agit de remises proportionnelles allouées à titre d'appointements ou de suppléments d'appointements, pour toutes les commissions qui leur sont définitivement acquises dans les trois derniers mois précédant le jugement déclaratif alors même que la cause de ces créances remonterait à une époque antérieure.

Ce privilège, qui ne joue qu'en cas de faillite ou de liquidation judiciaire, ne présente naturellement pas d'intérêt pour le droit administratif.

350. 4° *Privilège du décret du 26 pluviôse an II.* — Le privilège du décret du 26 pluviôse an II, modifié par la loi du 25 juillet 1891, s'applique à tous les travaux ayant le caractère de travaux publics, c'est-à-dire non seulement aux travaux de l'Etat, mais aussi aux travaux des départements, des communes, des établissements publics et des compagnies de chemin de fer, à l'exclusion des travaux privés (2).

Primitivement, le décret du 26 pluviôse an II ne s'appliquait qu'aux travaux de l'Etat (3). Il avait pour objet d'éviter que les saisies-arrêts signifiées au Trésor par d'autres créanciers que les fournisseurs et les ou-

---

(1) Cass. 10 février 1820, J. G. Priv. et hyp., n° 201; 9 juin 1873, D. 73.1.338.

(1) Cass. Ch. réunies, 31 janvier 1898, Pand. fr. périod. 98.1.169.
(2) Rapport Bozerian, D. 91.4.68-69.
(3) Civ. r. 4 décembre 1882, D. 83.1.190-191.

vriers vinssent mettre l'entrepreneur hors d'état de faire face aux travaux publics dont il avait pris la charge et entraver l'exécution de ces travaux. D'autre part le décret du 26 pluviôse an II mettait sur la même ligne les fournisseurs et les ouvriers pour l'exercice du privilège qu'il leur accordait sur les fonds dus aux entrepreneurs par l'Etat. La loi du 25 juillet 1891 a eu pour objet d'étendre à tous les travaux publics les dispositions du décret et d'accorder aux ouvriers sur les entrepreneurs un droit de préférence pour le paiement de ce qui leur est dû.

351. Les avantages concédés aux ouvriers et aux fournisseurs par le décret de pluviôse modifié sont de deux sortes : ils ont le droit de pratiquer des saisies-arrêts sur les sommes dues à l'entrepreneur ou à l'adjudicataire, pendant l'exécution des travaux, à l'exclusion de tous les autres créanciers de l'entrepreneur ; d'autre part ils peuvent encore réclamer un privilège sur ces sommes après la réception des travaux.

L'interdiction de pratiquer une saisie-arrêt édictée par le décret à l'égard des autres créanciers de l'entrepreneur n'ayant pour but que d'assurer le paiement par privilège des ouvriers et fournisseurs employés à ces travaux, il en résulte que d'autres créanciers ne seraient pas recevables à se prévaloir de cette prohibition pour faire annuler les oppositions faites contre eux entre les mains de l'Etat par des créanciers de l'entrepreneur (1). L'entrepreneur lui-même n'est pas non plus recevable à se prévaloir de cette prohibition (2).

352. Bien que le décret ne le dise pas expressément, le droit qu'il accorde aux ouvriers et aux fournisseurs d'être payés de préférence aux autres créanciers sur les fonds dus à l'entrepreneur, constitue en réalité un privilège. Il appartient aux ouvriers qui ont concouru aux travaux qui ont fait l'objet du marché passé entre l'Etat et l'entrepreneur. Si l'opposition ou la saisie-arrêt n'est pas le préliminaire indispensable de l'exercice de ce privilège, elle est néanmoins nécessaire pour en assurer l'efficacité au regard des caisses publiques ou administratives détentrices des sommes dues à l'entrepreneur (3). Ce privilège peut être réclamé par le bailleur de fonds qui a fait des avances aux ouvriers ; mais il faut pour cela qu'il soit porteur de l'état des journées payées directement par lui ou ses agents de ses propres deniers ; il ne lui suffirait pas de prouver qu'il a prêté telle somme à l'entrepreneur (4).

Un artiste chargé par l'Etat d'exécuter une œuvre d'art, par exemple des statues pour l'embellissement d'un monument, a pu être considéré comme un entrepreneur de travaux publics dans le sens du décret du 26 pluviôse an II; par suite, les artistes qu'il a employés à ce travail ont le droit d'exercer sur les

sommes à lui dues par l'Etat, à raison de son entreprise, le privilège établi par le décret précité (1). Par contre, les sous-traitants n'ont aucun droit au privilège.

353. La cession, faite par l'entrepreneur, de sa créance contre l'Etat, avant ou après la réception des travaux, ne porte pas atteinte aux droits des ouvriers, encore bien que cette cession ait eu lieu antérieurement à l'ouverture des droits auxquels le décret de pluviôse a attaché le privilège (2).

Le privilège peut être invoqué contre l'entrepreneur failli tout aussi bien que contre l'entrepreneur jouissant de la plénitude de ses droits (3) ; mais les ouvriers ne peuvent plus, après la faillite des entrepreneurs, former saisie-arrêt entre les mains du payeur, ils n'ont plus, comme les autres créanciers, que le droit de se faire admettre à la faillite et d'y faire valoir leur privilège (4). Ce privilège ne peut être réclamé qu'autant que des sommes dues à l'entrepreneur sont encore contenues dans les caisses publiques ou administratives (5).

Le privilège ne peut s'exercer que sur le solde ordonnancé de ce qui est dû à l'entrepreneur après compensation de ce que celui-ci peut devoir à l'Etat. C'est au préfet seul et non au conseil de préfecture qu'il appartient de régler le compte de l'entrepreneur, d'opérer la compensation et de déterminer le solde (6).

Le privilège ne s'étend pas au cautionnement fourni par l'entrepreneur (7), ni aux matériaux existant sur le chantier de l'entreprise (8).

Le privilège des ouvriers, en vertu du dernier paragraphe de l'article unique de la loi du 25 juillet 1891, prime celui des fournisseurs, la situation des ouvriers étant, en général, plus précaire que celle des fournisseurs.

En cas de difficultés sur l'exercice du privilège, il n'appartient qu'aux tribunaux judiciaires d'en connaître (9) et il en est de même des saisies-arrêts formées au Trésor contre les sommes dues aux entrepreneurs.

RECOURS.

354. *Recours de l'article 1798 du Code civil.* — Aux termes de l'article 1798 du Code civil « les maçons, charpentiers et autres ouvriers qui ont été employés à la construction d'un bâtiment ou d'autres ouvrages faits à l'entreprise n'ont d'action contre celui pour lesquels les ouvrages ont été faits que jusqu'à concurrence de

---

(1) Paris, 10 mai 1845, D. 45.2.156.
(2) Cass. 20 octobre 1902, *Gaz. des Trib.*, 28 décembre 1902.
(3) Bordeaux, 25 juillet 1896, S. 97.2.52.
(4) C. d'Ét., 22 mars 1813, J. G. *Trav. publ.*, n° 652.

---

(1) Cass. req. 20 août 1862, D. 63.1.151.
(2) Paris, 27 août 1853, D. 54.2.104.
(3) Cass. 21 juillet 1847, S. 48.1.341 ; Paris, 28 août 1816; J. G. *Priv. et hyp.*, n° 516.
(4) Poitiers, 16 mars 1838, J. G. *Trav. publ.*, n° 663.
(5) Bordeaux, 23 juillet 1896, S. 97.2.52; Cass. S. 23 janvier 1888, S. 88.1.118.
(6) Cons. d'État, 2 février 1826, J. G. Trav. publ., n° 666.
(7) Cass. req. 31 juillet 1849, D. 49.1.197.
(8) Cons. d'État, 5 septembre 1810, J. G. Trav. publ., n° 668.
(9) Avis du Cons. d'État, 12 février 1819.

ce dont il se trouve débiteur envers l'entrepreneur au moment où leur action est intentée ».

On a voulu voir dans cette disposition un privilège créé au bénéfice des ouvriers sur des sommes dues par le maître à l'entrepreneur,, privilège justifié par cette considération que les ouvriers ont, par leur travail, fait naître la créance de l'entrepreneur auquel le maître, sans eux, ne devrait rien (1). Il y a en effet une certaine analogie entre le droit conféré aux ouvriers par l'article 1798 et le droit que leur donne l'art. 3 du décret du 26 pluviôse an II, qui, lui, est un véritable privilège. Mais il ne faut pas oublier que le principe fondamental de la matière des privilèges est que le privilège ne se présume, ni se déduit, mais doit résulter d'un texte. Or nulle part la loi civile ne fait allusion à l'existence de privilèges spéciaux portant sur des créances. D'autre part la rédaction des dispositions de l'art. 1798 et celle du décret du 26 pluviôse an II que l'on prétend assimiler sont, en réalité, profondément différentes. Le décret du 26 pluviôse an II interdit toute saisie-arrêt sur les sommes dues aux entrepreneurs jusqu'à la réception des travaux, pour d'autres créances que celles résultant des salaires ou fournitures, et d'autre part il attribue formellement à ces dernières créances un droit de préférence sur toutes les autres. Il n'y a rien de semblable dans l'article 1798. La jurisprudence est d'ailleurs unanime pour refuser le caractère de privilège au droit reconnu aux ouvriers par cet article (2).

En réalité l'article 1798 confère aux ouvriers une action directe, un recours direct pour le paiement de leurs salaires contre celui pour le compte duquel les travaux ont été faits et jusqu'à concurrence des sommes dues à l'entrepreneur (3). Cette action directe exclut celle des autres créanciers de l'entrepreneur (4). La faillite de l'entrepreneur ne fait par suite nul obstacle à ce que les ouvriers se fassent attribuer privativement les sommes qui restent dues à l'entrepreneur, les ouvriers n'agissant pas comme créanciers du failli, mais exerçant un droit propre et direct (5). Cette action ne peut s'exercer que contre le propriétaire pour le compte duquel les travaux ont été faits, et non contre le cessionnaire auquel l'entrepreneur aurait cédé son marché (6).

Seuls bénéficient de l'action de l'article 1798 les ouvriers réclamant le prix de la main-d'œuvre et non ceux qui ont fait des fournitures à un sous-traitant (7). Le sous-entrepreneur qui, en même temps que son travail, a fourni le travail d'autres ouvriers, en bénéficie également; mais s'il a payé les salaires de ces ouvriers, il n'est pas subrogé à l'action en paiement que ces ouvriers auraient eue s'ils ne les avaient point reçus. Le sous-entrepreneur qui n'aurait pas pris une part personnelle aux travaux, ne pourrait exercer aucun recours (1).

L'action de l'article 1798 n'est donnée que jusqu'à concurrence des sommes dues par le propriétaire à l'entrepreneur, au moment où leur action est intentée. Par suite l'effet de cette action peut être diminué ou même supprimé, si, antérieurement à son exercice, 1° le maître a fait des paiements partiels ou totaux à l'entrepreneur ; 2°· l'entrepreneur a consenti à des tiers de cessions-transports de sa créance (2) ; 3° des saisies-arrêts ont été formées par les tiers sur les sommes dues par le propriétaire à l'entrepreneur.

L'action de l'article 1798 présentait un intérêt au point de vue du droit administratif avant la loi de 1891, qui a étendu le privilège du décret du 26 pluviôse an II à tous les travaux publics, à l'occasion des travaux exécutés par les départements, les communes, les compagnies de chemin de fer, etc. Aujourd'hui les ouvriers ont tout avantage à se servir de préférence du privilège que leur donne la loi de 1891.

355. *Recours contre l'entrepreneur principal.* — Il arrive fréquemment qu'un entrepreneur qui a traité pour l'exécution de travaux déterminés cède à un autre entrepreneur, tout ou partie de son traité. La loi n'a pas accordé en principe aux ouvriers un recours contre l'entrepreneur principal pour le paiement de leurs salaires. L'action de l'article 1798 n'appartient aux ouvriers que contre le maître, elle ne leur est pas donnée en cas de sous-traité contre l'entrepreneur principal. Il a été jugé que l'entrepreneur principal n'est pas tenu personnellement envers les ouvriers employés par son sous-traitant au paiement des travaux faits dans l'intérêt de l'entreprise par ordre de ce dernier (3). Toutefois il a été jugé que dans ce cas les ouvriers avaient une action contre l'entrepreneur principal pour les sommes dont il peut se trouver encore redevable envers le sous-traitant (4).

356. Rien n'empêche le maître au moment de la conclusion de l'entreprise de stipuler que si l'entrepreneur prend des sous-traitants, il sera tenu directement vis-à-vis de leurs ouvriers. Il y a là une stipulation pour autrui parfaitement valable (5). Et cette clause peut être interprétée en ce sens qu'elle a pour effet d'attribuer aux ouvriers travaillant pour l'entreprise une action personnelle et directe contre l'entrepreneur. Il en va ainsi quand le sous-traitant est en faillite (6).

Cette clause a été introduite depuis longtemps dans les cahiers des clauses et conditions générales imposées aux entrepreneurs des travaux des Ponts et Chaussées (7) et de la Guerre. Aux termes des décrets du

---

(1) Labbé, *Revue critique*, 1876, p. 571 et suiv., 665 et suiv.
(2) Montpellier, 22 août 1850, S. 53.2.685; Paris, 9 août 1859, S. 59.2.589; Besançon, 16 juin 1863, S. 63.2.206; Paris, 12 avril 1866, S. 66.2.206.
(3) Mêmes décisions.
(4) Nancy, 21 février 1861, S. 61.2.218.
(5) Mêmes décisions que plus haut.
(6) Cass. 12 août 1862, S. 62.1.958.
(7) Cass. 28 janvier 1880, S. 80.1.416; Paris, 14 nov. 1881, S. 83.2.133.

(1) Cass. 12 février 1866, S. 66.1.94.
(2) Cass. 18 janvier 1854, S. 54.1.441; 11 juin 1861, S. 61.1.878.
(3) Cass. 31 juillet 1867, S. 67.1.383.
(4) Cass. 27 avril 1863, S. 63.1.299.
(5) Cass. 17 juin 1846, S. 46.1.863; 7 février 1866, S. 66.1.290; 2 janvier 1867, D. 67.1.109; 28 janvier 1868, S. 68.1.216.
(6) Cass. 13 juillet 1886, S. 87.1.177; 13 mars 1887, S. 89.1.263.
(7) Art. 9,

10 août 1899 tous les cahiers des charges des marchés et travaux de fournitures passés au nom de l'Etat, des départements, des communes et des établissements publics doivent contenir une clause d'après laquelle « l'entrepreneur ne pourra céder à des sous-traitants aucune partie de son entreprise, à moins d'obtenir l'autorisation expresse de l'administration et sous la condition de rester personnellement responsable tant envers l'administration que vis-à-vis des ouvriers et des tiers » (1).

357. L'interprétation des clauses de cette nature, même quand il s'agit de marchés de travaux publics, appartient aux tribunaux civils. Il a été jugé que si la clause d'un cahier des charges relatif à la concession d'un chemin de fer par l'Etat, constitue bien entre l'Etat et la compagnie concessionnaire une stipulation de marché administratif, elle ne vaut, entre la compagnie et les ouvriers, que comme une convention ordinaire dont il appartient aux tribunaux civils d'interpréter souverainement le sens et la portée (2). Spécialement il appartient aux juges du fond de décider par une interprétation souveraine que les clauses et stipulations d'un cahier des charges ont pour effet d'obliger l'entrepreneur personnellement envers les ouvriers des sous-traitants (3). De même la clause portant que « tout marché général et pour l'ensemble du chemin de fer, soit à forfait, soit sur série de prix, est dans tous les cas formellement interdit » a pu être interprétée par les juges du fait comme ne constituant pas une stipulation faite par l'administration au profit des ouvriers et destinée à sauvegarder leurs intérêts en leur donnant pour obligée la compagnie, et cette interprétation échappe à la censure de la Cour de cassation (4). Dans le même sens il a été jugé, que bien que le cahier des charges contienne interdiction de sous-traités et porte que l'entrepreneur soldera les salaires des ouvriers, l'entrepreneur n'est pas tenu personnellement envers les ouvriers si le juge du fond reconnaît que, par ces clauses, la compagnie a stipulé dans son intérêt exclusif et non dans celui des ouvriers (5).

Lorsqu'une clause introduite dans un cahier des charges a rendu l'entrepreneur responsable des salaires dus aux ouvriers en cas de sous-traité, celui-ci ne pourrait se décharger de cette responsabilité, alors même qu'il aurait publié des avis imprimés pour la répudier (6).

CHAPITRE IV.

DIFFÉRENDS ET CONCILIATION.

SECTION PREMIÈRE.

CONSEILS DE PRUD'HOMMES.

358. *Historique.* — En 1806 les différends relatifs au travail qui s'élevaient entre patrons et ouvriers étaient réglés conformément à l'article 17 de la loi du 22 germinal an XI, ainsi conçu : « Toutes les affaires de police entre les ouvriers et apprentis, les manufacturiers, fabricants et artisans seront portées à Paris devant le préfet de police, devant les commissaires généraux de police dans les villes où il y en a d'établis, et, dans les autres lieux, devant le maire ou un des adjoints. »

Dans les villes où, comme à Lyon, la population manufacturière était très nombreuse et où les contestations avaient pour objet des détails de fabrication dont la connaissance exigeait une assez longue pratique, ces dispositions étaient en quelque sorte inexécutables. Elles chargeaient de travaux trop multiples le maire ou le commissaire de police et exposaient les décisions rendues à être quelquefois hasardées. La Chambre de commerce de Lyon prit alors l'initiative d'une proposition tendant à l'établissement d'un « conseil de prud'hommes composé et renouvelé suivant le modèle de l'ancienne constitution des maîtres-gardes » des corporations. Cette institution nouvelle devait avoir quatre attributions : 1° servir de bureau de conciliation pour terminer à l'amiable les petits différends; 2° juger en dernier ressort et sans frais ceux de ces différends qui n'auraient pu être terminés par l'arbitrage et qui n'excéderaient pas dans leur objet le capital de 60 fr. ; 3° recevoir le dépôt des dessins nouveaux ou des perfectionnements pour les étoffes de goût nouvellement inventés; 4° délivrer les livrets et les livres d'acquits aux ouvriers et aux chefs d'ateliers.

Ce fut là l'origine de la loi du 18 mars 1806 établissant à Lyon un conseil de prud'hommes composé de neuf membres, dont cinq négociants fabricants et quatre chefs d'ateliers. Les contremaîtres et ouvriers étaient absolument écartés du conseil : un décret du 3 juillet 1806 et des instructions ultérieures admirent seulement à l'électorat « les ouvriers patentés » assimilés à ce point de vue aux chefs d'ateliers.

L'article 34 de la loi de 1806 prévoyait l'extension de la juridiction prud'homale à tout le territoire français. En édictant le règlement prévu pour toute la France par cet article 34, le décret du 11 juin 1809 a organisé l'institution des prud'hommes sur des bases plus larges. Il l'étend aux contremaîtres et ouvriers.

Par le décret du 3 août 1810, une première modification, non sans importance, est apportée à la législation des prud'hommes ; le taux de la compétence est élevé à 100 francs.

359. C'est par le décret du 27 mai 1848 que fut apportée la modification la plus profonde à l'institution. Ce décret, conçu dans un esprit très démocratique, mettait sur un pied d'égalité les patrons et ouvriers en décidant que le nombre des patrons et contremaîtres devait être égal au nombre des ouvriers dans les conseils de prud'hommes. Le même décret consacrait d'autres réformes, notamment l'abaissement de l'âge de l'électorat de 25 à 21 ans et de l'âge de l'éligibilité de 30 à 25 ans.

L'égalité admise entre patrons et ouvriers avait pour effet immédiat de donner un rôle nouveau au président du conseil. Les patrons avaient eu jusqu'alors la majorité dans le conseil. Il fallait maintenant envisager

---

(1) Art. 2.
(2) Cass. 30 juillet 1868, S. 68.1.427.
(3) Cass. 13 juillet 1886, S. 87.1.177.
(4) Cass. 20 juillet 1868, S. 68.1.427.
(5) Cass. 31 juillet 1867, S. 67.1.383.
(6) Cass. 17 juin 1846, S. 46.1.863; 7 février 1866 S. 66.1.220.

le cas où les parties seraient d'avis opposé sur un litige ; le rôle de départiteur ne pouvant plus être rempli par les patrons, il fallait prévoir une autre solution. Il fut prescrit que deux présidents seraient élus par le conseil des prud'hommes : un président patron nommé par les ouvriers, et un président ouvrier nommé par les patrons, chacun d'eux présidant à son tour.

La loi du 1er juin 1853 annula en partie les concessions accordées aux ouvriers par le décret de mai 1848. L'âge de l'électorat fut relevé à 25 ans et celui de l'éligibilité à 30 ans. Les contremaîtres et chefs d'ateliers furent classés de nouveau comme électeurs ouvriers. On maintint cependant le principe d'égalité acquis en décidant que les patrons et ouvriers resteraient en nombre égal. Mais l'empereur nomma dorénavant les président et vice-président du conseil de prud'hommes; et comme le président a pour rôle de départager les opinions dans les affaires délicates, on enleva ainsi au conseil une attribution essentielle pour la remettre à un magistrat.

La loi du 7 février 1880 rendit aux conseils de prud'hommes le droit de nommer leurs président et vice-président. Ils sont élus par l'assemblée générale des patrons et ouvriers.

Un certain nombre de difficultés, qui ont été parfois exagérées, se sont produites depuis le vote de la loi de 1880 et ont propagé contre la prud'homie une certaine hostilité parmi les patrons de diverses régions. On dut voter la loi du 10 décembre 1884 et décider que les conseils de prud'hommes pourraient concilier et rendre la justice sans que les patrons et ouvriers fussent en nombre égal dans le bureau particulier ou dans le bureau général, lorsque l'abstention systématique de l'une des parties rendrait impossible la constitution du conseil avec l'égalité de représentation des patrons et des ouvriers.

360. Au milieu de toutes ces transformations, deux caractères principaux de la juridiction prud'homale ont subsisté : elle est demeurée une juridiction compétente, rapide, peu coûteuse et qui n'exige pas l'intervention d'avocats, d'avoués ou d'hommes d'affaires ; elle est demeurée aussi, comme il était dans la pensée du législateur de 1806, une juridiction épuisant, avant de juger, les moyens de conciliation. Et, en effet, pendant ces dix dernières années, sur 100 affaires portées devant les conseils de prud'hommes, 68 ont été conciliées directement ou indirectement, et 32 seulement ont été soumises au bureau de jugement.

I. — Établissement des conseils de prud'hommes.

361. Toute création d'un conseil de prud'hommes est précédée d'une enquête administrative.

La loi du 5 avril 1884, mettant à la charge des communes les frais d'entretien des conseils de prud'hommes, tout projet de création doit être soumis en premier lieu à l'examen du conseil municipal de la commune où le siège sera situé. Le ressort de la juridiction qu'il s'agit de constituer peut s'étendre sur plusieurs communes; dans ce cas, le projet doit être communiqué pour avis aux conseils municipaux de chacune de ces communes ; de plus, si le conseil municipal de la commune où doit siéger le conseil de prud'hommes ne consent pas à prendre à sa charge toutes les dépenses, les autres conseils municipaux doivent faire connaître s'ils entendent y contribuer proportionnellement à la population justiciable.

La Chambre de commerce dans le ressort de laquelle se trouve le siège du futur conseil ou, à défaut, la Chambre consultative des arts et manufactures est invitée à donner son avis.

Les délibérations et autres documents doivent ensuite être transmis au Ministre du Commerce par le préfet du département avec son avis motivé (1).

Après examen du dossier de l'enquête, le conseil de prud'hommes est établi par décret rendu en la forme des règlements d'administration publique sur la proposition des Ministres du Commerce et de la Justice (2).

II. — Composition des conseils de prud'hommes.

1° Élections (3).

362. Les décrets d'institution déterminent le nombre des membres de chaque conseil. Ce nombre est de six au moins, non compris le président et le vice-président.

363. Les membres des conseils de prud'hommes sont élus par les patrons et les chefs d'ateliers, contremaîtres et ouvriers appartenant aux industries dénommées dans les décrets d'institution (4).

Après qu'un conseil de prud'hommes a été créé, les maires des communes comprises dans la circonscription ont à recueillir les éléments de deux listes électorales comprenant l'une l'élément patronal, l'autre l'élément ouvrier en se conformant à la loi du 24 novembre 1883, ainsi conçue :

« Sont électeurs : »

1° Les patrons âgés de vingt-cinq ans accomplis, patentés depuis cinq ans au moins et depuis trois ans dans la circonscription du conseil; les associés en nom collectif patentés ou non, âgés de vingt-cinq ans accomplis, exerçant depuis cinq ans une profession (5) assujettie à la contribution des patentes, et domiciliés depuis trois ans dans la circonscription du conseil.

---

(1) Une circulaire administrative du 3 novembre 1865 donne, a sujet de cette enquête, les indications complémentaires suivantes :

« Lorsque le payement des frais est assuré, le projet est communiqué à la Chambre de commerce ou à la Chambre consultative des arts et manufactures, s'il existe dans l'arrondissement une Chambre de ce genre, avec un tableau indiquant en détail : 1° les diverses industries qui deviendraient justiciables du nouveau conseil; 2° le nombre des patrons et des ouvriers électeurs ou non, que renferme chacune des professions comprises dans le tableau de classification. Ce tableau, d'ailleurs, ne doit comprendre que des professions présentant d'une manière bien déterminée, les deux intérêts respectifs d'un entrepreneur d'industrie et d'ouvriers occupés par lui à des travaux de fabrication. »

(2) L. 1er juin 1853, art. 1er.

(3) Nous ne parlerons pas ici du contentieux électoral, qui est traité dans le *Répertoire de droit administratif* au mot Élections, t. XV, p. 162, n° 956.

(4) L. 1er juin 1853, art. 2.

(5) L'exercice de la profession n'est exigé qu'au moment de l'élection. Dans le cas où le conseiller en fonctions viendrait à cesser d'exercer sa profession, il ne pourrait être déclaré d'office démissionnaire et son mandat ne prendrait fin qu'à l'expiration normale.

Il est à remarquer que les directeurs de sociétés anonymes ne sont pas électeurs. Le Conseil d'Etat statuant au contentieux leur a refusé cette qualité par un arrêt en date du 21 mai 1897. Les industries non soumises à la patente se trouvent exclues du bénéfice de la loi, en dehors de toute autre considération, faute d'électeurs patrons.

2° Les chefs d'ateliers (1), contremaîtres et ouvriers, âgés de vingt-cinq ans accomplis, exerçant leur industrie depuis cinq ans au moins, et domiciliés depuis trois ans dans la circonscription du conseil. »

On ne doit comprendre dans les listes ni un étranger, ni aucun des individus désignés dans les articles 15 et 16 du décret organique du 2 février 1852.

Dans chaque commune, les patrons et les ouvriers remplissant les conditions requises sont invités par affiches à venir se faire inscrire. Les inscriptions peuvent aussi se faire d'office.

Les maires préparent alors les listes avec l'assistance de deux assesseurs choisis, l'un parmi les électeurs patrons, l'autre parmi les électeurs ouvriers, et le résultat de ce travail est transmis au préfet qui dresse et arrête les listes complètes d'après lesquelles doivent se faire les élections. Nous résumons en note les principales circulaires relatives à l'établissement des listes (2).

La législation sur les conseils de prud'hommes ne renfermant point de disposition spéciale concernant la publication des listes et le délai dans lequel peuvent être formées des réclamations, on doit se conformer, pour ces objets, à la loi sur les élections municipales.

Les deux listes sont immédiatement déposées au secrétariat de la commune où doit siéger le conseil de prud'hommes, et doivent être communiquées à tout requérant. Le jour même du dépôt, les ayants droit en sont informés par voie d'affiches.

Tout électeur inscrit peut réclamer l'inscription ou la radiation d'un individu omis ou indûment inscrit. Le recours est ouvert dans les dix jours à compter de la publication, devant le conseil de préfecture ou devant les tribunaux civils, suivant les distinctions établies par la loi sur les élections municipales.

Quand le moment fixé pour le renouvellement du conseil de prud'hommes approche, le préfet convoque les électeurs par arrêté. L'arrêté du préfet détermine le lieu, le jour et l'heure de l'élection, et, s'il s'agit d'un renouvellement partiel, indique les vacances auxquelles il doit être pourvu. Il énumère aussi les conditions requises pour être électeur ou éligible.

Le délai entre le jour de la convocation et celui de l'élection est fixé comme pour les élections municipales. Si la publication par affiches des arrêtés de convocation ne paraît pas suffisante, il peut être envoyé une lettre spéciale à chaque électeur inscrit.

Les électeurs patrons et les électeurs ouvriers élisent séparément le prud'homme qui doit les représenter au conseil. Ils sont convoqués séparément.

Si les électeurs, soit patrons, soit ouvriers, sont trop nombreux pour être réunis en une seule assemblée, le préfet peut former des sections électorales comprenant chacune les catégories d'industries établies par le décret d'institution. Le soin de présider les assemblées électorales est délégué par le préfet aux maires, aux adjoints et à des conseillers municipaux. Le bureau se compose comme pour les élections municipales (1).

La loi n'exigeant point un certain minimum de votants, il suffit de plusieurs suffrages exprimés pour la validité des opérations. Au premier tour de scrutin, la majorité absolue des votants est nécessaire; la majorité relative suffit au second tour.

364. La loi du 1er juin 1853 déclare éligibles les électeurs âgés de trente ans accomplis et sachant lire et écrire. Il n'est pas nécessaire d'être inscrit sur la liste électorale; il suffit de remplir les conditions imposées pour être électeur et éligible (2). Les étrangers ou les individus désignés dans les articles 15 et 16 du décret organique du 2 février 1852 ne peuvent être élus.

En cas de réclamation, dit l'art. 8 de la loi du 1er juin 1853, le recours est ouvert devant le conseil de préfecture ou devant les tribunaux civils, suivant les distinctions établies par la loi sur les élections municipales (3).

---

(1) La circulaire du 3 novembre 1865 a précisé le sens du mot chef d'atelier : Par chef d'atelier, on entend exclusivement l'ouvrier à façon qui, dans son domicile, soit seul, soit avec un ou plusieurs compagnons ou apprentis, met en œuvre des matières qui lui ont été confiées par autrui; tout industriel qui convertit en produits des matières à lui appartenant, doit être considéré comme patron.

(2) Les listes électorales sont établies par catégories et dans chaque catégorie par ordre alphabétique. Elles indiquent dans des colonnes distinctes, l'âge, la profession et le domicile des électeurs, l'année depuis laquelle ils sont inscrits personnellement au rôle des patentes soit dans la circonscription du conseil, soit au dehors ou, pour les associés en nom collectif, l'année depuis laquelle ils exercent une profession assujettie à la contribution des patentes et sont domiciliés dans la circonscription.

L'inscription de tous les électeurs sur les listes spéciales aux conseils de prud'hommes a une importance considérable par suite de l'article 136, paragraphe 15, de la loi municipale du 5 avril 1884 qui a mis les dépenses et frais des conseils de prud'hommes au nombre des dépenses obligatoires pour toutes les communes comprises dans la circonscription de ces tribunaux, mais proportionnellement au nombre des électeurs inscrits sur les listes électorales spéciales aux prud'hommes (Circ. 16 octobre 1885).

Les préfets devront veiller d'une façon toute spéciale à ce que les listes qui doivent servir à la nomination des membres des conseils de prud'hommes soient établies avec la plus grande exactitude. Ils devront avant d'arrêter, en vertu de l'article 7 de la loi du 1er juin 1853, les listes générales des électeurs patrons et ouvriers, vérifier si toutes les personnes remplissant les conditions d'éligibilité exigées par la loi figurent sur les listes dont il s'agit. Dans le cas où les maires auraient dressé des listes incomplètes, celles-ci leur seraient renvoyées pour procéder d'office à l'inscription des électeurs qui auraient été omis.

Les changements qui peuvent survenir d'une année à l'autre ne sont pas, en général, assez sensibles pour rendre la revision des listes obligatoire tous les ans. Pourtant, si des modifications venaient à se produire, de nature à modifier la part contributive des communes dans de notables proportions, il pourrait être procédé à des revisions supplémentaires après en avoir référé au ministre du Commerce (Circ. 3 novembre 1865).

(1) Il doit y avoir dans chacune des deux assemblées autant d'urnes ou boîtes qu'il y a de catégories d'industries dans le conseil des prud'hommes, afin que les électeurs appartenant à une de ces catégories votent séparément pour l'élection des prud'hommes qui lui sont attribués par le décret d'institution (Circ. 3 novembre 1865).

(2) C. d'Et. Cont. 11 août 1859.

(3) De même que dans les élections municipales, tout électeur a le droit de demander devant le conseil de préfecture l'annulation des opérations de l'assemblée dont il a fait partie, et le préfet de son côté.

Avant la circulaire ministérielle du 15 juin 1895, les opérations électorales étaient soumises au contrôle de l'administration centrale du Commerce. Depuis cette circulaire, les préfets ne sont plus tenus de communiquer au ministère du Commerce les procès-verbaux des opérations électorales. C'est à eux seuls qu'il appartient de les examiner et de prendre telle mesure qu'ils jugent utile.

La loi du 10 décembre 1884 autorise le fonctionnement du conseil même avec la moitié de ses membres. La partie dont l'abstention tendrait à empêcher les opérations électorales se trouve ainsi privée du bénéfice d'introduire dans le conseil des membres qui devraient être ses représentants. En considération de la gravité de cette dérogation au principe de l'égalité dans la représentation, la loi a prévu des formalités qui donnent toute garantie (1).

Les conseils de prud'hommes sont renouvelés par moitié tous les trois ans (2). Le sort désigne la série des prud'hommes qui sont remplacés la première fois. Les conseillers sortant sont rééligibles.

Il peut aussi arriver que, par suite de mort, démission ou autre cause, des vacances se produisent parmi les conseillers prud'hommes. Le préfet convoque alors les électeurs. Le membre élu en remplacement d'un autre ne reste en fonction que pendant la durée du mandat confié à son prédécesseur.

365. Lorsque aucune irrégularité n'est constatée dans les élections, il est procédé à l'installation des membres du conseil de prud'hommes. La séance d'installation est présidée par le préfet ou par son délégué. Conformément au décret du 11 septembre 1870, les nouveaux conseillers doivent prêter le serment professionnel dans la première séance.

2° Présidents et vice-présidents.

366. Les membres des conseils de prud'hommes, réunis en assemblée générale, élisent parmi eux, à la majorité absolue des membres présents, un président et un vice-président. Cette assemblée générale, à laquelle aucune personne étrangère ne peut assister, est présidée par le doyen d'âge. En cas de partage des voix et après deux tours de scrutin, le conseiller le plus ancien en fonctions est élu. Si les deux candidats ont un temps de service égal, la préférence est accordée au plus âgé. Il en est de même dans le cas de la création d'un nouveau conseil.

La nomination du président ou vice-président d'un conseil de prud'hommes donne lieu parfois à quelques difficultés. On interprète mal les termes « majorité absolue des membres présents » ; ou bien l'élection au bénéfice de l'âge n'est pas obtenue conformément aux règles contenues dans l'article 5 de la loi du 7 février 1880. Une circulaire ministérielle du 25 mars 1885 a dû donner sur ces deux points d'utiles éclaircissements. Nous en reproduisons en note les principaux passages (1).

Le législateur n'exige d'autre condition pour pouvoir être élu président ou vice-président que d'être membre du conseil. Une restriction a cependant été apportée à la liberté du choix des électeurs dans le but d'empêcher la prédominance d'un des deux éléments patronal ou ouvrier sur l'autre.

« Lorsque le président sera choisi parmi les prud'hommes patrons, le vice-président ne pourra l'être que parmi les prud'hommes ouvriers, et réciproquement. »

Cette restriction disparaît seulement dans les cas exceptionnels prévus par l'article 1er de la loi du 10 décembre 1884 (abstention collective soit des électeurs patrons, soit des électeurs ouvriers) : « le président, le vice-président peuvent alors être pris tous deux parmi les prud'hommes ouvriers ou les prud'hommes patrons (2). »

---

s'il estime que les conditions et les formes légalement prescrites n'ont pas été observées, peut déférer les opérations au même conseil. Le recours n'est pas suspensif (Circ. 3 novembre 1865).

(1) L. 10 décembre 1884, art. 1er. — Dans le cas où, dans les élections pour les conseils de prud'hommes, se produirait l'abstention collective soit des patrons soit des ouvriers ; dans le cas où ils porteraient leurs suffrages sur le nom d'un candidat notoirement inéligible ; dans le cas où les candidats élus par les patrons ou par les ouvriers refuseraient d'accepter le mandat ; dans celui où les membres élus s'abstiendraient systématiquement de siéger, il sera procédé dans la quinzaine à des élections nouvelles pour compléter le conseil. Si, après ces nouvelles élections, les mêmes obstacles empêchent encore la constitution ou le fonctionnement du conseil, les prud'hommes régulièrement élus, acceptant le mandat et se rendant aux convocations, constitueront le conseil et procéderont, pourvu que leur nombre soit au moins égal à la moitié du nombre total des membres dont le conseil est composé.

(2) Les conseils de prud'hommes doivent être renouvelés par moitié tous les trois ans. Les tirages au sort nécessaires sont faits par le président en présence du conseil assemblé. De plus, les deux listes électorales doivent être revisées avant chaque renouvellement triennal. On suit pour cette revision ainsi que pour la publication et les réclamations, les règles indiquées pour la préparation des listes électorales. On doit veiller à ce que la revision des listes, les tirages et les convocations des électeurs se fassent toujours à temps pour que les membres sortants puissent être remplacés au moment où leurs fonctions arrivent à leur terme.

Si des vacances arrivent dans l'intervalle d'un renouvellement à l'autre et qu'il soit nécessaire d'y pourvoir, les nouveaux prud'hommes ne sont élus que pour le temps qui reste à courir sur la durée des fonctions de ceux qu'ils remplacent. En pareil cas, on se sert des listes électorales arrêtées pour le dernier renouvellement triennal, ou pour les premières élections, s'il s'agit d'un nouveau conseil. Les vacances doivent être indiquées dans les arrêtés de convocation (Circ. 3 novembre 1865).

---

(1) Le scrutin doit avoir lieu à la majorité des membres présents. On doit entendre par membres présents tous ceux qui assistent à la séance. La loi, en effet, a voulu que les candidats réunissent non pas la majorité des suffrages exprimés, mais bien celle des membres du conseil présents à l'assemblée générale. Les bulletins blancs doivent, dès lors, être comptés dans le calcul de la majorité. Ainsi, l'assemblée se composant de douze membres, la majorité nécessaire pour être élu est de sept, alors même qu'il y aurait trois ou quatre bulletins blancs déposés dans l'urne.

La loi du 7 février 1880, article 1er, paragraphe 2, dispose, d'autre part qu'en cas de partage des voix et après deux tours de scrutin, le conseiller le plus ancien en fonctions sera élu. Si les deux candidats avaient un temps de service égal, la préférence serait accordée au plus âgé. Cette disposition doit être entendue dans ce sens que, si la loi donne, par exception, le bénéfice de l'élection au plus ancien conseiller en fonctions ou au plus âgé, ce n'est qu'après deux tours de scrutin, c'est-à-dire au troisième tour, et encore est-il nécessaire qu'à ce troisième tour de scrutin, il y ait partage de voix.

En résumé, les membres du bureau doivent être nommés à la majorité absolue des membres présents, et il doit être procédé, à cet effet, à autant de scrutins qu'il est nécessaire, à moins qu'au troisième tour ou dans les scrutins qui le suivent, il n'y ait partage de voix. Dans ce cas alors, le paragraphe 2 de l'article 1er de la loi est applicable (Circ. 25 mars 1885).

(2) L. du 10 décembre 1884 modifiant l'article 2 de la loi de 1880.

Afin d'assurer complètement l'indépendance du choix, l'élection des président et vice-président doit avoir lieu en même temps, le même jour. Dans le cas contraire, en effet, le candidat devrait être forcément choisi dans l'élément auquel n'appartiendrait pas le dignitaire en fonction. Il en résulterait que le président du conseil serait toujours élu dans l'élément soit patronal soit ouvrier sans qu'il soit possible de changer. Aussi, la durée des fonctions du président et du vice-président étant d'une année, il arrive que, par suite de décès ou de démission, une vacance se produit, le dignitaire élu ne conserve ses pouvoirs que jusqu'à l'expiration de ceux de l'autre membre du bureau (1). Les président et vice-président sont toujours rééligibles.

La loi n'a pas déterminé exactement quelles sont les fonctions du président. Chaque conseil de prud'hommes en donne une énumération dans son règlement particulier. Les principales sont de diriger les travaux du conseil, de veiller à l'exécution du règlement (2), de représenter le conseil près de l'Administration et de correspondre avec elle, de convoquer et présider les assemblées générales, de présider le bureau général, de fixer et arrêter l'état des dépenses, etc. Ces fonctions sont celles du vice-président quand il est appelé à remplacer le président.

---

(1) La durée des fonctions des président et vice-président est d'une année, à partir de leur nomination, et non à compter du jour de leur installation. L'article 3 de la loi du 7 février 1880, qui a fixé cette durée, doit être entendu en ce sens que les bureaux des conseils de prud'hommes, composés d'un président et d'un vice-président, sont renouvelables en entier tous les ans. S'il en était autrement, les membres des conseils n'auraient plus le libre choix de leur président. En effet, aux termes de l'article 2 de la même loi, lorsque le président est un patron, le vice-président doit être pris parmi les ouvriers, et réciproquement. Dès lors, si l'élection de chacun d'eux pouvait avoir lieu à des époques différentes, la situation du membre du bureau restant en fonctions forcerait le conseil à choisir l'autre dans l'élément non représenté au bureau, ce qui, contrairement au vœu du législateur, assurerait d'une manière indéfinie la présidence à l'un des deux éléments dont se compose le conseil.

Dans ces conditions, lorsqu'un président ou un vice-président est, par suite d'un décès, d'une démission, d'une non-réélection ou pour toute autre cause, nommé à une époque qui n'est pas celle du renouvellement du bureau, ses pouvoirs expirent en même temps que ceux de l'autre membre du bureau. De cette façon, les membres des conseils de prud'hommes ont, tous les ans, le libre choix pour prendre le président parmi les patrons ou parmi les ouvriers.

J'ai remarqué enfin que, dans la grande majorité des conseils, les renouvellements des bureaux ne sont pas effectués dans le délai fixé par la loi, c'est-à-dire d'année en année. Certains conseils pensent qu'il est possible d'ajourner le renouvellement du bureau lorsqu'un projet de réorganisation du conseil est à l'étude ou quand des élections triennales ou complémentaires doivent être prochainement effectuées. C'est là une pratique regrettable, car la loi est formelle à cet égard, et, en aucun cas, il ne peut y être dérogé. Je vous prie donc, en ce qui vous concerne, de prendre les mesures nécessaires pour que la nomination des bureaux se fasse régulièrement dès que les pouvoirs des président et vice-président ont pris fin.

Je reconnais d'ailleurs, qu'il importe, autant que possible, que les conseils de prud'hommes soient au complet au moment de cette opération, afin que l'équilibre existe, à l'époque du vote, entre l'élément patron et l'élément ouvrier, je ne vois donc aucun inconvénient à ce qu'il soit procédé en temps utile, avant le renouvellement du bureau, à des élections spéciales de manière à compléter les conseils. C'est, du reste aux préfets et aux présidents des conseils qu'il appartient de se concerter à cet égard (Circ. 25 mars 1885).

(2) Chaque conseil de prud'hommes doit avoir un règlement particulier pour la tenue des audiences et le régime intérieur. Ce règlement est dressé en assemblée générale aussitôt après que les membres ont été installés dans leurs fonctions, et il doit être soumis à l'approbation du ministre du Commerce avant d'être mis en exécution (Circ. 3 novembre 1865).

367. A chaque conseil est attaché un secrétaire (1).

Le Conseil d'Etat a d'ailleurs déclaré qu'à la différence du contentieux de l'élection des président et vice-président des conseils de prud'hommes, celui de l'élection des secrétaires n'a pas été attribué, par la loi du 1er juin 1893, à la juridiction administrative (2). Il a, en conséquence, annulé pour irrégularité un arrêt du conseil de préfecture qui avait statué sur une telle élection. Certains auteurs en concluent que le contentieux de cette élection appartiendrait au ministère du Commerce sauf le recours devant le Conseil d'Etat pour excès de pouvoir.

Les fonctions de secrétaire sont déterminées par le règlement particulier de chaque conseil de prud'hommes. Ses principales fonctions sont les suivantes : il délivre aux parties requérantes ou envoie par la poste les lettres d'invitation pour les bureaux ; en cas de non comparution, il délivre s'il y a lieu l'autorisation nécessaire à l'huissier du conseil pour les citations à donner par exploit ; il tient un rôle exact des causes ; assiste aux séances des deux bureaux, rédige les minutes des jugements, est chargé de toutes les écritures que le président juge utile à la bonne administration du conseil. Il a, de plus, la garde des dessins et modèles dont le dépôt est effectué au conseil.

D'après un avis du Conseil d'Etat en date du 21 mai 1889, le traitement que reçoit le secrétaire ne saurait être compris dans les dépenses obligatoires inscrites d'office dans le budget communal. Si le conseil municipal ne veut pas leur accorder de traitement, les secrétaires ne sont rétribués que par les émoluments qu'ils peuvent réclamer aux parties conformément aux articles 59 et suivants du décret du 11 juin 1809 (3). Et encore, sur les sommes qu'ils touchent de ce chef, doivent-ils fournir le conseil de papier, de registres, etc.

Une sanction sévère a même été édictée par le législateur pour éviter que le tarif établi par lui ne soit illégalement majoré.

Tout secrétaire de conseil de prud'hommes, tout huis-

---

(1) L. 7 février 1880. — Le secrétaire attaché aux conseils de prud'hommes sera comme les président et vice-président nommé à la majorité absolue des suffrages des membres présents.

D'après un avis du Conseil d'Etat en date du 17 juillet 1894, les commis secrétaires sont assimilés aux secrétaires en ce ce qui touche leur nomination, et sont élus dans les mêmes conditions que les secrétaires. Quant aux commis expéditionnaires, ils sont assimilés à des employés municipaux chargés des écritures du secrétariat.

(2) C. d'Et. Cont. 14 février 1890 (Lebon, p. 173, année 1890).

(3) Pour la lettre d'invitation de se rendre au conseil, 30 centimes ; pour chaque rôle d'expédition qu'ils délivreront et qui contiendra vingt lignes à la page et dix syllabes à la ligne, 40 centimes ; pour l'expédition du procès-verbal qui constatera que les parties n'ont pu être conciliées, et qui ne doit contenir qu'une mention sommaire qu'elles n'ont pu s'accorder, 80 centimes (D. 11 juin 1809, art. 59).

En ce qui concerne l'expédition de procès-verbaux constatant des dépôts de dessins et modèles, l'article 59 du décret de 1809 a été modifié par l'article 4 de la loi du 23 juin 1857 qui n'autorise plus la perception que de 1 franc.

Au moyen de la taxation dont il est question dans les articles 59, 61 et 62, les frais de papier, de registre et d'expédition seront à la charge des secrétaires des conseils de prud'hommes (*Ibid.*, art. 62).

sier convaincu d'avoir exigé une taxe plus forte que celle qui leur est allouée sera puni comme concussionnaire.

La loi n'a pas précisé la durée des fonctions des secrétaires de conseil de prud'hommes. En conséquence celles-ci continuent jusqu'au décès, démission du titulaire ou à sa révocation par le conseil. Le secrétaire peut effectivement être révoqué à volonté; mais dans ce cas, la délibération doit être signée par les deux tiers des prud'hommes (1).

368. Un huissier est également attaché au conseil de prud'hommes et la loi réglemente aussi les sommes qui devront lui être payées (2).

4° Du local nécessaire au conseil de prud'hommes et des dépenses d'installation et de fonctionnement.

369. Les articles 68 et 69 du décret du 11 juin 1809, remaniés par l'avis du Conseil d'Etat inséré au Bulletin des lois en date du 20 février 1810, ont décidé que les villes, chef-lieu de la circonscription d'un conseil de prud'hommes, devaient fournir le local nécessaire aux séances, acquitter les dépenses de premier établissement, ainsi que celles ayant pour objet le chauffage, l'éclairage et les menus frais. (Circ. 16 oct. 1885.) Ces dépenses sont obligatoires pour les communes. Cette énumération est encore aujourd'hui considérée par le Conseil d'Etat comme limitative. En effet, la loi du 5 avril 1884 (art. 136, § 15) reproduit les mêmes termes que la loi du 18 juillet 1837 (art. 30) qui avait implicitement confirmé l'énumération des décrets de 1809 et 1810. Elle n'a innové que pour prescrire la répartition des dépenses entre toutes les communes de la circonscription.

C'est ainsi que bien que les conseillers prud'hommes puissent toucher, depuis que l'article 6 de la loi du 7 février 1880 a abrogé l'article 30 du décret du 18 mars 1806 concernant la gratuité de leurs fonctions, des indemnités ou des jetons de présence (3), les dépenses à engager à cet effet ne sauraient être imposées d'office aux communes. (4).

En ce qui concerne les dépenses de premier établissement, qui sont réparties entre les communes de la circonscription des conseils de prud'hommes, il est nécessaire d'établir une distinction entre les villes où

la municipalité s'est engagée, lors de la création du conseil, à fournir un local pour la tenue des séances, soit à la mairie, soit à la justice de paix, et les villes où le local occupé par le conseil de prud'hommes est spécialement loué pour cette destination (1).

Dans le premier cas, l'affectation d'une salle de la justice de paix ou de la mairie aux séances du conseil n'occasionnant aucune dépense à la municipalité, les communes de la circonscription ne peuvent être tenues de participer, le cas échéant, qu'à certains frais accessoires : chauffage, éclairage et autres menues dépenses nécessitées par l'occupation temporaire de la salle.

Dans le second cas, au contraire, la dépense du loyer d'un local spécialement affecté à un conseil de prud'hommes doit nécessairement être partagée entre toutes les communes du ressort, dans les proportions fixées par la loi.

Les autres dépenses obligatoires mentionnées par le décret de 1809 : chauffage, éclairage et menus frais, doivent être également supportées, suivant la même proportion par toutes les communes. Les villes sont tenues de fournir aux conseils de prud'hommes les médailles qui constituent les insignes des fonctions de conseiller. Ces médailles sont la propriété des conseils et sont conservées au secrétariat.

Ainsi qu'il a été dit plus haut, toutes les dépenses autres que celles dont il vient d'être question, sont purement facultatives. Quant aux frais d'élection, la loi du 7 août 1850, combinée avec l'article 136, § 3, de la loi du 5 avril 1884, semble ne les rendre obligatoires que pour la commune où se fait l'élection.

Ces détails sont empruntés à une circulaire ministérielle du 16 octobre 1885. Cette circulaire contient aussi sur la préparation du budget du conseil de prud'hommes les renseignements suivants :

Le budget de chaque conseil de prud'hommes doit continuer à être préparé, conformément à l'article 70 du décret du 11 juin 1809, par le président du conseil. Antérieurement à la loi de 1884, il était présenté au maire de la ville où siégeait le tribunal, et ce magistrat devait comprendre les dépenses dans le budget municipal et avait à ordonnancer les dépenses d'après les demandes particulières qui lui étaient faites par le président du conseil. Cette manière de procéder n'est plus possible depuis la mise en vigueur de la loi de 1884. Afin d'assurer l'exécution de cette loi en ce qui concerne les dépenses des conseils de prud'hommes, le budget de chaque conseil doit être remis directement au préfet du département qui veille à ce que chaque conseil municipal inscrive au budget la part des dé-

---

(1) L. 7 février 1880.

(2) Pour chaque citation, 1 fr. 25.
S'il y a une distance de plus d'un demi-myriamètre entre la demeure de l'huissier et le lieu où devront être remises la citation et la signification, il sera payé par myriamètre aller et retour : pour la citation, 1 fr. 60; pour la signification, 2 francs; pour la copie des pièces qui pourra être donnée avec les jugements rendus, il sera payé à l'huissier, pour chaque rôle d'expédition de vingt lignes à la page et de dix syllabes à la ligne, 20 centimes.

(3) Si une commune vote un traitement ou une indemnité aux membres d'un conseil de prud'hommes, elle doit en principe accorder la même faveur aux conseillers patrons qu'aux conseillers ouvriers. « Considérant qu'il appartient à l'autorité qui règle les budgets communaux de veiller à ce que les communes... ne fassent pas revivre entre les divers membres des conseils de prud'hommes les distinctions abrogées par la loi du 7 février 1880. » (C. d'EL., Av. du 28 juin 1891. — Bull. off. min. Int., n° 29, année 1894.)

(4) Av. pr. C. d'Et. 21 mai 1899.

---

(1) Un certain nombre de villes où siègent des conseils semblent vouloir continuer à supporter seules les dépenses occasionnées par le fonctionnement de ces tribunaux, à raison soit de l'impossibilité de faire participer les autres communes de la circonscription aux dépenses facultatives dont elles avaient bien voulu se charger, soit de l'extrême modicité du concours qu'elles pourraient réclamer à ces communes, et qui occasionnerait plus de difficultés que d'avantages.
Ces villes ne sont pas liées pour les années suivantes et peuvent, quand elles le jugent à propos, laisser à la charge des autres communes du ressort le contigent qui incombe à chacune d'elles (Circ. 16 octobre 1885).

penses obligatoires assignée à sa commune, et, au besoin, l'inscrit d'office dans les formes légales (1).

III. — Compétence des conseils de prud'hommes.

370. La compétence des conseils de prud'hommes *au point de vue des personnes* est déterminée par l'article 10 du décret du 11 juin 1809 (2).

Le principe de cette compétence est, pour une industrie, que le patron qui l'exerce ait la qualité de marchand-fabricant. Cette caractéristique est loin d'être toujours parfaitement nette.

En conformité de ce principe, les avis du Conseil d'Etat tendent à exclure toutes les professions où le chef d'entreprise n'emploie guère que des domestiques ou des gens à gages, toutes celles qui ne créent pas entre les patrons et leur personnel des relations de la même nature que celles d'un fabricant avec ses ouvriers (3).

Le Conseil d'Etat se prononce pour l'exclusion des petites industries quand elles ont conservé, dans le ressort du conseil à créer, le caractère d'industries familiales. C'est ainsi qu'il est défavorable à l'admission sur la liste des professions justiciables, des boulangers de Boulogne (1), des charcutiers et tripiers de Remiremont (2), des bouchers de Remiremont (3), des coiffeurs de Bordeaux (4), des cuisiniers d'hôtels, restaurants et cafés de Limoges (5), des fabricants de fromages de Remiremont (6), des pâtissiers de Remiremont (7), des confiseurs de Vienne (8), des photographes de Remiremont (9), qui cependant participent tous plus ou moins à des opérations de transformation de la matière première.

371. Dès qu'au contraire les mêmes professions tendent à se rapprocher de la grande ou moyenne industrie, fait qui se révèle par le nombre plus élevé d'ouvriers employés par un même nombre de patrons, le Conseil d'Etat est d'avis de les admettre parmi les justiciables. C'est ainsi qu'il admettait dès 1849 les bouchers comme justiciables du conseil de prud'hommes de Nancy, en 1850 de celui de Toulouse, en 1852 de celui d'Orléans, en 1854 de celui de Nantes. Pour Paris, il accepte les perruquiers-coiffeurs (implanteurs). Il a été favorable aussi, à Paris, dans un avis de principe qu'il importe de citer, à l'admission « des cuisiniers, des restaurateurs et autres établissements publics et payants de consommation, à raison des conditions particulières dans lesquelles ces professions s'exercent et du grand nombre des contestations qui s'élèvent entre les cuisiniers et les restaurateurs qui les emploient ». Mais il n'admet pas les autres cuisiniers, par exemple, les chefs employés dans les maisons bourgeoises, lesquels sont plutôt des domestiques.

Même pour des professions ne comportant pas transformation de la matière première, fabrication proprement dite, les avis du Conseil d'Etat les admettent parfois à figurer sur la liste des justiciables des conseils de prud'hommes quand elles sont exercées en grand, et que la nature des contestations entre patrons et employés, sans avoir absolument le caractère technique qui est à la base même de l'institution des prud'hommes (10), est analogue à celle des contestations entre patrons et ouvriers de l'industrie. C'est ainsi que s'il a exclu les entrepreneurs de transports du Havre (11), de Valenciennes (12), les entrepreneurs de manutentions dans les docks et magasins généraux du Havre (13), il a admis cependant certaines industries du transport dans un certain nombre de circonscriptions. Telle fut sa jurisprudence pour les entrepreneurs de voitures publiques et de transports de Nantes (14) et

---

(1) La circulaire du 16 octobre 1885, ainsi qu'une autre circulaire ministérielle du 28 décembre 1885, prévoient des détails intéressants concernant la répartition des dépenses entre les budgets des communes intéressées ainsi que le recouvrement des contingents communaux :

Il importe que la répartition se fasse en temps utile pour que chaque commune puisse comprendre dans son budget la part de dépense qui lui incombe. En conséquence, les présidents des conseils de prud'hommes doivent établir et soumettre au préfet les budgets relatifs aux dépenses des tribunaux qu'ils président, de manière que celui-ci puisse les porter à la connaissance des communes intéressées avant le vote des budgets municipaux. (*Ibid.*)

Quant aux dépenses qui n'ont qu'un caractère facultatif, les conseils municipaux peuvent seuls les voter; si un certain nombre d'entre eux refusent d'y participer, la dépense totale doit rester à la charge des communes dont les représentants ont consenti à les inscrire au budget. Celles-ci restent donc entièrement libres soit de refuser absolument, soit de ne voter les dépenses facultatives que dans la mesure qui leur convient.

S'il se produit un désaccord entre les villes et les conseils de prud'hommes au sujet de certaines dépenses facultatives, telles que les sommes à allouer comme jetons de présence aux membres ou comme traitements aux secrétaires, c'est aux conseils municipaux seuls qu'il appartient de statuer définitivement (Circ. du 16 octobre 1885).

Dans le but de faciliter le recouvrement des contingents communaux relatifs aux conseils de prud'hommes, ces contingents sont versés directement dans la caisse du trésorier général du département et ce fonctionnaire est chargé de payer les mandats délivrés par les présidents desdits conseils.

Toutes les sommes versées au paragraphe du compte des cotisations municipales intitulé « frais des conseils de prud'hommes à la charge des communes » sont soumises, aussi bien que les dépenses correspondantes, au contrôle de l'autorité préfectorale. Les mandats relatifs aux dépenses des conseils de prud'hommes sont donc délivrés par le préfet du département.

Mais les présidents des conseils de prud'hommes demeurent libres de disposer des fonds versés par les communes toutes les fois qu'il s'agit de dépenses dont la liquidation leur appartient, telles que traitements, indemnités, jetons de présence, etc... ; en effet, dans ces cas, l'ordonnancement par le préfet est simplement une mesure d'ordre et cet ordonnancement a lieu au vu des états arrêtés par les présidents des conseils, états qui restent annexés aux mandats (Circ. du 28 décembre 1885).

(2) Art. 10 du décret du 11 juin 1809 : « Nul ne sera justiciable des conseils de prud'hommes s'il n'est marchand-fabricant, chef d'atelier, contremaître, teinturier, ouvrier, compagnon on apprenti ; ceux-ci cesseront de l'être dès que les contestations porteront sur des affaires autres que celles qui sont relatives à la branche d'industrie qu'ils cultivent et aux conventions dont cette industrie aura été l'objet. Dans ce cas, ils s'adresseront aux juges ordinaires. »

(3) Avis C. d'Et. 31 janvier 1877, C. de P. Valenciennes; C. de P. Agen, 5 décembre 1883; C. de P. Dijon, 18 janvier 1882.

(1) Avis C. d'Et., 7 juillet 1896.
(2) *Ibid.*, 26 novembre 1901.
(3) *Ibid.*, 26 novembre 1901.
(4) *Ibid.*, 11 avril 1873.
(5) *Ibid.*, 2 octobre 1901.
(6) *Ibid.*, 26 novembre 1901.
(7) *Ibid.*, 26 novembre 1901.
(8) *Ibid.*, 31 mars 1874.
(9) *Ibid.*, 26 novembre 1901.
(10) *Ibid.*, C. de P. Lorient, 27 janvier 1885.
(11) *Ibid.*, C. de P. Havre, 11 novembre 1873.
(12) *Ibid.*, C. de P. Valenciennes, 1er janvier 1877.
(13) *Ibid*, C. de P. Havre, 11 novembre 1873.
(14) *Ibid.*, C. de P. Nantes, 185

d'Amiens (1), les charretiers de Brest (2), les arrimeurs de Paris (3), les chargeurs, déchargeurs, lesteurs de navires (4) du Havre, les portefaix charbonniers, débardeurs et ouvriers du port de Cette (5), de Dunkerque (6), de la Rochelle (7), de Morlaix (8), de Saint-Nazaire (9), de Saumur, Alger, Calais, Corbeil (10).

Les distinctions que nous venons de rappeler sont assez sujettes à appréciation pour que, souvent, les décrets créant les conseils de prud'hommes n'aient pas été conformes aux avis du Conseil d'Etat. Ces avis, dans leur ensemble, n'en forment pas moins une jurisprudence généralement admise.

372. Aux conditions ci-dessus exigées par l'article 10 du décret du 11 juin 1809 et la jurisprudence du Conseil d'Etat, le même décret dans son article 14, la loi de 1853 dans son article 4 et l'article unique de la loi du 24 novembre 1883 ajoutent une caractéristique indirecte des marchands-fabricants : le payement de la patente. A la vérité, la loi se borne à dire qu'il faut être patenté pour être électeur patron. Mais on en infère que ne doivent pas être inscrites, parmi les industries justiciables, celles qui ne sont point assujetties à la patente. En conséquence il a été jugé :

1° Que l'industrie des mines, bien que certains ouvriers qualifiés de mineurs soient dénommés dans plusieurs décrets d'institution, n'est pas justiciable des conseils de prud'hommes. L'exploitation des mines n'est pas, en effet, une industrie commerciale assujettie à la patente (11) ;

2° Que les conseils de prud'hommes sont incompétents pour juger les différends entre ouvriers et une société qui ne serait pas commerciale (12) ;

3° Que les professions agricoles ne sont pas justiciables d'un conseil de prud'hommes (1) ;

373. De même que la seule qualité de négociant, chez le patron, ne suffit pas pour rendre le conseil de prud'hommes compétent, et qu'il faut y joindre la qualité de « fabricant » ou d'industriel assimilable, de même les ouvriers bénéficient seuls de la juridiction des prud'hommes. Les employés de commerce, les commis dont la mission se borne à vendre les produits de la fabrique ou à tenir les écritures n'en sont pas justiciables.

374. Les conflits relatifs au contrat de travail entre l'Etat, le département, les communes, les établissements publics et les ouvriers qu'ils emploient ne rentrent pas dans la compétence des conseils de prud'hommes. L'Etat, les départements, les communes ne sauraient jamais être considérés comme marchands-fabricants ; les opérations de fabrication et de vente auxquelles ils se livrent ne pourraient jamais avoir le but « de réaliser des bénéfices » nécessaires pour qu'il y ait acte de commerçants.

D'autre part, les professions exercées par certains ouvriers occupés dans les manufactures de l'Etat étant énumérées dans les décrets d'institution de divers conseils de prud'hommes, ces ouvriers seront inscrits sur les listes électorales, et seront éligibles, bien qu'ils n'aient aucun intérêt à être représentés dans des conseils de prud'hommes dont ils ne seront pas justiciables. C'est ainsi que, d'après le décret du 8-10 mars 1890, relatif au conseil de prud'hommes de Paris, énumérant les fabriques d'allumettes chimiques, les fabriques de poudre de chasse et de guerre, les manufactures de tabacs, il semble que les ouvriers employés dans ces établissements pourront prendre part aux élections et être élus. Cependant, contre cette opinion, on pourrait invoquer par analogie un arrêt du Conseil d'Etat statuant au contentieux, en date du 30 octobre 1897 (2), déclarant que n'est pas éligible au Conseil de prud'hommes un ouvrier menuisier chargé à l'année et moyennant un traitement fixe, d'exécuter pour le compte exclusif d'une commune, certains travaux de menuiserie, et d'apprendre aux élèves, fréquentant les ateliers scolaires de cette commune, des travaux de même nature.

---

(1) Avis C. d'Et., C. de P. d'Amiens, 1856.
(2) *Ibid.*, C. de P. Brest, 1869.
(3) *Ibid.*, C. de P. Paris, Bâtiment, 1869.
(4) *Ibid.*, C. de P. Havre, 1875.
(5) *Ibid.*, C. de P. Cette, 1850.
(6) *Ibid.*, C. de P. Dunkerque, 1839.
(7) *Ibid.*, C. de P. La Rochelle, 1871.
(8) *Ibid.*, C. de P. Morlaix, 1897.
(9) *Ibid.*, C. de P. Saint-Nazaire, 1900.
(10) *Ibid.*, C. de P. de ces différentes villes, 1901.
(11) Trib. Douai, jugement du 8 janvier 1869 : « Attendu que, de l'esprit et même des termes des monuments de législation qui se rencontrent en la matière, il résulte que cette juridiction exceptionnelle n'a été instituée que pour régler les différends survenus entre patrons négociants et leurs ouvriers, c'est-à-dire qu'elle ne saurait s'appliquer qu'aux industries commerciales ; qu'en effet, les juges sont, comme en matière commerciale, nommés à l'élection parmi les justiciables et que dans toutes les lois et dans tous les décrets antérieurs à la loi de 1853 la qualité de négociant est toujours une qualité essentielle, sauf pour les ouvriers et contremaîtres, soit pour être électeurs, soit pour être éligibles ; que cela résulte des mots « négociants, manufacturiers, fabricants » de la loi de 1806 ; que la loi de 1853 reconnaît ainsi ce principe, en édictant dans son article 4, que les patrons pour être électeurs devront être patentés depuis cinq ans au moins ; que le rapporteur de cette loi en indique bien l'esprit quand il dit : « de même que les tribunaux consulaires sont appelés à juger promptement et sans frais les litiges qui surgissent des transactions commerciales, les conseils de prud'hommes ont pour mission de terminer les contestations qui résultent journellement des rapports du fabricant et de l'ouvrier », le mot fabricant, inapplicable du reste à l'extraction de la houille, indiquant suffisamment qu'il s'agit d'un négociant. »
(12) C. cass., aff. Rouget et Cᵉ. C. Fiallon, 18 août 1874 ; D. P. 1875, 1.270. — « La Cour, vu l'article 10 du D. du 11 juin 1809 ; attendu que les conseils de prud'hommes ne peuvent connaître que des contestations qui s'élèvent entre les marchands, fabricants et leurs ouvriers et que leur juridiction exceptionnelle ne peut s'étendre à des cas autres que ceux

prévus par la loi ; — Attendu qu'il résulte des qualités et des motifs du jugement attaqué que le Sʳ Rouget et Cⁱᵉ faisaient construire les bâtiments ayant donné lieu au litige sur un terrain leur appartenant et qu'il n'est pas établi qu'ils fussent commerçants ; — Qu'il s'ensuit que la demande formée contre eux par Fiallon et tendant au payement de ses salaires, était de la compétence des tribunaux ordinaires ; — Attendu que le tribunal de commerce de la Seine en jugeant le contraire sans méconnaître le caractère de société civile affirmé par les demandeurs et sous prétexte qu'il n'y avait pas lieu d'en rechercher le véritable caractère a faussement appliqué et par suite violé les articles 10 du décret du 11 juin 1809 et 1ᵉʳ du décret du 30 août 1870. Par ces motifs casse.
(1) L'avis du Conseil d'Etat, C. de P. de Toulouse, 4 janvier 1902, exclut de la liste des justiciables du conseil de prud'hommes les entrepreneurs de labourage. — Voir aussi, Trib. de commerce de Bône, 11 novembre 1891, affaire Lard, *Journal des Prud'h.*, 1892, p. 168.
(2) Lebon, p. 662, année 1897 (Ricordeau).

375. A un autre point de vue, la juridiction des prud'hommes étant spéciale et exceptionnelle ne s'applique qu'aux seules branches d'industries implicitement désignées dans le décret d'institution du conseil (1). En tant que juridiction d'exception, un conseil de prud'hommes ne peut connaître des difficultés que soulève l'exécution de ses décisions. La question a été résolue à propos d'une demande en revendication par un tiers, de meubles saisis sur le débiteur (2).

376. La compétence territoriale des conseils de prud'hommes est déterminée par le décret du 11 juin 1809 (3) ; le principe de cette compétence c'est la *situation de la fabrique* quel que soit le lieu de résidence des patrons ou des ouvriers.

La juridiction d'un conseil de prud'hommes ne peut s'étendre qu'au territoire déterminé dans le décret d'institution (4). Elle est différente selon que le conseil de prud'hommes statue en bureau particulier ou de conciliation ou en bureau général.

IV. — Procédure.

A) Bureau particulier.

377. Les conseils de prud'hommes sont avant tout des tribunaux de conciliation. C'est le but principal qui leur fut assigné par la loi du 18 mars 1806 et le décret du 11 juin 1809 (5).

La procédure devant le bureau particulier résulte des règles tracées dans le décret de 1809 qui doivent être complétées par les règles générales de procédure en conciliation devant le juge de paix.

Tout justiciable appelé devant les prud'hommes est tenu, sur une simple lettre de leur secrétaire, de s'y rendre en personne au jour et à l'heure fixés, sans pouvoir se faire remplacer, hors le cas d'absence ou de maladie : alors seulement il est admis à se faire représenter par l'un de ses parents, négociant ou marchand exclusivement, porteur de sa procuration (6). Confor-

mément aux principes généraux, cette procuration doit être enregistrée; il faut remarquer cependant qu'en pratique, en présence du silence du décret, quelques conseils se contentent d'une simple procuration verbale.

L'assistance d'un avocat est autorisée.

Si la personne, invitée par le secrétaire à se rendre au bureau particulier des prud'hommes, ne paraît point, il lui est envoyé une citation, qui lui est remise par l'huissier attaché au conseil. Cette citation, qui doit contenir la date du jour, mois et an, les noms, profession et domicile du demandeur, les noms et demeure du défendeur, énonce sommairement les motifs qui le font appeler (1).

B) Bureau général.

378. Le bureau général est composé, indépendamment du président ou du vice-président, d'un nombre égal de prud'hommes patrons et de prud'hommes ouvriers ; ce nombre est au moins de deux prud'hommes patrons et de deux prud'hommes ouvriers, quel que soit celui des membres dont se compose le conseil (2).

Par exception et dans les cas prévus par l'article 1er de la loi du 10 décembre 1884 (2), les quatre membres sont pris sans distinction de qualité, parmi les prud'hommes installés.

Le conseil se réunira au moins deux fois par mois pour juger les contestations qui n'auraient pu être terminées par la voie de la conciliation. Le règlement intérieur du conseil fixe l'heure de la tenue de l'audience. Les règles de procédure pour la citation, la comparution et la police de l'audience sont les mêmes devant le bureau général que devant le bureau particulier.

Les conseils de prud'hommes, statuant en bureau général, jugent toutes les contestations qui peuvent naître entre les marchands-fabricants, chefs d'ateliers, contremaîtres, ouvriers, compagnons et apprentis, quelle que soit la quotité de la somme dont elles seraient l'objet, aux termes de l'article 23 du décret du 11 juin 1809 (3).

On s'est d'ailleurs efforcé de simplifier autant que possible la procédure de jugement devant les conseils de prud'hommes ainsi que le comporte essentiellement l'institution. La législation se borne à poser quelques règles simples concernant : 1° les enquêtes, 2° la récusation des prud'hommes, 3° les jugements par défaut, 4° l'exécution des jugements, 5° l'appel.

379. 1° *Enquêtes.* — Toutes les fois qu'un ou plusieurs prud'hommes jugent devoir se transporter dans une manufacture ou dans des ateliers, pour apprécier, par leurs propres yeux, l'exactitude de quelques faits qui auraient été allégués, ils doivent apporter la minute du jugement préparatoire (4). Il faut d'ailleurs appliquer

---

(1) D. 11 juin 1809, art. 10; Cass. 19 février 1833, Jacquemet c. Thénance. Dall. Alp. V° Prud'hommes, p. 543, note 2; Cass., 1er avril 1840.

(2) C. de P. Seine, 10 décembre 1878 (Pourny). *Journal des Prud'h.*, 1879, p. 126.

(3) D. 11 juin 1809, art. 11. — La juridiction des conseils de prud'hommes s'étend sur tous les marchands-fabricants, les chefs d'ateliers, contremaîtres, teinturiers, ouvriers, compagnons et apprentis travaillant pour la fabrique du lieu ou du canton de la situation de la fabrique suivant qu'il sera exprimé dans les décrets particuliers d'établissement de chacun de ces conseils à raison des localités, quel que soit l'endroit de la résidence desdits ouvriers.

(4) Cass. 3 juillet 1821, Méralite c. Troiry-Latouche. Dall. Alph. *Prud'h.*, p. 543, note 1.

(5) L. 18 mars 1806, art. 6. — Le conseil de prud'hommes est institué pour terminer, par la voie de conciliation, les petits différends qui s'élèvent journellement soit entre des fabricants et des ouvriers, soit entre des chefs d'atelier et des compagnons ou apprentis.

D. 11 juin 1809, art. 58. — Les parties pourront toujours se présenter volontairement devant les prud'hommes, et, à défaut, devant les maires, pour être conciliées par eux ; dans ce cas, elles seront tenues de déclarer qu'elles demandent leurs bons offices. Cette déclaration sera signée par elles; ou mention en sera faite, si elles ne savent signer. Il ne sera rien payé pour cet objet ni pour tout autre acte du secrétariat.

(6) D. 11 juin 1809, art. 29.

---

(1) D. 11 juin 1809, art. 30.
(2) L. 1er juin 1853, art. 11.
(3) D. 3 août 1810, art. 1er.
(4) D. 11 juin 1809, art. 46.

pour la preuve, les enquêtes et contre-enquêtes, les mêmes règles que devant les juges de paix, toutes les fois que le législateur ne s'est pas prononcé (1).

Il est taxé aux témoins entendus par les conseils des prud'hommes ou par les maires une somme équivalente à une journée de travail, même à une double journée, si le témoin a été obligé de se faire remplacer dans sa profession. Cette taxation est laissée à la prudence des conseils et des maires (2). S'il y a lieu il est alloué des frais de voyage.

2° *Récusation*. — La récusation se fait dans les mêmes formes que pour le juge de paix. Elle est prononcée en dernier ressort par le tribunal de commerce si le conseiller prud'homme récusé refuse de s'abstenir.

3° *Jugement par défaut*. — Les dispositions relatives au jugement par défaut ne diffèrent pas en pratique des dispositions du Code de procédure civile; elles sont contenues dans les articles 41 à 44 du décret du 11 juin 1809 cités ci-dessous en note (3).

4° *Exécution des jugements*. — En ce qui concerne l'exécution des jugements, la législation des conseils de prud'hommes ne contient qu'une disposition très simple : Lorsque le chiffre de la demande excède 200 francs, le jugement de condamnation peut ordonner l'exécution immédiate et à titre de provision jusqu'à concurrence de cette somme, sans qu'il soit besoin de fournir caution (4).

Pour toute autre difficulté, il faudra se reporter aux règles générales de procédure.

5° *Appel*. — Les jugements des conseils de prud'hommes sont définitifs et sans appel lorsque le chiffre de la demande n'excède pas 200 francs de capital. Au-dessus de 200 francs, les jugements sont sujets à l'appel devant le tribunal de commerce (5).

L'appel est recevable par application du droit commun quand le jugement statue sur plusieurs demandes dont le total dépasse 200 francs. Il faut signaler une dérogation qui s'est introduite du fait de la jurisprudence dans le droit commun. Les conseils de prud'hommes jugent à *charge d'appel* une demande reconventionnelle supérieure à 200 francs, basée exclusivement sur une demande principale inférieure à ce taux (1).

Cette doctrine est d'ailleurs suivie par les tribunaux malgré un arrêt contraire de la Cour de cassation (2).

Le juge de l'appel est le tribunal de commerce et à son défaut le tribunal civil. Le délai d'appel reste fixé conformément au décret de 1809, article 38 (3).

V. — Discipline des conseils de prud'hommes.

380. *Conseillers prud'hommes*. — La loi du 1er juin 1853 présentait une lacune importante, elle ne contenait aucune disposition relative à la discipline des conseils de prud'hommes.

L'article 16 disait bien, il est vrai, que les conseils de prud'hommes pouvaient être dissous par décret, mais la loi ne prévoyait pas le cas où la faute n'était imputable qu'à un seul ou à quelques conseillers. C'est dans ces circonstances qu'avait été rendu un décret des 16 novembre-4 décembre 1854, dont la rédaction a été reproduite et développée par les paragraphes 1, 2, 3, 4, de l'article 1 de la loi du 4-10 juin 1864.

Cependant, des faits plus graves que de simples refus de service s'étant produits, le gouvernement impérial crut nécessaire d'établir un régime disciplinaire plus sévère, analogue d'ailleurs à celui qui régit d'autres corps organisés. Le décret pourtant n'atteignit pas encore le but qu'il poursuivait. La réélection individuelle du prud'homme destitué détruisait tout l'effet moral de la peine prononcée. D'autre part, certains doutes s'élevèrent sur la constitutionnalité de ce décret. Aussi le gouvernement impérial présenta-t-il au corps législatif un projet de loi refondant et complétant les décrets antérieurs, qui devint la loi du 4 juin 1864. Aux termes de cette loi, tout membre d'un conseil de prud'hommes qui, sans motifs légitimes et après mise en demeure, se refuserait à remplir le service auquel il est appelé, pourra être déclaré démissionnaire par arrêté du préfet (4).

Tout membre d'un conseil de prud'hommes qui aura manqué gravement à ses devoirs, dans l'exercice de ses fonctions, sera appelé par le président devant le conseil pour s'expliquer sur les faits qui lui sont reprochés. Il

---

(1) D. 11 juin 1809, art. 48.

(2) *Ibid.*, art. 61.

(3) *Ibid.*, art. 41. Si, au jour indiqué par la lettre du secrétaire ou par la citation de l'huissier, l'une des parties ne comparaît pas, la cause sera jugée par défaut, sauf l'envoi d'une nouvelle citation dans le cas prévu au dernier paragraphe de l'article 31.

Art. 42. La partie condamnée par défaut pourra former opposition dans les trois jours de la signification faite par l'huissier du conseil; cette opposition contiendra sommairement les moyens de la partie, et assignation au premier jour de séance du conseil de prud'hommes, en observant toutefois les délais prescrits pour les citations; elle indiquera en même temps les jour et heure de la comparution, et sera notifiée ainsi qu'il est dit ci-dessus.

Art. 43. Si le conseil de prud'hommes sait par lui-même ou par les représentations qui lui seront faites par les proches, voisins ou amis du défendeur, que celui-ci n'a pu être instruit de la contestation, il pourra, en adjugeant le défaut, fixer pour le délai de l'opposition le temps qui lui paraîtra convenable ; et, dans le cas où la prorogation n'aurait été accordée d'office, ni demandée, le défaillant pourra être relevé de la rigueur du délai et admis en opposition, en justifiant qu'à raison d'absence ou de maladie grave, il n'a pu être instruit de la contestation.

Art. 44. La partie opposante qui se laisserait juger une seconde fois par défaut ne sera plus admise à former une nouvelle opposition.

Les jugements par défaut qui n'ont pas été exécutés dans le délai de six mois sont réputés non avenus (L. 1853, art. 15).

(4) L. 18 juin 1853, art. 14.

(5) *Ibid.*, art. 13.

---

(1) Trib. comm. Seine, 11 octobre 1887, aff. Letendre ; Trib. comm. Lille, 26 mai 1891, aff. Wibaux-Florin.

(2) Cass. 12 août 1889, aff. Letendre.

(3) D. 11 juin 1809, art. 38. — L'appel des jugements des conseils de prud'hommes ne sera pas recevable après les trois mois de la signification faite par l'huissier attaché à ces conseils.

(4) « Le président constate le refus de service par un procès-verbal contenant l'avis motivé du conseil, le prud'homme préalablement entendu ou dûment appelé. Si le conseil n'émet pas son avis dans le délai d'un mois à dater de la convocation, il est passé outre. Sur le vu du procès-verbal, la démission est déclarée par arrêté du préfet. En cas de réclamation, il est statué définitivement par le ministre du Commerce, sauf recours au Conseil d'Etat pour cause d'excès de pouvoir » (L. 4 juin 1864, art. 1er).

pourra être frappé, suivant les cas, de censure, de suspension ou de déchéance (1).

Le prud'homme contre lequel la déchéance a été prononcée ne peut être élu aux mêmes fonctions pendant six ans, à dater du décret impérial (2).

C'est à l'Administration représentée par le préfet et par le ministre du Commerce qu'a été confié le pouvoir d'appliquer les peines disciplinaires aux conseillers prud'hommes. Mais la loi de 1864, combinée avec les principes généraux du droit, assure aux prud'hommes de sérieuses garanties contre une injustice possible.

Quand le préfet a déclaré un conseiller prud'homme démissionnaire, l'intéressé peut recourir au ministre du Commerce, sauf recours au Conseil d'Etat pour cause d'excès de pouvoir. Mais bien que la loi soit muette, le recours n'en serait pas moins recevable pour excès de pouvoir, devant le Conseil d'Etat, contre un arrêté ministériel prononçant la censure ou la suspension ou contre un décret prononçant la déchéance (3).

Si ces décisions ont été rendues sans l'exacte observation des formalités destinées à assurer aux intéressés la possibilité de fournir leurs moyens de défense, ou si la démission était déclarée pour des faits autres que le refus de service prévu à l'article 1er de la loi, le Conseil d'Etat, conformément d'ailleurs à sa jurisprudence, déclarerait que l'intéressé est recevable à en demander l'annulation. Dans son arrêt du 11 avril 1866 (aff. Dujarrier) le Conseil d'Etat a décidé en effet : que lorsque les membres qu'un décret impérial a déclarés déchus soutiennent que ce décret a été rendu sans que les prescriptions de l'article 2 de la loi du 4 juin 1864 aient été observées, leur recours est recevable devant le Conseil d'Etat statuant au contentieux, en vertu de la loi du 7-14 octobre 1790 ; qu'on objecterait vainement que le décret étant un acte de pouvoir disciplinaire n'est pas susceptible d'être attaqué par la voie contentieuse ; que si le décret a été rendu sans que les prescriptions de l'article 2 aient été observées, il constitue en effet un excès de pouvoir.

Si les conditions de forme et de fond ci-dessus indiquées ont été remplies, le conseiller prud'homme n'est pas recevable à soutenir devant le Conseil d'Etat que les faits, sur lesquels est fondée la décision, ne constituaient pas un manquement grave à ses devoirs dans l'exercice de ses fonctions. En effet, en l'espèce, la décision gouvernementale constitue un acte de pouvoir disciplinaire qui, dans l'état de la législation et de la jurisprudence, n'est susceptible d'aucune espèce de recours. Dans ce sens, le Conseil d'Etat a rendu, le 27 février 1862 (aff. Arnoux, Lebon, p. 158) un arrêt (1) qui peut se résumer dans les propositions suivantes :

Un membre du conseil des prud'hommes suspendu pour six mois de ses fonctions, par application du décret impérial du 8 septembre 1860 sur le régime disciplinaire des conseils de prud'hommes, n'est pas recevable à soutenir devant le Conseil d'Etat statuant au contentieux que les faits sur lesquels est fondée la décision ministérielle ne constituaient pas un manquement grave à ses devoirs dans l'exercice de ses fonctions.

Il faut ajouter cependant que s'il était possible de relever dans la décision ou ses considérants, la preuve d'un détournement de pouvoirs, le Conseil d'Etat, en vertu de sa jurisprudence, jouirait d'un certain pouvoir d'appréciation des faits motivant la peine disciplinaire (2).

Rappelons que les fonctions des prud'hommes sont essentiellement gratuites envers les parties et qu'il ne peut être réclamé à celles-ci que le remboursement des papiers et du timbre. En conséquence, la loi du 18 mars 1806 a prévu la prévarication dans son article 35 (3).

---

(1) Si le conseil n'émet pas son avis motivé dans le délai d'un mois à dater de la convocation, il est passé outre. Un procès-verbal est dressé par le président (L. 4 juin 1864, art. 2).

Le procès-verbal est transmis par le préfet, avec son avis, au ministre. Les peines suivantes peuvent être prononcées, suivant les cas : la censure ; la suspension pour un temps qui ne peut excéder six mois ; la déchéance. La censure et la suspension sont prononcées par arrêté ministériel ; la déchéance est prononcée par décret impérial.

(2) L. 4 juin 1864, art. 4.

(3) C. d'Et. Cont. — « Sur la fin de non recevoir opposée par notre ministre de l'Agriculture, du Commerce et des Travaux Publics, et tirée de ce que notre décret du 4 mars 1865 étant un acte de pouvoir disciplinaire ne serait pas susceptible d'être attaqué par la voie contentieuse ; — Considérant que la loi du 4 juin 1864, qui nous a conféré le pouvoir de prononcer contre tout membre des conseils de prud'hommes qui aurait manqué gravement à ses devoirs, la déchéance de ses fonctions, a déterminé les conditions dans lesquelles devraient s'exercer ce pouvoir ; — Que les sieurs Dujaurrier et Grandpierre soutiennent que notre décret du 4 mars 1865 qui les a déclarés déchus de leurs fonctions de prud'hommes, a été rendu sans que les prescriptions de l'article 2 de la loi précitée eussent été observées ; ce qui constituerait un excès de pouvoir, et qu'en conséquence ils nous demandent de rapporter ledit décret ; — Qu'en vertu de la loi des 7-14 octobre 1790, ils sont recevables à porter cette demande devant nous, en notre Conseil d'Etat, par la voie contentieuse ;

En ce qui concerne l'excès de pouvoir : — Considérant que les sieurs Dujaurrier et Grandpierre reconnaissent que, le 7 février 1865, ils ont été appelés à se présenter, le 10 de ce mois, devant le conseil des prud'hommes dont ils faisaient partie, pour s'expliquer sur les faits qui leur étaient reprochés ; qu'en admettant qu'ils n'aient pas eu connaissance de ces faits avant la séance du 10 février 1865, ils se sont prévalus de cette circonstance devant le conseil pour lui demander de remettre l'examen de l'affaire à une autre séance ; qu'il appartenait à ce conseil d'apprécier l'opportunité de cette demande ; — Que le conseil, soit lorsqu'il a prononcé sur le sursis, soit lorsqu'il a émis son avis sur les griefs reprochés aux sieurs Dujaurrier et Grandpierre, était composé de tous les membres, au nombre de dix, alors en fonctions ; — Que si les sieurs Dujaurrier et Grandpierre, après la décision sur le sursis, n'ont pas été entendus par le conseil, il est reconnu par les requérants eux-mêmes qu'ils ont quitté le lieu de la réunion pendant que le conseil délibérait sur leur demande de remise ; — Que, d'ailleurs, après l'envoi à notre ministre du Commerce de l'avis exprimé par le conseil de prud'hommes sur les faits reprochés aux sieurs Dujaurrier et Grandpierre, ceux-ci ont été entendus par ledit ministre, le 28 février 1865 avant la présentation du rapport sur lequel a été rendu notre décret du 4 mars 1865, qui les a déclarés déchus de leurs fonctions de prud'hommes ; — Que, dans ces circonstances, les requérants ne sont pas fondés à prétendre que notre décret a été rendu en dehors des conditions déterminées par la loi du 4 juin 1864, et sans qu'ils aient pu exercer leur droit de défense ;

Art. 1er. La requête des sieurs Dujaurrier et Grandpierre est rejetée. »

(1) « Considérant que le recours des sieurs Arnoux et Marie a pour objet de faire décider que les faits sur lesquels est fondée la décision attaquée, ne constituerait pas un manquement grave à leurs devoirs dans l'exercice de leurs fonctions, et que, par suite, notre ministre du Commerce aurait excédé ses pouvoirs en prononçant contre les requérants la peine de la suspension ;

Considérant qu'il ne nous appartient pas d'apprécier en notre Conseil d'Etat, les faits qui ont motivé la suspension des sieurs Marie et Arnoux, et que la décision de notre ministre du Commerce constitue un acte disciplinaire qui ne peut pas être l'objet d'un recours devant nous par la voie contentieuse.

Art. 1er. La requête des sieurs Marie et Arnoux est rejetée. »

(2) V. Laferrière, Traité de la juridiction administrative, t. II, p. 548.

(3) En cas de plaintes en prévarication portées contre les membres du conseil de prud'hommes, il sera procédé contre eux suivant la forme établie à l'égard des juges.

381. *Discipline de l'audience.* — Pour ce qui concerne la discipline à exiger des parties devant le conseil de prud'hommes, la législation a confié aux conseillers un droit de police pour la tenue de leurs audiences.

Les parties sont tenues de s'expliquer avec modération et de se conduire avec respect; si elles ne le font pas, elles sont d'abord rappelées à leurs devoirs par un avertissement. En cas de récidive, le bureau particulier peut les condamner à une amende n'excédant pas 10 francs avec affiche du jugement dans la ville où siège le conseil (1).

Dans le cas d'insulte ou d'irrévérence grave, le bureau particulier en dresse procès-verbal et peut condamner celui qui s'en est rendu coupable à un emprisonnement dont la durée ne peut excéder trois jours (2). Ces jugements sont exécutoires par provision (3). Les dispositions relatives à la discipline des audiences se complètent d'ailleurs par les règles ordinaires appliquées devant la justice de paix.

VI. — Attributions diverses.

1° Le conseil de prud'hommes corps consultatif.

382. Outre leurs principales fonctions : la conciliation et le jugement des différends entre patrons et ouvriers, les conseils de prud'hommes ont diverses attributions accessoires dont la plus importante leur a été attribuée par l'article 17 de la loi du 1er juin 1853. Aux termes de cet article, les conseils de prud'hommes sont des corps consultatifs.

L'autorité administrative peut toujours, lorsqu'elle le juge convenable, réunir les conseils de prud'hommes qui doivent donner leur avis sur les questions qui leur sont posées (4).

En conséquence, les conseils de prud'hommes se réunissent en assemblée générale dans la salle de leurs délibérations toutes les fois que la demande en est faite par l'autorité administrative.

On s'est basé sur cette attribution consultative pour comprendre les représentants des conseils de prud'hommes parmi les membres du Conseil supérieur du travail. Les articles 5 et 6 du décret du 14 mars 1903 portant réorganisation du Conseil supérieur du travail, décident, en effet, que huit conseillers patrons et huit conseillers ouvriers seront délégués par les conseils de prud'hommes dans les formes prescrites par l'article 7 dudit décret.

D'autre part, les membres des conseils de prud'hommes font partie de droit des sections des Conseils du travail correspondant à l'industrie exercée par eux (5).

2° Conservation de la propriété des dessins industriels.

383. Ce sont aussi les conseils de prud'hommes qui sont chargés de la conservation de la propriété des dessins industriels. Cette attribution date de la loi du 18 mars 1806 qui décide dans son article 14 « que le conseil de prud'hommes est chargé des mesures conservatrices de la propriété des dessins » (1).

3° Police d'ateliers.

384. Les prud'hommes ont aussi diverses attributions en matière de police. Les cas d'application sont d'ailleurs excessivement rares. Le décret du 3 août 1810 résume dans son article 4 les dispositions contenues à cet égard dans la loi de 1806 et le décret de 1809 (2).

4° Règlements de compte et police entre les chefs d'ateliers et les fabricants.

385. Des règles spéciales édictées par la loi du 18 mars 1806 ont facilité la solution des difficultés qui pourraient s'élever en cette matière. Le principe est la double tenue d'un livre d'acquit par les chefs d'ateliers pour chacun des métiers qu'ils font travailler.

Tous les chefs d'atelier actuellement établis, ainsi que ceux qui s'établiront à l'avenir, sont tenus de se pourvoir, au conseil de prud'hommes, d'un double livre d'acquit pour chacun des métiers qu'ils font travailler, dans la quinzaine à dater du jour de la publication pour ceux qui travaillent, et dans la huitaine du jour où commenceront à travailler ceux qu'ils monteront à neuf (3).

Il est tenu au conseil de prud'hommes un registre sur lequel lesdits livres d'acquit seront inscrits (4).

---

(1) L. 18 mars 1806, — Art. 15. Tout fabricant qui voudra pouvoir revendiquer par la suite, devant le tribunal de commerce, la propriété d'un dessin de son invention sera tenu d'en déposer aux archives du conseil de prud'hommes un échantillon plié sous enveloppe, revêtu de ses cachets et signature, sur laquelle sera également apposé le cachet du conseil de prud'hommes.

Art. 16. Les dépôts de dessins seront inscrits sur un registre tenu *ad hoc* par le conseil de prud'hommes, lequel délivrera aux fabricants un certificat rappelant le numéro d'ordre du paquet déposé et constatant la date du dépôt.

Art. 17. En cas de contestation entre deux ou plusieurs fabricants sur la propriété d'un dessin, le conseil de prud'hommes procédera à l'ouverture des paquets qui auront été déposés par les parties ; il fournira un certificat indiquant le nom du fabricant qui aura priorité de date.

(2) D. 3 août 1810. — Tout délit tendant à troubler l'ordre et la discipline de l'atelier, tout manquement grave des apprentis envers leurs maîtres, pourront être punis par les prud'hommes d'un emprisonnement qui n'excédera pas trois jours, sans préjudice de l'exécution de l'article 19, titre V, de la loi du 22 germinal an XI, et de la concurrence des officiers de police et des tribunaux.

L'expédition du prononcé des prud'hommes, certifié par leur secrétaire, sera mise à exécution par le premier agent de police, ou de la force publique, sur ce requis.

(3) L. 18 mars 1806, art. 20.

(4) V. *supra*, Livrets d'acquit de la fabrique de Lyon, n° 73 et suiv.

---

(1) D. 11 juin 1809, art. 33.

(2) *Ibid.*, art. 34.

(3) *Ibid.*, art. 35.

(4) L. 1er juin 1853, art. 17.

(5) D. 17 mai 1900, art. 8. — Des représentants des conseils de prud'hommes fonctionnant dans la région sont appelés dans les conditions fixées par l'arrêté instituant le Conseil du travail, à faire partie des sections correspondant à la profession exercée par eux. Les conseillers

LOUAGE DE TRAVAIL

5° Inspection des prud'hommes dans les ateliers.

386. Cette attribution confiée aux prud'hommes par la loi de 1806, et le décret de 1809 est pour ainsi dire tombée en désuétude depuis l'organisation de l'Inspection du travail. Elle était ainsi réglée :

Le conseil de prud'hommes doit tenir un registre exact du nombre de métiers existants et du nombre d'ouvriers de tout genre employés dans la fabrique, pour lesdits renseignements être communiqués à la chambre de commerce toutes les fois qu'il en sera requis (1).

A cet effet, les prud'hommes sont autorisés à faire dans les ateliers une ou deux inspections par an pour recueillir les informations nécessaires. D'après l'article 64 du décret du 11 juin 1809, cette inspection n'aura lieu qu'après que le propriétaire de l'atelier aura été prévenu deux jours avant celui où les prud'hommes devront se rendre dans son domicile ; celui-ci est tenu de leur donner un état exact du nombre de métiers qu'il a en activité et des ouvriers qu'il occupe (2). En cas de refus du propriétaire de l'atelier de subir cette inspection, le prud'homme peut obtenir l'assistance de la police municipale (3).

L'inspection des prud'hommes a pour objet unique d'obtenir des informations sur le nombre de métiers et d'ouvriers; et, en aucun cas, ils ne peuvent en profiter pour exiger la communication des livres d'affaires et des procédés nouveaux de fabrication que l'on voudrait tenir secrets (4).

6° Apprentissage.

387. La loi du 21 février 1851 relative aux contrats d'apprentissage a donné qualité aux secrétaires des conseils des prud'hommes pour dresser et recevoir ces contrats et donné compétence à ces conseils pour connaître des demandes à fin d'exécution et de résolution de ces contrats (5).

VII. — Les conseils de prud'hommes en Algérie.

388. La loi du 23 février 1881 prévoit l'application de la législation des prud'hommes à l'Algérie en la modifiant de façon à la mettre autant que possible en rapport avec les conditions spéciales de ce pays.

Les lois des 1er juin 1853, 4 juin 1864 et 7 février 1880, concernant les conseils de prud'hommes, ainsi que les dispositions de la législation antérieure maintenues par l'article 19 de la loi du 1er juin 1853 sont applicables en Algérie, sous les modifications prévues par la loi du 23 février 1881, article 1er. Elles portent exclusivement sur le mode de recrutement du personnel des con-

seils de prud'hommes. Aux termes de la loi du 23 février 1881, sont électeurs : 1° les patrons âgés de vingt-cinq ans accomplis, patentés depuis trois années au moins et depuis un an dans la circonscription du conseil; 2° les chefs d'ateliers, contremaîtres et ouvriers âgés de vingt-cinq ans accomplis, exerçant leur industrie depuis trois ans dans la circonscription du conseil (1). Sont éligibles les électeurs âgés de trente ans accomplis, domiciliés depuis deux ans dans la circonscription du conseil et sachant lire et écrire le français (2). On voit que les durées d'exercice et de résidence exigées en France sont abaissées.

Dans les circonscriptions où l'importance de la population musulmane le comportera, les conseils de prud'hommes comprendront des prud'hommes assesseurs musulmans. Les décrets d'institution déterminant le nombre des membres de chaque conseil indiqueront celui des prud'hommes assesseurs musulmans (3).

Les patrons assesseurs musulmans et les ouvriers assesseurs musulmans seront toujours en nombre égal dans chaque catégorie.

Dans les causes où se trouveront un ou plusieurs musulmans non naturalisés, le bureau particulier et le bureau général comprendront deux prud'hommes assesseurs musulmans, l'un patron, l'autre ouvrier, ayant voix consultative (4).

Les prud'hommes assesseurs musulmans sont élus dans la même forme que les autres prud'hommes par les musulmans non naturalisés (5). Ils sont soumis aux mêmes conditions d'éligibilité. Toutefois, pour l'assessorat, il suffit aux candidats de savoir parler le français, s'ils savent lire et écrire leur langue maternelle (6).

Les musulmans non naturalisés doivent, pour être électeurs, remplir les conditions indiquées pour les Français (7). La liste de ces électeurs est dressée séparément (8).

SECTION II.

COALITIONS ET GRÈVES.

389. Les coalitions sont des ententes entre personnes poursuivant un même but, et faisant choix des mêmes moyens pour y atteindre rapidement. Elles ont, par définition, un caractère d'action temporaire et comme brusque, qui s'oppose à l'action permanente et généralement patiente de l'association.

Nous ne nous occupons ici que des coalitions formées par les patrons ou par les ouvriers en vue de modifier les conditions du travail ou du louage de travail. Ces coalitions, en l'état actuel de la législation sur le contrat de travail, ont pour moyen ordinaire et pour ainsi dire

---

(1) L. 18 mars 1806, art. 29.
(2) D. 11 juin 1809, art. 64.
(3) *Ibid.*, art. 66.
(4) *Ibid.*, art. 65.
(5) V. *supra*, n°s 16, 51 et suiv.

---

(1) L. 3 février 1881, art. 2.
(2) *Ibid.*, art. 3.
(3) *Ibid.*, art. 4.
(4) *Ibid.*, art. 5.
(5) *Ibid.*, art. 6.
(6) *Ibid.*, art. 7.
(7) *Ibid.*, art. 8.
(8) *Ibid.*, art. 6.

normal, du côté des ouvriers, la cessation du travail concertée, collective, la grève. Du côté des patrons, elles amènent aussi très fréquemment la grève. Après s'être concertés, les patrons, maîtres de leurs établissements, signifient les conditions nouvelles aux ouvriers ; ceux-ci ou bien cèdent ou bien se coalisent à leur tour et sont souvent conduits à employer leur moyen d'action ou de résistance. Parfois aussi les patrons coalisés font échec à une grève partielle des ouvriers intéressés par la fermeture générale de leurs établissements. Cette pratique, que nos documents officiels désignent sous le nom de lock-out, emprunté aux Anglais, se distingue de la grève par son origine, mais entraîne des conséquences à peu près identiques. Les lock-outs les plus fréquents en France sont ceux de patrons boulangers s'opposant à la taxe municipale du pain; ils ne manifestent pas un conflit entre patrons et ouvriers. Mais les lock-outs, plus rares, survenus par suite de conflits entre patrons et ouvriers ont une plus grande importance.

La coalition a de tous temps appelé l'attention des pouvoirs publics par les répercussions qu'elle a, tant sur le prix des denrées que sur l'ordre public et la tranquillité « de la rue ». C'est ce dernier point de vue qui l'emporte aujourd'hui dans les préoccupations des gouvernements. La difficulté pour eux est de maintenir l'ordre sans que l'intervention de la puissance publique détruise l'équilibre des forces antagonistes au profit des patrons : ceux-ci, en effet, n'ont pas besoin pour leur entente de réunions nombreuses, et, moins exposés aux privations et aux souffrances immédiates, conservent plus facilement le calme au cours de la grève.

390. Il n'est pas indispensable à l'objet de notre étude d'examiner le régime légal des coalitions et des grèves avant la loi des 24-27 juin 1791 qui supprime les corporations. Dans la crainte de voir renaître les anciennes corporations, et avec la préoccupation, très vive pendant la Révolution, de s'opposer à la hausse du prix des denrées, le législateur interdit sévèrement les coalitions et les grèves. L'article 2 de la loi défendait aux patrons comme à leurs employés et ouvriers de s'organiser ou de se concerter pour leurs *prétendus* intérêts communs. Défense était faite aux corps administratifs et municipaux, par l'article 3, de recevoir aucune adresse ou pétition d'un groupe professionnel. Enfin, dit l'article 4, si, contre les principes de la liberté et de la constitution, des citoyens attachés aux mêmes professions, arts et métiers prenaient des délibérations, faisaient entre eux des conventions tendant à refuser de concert et à n'accorder qu'à un prix déterminé le secours de leur industrie et de leurs travaux, lesdites délibérations, accompagnées ou non de serments, seraient déclarées inconstitutionnelles et attentatoires à la liberté et à la Déclaration des droits de l'homme.

Dans ses articles 19 et 20, la loi du 26 septembre-6 octobre 1791 se montrait à son tour sévère pour les coalitions de propriétaires, fermiers, métayers, domestiques et ouvriers ruraux ayant pour objet de modifier les gages ou salaires. Contre les patrons, elle prévoyait la détention de police municipale et une amende pouvant s'élever au quart de la contribution mobilière. Contre les salariés, la même peine de détention et une amende de 12 journées de travail.

391. Le Code pénal vint préciser les manœuvres et pratiques interdites, ainsi que les pénalités, par trois articles aujourd'hui modifiés et qu'il est intéressant de rappeler. L'ancien article 414 visait les patrons qui se coalisent « pour forcer injustement et abusivement l'abaissement des salaires » : la tentative, le commencement d'exécution étaient punis d'un emprisonnement de six jours à six mois et d'une amende de 200 à 3,000 fr. L'ancien article 415 visait les ouvriers qui se coalisent « pour faire cesser en même temps de travailler, interdire le travail dans un atelier, empêcher de s'y rendre et d'y rester avant ou après de certaines heures et en général pour suspendre, empêcher, enchérir les travaux ». La tentative, le commencement d'exécution étaient punis d'un mois au moins d'emprisonnement, de trois au plus. « Les chefs ou moteurs » étaient punis d'un emprisonnement de deux à cinq ans, et pouvaient être mis, après l'expiration de leur peine, sous la surveillance de la haute police pendant deux ans au moins et cinq au plus. Enfin l'ancien article 416 visait « les ouvriers qui auront prononcé des amendes, des défenses, des interdictions... soit contre les directeurs d'ateliers et entrepreneurs d'ouvrages, soit les uns contre les autres ». Les peines édictées étaient celles de l'article 415.

Ces articles étaient sévères surtout pour les ouvriers, non seulement par l'aggravation de la peine à l'égard des chefs ou moteurs, par les précisions de l'article 416, mais aussi par l'insertion des mots « injustement et abusivement » dans l'article visant les patrons. Pour les ouvriers, la coalition, même juste et légitime, était interdite et punie. Un tel régime d'oppression fut à diverses reprises vivement combattu par les libéraux, autant par sentiment d'équité qu'au nom de leurs théories économiques. En 1849, une première réforme fut votée qui rendait les patrons et les ouvriers passibles de peines égales. Mais ce ne fut que par la loi du 25 mai 1864 que fut, par la modification des articles 414, 415, 416 (1), reconnu le droit essentiel de coalition et de grève.

Les nouveaux articles 414 et 415 ne punissent plus que les violences, voies de fait, menaces et manœuvres

---

(1) Art. 414. Sera puni d'un emprisonnement de six jours à trois ans, et d'une amende de 16 à 3,000 francs, ou de l'une de ces deux peines seulement, quiconque, à l'aide de violences, voies de fait, menaces ou manœuvres frauduleuses, aura amené ou maintenu, tenté d'amener ou de maintenir une cessation concertée de travail, dans le but de forcer la hausse ou la baisse des salaires ou de porter atteinte au libre exercice de l'industrie ou du travail.

Art. 415. Lorsque les faits punis par l'article précédent auront été commis par suite d'un plan concerté, les coupables pourront être mis, par l'arrêt ou le jugement, sous la surveillance de la haute police pendant deux ans au moins et cinq ans au plus.

Art. 416. (Abrogé depuis par la loi du 21 mars 1884.) Seront punis d'un emprisonnement de six jours à trois mois et d'une amende de 16 à 300 francs, ou de l'une de ces deux peines seulement, tous ouvriers, patrons et entrepreneurs d'ouvrage qui, à l'aide d'amendes, prescriptions, interdictions prononcées par suite d'un plan concerté auront porté atteinte au libre exercice de l'industrie et du travail.

13

frauduleuses ; le fait même de coalition ou de grève n'est plus interdit ni puni. C'est cette levée de l'interdiction antérieure que le langage courant désigne sous le nom de droit de grève, à propos de la loi du 25 mai 1864. Mais l'article 416 continuait à rendre pratiquement très difficile, tout au moins pour les ouvriers, bien qu'il visât également les patrons, le concert en vue de modifier les conditions du travail. Des expressions aussi vagues que « interdictions prononcées par suite d'un plan concerté » rendaient dangereux pour leurs auteurs toute entente ouverte et connue pour déserter un atelier. La jurisprudence ne tarda pas à éclairer les intéressés sur ce point, et ils poursuivirent l'abolition de cet article 416, qu'ils obtinrent par la loi du 21 mars 1884. Un grand nombre d'entre eux poursuivent encore l'abolition des articles 414 et 415, faisant valoir que le droit commun suffit à réprimer les violences, menaces et manœuvres frauduleuses, qu'il n'y a donc pas lieu de prévoir des pénalités spéciales, un régime d'exception, enfin que les mots « menaces et manœuvres frauduleuses » peuvent donner lieu à des interprétations assez arbitraires.

Quoi qu'il en soit de ces dernières revendications, on sait que, depuis 1884, les grèves sont devenues beaucoup plus nombreuses, et que les condamnations sont relativement rares. Les ouvriers, qui ne peuvent sans se coaliser discuter le contrat de travail avec le grand patron sur un pied d'égalité, ont pu largement et normalement user de la grève.

392. *Législation et jurisprudence actuelles.* — C'est donc uniquement dans les articles 414 et 415 du Code pénal plus haut cités que nos lois réglementent aujourd'hui l'exercice du droit de grève, et les articles se bornent à réprimer les « violences, voies de fait, menaces et manœuvres frauduleuses ». Qu'entend la jurisprudence par les expressions nécessairement un peu élastiques du Code pénal? Telle est la première question à examiner. Quelles sont, en droit civil, les conséquences de la cessation collective de travail, — grève ou lock-out patronal? — Telle est la deuxième et très simple question que nous traiterons sommairement.

Pour qu'il y ait délit d'atteinte à la liberté de l'industrie ou du travail il faut : 1° que la cessation de travail ait été déterminée ou maintenue au moyen d'une contrainte, physique ou morale, résultant d'actes de violence, de voies de fait, de menaces ou de manœuvres frauduleuses ; 2° que la cessation de travail, déterminée ou maintenue par ces moyens, prenne la gravité d'une véritable coalition, c'est-à-dire qu'elle ait été concertée entre ceux qui ont cessé de faire travailler ou de travailler ; 3° qu'elle ait eu pour but de forcer la hausse ou la baisse des salaires ou toute autre atteinte au libre exercice de l'industrie ou du travail.

Qu'entend-on par atteinte au libre exercice de l'industrie ou du travail? M. Emile Ollivier, rapporteur de la loi du 25 mai 1864, cite, dans son rapport, les exemples suivants, en dehors des conditions concernant le taux du salaire : poursuivre la substitution du travail à la tâche du travail à la journée et réciproquement; la fixation de la durée des heures de travail; la résistance à

l'introduction d'une nouvelle machine ou à l'admission des apprentis. On peut donc dire que toute demande concertée de modification aux conditions du travail a été considérée par le législateur comme portant atteinte au libre exercice de l'industrie et du travail, au droit de chacun de traiter individuellement des conditions de vente de son travail. Les tribunaux peuvent pratiquement appliquer les articles 414 et 415 à toute grève, à toute tentative de grève, s'il est fait usage de violences, voies de fait, menaces ou manœuvres frauduleuses. Ils ne pourraient pas les appliquer à ces grèves *exceptionnelles* qui ne visent pas les conditions du travail : telle, en Belgique, la grève pour le suffrage universel. Ce n'est d'ailleurs pas de ces conflits qu'il est question dans le présent article.

M. Emile Ollivier, dans son rapport, précise par quelques exemples la contrainte physique ou morale : les *violences* peuvent se manifester autrement que par des coups et blessures. Se rend coupable de violences « celui qui, sans frapper, saisit au corps, jette à terre, arrache les cheveux, crache à la figure ». *Voies de fait :* « un individu qui, dans un lieu de réunion, saisit un autre individu qui aurait refusé d'adhérer à la coalition, et le jette dehors ». Les *menaces* ne sont pas subordonnées au caractère d'avoir été faites avec ordre ou sous condition (1); elles doivent, en outre, s'entendre de toutes menaces et quelle que soit la nature du mal qui y est énoncé. Les *manœuvres frauduleuses* à réprimer supposent la réunion de quatre circonstances : 1° la fraude, c'est-à-dire la tromperie, l'action faite de mauvaise foi ; 2° des actes combinés artificiellement pour surprendre la confiance ; 3° des manœuvres de nature à faire impression, qui ne soient pas d'une telle grossièreté qu'elles n'aient pu raisonnablement agir sur ceux qu'elles avaient en vue d'entraîner ; 4° des manœuvres qui aient *effectivement* porté atteinte, par le moyen d'une coalition, à la liberté des patrons ou des ouvriers. On ne doit, d'après le rapporteur, considérer comme manœuvres frauduleuses « ni les projets téméraires ou hasardeux sur le succès desquels l'agent s'est trompé de bonne foi, encore que les efforts qu'il a faits aient entraîné les tiers dans son erreur, ni des paroles artificieuses, ni des allégations mensongères, des promesses, des espérances, si elles ne sont accompagnées d'aucune manœuvre, c'est-à-dire d'aucun fait extérieur ou d'actes quelconques destinés à les appuyer et à leur donner crédit ». Il y avait dans le texte primitif « manœuvres coupables, dons ou promesses ». Le rapporteur a trouvé ce terme trop vague : « C'est pourquoi, dit-il, nous l'avons rejeté et remplacé par celui de manœuvres frauduleuses qui, en restant général, n'est ni vague, ni équivoque, ni susceptible d'être indéfiniment étendu. » Les expressions « dons et promesses » ont été considérées comme rentrant dans les manœuvres frauduleuses quand ils ont été un moyen de soudoyer des individus pour les déterminer à faire cesser simultanément le travail dans un ou plusieurs ateliers.

---

(1) Le Code pénal (art. 305 à 308) distingue les menaces simples et les menaces « *faites avec ordre ou sous condition* ».

Le rapporteur, on le voit, ne parvient pas à dissiper toute équivoque, à préciser suffisamment les termes. La Cour de cassation, dans un arrêt du 5 avril 1867 de la chambre criminelle, s'exprima ainsi : « Les *menaces*, dont l'emploi pour amener ou maintenir une cessation concertée du travail en vue d'une hausse ou baisse de salaires ou d'une atteinte au libre exercice du travail et de l'industrie, est réprimé par le nouvel art. 414 C. P., ne s'entendent pas seulement des menaces de voies de fait, telles qu'elles sont caractérisées par les articles 305-309 de ce Code, mais de toutes menaces qui ont eu ou pu avoir le résultat indiqué. Par suite, constitue le délit prévu par l'article 414, le fait de quelques ouvriers d'avoir, par la menace d'une interdiction de travail adressée à ceux de leurs camarades qui refuseraient d'entrer dans une coalition tendant à faire renvoyer un ouvrier de l'établissement où tous travaillaient en commun, amené de la part des ouvriers de cet établissement une cessation concertée de travail qui n'a pris fin qu'après le renvoi de l'ouvrier. » Nous citerons également un arrêt de la Cour de Douai en date du 18 avril 1867 : « Il y a atteinte à la liberté du travail par *menace*, de la part de celui qui, à la suite d'une cessation concertée de travail qui s'était produite dans une localité, a, pour intimider les ouvriers en grève et empêcher la reprise des travaux, lancé des pierres contre un atelier *même* à ce moment *inoccupé*. »

Enfin la Cour de Montpellier (20 mai 1886) décide ainsi : « Le délit d'atteinte à la liberté du travail, alors même qu'il est commis par la voie de la presse et au moyen de fausses nouvelles, est réprimé par l'article 414 du Code pénal et non par l'article 27 de la loi du 29 juillet 1881 sur la presse. »

Cet ensemble d'explications et d'arrêts montre combien est étendu le champ d'application des articles 414 et 415, et combien vagues et imprécises en restent les limites.

393. Un dernier point mérite une étude particulière. Dans quelles conditions les articles 414 et 415 s'appliquent-ils à la *mise en interdit*, à la mise à l'index? Il n'est point contestable, tout d'abord, que la mise en interdit : l'interdiction concertée entre les ouvriers de s'embaucher dans un atelier désigné, l'interdiction concertée de travailler avec un camarade ou une autre personne désignée, ne puisse être considérée comme atteinte à ce que le législateur appelle le libre exercice de l'industrie et du travail. C'est ce qui résulte des exemples, rappelés plus haut, qui avaient été donnés dans le rapport Ollivier, et de l'arrêt du 5 avril 1867 de la Cour de cassation (voir *supra*). Cette atteinte par interdiction, l'article 416 la considérait comme punissable en elle-même. Ainsi la Cour de cassation, le 11 mai 1883, décidait que le fait, par un groupe d'ouvriers, agissant comme commission exécutive d'une grève, de mettre un établissement à l'index et de faire défense à tous ouvriers, membres de la corporation, de s'embaucher dans un atelier, ou de continuer à y travailler, constitue le délit prévu à l'article 416 du Code pénal, si cette défense a été suivie d'effet, encore

qu'elle n'ait pas été accompagnée de violences, voies de fait, menaces ou manœuvres frauduleuses. Mais l'article 416 a été abrogé; et l'arrêt précité du 11 mai 1883 confirme *a contrario* ce qui ressort avec évidence des textes et de l'intention du législateur : la mise en interdit n'est par elle-même ni une violence, ni une voie de fait, ni une menace, ni une manœuvre frauduleuse. Si elle a été suivie d'effet, elle constitue une atteinte à ce que le Code pénal appelle la liberté du travail, atteinte qui n'est proscrite par la loi et punie que si elle a été accompagnée de violences, voies de fait, menaces ou manœuvres frauduleuses.

Ajoutons, pour être complet, que les mises en interdit sont devenues fréquentes depuis la loi du 21 mars 1884 sur les syndicats professionnels, qui a abrogé l'article 416 du Code pénal. La jurisprudence actuelle à leur égard, qui n'est pas encore bien assise, peut se résumer ainsi : En elles-mêmes, elles ne sont point punies par le Code pénal ; mais l'*abus* n'en va pas sans responsabilité civile pour les personnes qui l'ont prononcée ; celles-ci peuvent être condamnées à des dommages-intérêts envers les personnes lésées, en vertu de l'article 1382 du Code civil.

394. Maintenant quelles sont les conséquences de la grève, au point de vue du droit civil ?

La solution de la question, dans l'état actuel de la législation, nous paraît résulter de ces prémisses : il n'y a pas de loi spéciale ni d'article de nos codes qui définisse un droit de grève et ses conséquences civiles.

La cessation concertée de travail, après avoir été longtemps punie par le Code pénal, n'est plus en elle-même considérée comme un délit ; la loi ne punit que les violences, voies de fait, etc. Voilà ce qu'on appelle le droit de grève. Par conséquent, nous ne pouvons considérer ici que les principes généraux du droit civil sur le contrat de travail et les dommages causés à autrui.

C'est donc actuellement une erreur, en droit, de représenter le contrat de travail comme « suspendu » momentanément par l'exercice du droit de grève; une erreur de considérer le renvoi pendant la grève ou pour faits de grève comme portant atteinte à ce droit. Il n'en pourra être ainsi décidé que par une loi spéciale, définissant l'exercice du droit de grève. C'est seulement dans les circonstances de fait, par une interprétation de la volonté présumée des parties contractantes que l'on peut aujourd'hui trouver des raisons de considérer le contrat de travail comme maintenu ou rompu pendant la grève.

395. *Jurisprudence de la Cour de cassation.* — *1)* L'ouvrier qui volontairement quitte l'usine pour se mettre en grève rompt son contrat de travail. — *2)* L'exercice de ce qu'on nomme le droit de grève laisse subsister entre les parties l'engagement qu'elles ont pris d'observer entre elles les délais d'usage. — *3)* L'ouvrier qui, de son plein gré, a quitté son patron pour se mettre en grève, peut être condamné à payer une indemnité pour n'avoir point observé, vis-à-vis dudit patron, le délai de prévenance déterminé par l'usage des lieux.

Telle est la jurisprudence de la Cour de cassation (1). Elle nous paraît comporter d'ailleurs des propositions réciproques pour le cas où le patron ferme son usine, soit par solidarité avec des confrères dont les ouvriers sont en grève, soit pour des raisons personnelles quelconques.

Les conclusions de l'avocat général à la Cour de cassation dans cette affaire font une distinction toute naturelle et très importante entre les indemnités qui peuvent être dues si l'on rompt le contrat sans observer le délai de prévenance, et les dommages-intérêts qui peuvent être accordés pour rupture injustifiée, même si ce délai a été respecté (2). Ces conclusions, outre ce qu'elles disent sur le délai de prévenance et l'application en l'espèce de l'article 1134 du Code civil, font ressortir que le patron ne serait fondé à réclamer une indemnité en vertu de l'article 1780 que s'il y avait eu à la fois abus du droit de grève et préjudice causé. C'est dire qu'en cas de grève des ouvriers, la jurisprudence de la Cour accorderait ordinairement au patron l'indemnité pour non-observation du délai-congé et n'accorderait qu'exceptionnellement les dommages-intérêts prévus par l'article 1780. Notons encore

cette conséquence de la jurisprudence : le gréviste, ayant rompu lui-même le contrat de travail, ne serait pas admis à réclamer les dommages-intérêts de l'article 1780 au cas où il ne serait pas autorisé à rentrer chez le patron après la grève.

396. La jurisprudence que nous venons d'exposer nous paraît appeler certaines réserves. En premier lieu, l'arrêt ne vise pas les causes de la grève et l'on pourrait en conclure que le fait seul de se mettre en grève constitue toujours une rupture du contrat par l'ouvrier. Cependant la grève peut naître de l'inexécution, de la modification sans délai, par le patron, du contrat de louage de service antérieurement conclu; la rupture du contrat ne serait-elle pas dans ce cas attribuable au patron?

Mais une autre objection se présente, qui nous paraît restreindre le champ d'application de la jurisprudence établie par l'arrêt de cassation. La thèse de l'avocat général ne *prouve* pas la rupture du contrat de travail, elle la *suppose* dans un cas donné et en déduit des conclusions. Quant au dispositif de l'arrêt, il rappelle que, d'après l'usage constant à Montbéliard, « le patron et l'ouvrier doivent se prévenir à l'avance de leur *intention* de rompre le contrat de travail » et il admet, sans le dire explicitement, que quitter l'établissement, de son plein gré, pour se mettre en grève, c'est manifester l'intention de rompre le contrat de travail. Or l'introduction des mots *de son plein gré* — qui déjà limite la thèse au gréviste volontaire ou inconscient, — ne suffit pas à prouver l'intention du gréviste volontaire de rompre le contrat de travail. En réalité, l'ouvrier n'a pas habituellement *quitté* l'établissement, au sens où l'entend l'arrêt; il l'a quitté momentanément, tout comme les grévistes involontaires, et il compte bien y rentrer, même s'il n'obtient pas satisfaction. Son *intention* n'est nullement de rompre le contrat de travail. Il se considère comme faisant toujours partie de l'établissement, il ne cherche pas à s'embaucher ailleurs, souvent il consent à certains travaux d'entretien destinés à maintenir en état le matériel, l'outillage. Le patron, de son côté, dans la pratique habituelle, ne considère pas le contrat comme rompu; il ne cherche pas de nouveaux ouvriers ; il distingue entre *ses* ouvriers et les étrangers; il parle de renvoyer tels ou tels; il avertit que ceux qui ne seront pas rentrés à une date déterminée ne rentreront plus.

En résumé, en pratique courante actuelle, l'ouvrier n'a pas l'intention de rompre le contrat, le patron ne le considère pas comme rompu, et il ne semble pas que l'on doive déclarer rompu un contrat que les parties continuent à considérer comme subsistant. On ne saurait donc, à notre avis, sans examiner les circonstances de fait, déclarer que l'ouvrier qui se met en grève rompt, *ipso facto*, son contrat de travail. C'est seulement lorsque, dans les circonstances de fait, on trouve la preuve ou des indices suffisants de la volonté de rompre le contrat, que la thèse de l'arrêt du 18 mars 1902 trouve tout naturellement son application.

Quelle est donc la situation de l'ouvrier en grève, lorsque le contrat de travail n'est pas rompu? Il est

---

(1) Cass. Req. 18 mars 1902. — Sur le moyen pris de la violation des articles 1780 et 1382 du Code civil, 1er de la loi du 27 décembre 1890, 414 et 415 du Code pénal, 7 de la loi du 20 avril 1810 et du principe de la liberté du travail : — Attendu que Loichot, ouvrier serrurier au service d'Hufflen, ayant, de son plein gré, quitté ce dernier pour se mettre en grève, a été condamné à payer une indemnité de 28 francs pour n'avoir point observé, vis-à-vis de son patron, le délai ordinaire de prévenance; que cette décision est vainement critiquée par le pourvoi; qu'il est, en effet, constaté par le jugement attaqué que, d'après l'usage existant à Montbéliard, le patron comme l'ouvrier doivent se prévenir, une semaine à l'avance, de leur intention de rompre le contrat de travail; que, d'autre part, la grève, quelque légitime qu'en fût l'exercice, ne laissait pas moins les parties dans les liens de l'engagement qu'elles avaient pris d'observer entre elles les délais d'usage; — Par ces motifs: Rejette, etc...

(2) « Votre jurisprudence interprétative de l'article 1780 n'a jamais varié. Elle a constamment décidé, depuis la promulgation de la loi du 27 décembre 1890, qui a complété l'ancien article 1780, que la rupture d'un contrat de louage, fait sans détermination de durée, est l'exercice d'un droit appartenant à l'une ou à l'autre des parties et qu'il n'est dû de dommages-intérêts qu'autant que celle des parties qui a rompu le contrat a fait de son droit un usage abusif et préjudiciable; que c'est à la partie, qui demande les dommages-intérêts, à faire la preuve de l'abus et du préjudice; et qu'enfin, pour avoir une base légale, le jugement de condamnation doit constater le préjudice et l'usage abusif.

« Attendu, dit notre Chambre civile, dans un arrêt du 19 novembre 1900, le plus récent sur la matière qui ait paru dans les recueils (D. 22 janvier 1901), « que si la rupture du contrat de louage de services, « fait sans détermination de durée, peut donner lieu à des dommages-« intérêts au profit de celui qui la subit, c'est à la condition qu'elle « lui soit préjudiciable et qu'elle constitue de la part de celui qui l'im-« pose un abus de son droit dont la preuve incombe au demandeur ».

« Cet arrêt, dans son énergique concision, n'est que le résumé de toute votre jurisprudence antérieure.

« Par conséquent, si le jugement attaqué était fondé sur l'article 1780 du Code civil et, si l'indemnité de 28 francs allouée à Hufflen lui était accordée pour rupture unilatérale du contrat, je n'hésiterais pas un instant à associer mes observations à celle du pourvoi. Car, le jugement ne constate ni l'abus du droit, ni le préjudice causé, et manquerait ainsi de base légale.

« Mais, la condamnation ne repose nullement sur la disposition de l'article 1780 du Code civil; elle n'a pas pour cause, pour base juridique la faute ou le préjudice causé. Elle repose sur la violation d'une convention, convention de prévenance qui existe à Montbéliard — le jugement le constate — et qui est obligatoire au même titre qu'une convention expresse — votre jurisprudence le décide.

« Pour tout résumer en une brève formule, la condamnation prononcée contre Loichot procède non *ex delicto* et de l'article 1780, mais *ex contractu* et de l'article 1134 du Code civil. »

dans une situation de fait identique à celle d'un ouvrier absent sans autorisation. Son absence peut être, est même souvent injustifiée. Le patron peut lui donner congé, peut même dans nombre de cas le renvoyer pour faute grave sans être astreint à donner délai-congé; enfin l'article 1780 peut trouver son application au profit de l'une ou de l'autre partie suivant les cas. Autant de questions d'espèce à apprécier par les tribunaux compétents (1).

397. *Grève des ouvriers et employés de l'État.* — Nous examinerons la question successivement au point de vue pénal et au point de vue civil.

Au point de vue pénal, la question est fort simple. Il faut distinguer entre les fonctionnaires publics dépositaires d'une partie de l'autorité publique, et les autres agents, employés quelconques ou ouvriers. Pour les coalitions des fonctionnaires publics et d'eux seulement, le Code pénal édicte des pénalités spéciales (2). Pour les autres, c'est le droit commun.

Il n'entre pas dans notre sujet de définir quels sont les fonctionnaires dépositaires d'une partie de l'autorité publique visés par les articles 123-126; nous ne pouvons que renvoyer au mot *Fonctionnaires*. Nous ferons remarquer seulement que cette catégorie ne comprend même pas nécessairement tous les agents nommés par acte de puissance publique : la jurisprudence, en effet, refuse le bénéfice du contrat de louage de services à des agents de l'ordre administratif nommés par acte de puissance publique sans être eux-mêmes dépositaires de l'autorité publique (3).

Par conséquent, les ouvriers et employés des exploitations industrielles de l'État, des départements et des communes, des établissements publics, et, d'une façon générale, tous les individus qui ne sont pas visés par les articles 123-126 rentrent dans le droit commun au point de vue des coalitions et des grèves; seuls les articles 414 et 415 du Code pénal leur sont applicables.

C'est ce que reconnaissait en termes explicites, dans l'exposé des motifs d'un projet de loi sur les grèves des employés des services publics, M. Trarieux alors Garde des Sceaux (4) :

« Il faut distinguer, dit-il, entre les diverses exploitations visées par la proposition de loi de M. Merlin et de plusieurs de ses collègues, celles qui constituent des services publics proprement dits intéressant l'ordre général et la sécurité même du pays, de celles qui n'engagent qu'une question de finances. Pour ces dernières, quelque graves qu'elles soient, un gouvernement de liberté, comme doit l'être la République, ne

croit pas avoir à demander *des règles dérogatoires à la loi générale.* »

On ne peut reconnaître plus explicitement l'étendue du droit commun en matière de grève; l'article 126 s'interprète là, *a contrario*, dans le sens le plus restreint, ainsi d'ailleurs que le commandent les textes.

398. Ce droit commun, d'ailleurs, paraît largement suffisant pour sauvegarder les intérêts généraux, s'il en est besoin, puisqu'il laisse chacun de ceux qui se sont coalisés sous le coup des conséquences de la cessation individuelle et volontaire de travail : rupture du contrat, ou absence injustifiée s'il y a contrat de travail; refus de service, s'il y a emploi public ne comportant pas contrat de travail.

L'employé qui refuse le service encourt des peines disciplinaires graves et ordinairement la révocation; les règlements qui, précisant ses garanties et ses obligations, remplacent pour lui le contrat de travail, sont toujours explicites sur ce point. S'il passe outre à cette considération, de quel poids sur sa détermination seraient des pénalités supplémentaires ? Et quant aux commis et ouvriers qui ont un contrat de louage de travail, le fait que leur contrat peut être rompu n'est-il pas une garantie plus que suffisante? Sans doute l'Etat, comme tout chef d'entreprise, doit éviter de prononcer des renvois pour faits de grève. Il semble qu'un chef d'entreprise n'ait pas ordinairement avantage à user, en cas de grève, de tous les droits qu'il tire des lois et de la jurisprudence actuelles. Mais, en définitive, l'Etat, en tant que patron, se trouve armé, si l'intérêt public exige qu'il fasse usage de ses droits.

399. Au point de vue civil, pour l'ouvrier ou l'employé de l'Etat qui a un contrat de travail, les conséquences de la grève ou de la coalition sont exactement les mêmes que pour tout autre individu ayant un contrat de louage de services ; nous avons dit plus haut quelles étaient ces conséquences.

Rappelons seulement qu'en matière de délai-congé, l'usage local n'est généralement applicable ni aux auxiliaires, ni aux commissionnés des exploitations industrielles de l'Etat, mais seulement aux ouvriers des travaux en régie. Il y est dérogé par les conventions expresses que forment les règlements autant que par les usages spéciaux aux exploitations de l'Etat (1).

400. *Grèves en temps de guerre.* — Aucune restriction n'est apportée par le droit commun au droit de grève des ouvriers et des employés en temps de guerre. Il y a une réserve à faire en ce qui concerne les ouvriers et employés des services publics dont certaines catégories ont été placées par la loi dans une situation spéciale en cas de mobilisation. L'article 51 de la loi sur le recrutement de l'armée du 15 juillet 1889 est ainsi conçu : « En cas de mobilisation, nul ne peut se prévaloir de la fonction ou de l'emploi qu'il occupe pour se soustraire aux obligations de la classe à laquelle il appartient. Les fonctionnaires et agents portés au ta-

bleau A qui ne relèvent pas déjà des ministres de la Guerre et de la Marine sont mis à la disposition de ces ministres et attendent leurs ordres dans leur situation respective. »

Le tableau A comprend notamment : le personnel des établissements de la Guerre, des établissements métropolitains et coloniaux de la Marine ; les cantonniers n'appartenant plus à la réserve de l'armée active; le personnel des postes et télégraphes, le personnel des sections techniques, de l'exploitation technique et de l'administration centrale des chemins de fer.

Tous les ouvriers et employés de ces services sont mis dès le premier jour de la mobilisation à la disposition des ministres de la Guerre et de la Marine. Ils se trouvent par suite privés du droit de grève et la cessation de service les ferait tomber sous l'application du Code de justice militaire.

SECTION III.

CONCILIATION ET ARBITRAGE DANS LES CONFLITS COLLECTIFS
ENTRE PATRONS ET OUVRIERS.

401. Le règlement des différends collectifs entre patrons et ouvriers peut être obtenu de deux manières : 1° Par la conciliation ; 2° par l'arbitrage.

Il y a *conciliation* lorsque les parties intéressées sont seules appelées à accepter les termes de l'accord, que le débat ait lieu entre elles seules, ou en présence d'une ou plusieurs tierces personnes, le rôle de celles-ci pouvant être celui de simples témoins ou celui de conciliateurs proprement dits, soit en prenant part à la discussion, soit en suggérant les solutions qui leur paraissent convenables, d'après l'ensemble de la discussion à laquelle ils ont assisté.

Il y a *arbitrage* lorsque les parties, soit après l'échec de la tentative de conciliation, soit même avant tout débat contradictoire entre elles, s'en remettent complètement à une ou plusieurs tierces personnes du soin de déterminer la solution du différend qui les divise ; le différend se résout par une sentence ou décision que, préalablement, les parties se sont engagées à exécuter.

402. *Historique.* — La question de la conciliation et de l'arbitrage dans les conflits collectifs entre patrons et ouvriers ne pouvait pas se poser tant que la coalition était un délit puni par la loi; mais elle surgit avec la liberté de coalition en 1864. La commission, chargée d'examiner le projet de loi tendant à modifier les articles 414, 415 et 416 du Code pénal, avait d'abord adopté l'article suivant : « Seront punis d'une amende de 16 à 200 francs et de la privation des droits politiques pendant un an au moins et six ans au plus tous ouvriers ou entrepreneurs d'ouvrages qui, par suite d'un plan concerté, auront cessé ou fait cesser le travail, sans avoir eu préalablement recours à une tentative de conciliation. La tentative de conciliation aura lieu devant les personnes désignées d'un commun accord par les parties ; à défaut d'accord, devant le conseil de pru-

d'hommes ou devant une commission mixte, composée en nombre égal de patrons et d'ouvriers et formée par le président du tribunal de commerce. Si la tentative de conciliation échoue, soit parce qu'il a été impossible de s'entendre, soit parce que les parties appelées n'ont pas comparu, il sera dressé procès-verbal faisant sommairement mention que les parties n'ont pu s'accorder. »

Le Gouvernement et les commissaires du Conseil d'Etat repoussèrent ce projet. Autant, dirent-ils, une tentative de conciliation volontaire est désirable, autant une tentative de conciliation obligatoire répugne aux principes. Reconnaître un droit pour le limiter aussitôt est une mauvaise pratique. Ils craignaient surtout que le *Tribunal des salaires* ne fût contenu en germe dans la tentative obligatoire de conciliation et voyaient un danger à encourager, même indirectement, la tendance de quelques ouvriers à poursuivre la fixation officielle du salaire.

Plus de vingt années se passèrent avant que la question de la conciliation et de l'arbitrage fût à nouveau soumise au Parlement. Le 25 mai 1886, MM. Camille et Benjamin Raspail, députés, déposèrent une proposition de loi tendant à rendre l'arbitrage *obligatoire* dans les différends qui surviennent entre patrons et ouvriers. Quatre jours après, le 29 mai, M. Lockroy, ministre du Commerce, déposa, au nom du Gouvernement, un projet de loi sur l'arbitrage. Ce projet, comme la proposition précédente, n'avait trait qu'à l'organisation de l'arbitrage facultatif, mais il repoussait le principe de l'obligation. La proposition, déposée le 16 juin 1887 par MM. Le Cour, de Lamarzelle et de Mun, tout en modifiant ce qui, dans les autres projets, était relatif à l'arbitrage accidentel, visait surtout la constitution de conseils *permanents* de conciliation et d'arbitrage. Le rapport de la commission chargée de l'examen de ces trois projets, rédigé par M. Lyonnais, ne fut déposé que le 27 juin 1889, un mois avant la séparation de la Chambre et l'expiration des pouvoirs de la quatrième législature; il ne put être discuté.

Dès les premiers mois de la nouvelle législature, M. Le Cour déposa à nouveau, le 7 décembre 1889, son ancienne proposition; M. Camille Raspail en fit autant le 23 janvier 1890. Le Gouvernement crut alors devoir ouvrir une enquête sur la question auprès des Chambres de commerce, des Chambres consultatives des arts et manufactures et des Conseils de prud'hommes. Les résultats de cette enquête furent soumis au Conseil supérieur du travail, dans sa première session, qui eut lieu du 18 au 28 février 1891; et les vœux exprimés par ce Conseil servirent de base au projet de loi, déposé par M. Jules Roche, ministre du Commerce, le 24 novembre 1891.

Ce projet visait à la fois la conciliation et l'arbitrage *accidentels* et les conseils *permanents* de conciliation et d'arbitrage. La commission parlementaire de l'examen du projet et des propositions Le Cour et Raspail réserva la partie relative aux conseils permanents pour une étude ultérieure et M. Lockroy déposa, en son nom, un rapport favorable à l'adoption de la première partie, le 23 janvier 1892. Discuté à la Chambre les 20 et 22 octobre 1892 et au Sénat le 21 décembre suivant, le projet est devenu la loi du 27 décembre 1892.

403. *Législation actuelle.* — La loi du 27 décembre 1892 n'établit pas de relations permanentes entre employeurs et employés (1). Elle se borne à prévoir des crises accidentelles. Elle ne vise pas à empêcher les conflits de naître, elle s'occupe des différends nés et formulés. Elle ne contient d'ailleurs aucune obligation pour les parties. Elle définit seulement une procédure simple de nature à aboutir à la conciliation et à l'arbitrage; et elle assure le concours du juge de paix ainsi que de menues faveurs aux parties qui auraient recours à cette procédure.

Des deux parties que le contrat de travail a liées et qu'un désaccord sépare, c'est à la plus diligente et à la mieux intentionnée qu'il appartient de faire le premier pas dans la voie d'un rapprochement amiable (1). La demande peut être faite d'un commun accord par les deux parties désireuses d'exposer en présence du magistrat la sûreté de leurs arguments. La demande peut émaner, d'ailleurs, non seulement des parties en personne, mais aussi de leurs mandataires. La loi n'a assujetti la preuve du mandat à aucune forme solennelle; mais le magistrat doit en vérifier avec soin l'existence et l'étendue.

En pratique, ce sont le plus souvent les ouvriers, d'ordinaire trop nombreux pour figurer en personne dans la déclaration, qui auront recours à des mandataires, dans une de ces réunions où ils échangent leurs vues et précisent leurs griefs, avant de s'adresser directement aux patrons ou de recourir à la grève.

Le juge de paix compétent pour recevoir cet appel à la conciliation est celui du canton où existe le différend, et s'il s'étend à plusieurs cantons, le juge de paix de chacun d'eux peut être, indifféremment, saisi de la demande. Si le différend s'étendait à toute la France, fait qui ne se produit généralement que lorsque les patrons ou les ouvriers sont organisés et représentés par un comité directeur, il conviendrait, évidemment, de saisir le juge de paix du canton où siège l'un ou l'autre des comités.

La déclaration doit contenir l'objet du différend avec l'exposé succinct des motifs allégués par la partie. Ceci est important : cette obligation de consigner les griefs par écrit évite les surprises et oblige celui qui les articule à les préciser.

Le nombre des délégués ne peut être supérieur à cinq. Ils doivent être pris parmi les intéressés. La loi ne contient pas d'autres prescriptions relatives à ces délégués. Elle n'intervient pas dans leur mode de désignation (2). En employant les mots « assister ou représenter », le législateur a simplement indiqué que

---

(1) Ses dispositions ne deviennent applicables que si un différend d'ordre collectif portant sur les conditions du travail s'élève entre patrons et ouvriers. Même dans ce cas, si elle offre son secours, elle ne l'impose pas : s'inspirant de cette pensée que la conciliation doit être volontairement acceptée et ne peut être subie par contrainte, elle n'a voulu donner à aucun des moyens d'apaisement proposés un caractère obligatoire. Les parties demeurent toujours libres de recourir ou non à la tentative de conciliation, de l'accepter ou de la refuser. Après son échec, elles ont le droit, mais non pas le devoir, de recourir à l'arbitrage, qui est essentiellement facultatif. Enfin, l'accord établi dans le comité de conciliation, et même la sentence rendue par les arbitres, ne se recommandent au respect et à l'obéissance des parties que par leur autorité morale : la loi s'est volontairement abstenue de leur imprimer la force exécutoire.

Auparavant, lorsqu'un conflit s'élevait, il n'existait aucun procédé rapide pour le résoudre amiablement. D'autre part, ceux qui étaient disposés à faire les premières ouvertures étaient contraints de s'adresser eux-mêmes à leurs adversaires. Ils pouvaient craindre que cette démarche ne fût interprétée comme un signe de faiblesse et ne devint ainsi un encouragement à la résistance. Des hésitations difficiles à surmonter, des susceptibilités parfois légitimes paralysaient trop souvent les intentions les meilleures; il a paru qu'on triompherait des unes et qu'on écarterait les autres en confiant à une tierce personne le soin de provoquer le rapprochement, la discussion et l'entente. Ainsi le choix d'un intermédiaire autorisé, l'organisation d'une procédure simple et gratuite, telles ont été les principales préoccupations du législateur.

Il a été très justement pensé que le médiateur devait être investi de l'estime et de la considération publiques, étranger aux luttes politiques, désintéressé dans les querelles industrielles, aussi rapproché que possible du théâtre du conflit. Suivant le vœu du Conseil supérieur du travail, il a cru devoir choisir, pour lui confier cette tâche, le juge de paix, auquel sa qualité de magistrat assure une haute autorité morale et dont le titre même proclame les intentions conciliantes.

Quant à la procédure, il y a lieu de distinguer suivant qu'elle doit intervenir avant ou après une déclaration de grève. Dans le premier cas, elle ne peut être mise en mouvement que par l'une des parties intéressées au contrat de travail ; les patrons, d'une part, les ouvriers ou employés de l'autre. Dans le second cas, les circonstances étant plus graves, et le droit d'initiative des parties restant d'ailleurs entier, ce droit est étendu au juge de paix, qui peut alors, mais alors seulement, provoquer le rétablissement de la bonne harmonie rompue par la grève. Dans l'un et l'autre cas, d'ailleurs, la procédure comporte deux phases successives : la tentative de conciliation d'abord ; ensuite, et faute de conciliation, l'arbitrage (Circ. Just. 18 février 1893).

L'article 1er de la loi du 27 décembre 1892 porte, que « les patrons, ouvriers ou employés entre lesquels *s'est produit* un différend d'ordre collectif portant sur les conditions du travail *peuvent* soumettre les questions qui les divisent à un comité de conciliation et, à défaut d'entente dans ce comité, à un conseil d'arbitrage ».

Il faut que le différend soit d'ordre collectif. La législation a déjà pourvu au règlement des litiges individuels par l'institution des Conseils de prud'hommes. Un différend collectif peut naître, toutefois, d'un litige individuel, lorsque tout le personnel d'un atelier se rend solidaire d'un ouvrier présumé victime, soit d'une peine disciplinaire infligée à tort, soit d'une modification désavantageuse des conditions de son travail. La loi de 1892 peut alors être appliquée.

Il faut que le différend porte sur les conditions du travail. Cette expression doit être interprétée dans le sens le plus large et doit com-

---

prendre, avec les questions de salaires et de durée du travail, toutes les contestations relatives à la police des ateliers, à la répartition équitable du travail entre les ouvriers concourant à la fabrication du même produit, aux amendes, aux mises à pied, aux retenues pour malfaçons, à la gestion des caisses de secours, etc., et même les questions dans lesquelles l'ouvrier n'invoque aucun intérêt matériel, mais seulement un intérêt moral, comme lorsque le différend porte sur la réintégration ou le renvoi d'un ouvrier ou d'un contremaitre. Si, sur certaines questions, il pouvait y avoir quelque hésitation à recourir à un *arbitrage*, il ne peut y avoir aucun motif plausible de repousser la tentative de conciliation, qui ne consiste, après tout, qu'en un échange d'explications données en présence du juge de paix.

(1) Art. 2. Les patrons, employés ou ouvriers adressent, soit ensemble, soit séparément, en personne ou par mandataires, au juge de paix du canton ou de l'un des cantons où existe le différend, une déclaration écrite contenant :

1° Les noms, qualités et domiciles des demandeurs ou de ceux qui les représentent;

2° L'objet du différend, avec l'exposé succinct des motifs allégués par la partie;

3° Les noms, qualités et domiciles des personnes auxquelles la proposition de conciliation ou d'arbitrage doit être notifiée;

4° Les noms, qualités et domiciles des délégués choisis parmi les intéressés par les demandeurs pour les assister ou les représenter, sans que le nombre des personnes désignées puisse être supérieur à cinq.

(2) Circ. Just. 18 février 1893. — Une longue expérience démontre que la condition la plus nécessaire au succès de toute tentative de conciliation est la comparution personnelle des parties litigeantes. Dans les hypothèses prévues par la loi du 27 décembre 1892, cette condition ne

le patron qui se présente en conciliation avec trois ou quatre des directeurs ou employés supérieurs de ses ateliers est assisté et non point représenté par eux.

Le juge de paix, dès qu'il a reçu la déclaration écrite des demandeurs en conciliation, doit : 1° en délivrer récépissé sur papier libre et sans frais, en indiquant la date et l'heure du dépôt (1); 2° adresser dans un délai maximum de 24 heures à la partie adverse, copie de la déclaration, en l'invitant à discuter ces raisons contradictoirement, en sa présence, pour dissiper les malentendus et concilier les prétentions émises. Cette notification est faite par lettre recommandée ou, au besoin, par affiches apposées aux portes de la justice de paix du canton et à celles de la mairie des communes sur le territoire desquelles s'est produit le différend (1). L'un et l'autre procédé doivent le plus souvent être employés à la fois (2).

Les intéressés ont un délai maximum de trois jours pour répondre. Passé ce délai, leur silence est considéré comme un refus. Ils peuvent cependant obtenir une prolongation de délai, basée sur l'éloignement ou l'absence des personnes auxquelles la proposition est notifiée ou la nécessité de consulter des mandants, des associés ou un conseil d'administration. Les représentants desdites personnes doivent alors, dans le délai de trois jours, faire connaître le délai nécessaire. Cette déclaration est transmise aux demandeurs par le juge de paix dans les vingt-quatre heures (1).

404. Le refus de la proposition de conciliation met fin à la mission du magistrat. En cas d'acceptation, la réponse affirmative qui lui est adressée fait connaître les noms, qualités et domiciles des délégués choisis pour assister ou représenter la partie (2). Le juge de paix invite alors d'urgence les parties ou les délégués désignés par elles à se réunir, en sa présence, en comité de conciliation; il est à la disposition du comité pour diriger les débats (2).

Le juge de paix ne figure donc pas dans le comité comme un juge appelé à statuer sur les prétentions contradictoires des parties en cause; il n'est pas non plus président *de droit* de cette assemblée, et, loin d'avoir voix prépondérante dans la discussion, il n'a pas même voix délibérative. Il y a plus, il ne peut présider la réunion et diriger le débat que si les parties intéressées en manifestent le désir. Il assiste néanmoins à la réunion où, du consentement des parties, son expérience peut contribuer à faire aboutir les tentatives de conciliation, à préciser la position des questions et à dissiper les malentendus. En outre, comme il est chargé par l'article 6, de dresser procès-verbal dans lequel sont consignés les résultats de la tentative de conciliation, cette mission suffit à justifier sa présence. Le plus souvent, d'ailleurs, il est chargé de diriger les débats.

Le procès-verbal dressé après la tentative de conciliation contient les conditions de l'arrangement; il est signé par les parties ou leur délégué. Si l'accord ne s'établit pas, dit l'article 7, le juge de paix invite les parties à désigner soit chacune un ou plusieurs arbitres, soit un arbitre commun. L'intervention du magistrat ne doit pas aller plus loin, et il doit s'abstenir, avec grand soin, de peser sur le choix des parties ou de l'inspirer. D'ailleurs, la nécessité d'accepter l'arbitrage proposé par le magistrat n'est imposée à personne, et l'une et l'autre partie conservent toute liberté pour repousser l'invitation qui leur est adressée (3).

---

pouvait évidemment pas être réalisée, à raison du nombre le plus souvent trop considérable des ouvriers en cause. De là la nécessité d'admettre la représentation par délégués.

Le juge de paix n'a pas mission de rechercher comment ces délégués ont été choisis : « La loi » dit l'exposé des motifs, « s'est volontairement abstenue de déterminer le mode de nomination des délégués des parties en cause. Elle s'en rapporte sur ce point aux intéressés eux-mêmes, éclairés à cet égard par une expérience déjà acquise. Elle n'a pas voulu imposer des formalités électorales qui n'auraient fait qu'apporter des entraves à la solution du conflit ». Et le rapporteur, devant la Chambre des députés, ajoutait : « La loi dispose, sans s'inquiéter de la formation du corps électoral, que les parties intéressées dans le débat, ouvriers ou patrons, nommeront leurs délégués à leur fantaisie, comme ils ont l'habitude de le faire, sans règle de procédure électorale ».

Néanmoins, si l'on a dû s'incliner devant l'impossibilité de la comparution de toutes les parties en cause, on a entendu proscrire la comparution de personnes qui ne seraient pas directement intéressées dans le conflit. Un amendement qui proposait de reconnaître la faculté d'adjoindre aux délégués professionnels un délégué supplémentaire pris en dehors de la profession, avec voix consultative seulement a été repoussé sur cette observation du Président de la commission de la Chambre des députés : « Nous craignons que si, dans les débats de la nature de ceux qui nous occupent, qui sont des débats absolument professionnels, on adjoint des personnes étrangères à la profession, les ouvriers se fassent toujours accompagner d'un avocat, et ce n'est pas, à notre sens, le moyen de concilier les choses ».

Il ne suffirait pas, d'ailleurs, que les délégués fussent choisis dans la profession, il faut encore qu'ils soient pris parmi les intéressés : s'il existe, par exemple, dans une ville deux usines faisant le même travail et si un différend a pris naissance dans l'une d'elles sans s'étendre à l'autre, les ouvriers de la première ne pourront déléguer, pour les représenter au comité de conciliation, leurs camarades de la seconde. Le patron ne pourrait pas davantage choisir un autre patron pour le représenter ou pour l'assister. Il ne pourra se faire accompagner que par des personnes appartenant à l'établissement industriel qu'il dirige. C'est pour exprimer cette pensée qu'on a substitué dans le texte les mots « choisis parmi les intéressés » aux mots « choisis dans la profession » qui figuraient dans la première rédaction.

Le chiffre de cinq délégués est un maximum; il ne peut pas être dépassé, mais il peut n'être pas atteint. Le but de la loi a été de prévenir et d'empêcher les discussions nécessairement confuses qui ne manqueraient pas de naître si les parties en présence dans le comité étaient trop nombreuses. Elle n'exige pas, d'ailleurs, que le nombre des comparants soit égal des deux parts; les ouvriers, ne pouvant être tous admis, choisiront parmi eux un délégué au moins et cinq au plus. Quant au patron, il pourra, bien entendu, se présenter seul, et, s'il le préfère, il pourra se faire accompagner d'une personne au moins et de quatre au plus prises dans sa maison; enfin, comme la loi permet aux parties non seulement de se faire assister, mais encore de se faire représenter par des délégués, le patron pourra encore ne pas comparaître personnellement, mais confier ce mandat à une personne au moins et à cinq au plus, pourvu que ces personnes ne soient point étrangères à son usine (Circ. Just.).

(1) L. 27 décembre 1892, art. 3.

(2) Circ. Just. 18 février 1893. — Sans doute, si l'initiative de la réunion du comité de conciliation provient des ouvriers, il est facile et il suffit de transmettre aux patrons la déclaration par pli recommandé. Mais si l'initiative a été prise par le ou les patrons, il est plus malaisé

d'atteindre l'autre partie; le grand nombre des ouvriers fait, dans bien des cas, obstacle aux notifications individuelles. Souvent, il est vrai, dès l'origine du conflit, les ouvriers ou employés auront choisi parmi eux une délégation pour présenter au chef d'industrie leurs griefs et leurs doléances. A ces délégués le juge de paix peut adresser des lettres recommandées et en même temps il fait procéder à l'affichage, aux endroits prescrits à l'article 3, afin que l'appel à la conciliation soit connu de toute la collectivité ouvrière.

(1) L. 27 décembre 1892, art. 4.

(2) *Ibid.*, art. 5.

(3) Circ. Just. 18 février 1893. — L'invitation du juge de paix doit s'adresser aux intéressés ou à leurs délégués, en présence devant lui. Le législateur a supposé que les parties qui nommeront des délégués, leur conféreront un double mandat : d'abord, celui de siéger au comité

405. L'article 7 reconnaît à l'une et à l'autre partie, le droit de désigner un ou plusieurs arbitres. Il a paru trop strict de limiter à un seul nom le choix de chacune d'elles. Elles peuvent donc en nommer deux, trois ou même un plus grand nombre ; mais, comme il s'agit de constituer alors une véritable juridiction, il est indispensable, pour assurer à tous des garanties égales, qu'un même nombre d'arbitres soit pris d'un côté et de l'autre. Les parties peuvent également, si elles le préfèrent, désigner un arbitre commun. Le texte dit *un arbitre commun* ; mais comme il été reconnu à chaque partie le droit de choisir plusieurs arbitres, elles peuvent s'entendre pour confier en commun l'arbitrage à plusieurs personnes (1).

Si les arbitres ne s'entendent pas sur la solution à donner au différend, ils pourront choisir un nouvel arbitre pour les départager (2). Cette disposition de l'article 7 est empruntée à la législation ordinaire. Mais, il y a une différence capitale entre la procédure organisée par la loi de 1892 et celle qui fixe les règles ordinaires de l'arbitrage. Aux termes des articles 1017 et 1018 du Code de procédure civile, le tiers-arbitre est tenu de se conformer à l'un des avis des deux autres arbitres, sans pouvoir proposer une solution nouvelle. Ici, au contraire, il a été expressément expliqué, dans la discussion, que le troisième arbitre pourrait avoir son opinion propre sans être enchaîné par le sentiment d'aucun de ceux qui auront prononcé avant lui. C'est pour faire clairement ressortir cette innovation que le législateur de 1892 a remplacé par les mots « nouvel arbitre » la dénomination de « tiers-arbitre » dont se sert le Code de procédure.

406. Il peut enfin arriver que les arbitres ne tombent d'accord ni sur la solution à donner au différend, ni sur le choix de l'arbitre départiteur. Dans ce cas, ils constatent leur désaccord dans un procès-verbal remis au juge de paix et transmis immédiatement par lui au président du Tribunal civil, à qui appartient la nomination de cet arbitre (3). Cette disposition est encore empruntée au droit commun (4). La mission confiée au président du Tribunal civil est des plus délicates. La sentence arbitrale, d'ordre purement moral, ne vaudra que dans la mesure où ceux qui l'auront rendue auront la confiance des parties intéressées.

Quel qu'ait été le mode de désignation des arbitres, la décision sur le fond, prise, rédigée et signée par eux, est remise au juge de paix (1).

407. Il n'y a qu'un seul cas où les juges de paix aient reçu de la loi de 1892 la mission de substituer leur initiative à celle des intéressés, lorsque celle-ci ne s'exerce pas spontanément. Ce cas a, d'ailleurs, une importance capitale, c'est celui où une grève a éclaté (2).

Le juge de paix invite d'office, par lettres recommandées et, au besoin par affiches, les patrons, ouvriers et employés ou leurs représentants à lui faire connaître : 1° l'objet du différend avec l'exposé succint des motifs allégués ; 2° leur acceptation ou refus de recourir à la conciliation ou à l'arbitrage ; 3° les noms, qualités et domiciles des délégués choisis, le cas échéant, par les parties, sans que le nombre désigné de chaque côté puisse être supérieur à cinq. Les réponses devront lui parvenir dans un délai de trois jours qui pourra être augmenté dans les conditions indiquées à l'article 4 (3).

Il reste bien entendu, toutefois, que les patrons comme les ouvriers demeurent absolument libres d'accepter ou de refuser l'invitation qui leur est adressée.

On ne saurait définir d'avance les cas dans lesquels les juges de paix devront user de leur droit d'initiative et ceux dans lesquels la prudence leur conseillera de s'abstenir. On ne peut que s'en remettre, sur ce point délicat, à leur tact et à leur expérience (4).

Les procès-verbaux constatant : l'accord ou le désaccord dans le comité de conciliation et les décisions arbitrales, sont conservés en minute au greffe de la justice de paix, qui en délivre gratuitement une expédition à chacune des parties et en adresse une autre au ministre du Commerce et de l'Industrie par l'entremise du préfet.

408. L'article 12 de la loi ordonne que la demande de conciliation et d'arbitrage, le refus ou l'absence de réponse de la partie adverse, la décision du comité de conciliation ou celle des arbitres soient notifiés par le juge de paix au maire de chacune des communes où s'étendait le différend : chacun de ces maires les rend

---

de conciliation ; en second lieu, et en cas d'échec de cette tentative, la mission de nommer des arbitres. Si cette supposition n'est pas conforme à la réalité des faits, si les délégués des patrons ou des ouvriers ne croient pas tenir de leurs mandants un pouvoir aussi étendu, ils seront toujours en droit d'obtenir du juge de paix un délai utile pour solliciter le mandat qui leur ferait défaut.

(1) Circ. Just. 18 février 1893. — Quand les membres du Comité de conciliation désigneront les premiers arbitres, ils doivent, en même temps, rédiger par écrit les sujets de dissentiment qui seront la matière de l'arbitrage. C'est une précaution essentielle, car la formule très nette des questions litigieuses est la meilleure préparation d'une solution éclairée et équitable.

(2) Circ. Just. 18 février 1893. — Il est à peine utile de faire observer qu'on ne doit prendre pour arbitre départiteur qu'une seule personne. La désignation d'un plus grand nombre offrirait le danger de prolonger le dissentiment ou de le renouveler sous une autre forme.

(3) L. 27 décembre 1892, art. 8.

(4) C. Procédure civ., art. 1017.

(1) L. 27 décembre 1892, art. 9.

(2) A ce moment, a-t-on dit, les patrons comme les ouvriers, soit par amour-propre, soit par tactique, soit par un sentiment exagéré de leur droit, hésiteront à prendre l'initiative d'une demande d'arbitrage. Il convient donc que le représentant de la justice tende la main aux uns et aux autres pour les inviter à un accord que, peut-être, tous désirent secrètement. En allant au-devant d'eux, le juge de paix leur épargne l'épreuve pénible de la première démarche (Circ. Just. 18 février 1893).

(3) L. 27 décembre 1892, art. 10.

(4) Cf. Circ. Just. — S'ils doivent éviter de compromettre leur autorité et parfois de rendre l'arbitrage suspect par une intervention intempestive, ils ne doivent jamais hésiter à faire appel à la conciliation toutes les fois que cet appel aura la moindre chance d'être écouté. Leur pouvoir n'a d'autres limites que les termes de la loi qui ont été choisis à dessein très vagues et très généraux. Il n'est pas davantage possible de fixer le moment précis que le juge devra choisir pour intervenir ; il prendra conseil des circonstances. Il peut arriver que l'initiative s'impose dès la première heure de la grève. Dans d'autres cas, il sera préférable d'attendre quelques jours pour se rendre un compte plus exact des dispositions des parties. Parfois, encore, une première tentative échouera, et, renouvelée quelques jours plus tard, sera mieux accueillie. Si la grève s'étendait sur plusieurs cantons, les juges de paix devraient se concerter entre eux et déterminer d'un commun accord celui qui aurait à prendre l'initiative prévue par la loi.

publics par affichage à la place réservée aux publications officielles. L'affichage peut se faire en outre par les soins des parties intéressées; ces affiches sont dispensées du timbre. D'ailleurs, tous les actes faits en exécution de la loi sont dispensés du timbre et enregistrés gratis. A défaut d'une obligation civile ou d'une répression pénale, dont en ces matières, la réflexion, d'accord avec l'expérience, démontre l'impossibilité, on a cherché la sanction dans un appel à l'opinion publique, qui exerce sur le sort de ces conflits une influence si puissante. Pour répondre au vœu du législateur, il est donc nécessaire que, lorsque le comité de conciliation se sépare sans avoir pu conclure une entente, la décision à afficher comporte non seulement l'annonce du désaccord, mais aussi un exposé succinct des motifs allégués par les deux parties.

409. Les frais résultant du fonctionnement des comités de conciliation et d'arbitrage sont compris dans les dépenses obligatoires des communes et des départements. Les communes doivent fournir aux comités les locaux chauffés et éclairés, nécessaires à la tenue de leurs réunions. Le budget départemental supporte toutes les autres dépenses : expéditions des procès-verbaux, affiches, lettres recommandées. Aucune disposition ne vise les frais de déplacement des délégués et des arbitres, qui restent, dès lors à la charge des parties.

« Les délégués et les arbitres doivent être citoyens français. Dans les professions ou industries où les femmes sont employées, elles pourront être désignées comme déléguées, à la condition d'appartenir à la nationalité française » (Art. 15). Il résulte de ce texte que les femmes ne peuvent pas être choisies comme arbitres, mais seulement comme déléguées au comité de conciliation, appelées à ce titre à fournir les explications techniques à l'appui de leur demande, à établir un accord et, le cas échéant, à désigner des arbitres. Il en résulte encore que la loi de 1892 n'offre aucun moyen de régler les différends qui s'élèvent dans les nombreux établissements des départements de la frontière, employant un personnel étranger : la grève doit là suivre son cours.

410. La loi est applicable aux colonies de la Guadeloupe, de la Martinique et de la Réunion (Art. 16). Un décret du 7 septembre 1893 l'a rendue applicable à l'Algérie.

411. *Ouvriers des manufactures de l'État.* — La loi du 27 décembre 1892 est-elle applicable aux ouvriers des manufactures de l'État, allumettes, tabacs, etc? Le texte de la loi ne faisant aucune distinction entre les patrons et les ouvriers, pourrait faire supposer l'affirmative et laisser croire que la nouvelle procédure de conciliation peut être appelée à aplanir les différends qui naissent souvent entre les directeurs des manufactures de l'Etat et leurs ouvriers. Il n'en est rien cependant, et la pensée du législateur doit être recherchée dans les débats parlementaires qui ont précédé le vote de la loi.

Un premier amendement, tendant à faire ajouter aux mots « les patrons » les mots « y compris l'Etat agissant comme industriel » fut repoussé le 20 octobre 1892 par la Chambre des députés, après que le ministre du Commerce eût déclaré qu'il ne pouvait considérer l'Etat comme un simple particulier et le tenir pour semblable à tous les patrons, lesquels représentent seulement des intérêts privés pouvant se trouver en conflit avec d'autres intérêts privés ; et qu'il ne voyait pas « comment une commission arbitrale quelconque pourrait être appelée à rendre une décision dans un cas où des intérêts publics sont en jeu, alors que de tels conflits ne peuvent être soumis qu'aux représentants naturels des intérêts de la nation, c'est-à-dire aux Chambres elles-mêmes ».

Un deuxième amendement, déposé le 22 octobre, tendant à appliquer la loi « aux ouvriers non commissionnés de l'Etat employés dans les manufactures d'allumettes, et aux ouvriers et employés des chemins de fer de l'Etat », fut également repoussé.

CHAPITRE V.

ASSOCIATIONS.

SECTION PREMIÈRE.

ASSOCIATIONS OUVRIÈRES DE PRODUCTION.

412. *Définitions.* — La législation française réserve certaines faveurs aux associations ouvrières de production, mais elle ne définit pas complètement ces associations. La définition la plus stricte est donnée par le ministre des Finances (1) à propos de l'immunité d'impôt édictée par l'article 2 de la loi du 1er décembre 1875 en faveur des sociétés coopératives ouvrières de production. Elles doivent être formées exclusivement entre des ouvriers ou artisans ; le capital social doit être divisé en parts d'intérêts et non en actions; la société doit être alimentée au moyen de cotisations périodiques fournies par les seuls adhérents, elle ne peut recevoir de fonds sous une autre forme ni par une autre voie. Le ministre des Finances tire ces principes de la discussion même de la loi du 1er décembre 1875 et, en matière d'immunité fiscale, estime devoir s'y tenir étroitement.

Bien qu'en fait la direction de l'Enregistrement, interprétant la deuxième condition et recherchant sous les mots employés le caractère véritable de l'apport des sociétaires, considère comme des sociétés de personnes et non de capitaux, comme des sociétés à parts d'intérêt la plupart des sociétés ouvrières anonymes à capital variable (2), nous croyons devoir donner, autorisés tant

---

(1) Lettre du ministre des Finances du 29 mars 1902 (*Bull. Office du Travail*, avril 1902, p. 237).

(2) Avis de la Direction générale de l'Enregistrement (*Bull. Office du Travail*, juin 1897, p. 382) :

On estime que les clauses restrictives et prohibitives des statuts des

par l'usage que par la jurisprudence du Conseil d'Etat en d'autres matières, une définition à la fois plus large et plus complète de l'association ouvrière de production.

413. Dans l'introduction du volume *Les associations ouvrières de production* (1), — à la suite d'une enquête qui s'était étendue à toutes les entreprises considérées à tort ou à raison comme associations ouvrières de production *industrielle*, — nous résumions ainsi nous-même la situation :

Chacun comprend bien qu'il s'agit d'entreprises dans lesquelles ouvriers et employés sont et restent maîtres de la gestion, qu'ils délèguent à des administrateurs, directeurs ou gérants choisis parmi eux; dans lesquelles, en outre, les bénéfices sont répartis entre les travailleurs, à raison de leur travail de production et de gestion. Mais cette notion simple ne suffit pas. Il y a très peu d'entreprises où *tous* les travailleurs employés aient voix délibérative pour le choix des administrateurs et gérants; dans la plupart, il y a des auxiliaires non associés. Dans presque toutes, les associés prélèvent soit un intérêt fixe, soit un tantième des bénéfices nets pour rémunérer les capitaux engagés par eux, et, dans un assez grand nombre, ils prélèvent cette rémunération sous les deux formes. Enfin, il y a des entreprises où les travailleurs auxiliaires n'ont aucune part dans les bénéfices.

Ce n'est pas tout. Il y a beaucoup d'entreprises qui ne peuvent fournir du travail à tous les associés; il y en a même qui emploient des auxiliaires alors que les sociétaires ne sont pas tous occupés. On est donc assez loin de la conception de Robert Owen, de l'idée stricte d'une corporation répartissant à ses membres le produit intégral de leur travail. L'expérience a imposé certaines nécessités de sélection, de hiérarchie, de rémunération des capitaux...

Mais, en abandonnant la notion primitive, le type pur, ne risquons-nous pas de sortir de notre sujet et d'arriver à des entreprises dont la direction et les bénéfices échappent complètement aux travailleurs associés ? Evidemment oui. Voici donc ce que nous avons dû faire, et ce que nous devons expliquer dès l'abord pour définir notre sujet. Nous n'avons rejeté aucune entreprise se disant association ouvrière de production; toutefois nous avons signalé au lecteur les quelques combinaisons qui s'éloignaient trop du *type normal étudié, défini par les conditions essentielles que voici* :

a) Les sociétaires doivent avoir une influence directe, par leurs votes, sur la gérance de la société; l'assemblée générale approuve les comptes et choisit les gérants. Sinon, on se trouve en présence d'une entreprise en quelque sorte patronale, qui laisse à un nombre plus ou moins grand d'ouvriers une part plus ou moins forte des bénéfices.

b) 1° Le capital-actions (non compris les emprunts à intérêts fixes) doit appartenir aux ouvriers des spécialités professionnelles employées dans l'entreprise. — 2° Peuvent toutefois être actionnaires les ouvriers et employés d'autres spécialités lorsqu'ils sont eux-mêmes occupés par l'entreprise. — 3° Les sociétaires admis au moment où ils remplissaient les conditions 1° et 2° pourront garder leurs actions jusqu'à la mort. Mais les actions ne sont pas transmissibles aux héritiers ni à des tiers autres que les ouvriers et employés remplissant les conditions d'admission.

La première condition, celle de la spécialité ouvrière des sociétaires, indique que tous les sociétaires doivent pouvoir être employés dans la société lorsque celle-ci aura trouvé des débouchés suffisants ; elle se rattache à l'idée corporative qui est à la base de nombreuses associations. La deuxième, celle qui autorise l'admission, comme sociétaires, de toutes catégories de personnes employées dans l'entreprise même, se rattache plus directement à l'idée d'exploitation coopérative. La troisième permet de conserver, pour le bien de l'entreprise, l'expérience et l'aide matérielle des vieux sociétaires.

c) L'association comptera au moins sept associés. Cette limite est bien faible, si l'on songe que les associés ne sont même pas forcément tous employés dans l'entreprise. Sept associés, c'est le nombre minimum des membres d'une société anonyme. Nous n'avons aucunement la prétention d'imposer aux sociétés la forme anonyme. Mais comme c'est la forme générale et quasi nécessaire, comme aussi il faut tracer une limite pour ne pas étendre l'enquête abusivement jusqu'aux sociétés patronales réunissant trois ou quatre associés en nom collectif, la limite de sept associés paraît la plus rationnelle.

414. Nous appellerons tout spécialement l'attention sur le fait que les traits généraux, ainsi dessinés par nous en 1897, de l'association ouvrière de production n'étaient pas ceux d'associations idéales ; c'étaient les traits dominants des associations ouvrières de production existant et fonctionnant au moment de l'enquête, en 1895 ; c'étaient aussi les traits dominants des associations étudiées en 1885 par l'enquête du ministère de l'Intérieur. Or, les lois de finances qui, depuis l'exercice

---

associations coopératives ouvrières de production adhérentes à la *Chambre consultative* doivent, en général, d'après les circonstances de fait et malgré la qualification d'actions employée pour la désignation des titres, être considérées comme caractérisant des associations plutôt de personnes que de capitaux.

Il résulte, en effet, des recherches auxquelles il a été procédé que la plupart de ces associations, sans recourir aux transferts autorisés par les statuts, remboursent la valeur des actions ou parts des membres sortants ou décédés et délivrent des nouveaux titres aux sociétaires entrants.

Les titres qualifiés *actions* ne sont donc pas appelés à circuler avec leur individualité et leur crédit propres (Comp. Seine, 16 mars 1860. J.-E. n° 17114).

D'un autre côté, il a été constaté que les admissions de nouveaux membres ne sont prononcées en principe qu'à la suite d'une appréciation des qualités et aptitudes personnelles de chaque candidat.

Il s'ensuit que ces associations, suivant leur esprit et dans le fond des choses, paraissent être formées entre ouvriers qui se connaissent et stipulent en considération de leurs personnalités respectives.

Dès lors, elles doivent être considérées, suivant la jurisprudence actuelle de la Cour de cassation (voir les arrêts cités au *Dictionnaire de l'Enregistrement*, 1er supplément; n°* 14 et suivants), comme divisées *non pas en actions, mais en parts d'intérêts*, leurs statuts se bornant à reproduire, sans tirer à conséquence, l'expression d'action habituellement employée par le législateur de 1867.

(1) *Office du Travail*, Paris, Imp. Nationale, 1897, p. 12 à 15.

1893, accordent des subventions aux associations ouvrières de production, — le décret du 4 juin 1888 fixant les conditions exigées des sociétés d'ouvriers français pour pouvoir soumissionner les travaux ou fournitures de l'Etat et qui fut la conclusion de l'enquête de 1885, visent non point des associations ouvrières de production construites sur un type idéal, mais le *type normal* des associations ouvrières de production ayant existé et fonctionné de 1885 à 1895. Les définitions résultant des enquêtes ont donc en l'espèce une importance capitale.

415. Il ne nous est cependant pas possible de nous y tenir d'une façon absolue. La difficulté, pour les entreprises à gros outillage, de trouver un capital-actions uniquement souscrit par les ouvriers, la difficulté de constituer l'apport des prêteurs n'appartenant pas à la corporation sous forme d'emprunt obligataire, — ont conduit à rechercher sous quelle forme devait être admise l'aide d'actionnaires non ouvriers. Un certain nombre de sociétés se sont constituées sur un nouveau type, admettant des actionnaires ouvriers et des actionnaires capitalistes, et réservant plus ou moins aux ouvriers la gestion de la société et l'ensemble des bénéfices. En principe, ce ne sont plus des sociétés d'ouvriers français. Mais le Conseil d'Etat, statuant au contentieux dans un arrêt du 19 juillet 1901 (1) recherchant avec raison, en chaque espèce, la réalité des choses sous les apparences, a déclaré qu'une société admettant des actionnaires capitalistes pouvait, dans certaines conditions, être une société d'ouvriers français, une association ouvrière de production (2).

Cet arrêt du Conseil d'Etat n'est pas en contradiction avec les définitions générales que nous avaient livrées les enquêtes; il fait seulement ressortir, avec raison, qu'il ne faut point s'en tenir à la forme et qu'il y a lieu, en chaque espèce, d'examiner le fond des choses ; qu'en l'espèce citée il n'y avait réellement pas de sociétaires capitalistes. Toutefois, partant de cet arrêt du Conseil d'Etat, la commission extra-parlementaire chargée de répartir les subventions inscrites chaque année au budget du ministère du Commerce en faveur des associations ouvrières de production a légèrement modifié dans sa pratique courante les définitions de l'Office du Travail. Elle continue à exiger, en principe, que la société soit composée d'au moins sept membres appartenant aux professions qui doivent exé-

cuter les travaux ou à des professions connexes ; mais au cas où la société compterait parmi ses membres des actionnaires autres, les statuts devraient stipuler que les trois quarts, et en tous cas plus de la moitié des membres du conseil d'administration ainsi que son président seront pris parmi les ouvriers de la corporation ou les employés de l'entreprise et n'accorder au capital social qu'une rémunération maxima comparable au taux des prêts obligataires.

Dans ce qui précède, il n'est rien indiqué relativement à la proportion du nombre des auxiliaires par rapport à celui des sociétaires, ni à la participation des auxiliaires aux bénéfices. Il est évident cependant qu'une société de quelques membres, employant un très grand nombre d'auxiliaires ne participant pas aux bénéfices, n'est pas une de ces associations ouvrières de production que le législateur a voulu encourager. La commission chargée de répartir les subventions exige une participation aux bénéfices de *tous* les travailleurs, associés et *auxiliaires;* elle tend à refuser la subvention lorsque la main-d'œuvre auxiliaire est habituellement plus importante que la main-d'œuvre sociétaire.

416. Il ne sera pas inutile de compléter ces caractères, en quelque sorte acquis et admis de l'association ouvrière de production, par des projets de définition jouissant de quelque autorité, mais ne s'imposant pas actuellement à nous dans l'application des lois en vigueur.

La Chambre consultative des associations ouvrières de production, dans une lettre du 28 août 1901 adressée au ministre du Commerce, s'exprime ainsi : « C'est ainsi que, selon nous, une association coopérative pour pouvoir être considérée comme une véritable société ouvrière doit : 1º Etre constituée en conformité des lois du 24 juillet 1867 et du 1er août 1893 (1); 2º Ne pas exiger de ses adhérents qu'ils aient versé plus de 200 francs pour avoir voix délibérative aux assemblées, ni plus de 1,000 francs pour être éligibles au conseil d'administration; 3º Ne pas accorder dans les assemblées plus d'une voix par 500 francs de capital souscrit, sans que le nombre de voix puisse être supérieur à 5; 4º Convoquer tous les sociétaires et ne leur accorder à chacun qu'une voix, quel que soit le nombre des parts possédées par chacun d'eux, dans les assemblées concernant la revision des statuts ou la dissolution de la société; 5º Au cas où elle ferait appel au public pour la souscription de son capital, stipuler que les trois quarts au moins de son conseil d'administration, ainsi que le président du conseil d'administration et le directeur, devront être pris dans l'élément coopératif (2) ; 6º Servir aux ouvriers de l'association : associés, employés, auxiliaires où similaires, une participation aux bénéfices au moins égale à la somme attribuée comme dividende aux actions, sans que cette répartition puisse être inférieure à 25 0/0 au moins desdits bénéfices, au

---

(1) La Société *La Laborieuse* (de Nimes) contre un arrêté du préfet du Gard, en date du 3 novembre 1898.

(2) « Considérant, dit l'arrêt...... qu'il résulte de l'instruction et notamment des statuts de la Société *La Laborieuse* qu'elle est une association coopérative d'ouvriers de l'imprimerie ayant pour objet l'achat et l'exploitation d'un établissement appartenant à cette industrie; — Que si elle comprend un certain nombre de sociétaires non ouvriers, la majorité des membres du conseil d'administration et le directeur de la Société doivent être pris parmi les sociétaires ouvriers; — Que ces derniers ont seuls droit au capital constituant le fonds de réserve, aux pensions de retraite et à l'assurance contre la maladie et les accidents; — Que les sociétaires non ouvriers touchent seulement l'intérêt à 4 0/0 de leurs actions, que du reste la Société s'est réservé la faculté de rembourser au fur et à mesure de ses ressources ; — Que dans ces conditions la Société requérante est fondée à soutenir qu'elle constitue une société d'ouvriers français.

---

(1) Actuellement elles peuvent se former dans l'une des formes prévues par l'article 19 du Code de commerce.

(2) Ouvriers de la profession ou des professions connexes ; — employés de l'entreprise.

prorata des salaires reçus ou du nombre d'heures de travail. »

417. D'autres indications sont fournies par le projet de loi sur les sociétés coopératives annexé au rapport du 2 décembre 1895 de M. Lourties, sénateur. On sait que le projet de loi sur les sociétés coopératives, présenté à la Chambre des députés le 16 juillet 1888 par M. Floquet, ministre de l'Intérieur, président du conseil des ministres, et actuellement pendant devant le Sénat, a eu une carrière parlementaire très mouvementée et peut être considéré à ce jour comme abandonné, par suite de l'hostilité que rencontrent les dispositions relatives aux sociétés coopératives de consommation. Mais les dispositions relatives aux sociétés coopératives de production n'ont pas rencontré la même opposition. Il est donc important de s'y référer, alors qu'elles ont été discutées, amendées et finalement votées : — par la Chambre des députés le 7 juin 1889, le 27 avril 1893 et le 7 mai 1894, les trois fois sur le rapport de M. Doumer ; — par le Sénat le 21 juin 1892, le 11 décembre 1893, les deux fois sur le rapport de M. Lourties. Nous y trouvons les traits suivants, par lesquels le législateur voulait caractériser l'association ouvrière de production :

1) Les coopératives de production ont pour but l'exercice *en commun* de la *profession des associés*. Elles doivent être formées de sept membres au moins. Elles sont anonymes, à capital et personnel variables. Les actions ou parts sociales restent nominatives. Elles se transmettent par voie de transfert sur les registres de la société ; la société peut exercer un droit de préemption au prix fixé par le dernier inventaire.

Il semble résulter des textes que les actionnaires ou associés devraient appartenir à la profession que l'on veut exercer en commun, ou avoir un emploi dans l'entreprise exercée en commun.

2) Les sociétés coopératives doivent être gérées par des administrateurs nommés à temps, révocables, salariés ou non, pris uniquement parmi les associés. Ces administrateurs peuvent choisir parmi eux ou parmi les associés un mandataire chargé de la direction. (Ces conditions excluent le gérant à vie, administrant seul, dont l'existence transforme la coopération en participation aux bénéfices.)

3) Les auxiliaires doivent participer aux bénéfices : 50 0/0 de ceux-ci doivent être attribués aux travailleurs, associés ou non, au prorata de leurs salaires dans l'année (1) :

---

(1) Art. 33. Les sociétés coopératives de production qui ont pour but l'exercice en commun de la profession des associés, et qui utilisent des employés recrutés en dehors de leurs membres ne jouiront des immunités fiscales concédées par la présente loi que si elles font participer ce personnel aux bénéfices de l'entreprise.
Cette participation devra consister dans la répartition de 50 0/0 au moins des bénéfices nets annuels, distribués au prorata des traitements et salaires des employés et ouvriers, associés ou non, après que défalcation aura été faite de l'intérêt du capital jusqu'à concurrence de 5 0/0 au maximum et des autres prélèvements sociaux prévus par les statuts.
Les statuts détermineront la faculté de contrôle reconnue aux participants, comme il est dit au titre IV de la présente loi.

418. *En résumé : a)* La définition résultant de l'enquête de l'Office du Travail sur les associations ouvrières de production doit être rendue un peu moins stricte en suite de l'arrêt du 12 juin 1901 du Conseil d'Etat, en ce qui concerne les actionnaires non ouvriers ; il faut cependant que la gestion et les bénéfices (sauf un intérêt fixe aux capitalistes) appartiennent réellement aux ouvriers en vertu des statuts.

b) La même définition doit être complétée en ce qui concerne le nombre relatif des auxiliaires et leur participation aux bénéfices. Tout le monde l'admet ; mais le projet de loi sur les sociétés coopératives et les vœux de la Chambre consultative des associations ouvrières de production donnent à cet égard des formules différentes. Si l'on veut bien se reporter à l'enquête déjà citée de l'Office du Travail (1), on verra que sur 165 sociétés ayant fonctionné en 1895 et communiqué les éléments de leur comptabilité, 131 ne satisfaisaient pas encore aux prescriptions principales du projet de loi sur les sociétés coopératives. Aussi, la Commission de répartition des subventions, tout en tendant à imposer les prescriptions de l'article 38 du projet de loi plus haut cité, continue provisoirement à apprécier moins strictement, en chaque cas d'espèce, le caractère de l'association postulante.

419. *Historique.* — En France, au xixᵉ siècle, l'association ouvrière de production se rattache à l'initiative prise en 1831 par Buchez, qui fonda une association d'ouvriers menuisiers. « La société devait être administrée par un comité de cinq membres élus, renouvelé chaque année. L'association était perpétuelle ; le fonds social était inaliénable, indivisible et devait s'augmenter indéfiniment par le prélèvement d'une part considérable sur les bénéfices. L'entreprise ne devait pas être un capital possédé par l'ouvrier ; toutes les épargnes étaient abandonnées pour l'amélioration du sort des travailleurs futurs et le développement de l'idée coopérative. — L'association fondée par Buchez n'a jamais fonctionné. Mais trois ans après, en 1834, les bijoutiers en doré purent en constituer une sur une base moins altruiste, tout en conservant encore entre eux une forte solidarité ; celle-ci vécut longtemps (2). »

Des associations de ce genre, même conçues d'après des vues moins altruistes que celle de Buchez, devaient éprouver de grandes difficultés à se maintenir sur un terrain légal avant la promulgation de la loi de 1867 sur les associations : celle-ci, en facilitant la création de sociétés anonymes à capital variable, donna aux associations ouvrières de production la forme légale qui leur était indispensable pour vivre et prospérer.

Cependant, dès avant 1867, l'association ouvrière se développa. Elle eut particulièrement, de 1848 à 1852, une période de grande activité, grâce au décret du 5 juin 1848 attribuant 3 millions aux sociétés de production formées soit exclusivement d'ouvriers, soit de patrons et d'ouvriers. D'autres actes favorisèrent

---

(1) Pages 526 et 527.
(2) *Office du Travail,* les Associations ouvr. de production, p. 23.

les associations ouvrières de production pendant la même période. Par le décret du 15 juillet 1848, le ministre des Travaux publics était autorisé à traiter avec elles de gré à gré ou par adjudication; et l'arrêté du 18 août-23 septembre 1848 fixa les conditions des contrats pour travaux de terrassement, de construction et d'entretien de routes et de bâtiments. On pouvait traiter de gré à gré jusqu'à 20,000 francs (quand il n'y avait pas fourniture de matériaux), tandis que les règlements généraux (ordonnance du 4 décembre 1836) sur les marchés passés au nom de l'Etat imposaient l'adjudication pour les contrats dépassant 10,000 francs. En cas d'adjudication, à égalité de rabais entre une association et un entrepreneur soumissionnaires, celle-là était déclarée adjudicataire. Le cautionnement était supprimé pour elle, on lui faisait seulement une retenue de garantie de 10 0/0 au fur et à mesure des payements. Enfin, ses travaux étaient payés par acomptes tous les 15 jours. On retrouvera des conditions analogues dans le décret du 4 juin 1888 actuellement en vigueur; on y retrouvera même la limite de 20,000 francs pour les marchés de gré à gré, bien qu'elle fût devenue en 1882 le droit commun.

L'article 2 du même arrêté nous renseigne sur le type des associations admises à soumissionner. L'acte d'association doit stipuler notamment la création d'un fonds de secours destiné à subvenir aux besoins des associés malades ou blessés, des veuves et enfants des associés morts ; il doit être pourvu à ce fonds de secours par une retenue de 2 0/0 au moins sur les salaires. Il doit être prévu un conseil de famille de trois membres au moins, choisis par les associés dans leur sein ou en dehors, renouvelable. Ce conseil sera chargé de juger en dernier ressort, et, comme amiable compositeur, toutes les difficultés qui pourront s'élever entre les associés, lorsque leur objet ne dépassera pas 150 francs ; de faire exécuter le règlement intérieur de l'association et d'infliger les peines qui y sont stipulées, sans préjudice des droits attribués par les règlements aux ingénieurs et architectes sur le personnel des chantiers ; de répartir les acomptes entre les associés et de partager le solde de l'entreprise *proportionnellement aux sommes reçues par chacun d'eux pendant la durée de sa participation aux travaux de l'association* ; de distribuer les secours; de régler la condition des ouvriers associés qui seraient exclus des chantiers par les ingénieurs ou architectes.

Les associés doivent nommer un ou deux syndics, fondés de pouvoir, munis de certificats de capacité et de moralité, lesquels seront chargés de soumissionner les travaux, de les diriger, de contracter pour l'association, de la représenter dans ses rapports avec l'administration pour la réception des travaux, le règlement des comptes et l'acquittement des mandats de paiement.

Enfin le cahier des charges de l'entreprise fixe le nombre minimum des associés, en raison de l'importance de l'entreprise.

420. Pour donner une idée complète du type d'association rêvé par les sociologues de 1848, nous reprodui-

sons en note les statuts-type adoptés par le conseil d'encouragement chargé de répartir le crédit ouvert par décret du 5 juin 1848 (1).

Le mouvement créé par les décrets de 1848 s'était déjà beaucoup ralenti, et bon nombre d'associations avaient disparu, lorsque, à partir de décembre 1851, la plupart des associations, — toutes celles qui n'étaient pas rigoureusement conformes aux principes de l'article 19 du Code de commerce — cessèrent d'être tolérées.

Les associations ouvrières de production ne disparaissent pas entièrement après 1851 ; — mais ce n'est que douze ans plus tard, en 1863, qu'une reprise d'activité peut être constatée, due à la délégation ouvrière à l'Exposition de 1862 à Londres : son rapport recommandait expressément l'association ouvrière de production. Cette reprise d'activité contribue à faire élaborer le titre sur les sociétés à capital variable, inséré dans la loi de 1867 sur les sociétés anonymes.

421. De 1870 à 1882, aucun acte législatif ou réglementaire à signaler. Mais en 1881, M. Floquet, préfet de la Seine, nomme une commission pour étudier les mesures qui seraient de nature à faciliter aux associations ouvrières l'entreprise des travaux de Paris. Ses travaux aboutissent au règlement du 26 juillet 1882 approuvé par arrêté du 14 août 1882. Ce règlement ne contenait rien de spécial aux associations ouvrières de production, mais les conditions qu'il stipulait étaient particulièrement utiles à ces dernières : telle la suppression du cautionnement, adoptée en principe. Le nouvel arrêté déterminait les garanties à fournir et les formalités à remplir par les associations pour être admises à soumissionner (2).

En 1883, M. Waldeck-Rousseau, ministre de l'Intérieur, institue une commission chargée d'étudier les moyens de favoriser l'association ouvrière de produc-

---

(1) Nous nous bornons aux indications suivantes, à rapprocher des définitions actuelles de l'association ouvrière de production :

Art. 6, § 2. L'associé s'interdit absolument, à peine d'exclusion et de perte de ses droits et intérêts sociaux, tout travail ou entreprise pour son compte personnel ou pour le compte d'une tierce personne.

Art. 7. Le capital social s'accroîtra au moyen d'un prélèvement sur les bénéfices pendant toute la durée de la Société.

Art. 8. Les bénéfices seront partagés et les pertes seront réparties entre les associés au prorata des salaires touchés par chacun d'eux.

L'article 11 donne les droits les plus étendus au conseil d'administration, et l'article 13 définit les attributions du gérant nommé par lui.

L'article 18 stipule la création, sur les bénéfices, d'un fonds de retenue indivisible; celui-ci (art. 20) n'appartient plus aux sociétaires et ne peut jamais être partagé entre eux. — Il est distinct du fonds de réserve constituant l'avoir social et partageable entre les membres ou leurs ayants droit.

Art. 23. Aussitôt que l'extension des affaires exigera une augmentation du personnel des collaborateurs, la Société s'impose l'obligation de ne pas employer de simples salariés, mais d'admettre un nombre suffisant de sociétaires. — Néanmoins, nul ne pourra être admis comme sociétaire s'il n'a pas travaillé pour la Société pendant un temps d'essai qui ne pourra être moindre de ..... mois ni de plus de ..... mois.

Art. 25. Si la Société est obligée d'appeler des collaborateurs temporaires, outre leur salaire, elle leur alloue en fin d'année une part d'intérêt dans les bénéfices partageables, calculés d'après la durée de leur collaboration.

(2) Art. 4, § 2. En ce qui concerne notamment les associations ouvrières, la commission examinera : d'abord la liste nominative des associés, ensuite l'acte contenant les conditions auxquelles la Société s'est formée, lequel acte devra stipuler la nomination d'un ou de plusieurs mandataires sans que leur nombre puisse dépasser trois, qui seront fondés de pouvoir et munis de certificats de capacité et de moralité au moment de leur élection ; ces mandataires seront chargés de soumissionner les

tion. Au point de vue réglementaire, elle aboutit à l'élaboration du décret du 4 juin 1888, relatif aux adjudications de l'Etat, applicable aux travaux des départements, et rendu applicable par la loi du 29 juillet 1893 à ceux des communes. Une autre intervention favorable de l'Etat se manifeste, depuis l'exercice 1893, sous forme de subventions annuelles inscrites au budget du ministère du Commerce en faveur des associations ouvrières de production et de crédit (1).

Depuis 1888, le progrès des associations ouvrières de production a été sinon régulier, du moins à peu près continu; en 1902, elles sont plus florissantes qu'elles n'ont été à aucune époque du xixᵉ siècle. Ce succès, que l'on serait heureux de voir persister, a été dû moins peut-être aux utiles mesures législatives et réglementaires que nous avons rappelées qu'aux grands travaux des Expositions de 1889 et de 1900, et à l'action très active et très mesurée, de la Chambre consultative des associations ouvrières de production de France (fondée en 1883) et de la Banque coopérative desdites associations (fondée en 1893). Signalons aussi, pour les associations parisiennes, les prêts consentis depuis 1883 sur le legs fait à la ville de Paris par Benjamin Rampal en faveur des coopératives.

422. *Législation actuelle et jurisprudence. Formes de l'association ouvrière de production.* — Les formes possibles sont celles prévues par l'article 19 du Code de Commerce, — sociétés en nom collectif ou en commandite, — et les diverses formes de sociétés anonymes prévues par la loi du 24 juillet 1867. La plupart des associations sont constituées conformément aux dispositions du titre III. : sociétés à capital variable, de la loi de 1867 ; mais il y a des associations ouvrières constituées en petit nombre sous les autres formes légales. Nous n'avons pas à commenter ces textes, nous rappelons seulement que les formes prévues par l'article 19 du Code de commerce rendent difficile et *onéreuse* la variabilité du personnel et la variabilité du capital.

Quelle est la nature du contrat qui lie à l'entreprise les sociétaires employés par elle? Il n'y a pas à ce sujet de droit spécial aux associations ouvrières de production; il faut faire application des principes du droit commun. Que diverses personnes soient liées les unes aux autres par un contrat d'association, cela n'exclut pas forcément la faculté pour l'une d'elles de conclure un contrat de travail avec la société dont elle fait partie. L'employé d'une grande compagnie de chemins de fer, qui possède une ou plusieurs actions de la compagnie, n'en a pas moins conclu avec elle un contrat de travail. Dans la presque universalité des cas, l'association ouvrière de production est une société anonyme

à capital variable : tous les sociétaires employés par l'entreprise, y compris le directeur ou gérant, sont alors des salariés ayant un contrat de travail avec la société. Exceptionnellement, la société est formée d'associés en nom collectif : aucun des sociétaires ne peut alors être considéré comme salarié, tous sont patrons ; mais s'ils nomment entre eux un gérant, celui-ci est leur mandataire. S'agit-il des quelques associations pratiquant la commandite simple ou par actions, les commanditaires employés par l'entreprise ont un contrat de travail, mais il n'en est pas de même des gérants. La jurisprudence relative à l'enregistrement des contrats, rappelée précédemment est d'accord avec ces principes (1). En les appliquant, on classera comme électeurs patrons pour les conseils de prud'hommes conformément au texte formel de la loi du 24 novembre 1883, tous les associés en nom collectif d'une société dite ouvrière de production, et on refusera la qualité d'électeur patron, pour lesdits conseils, aux directeurs et gérants des sociétés anonymes à capital variable, comme aux directeurs-gérants de toutes sociétés anonymes (2).

Citons encore, comme conforme aux principes, l'avis du Comité consultatif des accidents, chargé de veiller à l'application de la loi du 9 avril 1898 ; il rappelle que la société anonyme à capital variable, personne morale, est un chef d'entreprise au regard des associés et auxiliaires qu'elle emploie, et que ceux-ci bénéficient des dispositions de la loi du 9 avril 1898 comme les autres salariés. « La responsabilité encourue par la société, « dit l'avis, sera supportée en définitive par ses actionnaires, dans les conditions et proportions déterminées au pacte social, certains sociétaires pouvant d'ailleurs se trouver à la fois créanciers de la société « comme victimes d'accidents et débiteurs comme actionnaires, mais en vertu de dispositions législatives « et contractuelles d'ordre différent » (3).

423. Tels sont les principes généraux ; mais il serait imprudent d'en faire application à une association ouvrière en ne consultant que son titre seul. Les statuts peuvent contenir, et en fait contiennent souvent, sur l'admission des nouveaux sociétaires, la formation et le remboursement des parts, l'administration de la société, l'embauchage à l'atelier social et la rémunération du travail des sociétaires, des stipulations de nature à rapprocher des formes théoriquement distinctes. On a déjà vu (4) que le ministère des Finances

---

travaux, de les diriger sous l'autorité des ingénieurs ou architectes, de contracter pour l'association, de la représenter dans ses rapports avec l'administration pour la réception des travaux, le règlement des comptes et l'acquittement des mandats de payement.

L'article 5 exige la création d'un fonds de secours pour les blessés et leurs ayants droit, ou, à défaut, une assurance contractée auprès des compagnies d'assurances sur la vie.

(1) Nous rappelons pour mémoire le projet de loi sur les sociétés coopératives, qui n'a pas abouti, et au sujet duquel nous avons donné quelques détails au n° 417.

---

(1) Voir *supra*, n° 186. L'allocation d'un traitement aux administrateurs et commissaires d'une société est un marché passible du droit de 1 0/0. — Il en est de même de l'allocation d'un traitement annuel au gérant d'une société ou à l'un des associés chargés de la gérance. Il en serait autrement s'il s'agit d'une société en commandite ; le traitement fixe annuel prévu pour les associés gérants ne constitue pas une rémunération de services distincts des obligations sociales qui leur incombent.

(2) La loi spéciale qui a proclamé les directeurs de sociétés anonymes électeurs et éligibles pour les tribunaux de commerce, malgré leur qualité de salariés, s'applique tout naturellement aux directeurs des sociétés ouvrières anonymes à capital variable.

(3) Avis du Comité cons. des assurances contre les accidents (*J. of.*, partie non officielle, 1900, p. 71). — Cf. Trib. Seine, 27 février 1903 (*L'Association ouvrière*, 21 mars 1903 et *Bull. Office du travail*, mai 1903, p. 390).

(4) V. *supra*, n°ˢ 406 et suiv.

considère comme des sociétés de personnes et non de capitaux, comme des sociétés à part d'intérêt, la plupart des sociétés ouvrières anonymes, à capital variable, « leurs statuts se bornant à reproduire, sans tirer à conséquence, l'expression d'*action* habituellement employée par le législateur ae 1867 » (1).

Les caractères les plus habituellement relevés par l'enquête de l'Office du Travail, et qui motivent l'avis ci-dessus du ministère des Finances, sont les suivants : il faut être ouvrier de la corporation à laquelle se rattache l'entreprise, ou employé de l'entreprise pour être admis comme sociétaire. Le versement initial exigé du nouveau sociétaire est de 5 francs au plus dans 40 cas sur 100; dans plus des deux tiers des sociétés, il est de 50 francs au maximum. Le sociétaire apporte donc des qualités personnelles et non des capitaux. Pour compléter sa part, il abandonne généralement la totalité de ses intérêts et dividendes et s'astreint souvent soit à une cotisation mensuelle, soit à une retenue sur son salaire. Les versements sont inscrits au fur et à mesure sur un livret individuel qui tient lieu de titres ou d'actions. Un sociétaire est crédité d'autant d'actions qu'il a versé de fois le montant nominal d'une action. Ces actions sont dites libérées, même s'il a souscrit d'autres actions; celles-ci seront libérées une à une par ses versements successifs. Lorsqu'un associé décède, est exclu, ou démissionne, on porte son avoir comme dette de la société, et on sert, à lui ou à ses héritiers, un intérêt fixe jusqu'au remboursement. Il n'y a pas concordance forcée entre la sortie d'un sociétaire et la rentrée d'un autre sociétaire. Même s'il ne rentre pas de nouveau sociétaire, le capital n'est même pas toujours considéré comme ayant varié; la part libre est censée souscrite par les sociétaires restants pourvu que le total des versements déjà faits par eux dépasse le 1/10 du capital social nominal. Toutes ces conditions, qui justifient amplement l'avis de la Direction de l'Enregistrement sur le caractère des sociétés de personnes à parts d'intérêt, des sociétés ouvrières ainsi constituées, ne suffisent pas, à notre avis, à confondre le contrat d'association et le contrat de travail. Si le conseil d'administration, le directeur ou gérant embauchent les sociétaires suivant les besoins, prennent des auxiliaires sans que tous les sociétaires soient nécessairement embauchés à l'atelier social, déterminent les salaires, — et il en est très souvent ainsi, — le contrat d'association reste bien distinct du contrat de travail. En résumé, un assez grand nombre d'espèces restent délicates et doivent être appréciées, le cas échéant, après examen des statuts et des usages de la société (2).

424. *Impôts, loi du 1ᵉʳ décembre 1875*. — Les associations ouvrières de production sont astreintes à payer les impôts qui frappent les industriels, et notamment la patente (3); il n'y a aucune assimilation à faire entre elles et celles des sociétés coopératives de consommation qui, ne vendant pas au public et se bornant à répartir entre leurs membres des produits achetés en commun, ne sont pas astreintes à la patente. Un impôt cependant, l'impôt sur le revenu des valeurs mobilières établi par la loi du 29 juin 1872, n'est pas applicable « aux parts d'intérêts dans les sociétés de toute nature, dites de coopération, formées exclusivement entre des ouvriers ou artisans au moyen de leurs cotisations périodiques ». Tels sont les termes de l'immunité édictée par l'article 2 de la loi du 1ᵉʳ décembre 1875. Ils nous ont déjà fourni, sous le n° 412, la définition la plus stricte de l'association ouvrière de production. Toutes les associations ouvrières de production ne bénéficient donc pas de cette immunité, mais seulement celles 1) exclusivement formées entre ouvriers et artisans, 2) alimentées par leurs seules cotisations à l'exclusion de tous fonds apportés sous une autre forme ou par une autre voie, 3) ayant un capital social divisé en *parts d'intérêts*. Ces conditions sont très fréquemment remplies, étant donné l'avis de la Direction de l'Enregistrement sur la nature réelle de la plupart des sociétés coopératives de production dites par actions (1). Une lettre du Ministre des Finances, en date du 29 mars 1902, adressée au Ministre du Commerce, contient le commentaire auquel il faut se reporter en matière d'application de l'article 2 de la loi du 1ᵉʳ décembre 1875 (2).

---

(1) Voir note (2), sous le n° 406, les motifs et l'avis de la Direction générale de l'Enregistrement.

(2) V. *supra*, note (3), sous le n° 422.

(3) *Office du Travail*, Associations ouvrières de production, p. 580-583 et 589-590.

---

(1) Voir cet avis aux *Définitions*, sous le n° 413, note (1). Voir aussi, sous le n° 413, l'analyse des statuts les plus usuels des associations ouvrières de production et la nature de ces associations.

(2) Lettre du Ministre des Finances, 29 mars 1902. — Par dépêche du 1ᵉʳ mars, vous avez bien voulu me demander quels sont les caractères précis que doit réunir une association ouvrière de production pour pouvoir bénéficier de l'immunité d'impôt édictée par l'article 2 de la loi du 1ᵉʳ décembre 1875.

J'ai l'honneur de vous faire connaître que, d'après ce texte, les associations coopératives de production doivent, pour être exemptées d'impôt, remplir les trois conditions suivantes :

1° Elles doivent être formées exclusivement entre des ouvriers ou artisans : si elles admettent des membres ayant une qualité différente, elles rentrent dans le droit commun ;

2° Le capital social doit être divisé en parts d'intérêt, et non en actions; ce point a été précisé dans le rapport de la Commission [Annexe de la séance du 22 novembre 1875 (*J. Of.*, p. 9732, 1ʳᵉ col.)] ;

3° La société doit être alimentée au moyen de cotisations périodiques fournies par les adhérents ; si elle reçoit des fonds sous une autre forme ou par une autre voie, il n'y a pas lieu non plus à la dispense de la taxe.

Les principes en cette matière sont donc bien définis.

Mais il est évident que, dans la pratique, des doutes peuvent s'élever sur le point de savoir si telle ou telle association coopérative rentre ou non dans les prévisions de la loi ; si la substance du contrat s'accorde avec les qualifications adoptées par les intéressés, s'il y a société de personnes ou de capitaux, si l'objet principal de l'entreprise est, ou non, de favoriser le travail personnel des ouvriers ou des artisans.

Ce sont là des difficultés d'espèce qui ne peuvent être résolues que par un examen attentif des termes et de l'esprit de chaque association, et la solution en est souvent fort délicate.

Pour reconnaître notamment la société de capitaux ou société par actions et la distinguer de l'association de personnes, on ne saurait s'attacher à une classe déterminée ou à un fait isolé.

Il faut une interprétation d'ensemble portant sur toutes les dispositions statutaires et permettant de dégager l'intention qui a présidé au pacte social. On ne peut, à cet égard, tracer aucune règle précise en dehors de celles que le Code civil a formulées, pour l'interprétation des conventions.

Comme vous l'avez reconnu vous-même, Monsieur le Ministre et cher collègue, en rappelant une décision rendue par mon administration en 1897, celle-ci n'a pas exagéré la rigueur des restrictions quelque peu étroites auxquelles le législateur de 1875 a subordonné la dispense de taxe. Aux termes de cette décision, concernant spécialement les associations coopératives ouvrières de production adhérentes à la Chambre

425. *Décret du 4 juin 1888 et loi du 29 juillet 1893.* — Le décret du 4 juin 1888 règle les conditions dans lesquelles les sociétés d'ouvriers français peuvent soumissionner les travaux et fournitures faisant l'objet des adjudications de l'État ou commandés par celui-ci de gré à gré. Un avis du Conseil d'État, en date du 27 juin 1889, reconnaît que ce décret doit s'appliquer aux adjudications des départements. La loi du 29 juillet 1893, ayant pour objet l'admission d'associations ouvrières françaises aux marchés de travaux et de fournitures à passer pour le compte des communes, se borne à édicter que ces associations « seront admises aux adjudications des travaux communaux dans les conditions déterminées par le décret du 4 juin 1888 ». C'est donc le seul décret du 4 juin 1888 qui règle la matière pour les adjudications et marchés passés au nom de l'État, des départements et des communes. La promulgation de la loi du 29 juillet 1893 n'a pas pour effet de rendre illégale toute modification du décret du 4 juin autrement que par voie législative, mais toute modification introduite par voie de décret ne serait applicable qu'aux adjudications et marchés de l'État et des départements.

Le décret comporte deux ordres de dispositions : les formalités et conditions à remplir par les sociétés d'ouvriers pour être admises à soumissionner, les avantages qui leur sont attribués. L'indication des formalités et conditions à remplir répond à une double préoccupation : *1)* faciliter l'accès des adjudications et marchés aux sociétés d'ouvriers en précisant et uniformisant les conditions, variables suivant l'appréciation des administrations et les localités, qui étaient auparavant exigées d'elles; *2)* subordonner les faveurs consenties à certaines conditions préalables. Il va sans dire qu'aucune société soumissionnaire ne saurait être obligée de réclamer la qualité de société d'ouvriers, et qu'une société d'ouvriers peut bénéficier du droit commun, en renonçant à tous les avantages du décret de 1888. Il arrive, en fait, que des sociétés ouvrières se présentent aux adjudications sans exciper de la qualité de leurs membres.

426. L'article 1er du décret contient une disposition d'ordre général, destinée à faciliter l'accès des travaux aux sociétés d'ouvriers. Les adjudications et marchés de gré à gré « sont, autant que possible, divisés en plusieurs lots, selon l'importance des travaux ou des fournitures, ou en tenant compte de la nature des professions intéressées ». Les sociétés d'ouvriers, qui ne peuvent être pratiquement composées que d'ouvriers de même profession et disposent rarement de capitaux importants, ont un intérêt primordial à cette division en lots. L'intérêt public est sauvegardé par le § 2 de l'article : « Dans le cas où tous les lots ne seraient pas adjugés, l'administration aura la faculté soit de traiter à l'amiable pour les lots non adjugés, soit de remettre en adjudication *l'ensemble de l'entreprise* ou les lots non adjugés, *en les groupant s'il y a lieu.* » Le premier alinéa ne contient pas d'ailleurs et ne peut guère contenir une stipulation expresse ; il prescrit de diviser, *autant que possible;* il ne définit pas l'importance des lots; il dit de *tenir compte* de la nature des professions. Aussi n'offre-t-il pas de base certaine à un recours contentieux contre le sectionnement opéré par l'administration, et les associations intéressées font entendre des plaintes assez fréquentes au sujet du groupement des travaux ou des fournitures dans les lots (1).

427. L'article 2 permet aux sociétés d'ouvriers français, constituées dans l'une des formes prévues par l'article 19 du Code de commerce ou par la loi du 24 juillet 1867, de soumissionner les travaux ou fournitures faisant l'objet des adjudications de l'État. Il permet (§ 2) de passer avec ces sociétés des marchés de gré à gré ne comportant pas une dépense totale supérieure à 20,000 francs. Cette dernière limite est celle fixée aux marchés de gré à gré, par le décret en vigueur du 18 décembre 1882 (pour Paris par le décret du 21 février 1895). Les textes offrent cependant une différence; les décrets de 1882 et de 1895 disent : 20,000 francs, ou 5,000 francs par an si la dépense porte sur plusieurs exercices. De la différence des textes, deux conclusions résultent : une société d'ouvriers peut obtenir, dans les conditions du décret de 1888, un marché de gré à gré de 20,000 fr., échelonné sur plusieurs exercices; elle ne peut pas obtenir de gré à gré un marché de plus de 20,000 francs, quand même la dépense sur chaque exercice serait inférieure à 5,000 francs. Mais, l'administration qui veut conclure avec un soumissionnaire n'est pas obligée de rechercher s'il s'agit d'une société d'ouvriers; elle peut traiter avec lui sous l'empire du droit commun, en appréciant ses titres comme ceux des entrepreneurs concurrents; et sans lui faire application des avantages inscrits au décret de 1888 en faveur des sociétés ouvrières.

Le paragraphe 1er de l'article 2 ne définit pas complètement les sociétés d'ouvriers qui pourront réclamer le bénéfice du décret. Il dit seulement qu'il faut que la société soit composée d'ouvriers *français* et qu'elle

---

consultative de Paris, ces entreprises doivent être considérées, sauf exception, comme des sociétés de personnes et non pas comme des sociétés de capitaux; des instructions ont été données dans ce sens.

Toutes les fois qu'elle s'est trouvée en présence d'associations formées entre ouvriers se connaissant et stipulant en considération de leurs personnalités respectives, la Direction générale de l'Enregistrement, sans s'attacher aux expressions employées par les parties pour la désignation des titres, n'a pas hésité à les regarder comme des sociétés à parts d'intérêt et à les faire bénéficier de l'immunité légale, les autres conditions prévues par le texte qui la prononce étant d'ailleurs remplies.

Il appartient aux sociétés imposées d'introduire dans leurs statuts et dans leur fonctionnement les modifications nécessaires pour s'assurer le bénéfice de l'exemption d'impôt. Il leur est loisible de choisir parmi les voies qui s'ouvrent à elles pour atteindre le but qu'elles se proposent, celle qui donne ouverture aux droits les moins élevés. Mais il doit être bien entendu que mon service doit s'abstenir de toute immixtion dans la rédaction ou la modification des statuts de ces sociétés, car en agissant différemment, il sortirait de son rôle et perdrait l'autorité et l'indépendance qui lui sont nécessaires pour appliquer impartialement les lois d'impôt.

---

(1) Les décrets du 10 août 1899 complètent les dispositions de l'article 1er du 4 juin 1888 en rendant plus difficile le rôle d'un *entrepreneur général.* Celui-ci n'exerce pas en effet les diverses industries qui doivent concourir au travail: il exerce l'une d'elles et cède à des sous-traitants les travaux des autres. Or, le sous-traité est réglementé assez strictement par les décrets du 10 août 1899 (Voir n°s 251 et suiv.).

soit constituée dans l'une quelconque des formes légales des sociétés commerciales : « dans l'une des formes prévues par l'article 19 du Code de commerce ou par la loi du 24 juillet 1867 ». Le type de ces sociétés a été défini plus haut (1), et le Conseil d'Etat, par l'arrêt du 19 juillet 1901 déjà rappelé (2), a déclaré qu'une société admettant des actionnaires capitalistes pouvait, sous certaines conditions, rester une société d'ouvriers (3).

428. L'article 3 énumère les pièces à fournir pour soumissionner en qualité de société d'ouvriers français : acte de société, liste nominative des membres, certificats de capacité délivrés aux gérants, administrateurs ou autres associés spécialement délégués (4), indication du nombre minimum des sociétaires que l'on s'engage à employer à l'exécution du marché. En cas d'adjudication, ces pièces seront produites dix jours au moins avant celui de l'adjudication. Les travaux préliminaires de la Commission montrent que l'on a entendu, par cette énumération, protéger les sociétés d'ouvriers contre des exigences abusives ; on a inscrit les pièces strictement nécessaires pour apprécier, 1) s'il s'agit d'une société d'ouvriers français, 2) si les associés sont en état de mener l'entreprise à bonne fin (5).

Les articles 4, 5 et 6 énumèrent les avantages accordés aux sociétés d'ouvriers français. L'article 4 concède la dispense de fournir un cautionnement, lorsque le montant prévu des travaux et fournitures faisant l'objet du marché ne dépasse pas 50,000 francs. L'article 5 dispose : à égalité de rabais entre une soumission d'entrepreneur et une soumission de société d'ouvriers, cette

dernière sera préférée (1). L'article 6 dit que des acomptes sur les ouvrages exécutés ou les fournitures livrées sont payés tous les quinze jours aux sociétés d'ouvriers, sauf les retenues prévues par les cahiers des charges (2).

L'article 7 rappelle que « les sociétés d'ouvriers sont soumises aux clauses et conditions générales imposées aux entrepreneurs de travaux ou fournitures par les différents départements ministériels, en tout ce qu'elles n'ont pas de contraire au présent décret ». L'article 8 permet aux ministres de la Guerre et de la Marine, dans l'intérêt du service, de ne pas appliquer les dispositions du décret (3).

429. Le décret du 4 juin 1888 n'est pas applicable à l'Algérie; il faudrait un décret spécial pour étendre ses dispositions.

430. *Legs Rampal*. — Par un testament olographe en date du 7 mai 1878, accepté par le conseil municipal le 3 août 1880, M. Rampal, décédé le 3 décembre 1879, a légué à la Ville de Paris la presque totalité de sa fortune, destinée à être employée en prêts *à intérêts* aux associations ouvrières ou sociétés coopératives de consommation, de crédit, *de production* ou autres ayant leur siège à Paris. Le testateur n'a pas défini les associations ouvrières de production ; il exige seulement qu'elles aient le caractère de sociétés coopératives et non de simples syndicats. Les prêts doivent être faits pour une durée de neuf années au maximum; ils peuvent être renouvelés. Les sociétés emprunteuses doivent produire un bilan tous les trois mois; le remboursement devient exigible en cas de perte d'un tiers du fonds social. A ces conditions émanées du testateur, le conseil municipal a ajouté quelques prescriptions com-

---

(1) Voir nᵒˢ 412 et suiv.

(2) Voir nᵒ 415.

(3) Le préfet du Gard, par arrêté du 1 novembre 1898, contestant à la société de typographie *La Laborieuse*, de Nîmes, le caractère de société d'ouvriers, avait refusé de lui appliquer l'article 5 du décret du 4 juin 1888 et de la déclarer adjudicataire à égalité de rabais.

(4) Délégués pour diriger l'exécution des travaux ou fournitures qui font l'objet du marché et assister aux opérations destinées à constater les quantités d'ouvrages effectués ou de fournitures livrées.

(5) La circulaire du 18 novembre 1901 du Ministre de la Guerre (Volume nᵒ 24 du recueil du *Bulletin officiel* refondu, p. 25), après avoir rappelé la nécessité de n'admettre que des sociétés vraiment ouvrières, et reproduit l'arrêt du 19 juillet 1901 du Conseil d'Etat, s'exprime en ces termes :

« Lorsqu'une société ouvrière se présentera pour la première fois à une adjudication du département de la Guerre, elle devra produire : 1° son acte de société; 2° ses statuts ; 3° les décisions du conseil d'administration ou de l'assemblée générale qui auront modifié l'acte de société, ou prononcé des admissions ou exclusions d'actionnaires depuis la création de la société ; 4° un état nominatif des actionnaires avec la justification de leur nationalité française, de leur qualité et profession ; 5° des certificats de capacité................. ; 6° un certificat délivré par le greffier du tribunal de commerce du lieu où est établi le siège de la société, constatant qu'elle n'est pas en faillite ni en état de liquidation judiciaire. Les sociétés indiquent, en outre, le nombre minimum de sociétaires qu'elles s'engagent à employer à l'exécution du marché.

« Les commissions d'admission, ou d'adjudication, suivant le cas, décideront définitivement sur la reconnaissance de la société candidate comme société ouvrière et de son admission à l'adjudication à intervenir. Toutefois, dans le cas où le membre technique de la commission d'admission constaterait une irrégularité dans la décision prise par elle, que cette décision soit favorable ou non à la société qui en a été l'objet, il devrait immédiatement m'en rendre compte pour que je puisse, en temps utile, réformer ladite décision.

« Pour les entreprises ouvrières déjà admises à soumissionner, elles seront astreintes, dorénavant, à produire au membre technique, et pour chaque adjudication, les pièces cotées 3 et 4 ci-dessus. — Lorsque l'entreprise sera de longue durée (par exemple.........), le chef du service intéressé exigera périodiquement et à des échéances fixes qu'il déterminera, les mêmes justifications. Dans ces deux derniers cas, les renseignements relatifs aux modifications apportées à l'organisation et à la constitution de la société ne devront remonter qu'à la date des dernières déclarations produites »

(1) L'article 5 ajoute : Dans le cas où plusieurs sociétés d'ouvriers offriraient le même rabais, il sera procédé à une réadjudication entre ces sociétés sur de nouvelles soumissions. — Si les sociétés se refusaient à faire de nouvelles offres, ou si les nouveaux rabais ne différaient pas, le sort en déciderait.

(2) A ce sujet, la circulaire du 19 février 1892 du Ministre des Travaux publics s'exprime ainsi :

« La comptabilité relative aux payements aux entrepreneurs continuera à se tenir mois par mois.

« Lorsqu'une entreprise sera confiée à une société d'ouvriers français qui doit être payée tous les quinze jours, aux termes de l'article 6 du décret du 4 juin 1888, les conducteurs adresseront à l'ingénieur, le 15 de chaque mois, sans passer écriture sur le sommier, un état très sommaire indiquant approximativement (et dans les conditions de prudence recommandées par les instructions pour les travaux non terminés et les approvisionnements) les travaux exécutés et les fournitures faites depuis la dernière situation mensuelle.

« Cet état se traduira par une somme d'argent qui, ajoutée à celle du dernier décompte, donnera lieu à un certificat de payement et à un mandat. »

Toutes les administrations n'ont pas donné des instructions précises en ce qui concerne le payement des acomptes; et souvent les dispositions de l'article 6 du décret restent inappliquées.

(3) Une circulaire du 9 mars 1900, du ministre de la Marine, en réponse à une demande d'instructions, dit que les sociétés ouvrières peuvent être admises à se porter soumissionnaires aux adjudications d'entreprises du service des travaux hydrauliques, et rappelle, en général, aux autorités sous ses ordres, les prescriptions du décret du 4 juin 1888.

plémentaires, entre autres : l'intérêt est de 3 0/0; la durée des prêts est de trois années sauf prorogation; le montant du prêt ne doit pas dépasser la moitié du capital effectif de la Société; les délégués de l'Administration ont toujours le droit de pénétrer au siège de la Société et d'examiner ses livres de comptabilité; les prêts sont consentis sous forme de comptes courants ; toute demande de mouvement de fonds doit être faite par écrit sur une feuille de papier timbré, etc. (1).

Après enquête, le conseil municipal est saisi de propositions tendant à l'adoption ou au rejet de la demande.

431. *Subventions.* — Au budget de 1893, et chaque année, depuis, le Parlement a inscrit un crédit en faveur des associations ouvrières de production et de crédit (2). L'intitulé du chapitre qui portait jusqu'en 1901 « *Subventions* » porte en 1902 « *Encouragements* ». Le nouveau titre se trouve commenté par les débats (3) : il correspond à l'engagement pris par le Ministre du Commerce en 1902 de faire non seulement des dons, mais aussi des prêts aux associations. Dons ou prêts sont attribués sur la proposition d'une Commission extraparlementaire. Nous avons dit, sous le n° 418, quelles conditions statutaires devaient remplir actuellement les associations ouvrières de production pour être proposées par la Commission. Antérieurement à l'arrêt du Conseil d'Etat en date du 19 juillet 1901 (4) la Commission n'avait pas une doctrine nettement établie. Aujourd'hui encore, elle apprécie assez largement les cas d'espèce qui peuvent se présenter. Dans ses propositions, la Commission s'attache à aider les sociétés débutantes ayant déjà six mois de fonctionnement, et les sociétés qui traversent une crise exceptionnelle ; elle évite que les subventions deviennent une ressource normale des associations. Elle n'exclut pas de ses propositions les fédérations de sociétés, telles que la Chambre consultative des associations ouvrières de production de France.

432. En ce qui concerne les prêts, un arrêté de principe, en date du 15 novembre 1902, stipule qu'ils se feront par l'intermédiaire des banques coopératives formées entre associations ouvrières de production. Pour chacun d'eux, le ministre, sur le rapport de la Commission de répartition, indique le montant et la durée.

L'arrêté, que nous reproduisons *in extenso* (5), fait

connaître les conditions des prêts en ce qui concerne les associations ouvrières et les banques coopératives.

SECTION II.

SYNDICATS PROFESSIONNELS.

433. *Historique.* — L'organisation industrielle de l'ancien régime, avec ses corporations et ses maîtrises, leurs privilèges et monopoles d'une part, leur champ d'action étroitement limité d'autre part, a été supprimée par la loi des 2-17 mars 1791, dont l'article 7 porte qu'à compter du 1er avril suivant, « il sera libre à toute personne de faire tel négoce, ou d'exercer telle profession, art ou métier qu'elle trouvera bon ». Une loi du 19 novembre 1790 avait garanti à tous les citoyens le droit de se réunir « et de former entre eux des sociétés libres ». Mais la crainte de voir se reconstituer, à l'abri du droit d'association, les corporations dissoutes, fit bientôt porter une atteinte à cette liberté et la loi des 14-17 juin 1791 interdit toute organisation ayant en vue les « *prétendus* intérêts communs » d'une profession (1). Le rapporteur Le Chapelier avait traité de *motifs spécieux* l'organisation de la prévoyance, de la mutualité en vue de distribuer des secours aux malades ou aux chômeurs. Il ne devait plus y avoir en présence que l'intérêt particulier de chaque individu

---

(1) La société peut donc puiser dans son crédit, et faire des remboursements sans renoncer en rien au bénéfice du prêt consenti avant la date de l'échéance. Il s'agit d'une ouverture de crédit, telle qu'elle pourrait être faite par une banque.

(2) 165,000 francs en 1902.

(3) Chambre, séance du 6 février 1902 : M. l'abbé Lemire et le Ministre du Commerce. — Sénat, budget de 1902, ministère du Commerce, rapport de M. Poirrier.

(4) Voir n° 419.

(5) Arr. 15 novembre 1902. — Le Ministre du Commerce, de l'Industrie, des Postes et des Télégraphes ; — Vu le crédit ouvert au budget du ministère du Commerce sous le titre : « Encouragements aux sociétés ouvrières de production et de crédit » ; — Vu les débats parlementaires relatifs au vote de ce crédit pour l'exercice 1902 (Débats parlementaires, Chambre, séance du 6 février 1902 ; Documents parlementaires, Sénat, rapport de M. Poirrier, sénateur);

Arrête : — Art. 1er. Des avances à prélever sur le chapitre intitulé :

« Encouragements aux sociétés ouvrières de production et de crédit » pourront, chaque année, être consenties au profit des banques coopératives formées entre associations ouvrières, à charge par elles de les employer en prêts à des sociétés ouvrières désignées par le Ministre du Commerce, après avis de la Commission chargée de la répartition du crédit ouvert au budget.

Art. 2. Dans le délai d'un mois après la réception des avances, les banques devront produire au ministère du Commerce (Direction du Travail) un état justifiant la remise des sommes aux sociétés désignées.

Art. 3. Les avances aux banques ne seront pas productives d'intérêt. Les prêts consentis par l'intermédiaire des banques aux associations ouvrières pourront produire un intérêt dont le taux ne devra pas dépasser 2 0/0. Ces intérêts seront recouvrés par les soins des banques et à leur profit.

Art. 4. Aux échéances fixées, les banques opéreront le recouvrement des sommes prêtées. Tous les trois mois, elles adresseront au ministère du Commerce un bordereau faisant connaître la situation des recouvrements. Après avis de la Commission, le Ministre pourra leur allouer sur le montant des sommes recouvrées, une bonification qui ne sera pas inférieure à 5 0/0, mais qui ne devra pas dépasser 15 0/0.

Art. 5. Les fonds restés libres après ce prélèvement ne pourront, en aucun cas, servir aux opérations particulières des banques. Ils pourront être employés à de nouveaux prêts consentis par le Ministre aux sociétés ouvrières dans les mêmes conditions.

Art. 6. Tous les six mois, le Ministre du Commerce pourra déléguer un fonctionnaire de l'administration, qui aura mission de se faire représenter la comptabilité des banques et de s'assurer de la stricte observation des engagements souscrits.

Art. 7. Les conventions passées avec les banques stipuleront la durée pour laquelle elles sont conclues ; elles mentionneront la durée des avances faites aux sociétés. Elles devront, dans chaque cas, prévoir les sanctions nécessaires pour assurer l'exécution des prescriptions de la convention.

Art. 8. Le Directeur du Travail est autorisé à passer avec les banques coopératives les conventions nécessaires, en conformité des prescriptions ci-dessus.

(1) « Les citoyens d'un même état ou profession, les entrepreneurs, ceux qui ont boutique ouverte, les ouvriers d'un art quelconque, ne pourront, lorsqu'ils se trouveront ensemble, se nommer ni président, ni secrétaire, ni syndic, tenir des registres, prendre des arrêtés ou délibérations, former des règlements sur leurs prétendus intérêts communs. »

et l'intérêt général. Pas d'intermédiaire. L'article 291 du Code pénal (promulgué en 1810) laissait bien toute liberté aux associations ne se composant pas de plus de vingt personnes, mais les associations professionnelles ne pouvaient pas bénéficier de cette disposition, car la loi du 14 juin 1791 n'était pas abrogée. Elle ne l'a été que le 21 mars 1884.

Cependant, en 1800 et 1801, deux corporations, celles des bouchers et des boulangers avaient été reconstituées administrativement à Paris. Peu à peu, les entrepreneurs de diverses professions, celles du bâtiment en premier lieu, formèrent des chambres syndicales avec l'autorisation ou la tolérance de l'administration. Mais ce mouvement ne se développa que fort lentement, et il faut arriver jusqu'au 30 mars 1868 pour voir annoncer dans un rapport ministériel, approuvé par l'Empereur et publié au *Moniteur*, que la tolérance accordée aux patrons serait dorénavant étendue aux ouvriers, pour la constitution de chambres syndicales. Pour jouir de cette tolérance, les chambres syndicales ouvrières durent, généralement, déposer leurs statuts, les noms et adresses de leurs administrateurs, soumettre l'ordre du jour de leurs réunions à l'autorité et accepter, dans ces réunions, la présence d'un agent de l'administration. L'accomplissement de ces formalités ne mettait pas les chambres syndicales à l'abri de poursuites correctionnelles en vertu de l'article 291 du Code pénal et de la loi du 17 juin 1791. « La tolérance de l'autorité à l'égard d'une association illicite ne saurait équivaloir à une autorisation. » (C. Lyon, 28 mai 1874.) En outre, cette tolérance pouvait prendre fin sans aucun motif, témoin la dissolution de toutes les chambres syndicales ouvrières de Lyon par une simple décision du préfet du Rhône, le 29 juillet 1877.

Pour mettre fin à cet arbitraire, M. Lockroy, député, avait présenté à la Chambre, le 4 juillet 1876, une « proposition de loi relative à la reconnaissance légale, à l'organisation et au fonctionnement des chambres syndicales patronales et ouvrières ». Cette proposition ne put venir en discussion par suite de la dissolution de la Chambre en 1877. Un autre projet fut déposé par le gouvernement le 25 novembre 1880. Il est devenu la loi du 21 mars 1884.

434. *Législation actuelle.* — L'article 1er de la loi du 21 mars 1884 consacrait la liberté complète d'association, mais seulement au profit des associations professionnelles. La loi des 14-17 juin 1791 était abrogée, les articles 291 à 294 du Code pénal et la loi du 10 avril 1834 (abrogés depuis par la loi du 1er juillet 1901) étaient déclarés non applicables aux syndicats professionnels. Par l'abrogation de l'article 416 du Code pénal, la loi du 21 mars 1884 débarrassait en outre l'exercice du droit de coalition des entraves maintenues par le législateur de 1864 (1).

Cependant la jurisprudence a établi que les amendes, défenses, proscriptions, interdictions ne sont licites que lorsqu'elles ont pour objet la défense des intérêts professionnels ; faute de quoi, leurs auteurs, quoique échappant aux condamnations pénales, sont passibles de dommages-intérêts, en vertu de l'article 1382 du Code civil (1).

Les syndicats professionnels sont des associations dont les membres exercent la même profession, des métiers similaires, ou des professions connexes concourant à l'établissement de produits déterminés, et qui ont exclusivement pour but l'étude et la défense de leurs intérêts économiques, industriels, commerciaux ou agricoles (2).

Le syndicat ne doit comprendre que des membres *exerçant* la profession. Sans doute il peut être difficile, dans certains cas, de dire si une personne appartient encore à la profession ou a cessé *définitivement* de l'exercer. L'appréciation du fait est du ressort des tribunaux ; ils ont toujours prononcé la dissolution et condamné les administrateurs des syndicats qui conservaient au nombre de leurs membres des personnes n'exerçant *notoirement* plus la profession (3). On peut, toutefois, admettre que ces personnes restent dans le syndicat à titre de *membres honoraires*, c'est-à-dire ne participant ni à l'administration ni aux délibérations.

On doit conclure du silence de la loi, ou des discussions qui ont eu lieu dans les Chambres : qu'un syndicat peut recruter ses adhérents dans toutes les parties de la France ; que les étrangers, comme toutes autres personnes habiles, dans les termes de notre droit, à former des conventions régulières, peuvent en faire partie.

L'admission de la femme mariée et du mineur non émancipé dans les syndicats professionnels est soumise aux règles du droit commun; elle n'est valable qu'avec l'autorisation du mari pour la première, du père ou du tuteur pour le second. Dans la pratique courante, cette autorisation n'est pas demandée. De même, elle n'est demandée que très rarement pour la conclusion du contrat de louage d'ouvrage. Mais les conséquences de cette absence d'autorisation sont ici tout autres. On ne peut guère admettre ici qu'il y ait le plus souvent autorisation tacite : le fait de s'affilier à un syndicat n'est pas habituellement un fait patent comme celui de se rendre journellement à son travail.

Dès lors, les adhésions, faites dans ces conditions, n'entraînent ordinairement pour leurs auteurs, aucun engagement, aucune responsabilité au point de vue civil. La conséquence est importante pour les cotisations impayées, par exemple, ou pour le cas où la femme est administrateur du syndicat. Les femmes, en

---

(1) De cette abrogation résultent les conséquences suivantes :
1° Le fait de se concerter en vue de préparer une grève n'est plus un délit ni pour *les syndicats* de patrons, d'ouvriers, d'entrepreneurs d'ouvrage, ni pour les ouvriers, patrons, entrepreneurs d'ouvrage non syndiqués :
2° Cessent d'être considérées comme des atteintes au libre exercice de l'industrie et du travail les amendes, défenses, proscriptions, interdictions, prononcées par suite d'un plan concerté (Circ. Int., 25 août 1884).
(1) Cass. 22 juin 1892; Lyon, 2 mars 1894, 15 mai 1895; Paris, 31 mars 1896, 5 février 1901.
(2) L. 21 mars 1884, art. 2 et 3.
(3) Besançon, 25 février 1891; Bordeaux, 27 décembre 1893.

effet, au rebours des mineurs et des étrangers, peuvent être administrateurs de syndicats. A signaler que le mineur adhérent à un syndicat patronal est un mineur émancipé pour tout ce qui a trait à son commerce. Il est donc, à notre avis, émancipé en ce qui concerne la convention d'adhésion à un syndicat où il n'est admis qu'en sa qualité de négociant ou industriel et pour la défense de ses intérêts de négociant ou d'industriel.

435. Le législateur n'a pas pu, en face des transformations incessantes de l'industrie, déterminer rigoureusement ce qu'il fallait entendre par professions similaires ou connexes (1). Les tribunaux sont seuls compétents pour apprécier chaque cas distinct (2).

En dehors de la possibilité de poursuites exercées par le parquet, la nullité de constitution d'un syndicat réunissant des professions qui ne seraient ni similaires ni connexes pourrait être, dans un procès civil, invoquée par les adversaires. D'autre part, d'après la jurisprudence constante des tribunaux, le syndicat ne saurait ester en justice pour la protection des intérêts d'une partie de ses membres, mais seulement pour la protection des intérêts de l'ensemble. Un syndicat, groupant des professions trop nombreuses, et dont la connexité ne serait pas étroite, risque donc de ne pouvoir défendre en justice les intérêts de ses membres.

La loi est faite pour tous les individus exerçant un métier ou une profession, disait la circulaire du 25 août 1884 du ministre de l'Intérieur. Mais la Cour de cassation, le 27 juin 1885, a déclaré que la loi sur les syndicats n'était pas applicable aux médecins, parce que les intérêts économiques qu'ils pouvaient avoir à défendre n'étaient ni industriels, ni commerciaux, ni agricoles. Une loi spéciale, la loi du 30 novembre 1892 sur l'exercice de la médecine, a corrigé cette interprétation en stipulant, par son article 13, que les médecins, chirurgiens, dentistes et sages-femmes, peuvent se constituer en syndicat pour la défense de leurs intérêts professionnels, à l'égard de toutes personnes autres que l'Etat, les départements et les communes. Cette réserve n'existe pas pour les autres syndicats.

Aucune difficulté ne s'est élevée relativement aux syndicats des autres professions libérales, journalistes, artistes, etc. Nous parlerons plus loin du personnel des services publics.

436. La loi ne demande aux syndicats professionnels que le dépôt de leurs statuts et des noms de ceux qui, à un titre quelconque, sont chargés de l'administration ou de la direction; ce dépôt doit être renouvelé à chaque changement de la direction ou des statuts; il se fait à la mairie de la localité où le syndicat a son siège, et à Paris, à la préfecture de la Seine. Les statuts sont communiqués par le maire ou le préfet de la Seine au procureur de la République pour le mettre à même d'examiner s'ils ne contiennent aucune disposition contraire à la loi. Il n'y a, d'ailleurs, aucune forme obligatoire pour les statuts, aucune disposition légale dont l'insertion soit obligatoire. Ne peuvent remplir les fonctions de directeurs ou administrateurs des syndicats les étrangers, même ceux qui ont été admis à établir leur domicile en France, et les Français qui ne jouissent pas de leurs droits civils, c'est-à-dire les mineurs et les personnes auxquelles une condamnation a enlevé l'exercice de quelques-uns de ces droits (1). Les femmes peuvent être choisies comme administrateurs.

Les travaux préparatoires établissent que les dépôts faits à la mairie ont pour but d'assurer la publicité des actes constitutifs du syndicat ; les statuts tout au moins doivent donc être communiqués au public. En ce qui concerne les noms des administrateurs, leur communication n'a pas été prévue par les travaux préparatoires : elle ne serait pas toujours sans inconvénients pour les ouvriers.

437. Les syndicats professionnels peuvent, sans autorisation, former entre eux des *unions* ayant pour but l'étude et la défense de leurs intérêts économiques, industriels, commerciaux et agricoles. La loi n'a fixé aucune limite à la composition de ces *unions*. Elles peuvent se former, soit entre syndicats de la même profession, soit entre syndicats des professions les plus diverses (2). Leur constitution est soumise aux mêmes formalités que celles des syndicats; les *unions* doivent, en outre, faire connaître les noms des syndicats qui les composent et le lieu où siègent ces syndicats (3).

438. Les syndicats professionnels ont le droit d'ester en justice et de posséder les immeubles qui leur sont nécessaires pour leurs réunions, leurs bibliothèques et leurs cours d'instruction professionnelle (4). Les unions ne jouissent pas de la personnalité civile et de la faculté d'acquérir des immeubles, réservées aux syndicats (5) : il a été admis qu'elles pouvaient se passer de ces droits, du moment que chacun des syndicats qui les composent les possédait.

439. Le patrimoine des syndicats se compose du produit des cotisations et des amendes, de meubles et valeurs mobilières et d'immeubles. Les immeubles ne doivent pas être détournés de leur destination; les syndicats ne peuvent en tirer un profit pécuniaire direct ou indirect par location ou autrement (6). Aucune limite ni condition n'est fixée pour la possession des valeurs mobilières.

Les syndicats professionnels ne sont pas astreints à

---

(1) Les mots « professions similaires concourant à l'établissement d'un produit déterminé » doivent être entendus dans un sens large. Ainsi, sont admis à se syndiquer entre eux tous les ouvriers concourant à la fabrication d'une machine, à la construction d'un bâtiment, d'un navire, etc. (Circ. Int. 25 août 1884).

(2) Paris, 4 juillet 1890 ; dissolution de la *Chambre syndicale des professeurs libres*, qui réunissait des professeurs de lettres, sciences, couture, coupe, et des lingères pour maîtres de pensions. — Douai, 11 novembre 1901 ; condamnation de *l'Union médico-pharmaceutique du Nord*.

(1) L. 21 mars 1884, art. 4 et Circ. Int.

(2) Il y a des unions ou fédérations de syndicats d'une même profession, ces syndicats ayant leur siège dans des localités distinctes, et des unions formées par les divers syndicats d'une même localité; le plus grand nombre de celles-ci a adopté le titre de Bourses du travail.

(3) L. 21 mars 1884, art. 5.

(4) *Ibid.*, art 6.

(5) *Ibid.*, art. 5.

(6) Cf. Circ. Int. 25 août 1884.

obtenir l'autorisation du Gouvernement pour recueillir les dons et legs (1). La loi du 21 mars 1884 a attribué aux syndicats professionnels, par le fait même de leur constitution, le caractère de personnes civiles, sans qu'aucune formalité fût nécessaire pour l'obtention de cette personnalité. Le texte adopté par le Sénat en 1882 contenait une disposition interdisant aux syndicats de recevoir des dons et d'acquérir autrement qu'à titre onéreux; cette disposition a été intentionnellement éliminée du texte définitif. Les syndicats ont donc la capacité d'acquérir à titre gratuit ; la loi a affranchi leur fonctionnement de toute tutelle et a substitué à l'intervention préventive de l'administration la seule action répressive des tribunaux, en cas d'infraction aux statuts.

L'article 6 de la loi permet aux syndicats de constituer entre leurs membres, sans autorisation, mais en se conformant aux autres dispositions de la loi, des caisses spéciales de secours mutuels et de retraites ; cette dispense d'autorisation est devenue sans objet depuis le vote de la loi du 1er avril 1898 sur les sociétés de secours mutuels, qui a supprimé la nécessité de l'autorisation et a reconnu une catégorie de sociétés libres.

440. Les sociétés de secours mutuels et de retraites (2) doivent avoir une administration propre et un patrimoine distinct de celui du syndicat. Cette mesure est nécessaire pour l'application de l'article 7 de la loi qui stipule que « toute personne qui se retire d'un syndicat conserve le droit d'être membre des sociétés de secours mutuels et de pensions de retraites pour la vieillesse à l'actif desquelles elle a contribué par des cotisations ou versements de fonds ». Il va de soi que le syndicat demeure libre de prélever sur son propre fonds des secours individuels et purement gracieux. La pratique de ces libéralités accidentelles ne constitue pas un syndicat à l'état de société de secours mutuels, tant que le droit de chacun aux secours n'est pas proclamé ni réglé.

Un arrêt de la cour de Bordeaux, du 27 octobre 1902, a déclaré déchus de leurs droits aux secours en cas de maladie et aux pensions de retraite des membres démissionnaires d'un syndicat, parce que le syndicat avait organisé ces différents services avec une cotisation unique, que le fonds de retraite était constitué simplement par un prélèvement annuel sur les recettes globales du syndicat et qu'ainsi les démissionnaires ne pouvaient dire avoir contribué à l'actif par des cotisations ou des versements de fonds (3).

C'est, à notre connaissance, le seul cas d'application de l'article 7 § 2 de la loi du 21 mars 1884, qui ait été soumis aux tribunaux.

441. Les syndicats peuvent librement créer et administrer des offices de renseignements pour les offres et demandes de travail (art. 6). Le décret du 25 mars 1852 sur les bureaux de placement ne leur est pas applicable. C'est une prérogative des plus importantes accordée aux syndicats, qui peuvent administrer librement leurs offices de placement sans être soumis à la surveillance de l'autorité municipale, sans être astreints à faire agréer par ladite autorité les administrateurs spécialement affectés à ce service, ni à tenir des registres d'une forme déterminée.

Dans les affaires contentieuses, les tribunaux sont autorisés à prendre l'avis des syndicats: ces avis sont tenus à la disposition des parties qui peuvent en prendre communication et copie (1).

442. Tout membre d'un syndicat professionnel peut se retirer à tout instant de l'association, nonobstant toute clause contraire, mais le syndicat peut réclamer la cotisation de l'année courante (2). Par année courante il a été jugé qu'il faut entendre l'année civile ordinaire, finissant le 31 décembre (3). En cas d'exclusion, les cotisations arriérées sont seules exigibles (4).

Les infractions aux dispositions des articles 2, 3, 4, 5 et 3 de la loi du 21 mars 1884 sont poursuivies par le ministère public, devant le tribunal correctionnel, contre les directeurs ou administrateurs des syndicats et punies d'une amende de 16 à 200 francs. Les tribunaux peuvent, en outre, si le procureur de la République le demande, prononcer la dissolution du syndicat. Dans le cas de fausse déclaration relative aux statuts et aux noms et qualités des administrateurs ou directeurs, l'amende peut être portée à 500 francs (5).

Si le syndicat acquiert des immeubles au-delà de ceux qui lui sont nécessaires pour ses réunions, sa bibliothèque ou ses cours d'instruction professionnelle, la nullité de l'acquisition pourra être demandée par le procureur de la République ; les immeubles doivent être vendus et le prix en être déposé à la caisse de l'association. Si la possession de ces immeubles est le résultat d'une libéralité, la nullité de l'acquisition peut aussi être demandée par les intéressés ; les biens font retour aux disposants, ou à leurs héritiers ou ayants cause (6).

443. La loi est applicable à l'Algérie, à la Martinique, à la Guadeloupe et à la Réunion. Toutefois, dans ces trois dernières colonies, les travailleurs étrangers engagés sous le nom d'immigrants ne peuvent pas faire partie des syndicats (7).

Un décret du 16 mai 1901 a rendu la loi sur les syndicats professionnels applicable à la Nouvelle-Calédonie.

444. Enfin, les sociétés ou caisses d'assurances mutuelles agricoles qui sont gérées et administrées gratuitement, qui n'ont en vue et qui, en fait, ne réalisent

---

(1) Trib. civ. Seine, 16 juillet 1896 et 3 août 1899.
(2) Les sociétés syndicales de secours mutuels doivent posséder une individualité propre et avoir une administration et une caisse particulières. Il en est de même des sociétés de retraites qui peuvent bien se greffer sur les sociétés de secours mutuels et faire caisse commune avec elles, mais dont le patrimoine ne doit pas se confondre avec celui des syndicats (Circ. Int.).
(3) *Bulletin de l'Office du travail*, mai 1903.

(1) L. 21 mars 1884, art. 6.
(2) *Ibid.*, art. 7.
(3) Just. de paix, Marseille, 11 novembre 1885.
(4) Cf. Circ. Int. 25 août 1884.
(5) L. 21 mars 1884, art. 9.
(6) *Ibid.*, art. 8.
(7) *Ibid.*, art. 10.

aucun bénéfice, peuvent se constituer en se soumettant simplement aux prescriptions de la loi du 21 mars 1884 et elles sont affranchies des formalités prescrites par la loi du 24 juillet 1867 et le décret du 28 janvier 1868 relatifs aux sociétés d'assurances (1).

445. La loi du 1er juillet 1901 relative au contrat d'association définit l'association, « la convention par laquelle deux ou plusieurs personnes mettent en commun d'une façon permanente leurs connaissances ou leur activité dans un but autre que de partager des bénéfices (art. 1er) ». Cette définition convient précisément aux syndicats professionnels, dont le but est la défense des intérêts généraux de la profession.

La loi du 1er juillet 1901 n'a pas abrogé la loi du 21 mars 1884 ; mais il y a intérêt à mettre en évidence les différences des deux régimes offerts aux fondateurs d'associations.

La loi de 1901 envisage (titres 1 et 2) trois catégories d'associations : 1° celles qui ne jouissent pas de la capacité juridique et qui peuvent se former librement sans autorisation ni déclaration préalable; 2° les associations déclarées; 3° les associations reconnues d'utilité publique.

Les associations déclarées peuvent ester en justice, acquérir à titre onéreux, posséder et administrer, en dehors des subventions de l'Etat, des départements et des communes : 1° les cotisations de leurs membres; 2° les locaux destinés à l'administration de l'association et à la réunion des membres; 3° les immeubles strictement nécessaires à l'accomplissement du but que se propose l'association. La déclaration et le dépôt des statuts et des noms des administrateurs doivent être faits à la préfecture du département ou à la sous-préfecture de l'arrondissement où l'association a son siège. Les modifications apportées aux statuts et dans l'administration doivent être déclarées dans un délai de trois mois ; elles doivent, en outre, être consignées sur un registre spécial qui devra être présenté aux autorités administratives ou judiciaires chaque fois qu'elles en feront la demande. Un extrait de la déclaration doit être, par les soins des fondateurs, publié au *Journal officiel*. (Décret du 16 août 1901).

Les associations déclarées peuvent être reconnues d'utilité publique par décrets. Elles peuvent alors recevoir des dons et legs dans les conditions prévues par l'article 910 du Code civil, mais elles ne peuvent posséder ou acquérir d'autres immeubles que ceux nécessaires au but qu'elles se proposent ; leurs valeurs mobilières doivent être placées en titres nominatifs.

446. On remarquera, tout d'abord, que les formalités exigées pour la constitution de syndicats professionnels par la loi de 1884 sont moins compliquées que celles prescrites par la loi de 1901; ensuite, que la capacité juridique des syndicats est beaucoup plus étendue que celle des associations reconnues d'utilité publique, puisqu'ils peuvent recevoir des dons et legs sans auto-

risation et qu'aucune disposition légale ne vise les valeurs mobilières possédées par eux; enfin, les offices de placement créés par les associations régies par la loi de 1901 resteraient soumis aux prescriptions du décret du 25 mars 1852. Les associations professionnelles ont donc tout intérêt à se placer sous le régime de la loi du 21 mars 1884.

447. *Droit administratif.* — Une décision du Ministre des Finances, du 21 juillet 1884, a exempté du droit et de la formalité du timbre les pièces dont le dépôt est prescrit aux syndicats professionnels et unions de syndicats.

L'authenticité des statuts et de la liste des administrateurs et directeurs du syndicat doit être certifiée par le président et le secrétaire, lors du dépôt prescrit par la loi. La circulaire du Ministre de l'Intérieur, du 25 août 1884, admet comme suffisant le dépôt de deux exemplaires ; mais si l'on considère que communication des statuts doit être donnée par le maire ou le préfet de la Seine au procureur de la République, et qu'un exemplaire des statuts est réclamé par le ministère du Commerce, on a coutume de porter à trois le nombre des exemplaires à déposer pour qu'il en reste toujours un à la mairie. Tout dépôt d'un des documents précités doit être constaté par un récépissé, sur papier libre, du maire et, à Paris, du préfet de la Seine. Ce récépissé est exigible immédiatement.

Chaque mairie doit tenir un registre spécial où sont mentionnés à leur date le dépôt des statuts de chaque syndicat, le nom des administrateurs ou directeurs, la délivrance du récépissé. Ce registre fait foi de l'accomplissement des formalités, il permet de remédier à la perte possible du récépissé de dépôt (1).

Le maire n'est pas tenu de vérifier lui-même, avant de délivrer le récépissé, si le syndicat est constitué conformément à la loi ; ce soin est dévolu au procureur de la République. La loi n'ayant pas indiqué le délai dans lequel ce magistrat doit donner son avis et ne lui ayant même pas prescrit de donner un avis, le syndicat peut fonctionner normalement dès qu'il est en possession du récépissé délivré par le maire.

448. Quand les parquets procèdent à des enquêtes en vue de vérifier si les administrateurs ou directeurs des syndicats sont Français et jouissent de leurs droits civils, les renseignements doivent être pris au siège social des syndicats ou au domicile des administrateurs ; les commissaires de police doivent s'abstenir rigoureusement de s'adresser aux chefs industriels ou de se rendre dans les ateliers où sont employés lesdits administrateurs pour recueillir ces renseignements (2). Il en est, évidemment, de même lorsqu'il s'agit de simples renseignements statistiques à recueillir (3).

L'obligation pour les syndicats en formation d'opérer le dépôt n'existe qu'à partir du jour où les statuts ont été arrêtés, où, par conséquent, le syndicat est maté-

---

(1) Circ. Int. 25 août 1884.
(2) Cf. Circ. Int. 1er mars 1900.
(3) Cf. Circ. Comm. 12 janvier 1900.

riellement formé. Jusque-là, les fondateurs ont toute liberté de se réunir pour en concerter les dispositions sans être exposés aux pénalités de l'article 9 de la loi (1). En fait, ce ne sont donc pas les fondateurs ou les initiateurs des premières réunions qui sont responsables de la formalité du dépôt, mais bien les premiers administrateurs nommés après l'adoption des statuts et conformément à ces statuts.

449. Les syndicats professionnels ont le droit d'ester en justice. Si les statuts n'ont pas prévu et désigné le mandataire chargé de les représenter, cette désignation doit faire l'objet d'une délibération spéciale pour chaque affaire ; mais si, statutairement, le président, par exemple, est chargé de représenter le syndicat, aucun mandat spécial n'est nécessaire : le président n'a, pour justifier de son habileté, qu'à présenter les statuts et le récépissé de dépôt de la liste des administrateurs.

450. Les syndicats professionnels sont autorisés, comme toutes associations ou sociétés régulièrement constituées, à se faire ouvrir, sous le nom distinctif adopté par eux, un compte à la Caisse nationale d'épargne, en vertu de l'article 6, paragraphe 1er, de la loi du 9 avril 1881. De plus, une décision ministérielle du 19 janvier 1885 les a admis à bénéficier des dispositions de l'article 13 de la même loi, qui élevait au maximum de 8,000 francs les dépôts de certaines sociétés. La loi du 20 juillet 1895 a élevé le maximum à 15,000 francs et a rendu ces mêmes dispositions applicables aux caisses d'épargne ordinaires, où les syndicats professionnels peuvent également faire des versements, après en avoir obtenu l'autorisation du ministre.

La Commission de surveillance de la Caisse des dépôts et consignations a décidé, dans sa séance du 16 décembre 1891, que les syndicats professionnels dont *les statuts comportent la distribution de secours ou la constitution de retraites en faveur de leurs membres*, sont admis à déposer leurs fonds disponibles, au compte « Etablissements publics ou autres établissements assimilés ». Les retraits ont lieu à partir du cinquième jour qui suit la demande de remboursement. Les versements doivent être opérés par le trésorier du syndicat, qui remet à la Caisse des dépôts un exemplaire des statuts et y fait accréditer sa signature ainsi que celle du membre du syndicat qui a qualité pour autoriser les retraits (2).

Le syndicat qui demande un livret à la Caisse d'épargne doit fournir un exemplaire de ses statuts, certifié exact et signé par le président, et le certificat du maire (à Paris, du préfet de la Seine) constatant le dépôt légal des statuts du syndicat. — Le syndicat est représenté, auprès de la Caisse d'épargne, par un mandataire, soit pour l'ensemble des opérations au moyen d'une procuration générale, soit pour chaque opération ou pour certaines opérations seulement, par une

procuration limitée. La procuration est établie sur papier libre et sans enregistrement. Elle est signée par les membres du bureau ou du conseil d'administration du syndicat. Chaque procuration contient, en marge, un spécimen de la signature du mandataire (1).

451. La franchise postale est concédée à la correspondance d'intérêt général expédiée, sous le contreseing du Ministre du Commerce, à l'adresse des *présidents, directeurs, secrétaires* ou *administrateurs* des syndicats professionnels, patronaux, ouvriers, mixtes et agricoles. La franchise est également accordée à la correspondance échangée entre les présidents et secrétaires des syndicats et les fonctionnaires de l'inspection du travail (2).

452. Les décrets du 10 août 1899 sur les conditions du travail dans les marchés passés au nom de l'Etat, des départements, des communes, etc... attribuent pour la constatation du salaire et de la durée du travail courants dans la région une valeur privilégiée aux conventions syndicales et réservent en tous cas aux syndicats le droit d'être consultés (3).

453. Le décret du 14 mars 1903 portant réorganisation du conseil supérieur du travail attribue aux syndicats ouvriers la nomination de 18 membres de ce conseil, chaque membre devant être élu par les syndicats d'un groupe industriel ou commercial déterminé par ce décret. Les syndicats professionnels de patrons et d'ouvriers sont chargés d'élire la majorité des membres des conseils du travail, créés par le décret du 17 septembre 1900.

Une circulaire du Ministre du Commerce, adressée aux préfets le 17 août 1899 sur les commissions départementales chargées de surveiller l'application de la loi du 2 novembre 1892 sur le travail des enfants et des femmes, recommande de faire entrer dans ces commissions, en nombre égal, des représentants des organisations patronales et ouvrières : chambres de commerce, bourses du travail, syndicats professionnels.

La collaboration des syndicats à l'application de la loi du 2 novembre 1892 a été encore précisée dans la circulaire du 19 janvier 1900, adressée par le Ministre du Commerce aux inspecteurs divisionnaires du travail et qui leur recommande de recueillir avec soin les indications des syndicats (4).

454. *Bourses du travail.* — On entend par Bourse du travail un local où plusieurs syndicats, ordinairement sous le contrôle de délégués à l'administration nommés par eux et chargés d'appliquer un règlement commun, ont leurs bureaux, organisent leurs assemblées générales et tiennent les registres d'offres et de demandes de travail. Divers services — et c'est la raison d'être de

---

(1) Inst. min. Comm. 17 mai 1890.
(2) Déc. min. 23 janvier 1887 ; D. 23 décembre 1891 ; Déc. min. 5 janvier 1892 ; D. 21 février 1900.
(3) Voir chap. II, sect. VI.
(4) « Il importe que des relations suivies s'établissent entre les représentants des syndicats, auxquels les ouvriers ont confié la défense de

nombreuses Bourses — y sont organisés en commun : la bibliothèque presque toujours, fréquemment le placement et les cours professionnels. Le local appartient souvent à la municipalité qui l'offre gratuitement aux syndicats constitués ou non en union ; d'autres fois, il est loué par une union de syndicats qui, généralement, reçoit une subvention de la municipalité. Plusieurs Bourses du travail ne reçoivent aucune subvention et n'ont d'autres ressources que les cotisations des membres de leurs syndicats. Des syndicats qui ont l'habitude de tenir leurs réunions dans une même salle ont parfois donné à cette salle le nom de Bourse du travail, sans qu'il y ait entre eux union des syndicats dans le sens légal, ni aucun règlement commun. Une Bourse du travail a son siège au domicile de son secrétaire où se réunissent périodiquement les délégués des syndicats de la localité. Il y en a eu enfin qui ne comptaient qu'un seul syndicat. Il n'y a donc pas un type unique auquel soit réservé le titre de Bourse du Travail.

Cependant, les neuf dixièmes des Bourses du travail sont administrés par des unions de syndicats recevant des subventions municipales ou même départementales, moyennant certaines formalités ; il faut leur assimiler quelques unions de syndicats, qui n'ont pas pris le titre de Bourse du travail, quoique remplissant exactement le même rôle et également subventionnées par les communes ou les départements.

Il n'y a pas de législation spéciale aux Bourses du travail. On a dit plus haut quels étaient les caractères et les droits des unions de syndicats.

La manière dont les allocations aux Bourses du travail étaient votées et versées, a motivé, de la part du ministre de l'Intérieur, un rappel aux règles de la comptabilité administrative ; la circulaire du 10 octobre 1901 les formule d'une manière explicite (1).

Quant à la police et à la surveillance générale des bâtiments communaux mis à la disposition des Bourses du travail, elles appartiennent au maire qui peut prendre telles mesures qu'il juge nécessaires pour sauvegarder l'ordre public.

455. La Bourse du Travail de Paris a seule fait l'objet d'un décret spécial du 17 juin 1900, modifiant un premier décret d'organisation en date du 7 décembre 1895. Un décret antérieur, du 28 décembre 1889, avait déclaré d'utilité publique l'établissement à Paris d'une Bourse du Travail, mais il n'avait d'autre objet que de permettre l'acquisition d'un immeuble. Un arrêté du préfet de la Seine, en date du 19 mai 1892, avait fait remise de cet immeuble « pour l'usage d'une Bourse du Travail » aux syndicats énumérés à l'arrêté et ayant satisfait aux prescriptions de la loi du 21 mars 1884. Un règlement général, adopté par le conseil municipal dans la séance du 30 mars 1892, déterminait alors l'organisation intérieure de l'établissement et les règles de son administration sous le contrôle de la commission du travail du conseil municipal (1). Semblable règlement général est prévu par le décret du 17 juin 1900, mais n'a pas encore été rendu.

La Bourse du travail de Paris est un édifice public. L'immeuble appartient à la Ville qui paie toutes les dépenses d'entretien, d'éclairage, de chauffage, de gardiennage, de police et vote des crédits tant pour les services *communs* que pour subventions aux syndicats. Le préfet est chargé de la conservation des immeubles, de la garde et de la surveillance générale de l'établissement. Il nomme à tous les emplois administratifs. Il assure le paiement, le contrôle et la liquidation des dépenses faites sur les crédits inscrits au budget de la ville. Il veille à l'observation des actes administratifs qui régissent la Bourse où il est représenté par un fonctionnaire appelé régisseur. Les syndicats admis ne forment pas une union au sens de la loi de 1884, mais ils assurent, par leurs délégués, l'administration des services de la Bourse : l'article 10 du décret du 17 juin 1900 leur confère à cet égard des pouvoirs très étendus.

Le décret du 7 décembre 1895 avait institué une commission *consultative* de la Bourse du travail de Paris. Cette commission était composée de 20 membres : 10 membres délégués par les syndicats admis à la Bourse, 6 membres du conseil municipal de Paris nommés par cette assemblée, 2 représentants de la préfecture de la Seine, désignés par le préfet, 2 représentants de l'Office du Travail désignés par le Ministre du Commerce. Les membres de cette commission étaient nommés pour un an.

Le décret du 17 juin 1900 a remplacé cette commis-

---

leurs intérêts, et les inspecteurs à qui l'État a confié la mission de faire respecter les lois de protection ouvrière.

Les organes qui paraissent le mieux à même d'assurer la centralisation des renseignements sont les Bourses du travail et les unions locales de syndicats. Chaque inspecteur devra d'abord entrer en relations, oralement ou par lettre, avec les secrétaires des Bourses du travail et des unions locales de sa section ; il leur donnera son adresse et les priera de lui signaler toutes les infractions aux lois protectrices du travail qu'ils pourraient connaître. Il s'adressera ensuite aux secrétaires des syndicats ne faisant pas partie d'unions locales cu de Bourses du travail. »

(1) « Ces allocations sont le plus souvent accordées sous forme de subventions et versées aux représentants de la Bourse ou des syndicats sur leurs simples quittances, sans qu'il soit justifié de l'emploi régulier des fonds aux dépenses auxquelles les municipalités ont en vue de pourvoir. Ce n'est qu'exceptionnellement, pour certaines dépenses relatives à l'installation et au fonctionnement général des Bourses du travail et lorsque les crédits sont employés directement au paiement des dépenses réelles, que les pièces justificatives de ces dépenses sont produites à l'appui de la comptabilité communale.

Il m'a paru que les errements généralement suivis jusqu'ici ne présentent pas de suffisantes garanties pour le bon emploi des deniers communaux, il importe que les administrations locales, comme l'autorité supérieure elle-même, se réservent la possibilité d'exercer dans tous les cas un contrôle sérieux sur les fonds publics dont la loi leur confie la gestion.

Ce contrôle est pleinement assuré par l'application des *règles* ordinaires de la comptabilité, dans le cas particulier où les dépenses des Bourses du travail et des syndicats sont acquittées directement par les receveurs municipaux. Il n'y a rien à ajouter à cet égard aux prescriptions établies.

Quant aux allocations inscrites dans les budgets à titre de subventions aux Bourses et syndicats, et qui ne peuvent d'ailleurs être admises qu'en vue d'objets spéciaux et déterminés dont on puisse apprécier l'utilité, elles ne devront être accordées à l'avenir qu'à la charge par les bénéficiaires de rapporter la justification des dépenses réelles auxquelles elles auront été employées. Les conseils municipaux, en votant ces allocations et les maires, en effectuant l'ordonnancement, devront avoir soin de mentionner expressément cette réserve. »

(1) Ce règlement fut en vigueur jusqu'à la fermeture de la Bourse, par mesure de police, en 1893. La Bourse ne fut réouverte qu'après sa réorganisation par le décret du 7 décembre 1895.

sion consultative par une commission administrative, composée de 15 membres, élus pour une année, par les délégués des syndicats admis à la Bourse. Elle est chargée, dans les limites fixées par le décret, de l'administration générale de la Bourse du travail et examine toutes les questions relatives à son fonctionnement (1).

Elle règle entre les bénéficiaires la jouissance des locaux, des services et des subventions. Ainsi, il n'appartient pas au conseil municipal de fixer lui-même, dans le budget, la répartition des fonds alloués aux syndicats pour leurs services installés à la Bourse et rentrant — tels le placement gratuit et les cours professionnels — dans les objets définis à l'article 1er du décret. Des articles du budget de 1901, qui déterminaient la répartition des sommes allouées aux syndicats admis à la Bourse pour le service du placement gratuit, n'ont pas été approuvés, comme contraires aux prescriptions de l'article 10 du décret. Le préfet, non plus, n'intervient en rien dans les relations entre syndicats. Si les demandes d'admission lui sont adressées aux termes de l'article 3, c'est qu'il doit s'assurer, avant de les transmettre à la commission, qu'elles émanent bien de syndicats régulièrement constitués, fait qu'il est seul en mesure de vérifier.

Le règlement général, prévu par l'article 9 du décret du 17 juin 1900, n'ayant pas encore été élaboré par le conseil municipal, il en résulte une certaine indétermination sur les droits de la commission administrative en ce qui concerne l'admission des syndicats à la Bourse du travail et leur exclusion. Car, si d'après l'article 2, les syndicats légalement constitués sont admis à occuper un local dans la Bourse, il ne s'ensuit pas que tous les syndicats puissent y occuper un local si la place fait défaut. Il y aurait lieu, notamment, de fixer la règle à suivre pour les professions qui comptent plusieurs syndicats dont chacun a pour but la défense des intérêts généraux de la profession.

456. Quel est le contrôle du conseil municipal sur le fonctionnement de la Bourse ? Il peut exiger toutes justifications utiles de l'emploi des crédits, refuser de voter des subventions, réduire au strict nécessaire les crédits d'administration de la Bourse ou même les supprimer. Il n'y a pas là dépense obligatoire.

En outre de ses attributions de police générale et du contrôle qu'il exerce par la liquidation des dépenses, le préfet intervient, soit en n'approuvant pas le vote de certains crédits, soit en proposant au ministre du Commerce, en vertu de l'article 11, la dissolution de la commission administrative. Une nouvelle commission

doit être élue dans le délai de deux mois à dater de l'arrêté du ministre. Dans l'intervalle, une délégation spéciale nommée par le préfet procède aux actes de pure administration conservatoires et urgents (1).

La Bourse du Travail, créée par décret, peut être supprimée par décret.

457. Syndicats d'employés des services publics. — L'arrêt de la Cour de cassation, du 27 juin 1885, cité plus haut, dit que « la loi du 21 mars 1884 n'a point été rendue applicable à toutes les professions ; les travaux préparatoires ont constamment affirmé la volonté du législateur d'en restreindre les effets à ceux qui appartiennent, soit comme patrons, soit comme ouvriers ou salariés, à l'industrie, au commerce ou à l'agriculture, à l'exclusion de toutes autres personnes et de toutes autres professions ». Il n'y a rien, dans cette interprétation de la loi, qui tende à enlever le droit de se syndiquer aux salariés de l'Etat, des départements et des communes toutes les fois que l'Etat, le département ou la commune exerce un commerce ou une industrie, toutes les fois qu'ils se chargent de travaux pouvant être confiés à un entrepreneur, dont le personnel serait admis à bénéficier de la loi de 1884. Mais le transport des lettres, l'enseignement même, ne peuvent-ils pas être, n'ont-ils pas été déjà confiés à des entreprises privées? Et cependant le Gouvernement a toujours opposé son veto à la constitution de syndicats des employés de ces services, qu'il considère comme des fonctionnaires. La question ne laisse pas que d'être très délicate.

458. Dans une circulaire du 20 septembre 1887, le ministre de l'Instruction publique constate l'empressement des professions libérales, aussi bien que des professions ouvrières, à se placer sous le régime de la loi de 1884. Mais, à son avis, les instituteurs publics ne sauraient être admis au bénéfice de cette loi. Il en donne pour raisons qu'une fonction publique n'est pas une profession et qu'un traitement fixé par la loi n'est pas assimilable à un salaire débattu de gré à gré entre patron et ouvrier (2). Une autre circulaire du même ministère, du 3 août 1892, s'appuie sur un autre

---

(1) Elle prononce, notamment, en se conformant aux dispositions du décret et du règlement qui régissent la Bourse, sur l'admission ou l'exclusion des syndicats, sur la distribution des locaux, sur le roulement à établir pour l'attribution des salles de réunions et de la grande salle, sur les plaintes et les réclamations des personnes qui ont accès à la Bourse (art. 10).

Elle règle la répartition des subventions accordées aux chambres syndicales. Elle dirige les services du bureau de statistique et de la bibliothèque. Elle assure la publication de l'*Annuaire* et du *Bulletin de la Bourse*. Elle transmet copie de ses délibérations au préfet de la Seine. Elle lui adresse tous les ans un rapport sur le fonctionnement et la situation de l'institution. Elle propose tous les ans un projet de budget à soumettre aux délibérations du conseil municipal (art. 10).

---

(1) En particulier, elle ne prononce aucune admission nouvelle, et ne peut décider que les exclusions résultant obligatoirement du texte du décret ou du règlement général; elle ne règle pas la répartition des subventions accordées aux chambres syndicales. Les fonctions de la délégation spéciale expirent de plein droit dès que la commission administrative est reconstituée (art. 11).

(2) Circ. Inst. publ. 20 septembre 1887. — Mais en voulant l'appliquer aux instituteurs publics, on commet une confusion grave : une fonction publique n'est pas une profession, de même qu'un traitement n'est pas un salaire.

Le salaire de l'ouvrier est débattu de gré à gré entre l'ouvrier et le patron. C'est une lutte d'intérêts, que régit la loi de l'offre et de la demande. L'un et l'autre ne demandent qu'une chose à l'Etat, c'est la liberté de la lutte et de la concurrence. le droit pour chacun de se concerter avec ceux qui ont le même intérêt que lui pour obtenir de ceux qui ont l'intérêt contraire les conditions les plus avantageuses. C'est de ce débat, légitime tant qu'il n'emploie que des moyens pacifiques et légaux, que résulte finalement l'équilibre variable des salaires.

Les traitements, au contraire, sont fixés par la loi et ne peuvent être modifiés que par elle. A supposer qu'ils paraissent trop bas, se trouvera-t-il personne pour prétendre que les fonctionnaires aient le droit de se coaliser et au besoin de se mettre en grève pour imposer à l'Etat un relèvement de l'échelle ?

argument : la concentration illégale de pouvoirs aux mains de mandataires officieux (1). Enfin, le 1er février 1897, le même Département faisait la distinction entre le fonctionnaire et l'ouvrier au service de l'Etat : « le fonctionnaire public, dans aucun cas, ne peut être assimilé à l'individu qui mettrait ses services à la disposition de l'Etat en vertu d'un contrat et moyennant un loyer ou salaire, comme un ouvrier qui traite avec un patron ; mais le fonctionnaire public est celui qui, choisi par un représentant de l'Etat, conformément aux lois, accomplit au nom de l'Etat et par ordre de l'Etat des actes qui correspondent à l'une des fonctions ou attributions de l'Etat ».

459. En ce qui concerne le personnel des postes, le ministre du Commerce a répondu par des arguments analogues à une question posée dans la séance du 17 novembre 1891, de la Chambre des députés (2).

A rapprocher de ces déclarations, l'article 13 de la loi du 30 novembre 1892 qui stipule que les médecins, chirurgiens-dentistes et sages-femmes peuvent se constituer en syndicat pour la défense de leurs intérêts professionnels, à *l'égard de toutes personnes autres que l'Etat, les départements et les communes.*

460. La même doctrine, appliquée aux employés des chemins de fer de l'Etat, lorsque la liberté de se syndiquer était assurée aux employés des compagnies, n'a plus reçu le même accueil de la Chambre des députés, dans sa séance du 22 mai 1894. Le Ministre des Travaux publics avait cru devoir faire une distinction et dire : « Nous reconnaissons parfaitement le droit de se syndiquer aux ouvriers et employés qui ne sont pas commissionnés, mais nous ne reconnaissons pas le même droit aux employés commissionnés dont le traitement est annuellement réglé par le budget, parce qu'alors il ne s'agit pas de deux intérêts privés en présence : l'intérêt d'un patron et l'intérêt des ouvriers. » La Chambre, estimant qu'on ne pouvait soumettre à deux régimes différents des ouvriers et employés exécutant le même travail, termina la discussion par le vote de l'ordre du jour suivant : « La Chambre, considérant que la loi de 1884 s'applique aux ouvriers et employés des exploitations de l'Etat aussi bien qu'à ceux des industries privées, invite le Gouvernement à la respecter et à en faciliter l'exécution. »

461. Depuis, ont continué à fonctionner sans entraves, ou ont été créés : les syndicats des ouvriers des manufactures de tabac, des fabriques d'allumettes, des préposés de ces manufactures ; des employés, commissionnés ou non, des poudres et salpêtres, des ouvriers et employés civils des magasins et ateliers de la guerre, des dessinateurs, comptables et écrivains civils des bureaux du génie ; du personnel affecté à la construction ou à l'entretien des lignes télégraphiques ou téléphoniques, etc., etc. (1). Même situation de fait pour les ouvriers et employés des services communaux ou départementaux : cantonniers (ceux-ci jusqu'au 12 janvier 1903) (2), égoutiers, balayeurs, jardiniers, etc. Le bénéfice de la loi de 1884 a été refusé constamment, au contraire, aux employés d'octroi, considérés comme officiers de police judiciaire, dressant des procès-verbaux qui font foi jusqu'à inscription de faux.

462. L'ordre du jour voté le 22 mai 1894 par la Chambre des députés, qui a puissamment contribué à dissiper les hésitations de l'administration en ce qui concerne les exploitations de l'Etat, des départements et des communes nous paraît tout à fait conforme aux termes mêmes et à l'esprit de la loi de 1884. La doctrine qui s'en dégage est en complet accord avec celle que nous avons établie sur les lois et sur la jurisprudence à propos du contrat de travail et de la grève. Elle n'est pas contredite par la jurisprudence de la Cour de cassation et on peut même tirer de l'arrêt du 27 juin 1885 un argument *a contrario* en sa faveur. On doit admettre absolument que les ouvriers et employés des exploitations *industrielles et commerciales* de l'Etat, des départements et des communes ont le droit d'invoquer le bénéfice de la loi du 21 mars 1884 sur les syndicats professionnels.

Cette réponse est loin de lever toutes les difficultés. On a vu sous le titre « contrat de travail » combien il est délicat de tracer la limite entre les exploitations de l'Etat et les fonctions publiques, entre les personnes qui ont un contrat de travail et celles qui sont nommées par acte de la puissance publique. Ce n'est pas ici le lieu de préciser à nouveau une frontière déterminée à propos de questions plus générales.

---

(1) Circ. Inst. publ. 3 août 1892. — Le gouvernement a déclaré qu'il ne laisserait pas s'introduire dans l'enseignement public, sous prétexte de « groupement des instituteurs », une organisation permanente telle qu'un syndicat professionnel, une ligue ou fédération aboutissant à un comité central ou tout autre mode de concentration illégale de pouvoirs aux mains de mandataires officieux quels qu'ils soient.

(2) « Je ne reconnais pas du tout aux agents du gouvernement le droit de mettre à exécution la loi sur les syndicats professionnels, parce que cette loi ne s'applique pas à eux, parce que, s'ils se syndiquaient, ce serait contre la représentation nationale elle-même qu'ils organiseraient le syndicat.

La loi sur les syndicats professionnels a donné aux ouvriers cette liberté parce que deux intérêts privés étant en présence, l'intérêt des patrons d'une part, l'intérêt des ouvriers d'autre part, elle a voulu attribuer à tous les intéressés le droit d'user de leur liberté naturelle pour faire prévaloir leurs intérêts.

Les employés de l'Etat, eux, ne sont pas en présence d'un intérêt privé, mais bien d'un intérêt général, le plus haut de tous, l'intérêt de l'Etat lui-même, représenté par les pouvoirs publics, par la Chambre et le Gouvernement. Par conséquent, s'ils pouvaient exécuter à leur profit la loi sur les syndicats professionnels, ce serait contre la nation elle-même, contre l'intérêt général du pays, contre la souveraineté nationale qu'ils organiseraient la lutte. »

(1) D'après l'énumération ci-dessus, on voit que le personnel civil des établissements militaires a formé des syndicats professionnels; le ministre de la Guerre est en relations avec ces organisations; il n'a soulevé à ce sujet aucune objection, ni fait aucune distinction entre employés commissionnés ou non commissionnés, conformément au vœu exprimé par la Chambre des députés dans son ordre du jour du 22 mai 1894. —

Une circulaire du ministre de la Marine, adressée le 25 octobre 1902 aux vice-amiraux commandant en chef, préfets maritimes et aux directeurs des établissements hors des ports, affirme le droit de se syndiquer pour le personnel civil des services de l'Etat, et invite les fonctionnaires à entrer en relations avec ces syndicats qui, du moment où ils sont constitués légalement en vertu de la loi du 21 mars 1884, n'ont besoin d'aucune autre reconnaissance officielle particulière.

(2) Voir sous le n° 463.

463. Mais on peut faire remarquer, avec le Garde des sceaux, que la détermination de cette frontière a perdu ici, depuis la loi du 1er juillet 1901, une bonne part de son intérêt, puisque « aux termes de cette loi, les citoyens peuvent former entre eux, *sans condition de profession*, des associations régulières qui, une fois déclarées, présentent à peu près les mêmes avantages que les syndicats professionnels » (1). C'est ainsi que les cantonniers, qui avaient formé des syndicats dont la légalité « était restée indécise » aux yeux des ministres de l'Intérieur et des Travaux publics, ont trouvé dans les circulaires mêmes des 12 et 31 janvier 1903 notifiant aux préfets la dissolution de leurs syndicats, le conseil de fonder des associations nouvelles en se conformant aux prescriptions des articles 1er et 2 de la loi du 1er juillet 1901.

---

(1) Circ. du min. de l'Int., 12 janvier 1903, et du min. des Trav. publ., 31 janvier 1903, sur la légalité des syndicats des cantonniers, après concert avec le garde des sceaux (Voir *Bulletin de l'Office du travail,* mars 1903). — Peut-être le fait qu'un grand nombre de cantonniers sont assermentés et sont chargés, comme agents des Ponts et Chaussées, de la police de roulage — que tous les cantonniers peuvent être chargés également de la police de roulage, — a-t-il été la cause de la décision spéciale qui les vise.

TABLE ALPHABÉTIQUE